環境人間学と地域

理想の住まい

隠遁から殺風景へ

オギュスタン・ベルク 著
鳥海基樹 訳

京都大学学術出版会

Title of the original publication:
Histoire de l'habitat ideal. De l'Orient vers l'Occident
(Éditions du Félin, Paris)

カミーユとジョアネス、
西行のわが子たちへ

「環境人間学と地域」の刊行によせて

地球環境問題が国際社会の最重要課題となり、学術コミュニティがその解決に向けて全面的に動き出したのは、一九九二年の環境と開発に関する国連会議、いわゆる地球サミットのころだろうか。それから二〇年が経った。

地球環境問題は人間活動の複合的・重層的な集積の結果であり、仮に解決にあたる学問領域を「地球環境学」と呼ぶなら、それがひとつのディシプリンに収まりきらないことは明らかである。当初から、生態学、経済学、政治学、歴史学、哲学、人類学などの諸学問の請来と統合が要請され、「文理融合」「学際的研究」といった言葉が呪文のように唱えられてきた。さらに最近は「トランスディシプリナリティ」という概念が提唱され、客観性・独立性に依拠した従来の学問を超え社会の要請と密接にかかわるところに「地球環境学」は構築すべきである、という主張がされている。課題の大きさと複雑さと問題の解決の困難さを反映し、「地球環境学」はその範域を拡大してきている。

わが国において、こうした「地球環境学」の世界的潮流を強く意識しながら最先端の活動を展開してきたのが、大学共同利用機関法人である総合地球環境学研究所（地球研）である。たとえば、創設一〇年を機に、価値命題を問う「設計科学」を研究の柱に加えたのもそのひとつである。事実を明らかにする「認識科学」だけでは問題に対応しきれないのが明らかになってきたからだ。

一方で、創設以来ゆるぎないものもある。環境問題は人間の問題であるという考えである。よりよく生きるためにはどうすればいいのか。環境学は、畢竟、人間そのものを対象とする人間学 Humanics でなければならなくなるだろう。今回刊行する叢書「環境人間学と地域」には、この地球研の理念が通底しているはずである。

これからの人間学は、逆に環境問題を抜きには考えられない。人間活動の全般にわたる広範な課題は環境問題へと収束するだろう。そして、そのときに鮮明に浮かび上がるのが人間活動の具体的な場である「地域」である。地域は、環境人間学の知的枠組みとして重要な役割を帯びることになる。

ひとつの地球環境問題があるのではない。地域によってさまざまな地球環境問題がある。問題の様相も解決の手段も、地域によって異なっているのである。安易に地球規模の一般解を求めれば、解決の道筋を見誤る。環境に関わる多くの国際的条約が、地域の利害の対立から合意形成が困難なことを思い起こせばいい。

地域に焦点をあてた環境人間学には、二つの切り口がある。特定の地域の特徴的な課題を扱う場合と、多数の地域の共通する課題を扱う場合とである。どちらの場合も、環境問題の本質に関わる個別・具体的な課題を措定し、必要とされるさまざまなディシプリンを駆使して信頼に足るデータ・情報を集め、それらを高次に統合して説得力のある形で提示することになる。簡単ではないが、叢書「環境人間学と地域」でその試みの到達点を問いたい。

「環境人間学と地域」編集委員長
総合地球環境学研究所　教授
阿部　健一

序言――『理想の住まい』と地球環境学

阿部　健一

地球環境学とは、とどのつまり、人が地球によりよく住むためにどのようにすればいいのか、を考えることである。

人は、この一万年の気候の安定した時期、地質学者が更新世と呼ぶ時代に、農業を生み出し、地球上のそれまで住めなかった地域《アネクメーネ》を住める地域《エクメーネ》にしてきた。未開の野や森林を拓くとともに、人は集まって住み、都市ができ、都市はさらに拡大し、今や人口の半分が都市に住む時代になった。更新世は、人口が増え、さまざま文明が興った時代でもある。そして地球のあちこちに豊かな風景が生まれた。風景は、誤解を招くことを承知で言えば、風土《エクメーネ》が創りだした。風土については、ここではあえて触れない。

と同時に、地球環境問題が顕在化する。地球は人間活動によって温暖化し、生物多様性は急速に減少しつつある。強調しておきたいのは、こうした環境問題は、諸説あるだろうが本格的にはこの五〇年、長く見積もって一〇〇年の間に加速されたということである。それはわれわれの「住みかた」、物質的に豊かさと生活の利便性を求めた今日的「住みかた」が引き起こしたものにほかならない。そのため今の時代を、更新世に代わり、「人新世」(Anthropocene)、すなわち人類活動が地球環境に影響をあたえるようになった時代と呼ぶようになっている。あらためて、われわれの地球での住みかたが問われる時代になったのである。

本書は、これまで人が、地球上にどのように住まってきたのか、を思索したものである。最初に断わっておいたほうが良いが、今後どのように住まうべきか、を論じるものではない。あくまでも、これまでどのように住んできたのかを、歴史的に明らかにしているのである。歴史は本書の縦軸である。

一方、横軸は、人と自然のかかわりとなる。あるいは人と自然の「間」を問うことになるだろうか。それは「通態」と言っても良いし、その積み重ねこそが「風土」ということになるのだろう。風土は、本書に通底する概念である。

本書は一見すると地球環境学の本とは思えないかもしれない。まず陶淵明の「桃花源記」から始まり、牧神パンの洞窟の話へと続く。われわれは、どこに連れてゆかれるのだろう。たとえば香爐峰の雪を簾をあげてみることと将来の理想の住まいはどう結びつくのか。

それが、最後に一気に結びつく。ただ一つに帰結するのでなく、オープンエンドである。郊外の一戸建ての車庫に収まった自然の中を走るための四輪駆動の車の意味を問うことは、これからもずっと続けなければならない。著者が歴史的に振り返った理想的に住まうことが、次にわれわれ一人一人の「住まい方」の道しるべとなる。われわれを、「そこ」に連れていってくれた著者の博識と緻密な思考にあらためて感謝したい。

ここで著者オギュスタン・ベルク氏について紹介すべきだろう。といいながらそれは意外と難しい。ベルク氏の研究活動が、通常の学問領域をはるかに超えたものだからだ。うかつな紹介は、「風土」の概念を簡明に説明しようとすることと同じように、ベルク氏の多くの大切な「属性」を落としてしまう。だから最後にベルク氏の研究者としての出発点についてだけを紹介しようと思う。ベルク氏の最初の学問的な関心は「新疆」、つまり新しい「住み場所（エクメーネ）」であった。ただ当時の中国の政治事情が許さなかったため、北海道つまり日本の「新疆」（開拓地）へと転じることになった。思索者としての始まりは、住めなくなった地域を住めるようにしたところであった。ちなみにベルク氏は漢字名を「辺留久」としている。辺境に久しく留まる。学問の辺境を切り拓いてきたのがベルク氏なのである。

目次

凡　例

◎原文でイタリック体の箇所は、以下のように記述した。
　書名（新聞や雑誌を含む）や作品名は『　』で囲った。

　単語・熟語については〈　〉で囲った。（ただし、外国語の原語明記や中国語の発音のように同義別語の場合には原則として〈　〉に入れず、当該語の訳語の後に原語を（　）で示した。また、日本語の発音のローマ字表記は割愛した。）

　文章についてはゴシック化した。
◎原文で括弧書きになっている単語・文章は「　」で囲った。
◎引用文献・論考は基本的にフランス語表記を転記し、邦訳のあるものは（　）で囲い附記した。
◎引用文やキイ・ワードについては、原則として邦訳のあるものは既訳を使い、その出典や引用ページを記した。

日本語版への序文

本書の大部分は、『日本の住まいにおける風土性と持続性』と題された共同研究のため、鈴木貞美教授により国際日本文化研究センターに招聘されていた二〇〇五年、京都の地で執筆された。この研究に加わってくれたのは、鈴木教授の他、桑子敏雄、木岡伸夫、土屋和男、樋口忠彦、山口敬太、千葉政継、横張真、三浦展といった諸賢であったが、本書は言うなれば、当該研究の最終報告書の拙論[1]「牧神パンの洞窟と日本の住まい」の発展版と言える。また、同研究会には、私がラ・ヴィレット建築大学校とフランス国立社会科学高等研究院で博士研究[2]を指導した鳥海基樹君がいた。なので、長年議論を聴講してきた同君が本書の訳者となったのは、こと

[1] オギュスタン・ベルク（編著）：『日本の住まいと風土性』、日文研叢書41、京都：国際日本文化研究センター、二〇〇七年。英文サマリーとして«Mediance and sustainability in Japanese habitation»（同書pp. 165–176）。

[2] TORIUMI Motoki, *Les Promenades de Paris de la Renaissance à l'Epoque Haussmannienne — Esthétique de la Nature dans l'Urbanisme Parisien*, thèse pour l'obtention du grade de docteur, sous la direction de BERQUE Augustin, à l'Ecole des Hautes Etudes en Sciences Sociales, septembre 2001, 1155p.

の成り行きからして自然なことであった。

本書執筆が一〇年前であることは、その研究の背景を変えてはいない。すなわち、先進国の現代社会を、自然にできるだけ近接した戸建て住宅の理想化に向かわせた動機づけの起源と歴史の解明は、依然として残された課題なのである。そのことで、都市スプロールと拡散都市[3]の現象は惹起させられている。この現象を説明可能な動機づけの起源と歴史は変わらない。

しかし、この問題に対する現代社会の態度が一〇年前と同じかと言えば、とりわけ日本においてはそうではない。私は「風土論」を講じるために宮城大学に在籍していた二〇〇一年、二〇一〇年までつづく『人間の住まいにおける非持続性』と題した国際研究プログラムを立ちあげたが、かくして糾弾した「非持続性」、すなわち〈堪え難く持続不可能であること〉[4]は、実際に今日、ちょうど本稿執筆時にパリで開催されている気候変動枠組条約第二一回締結国会議（COP 21）の主要テーマのひとつになるほどに先鋭化している。事実、本書が問題とする拡散都市という住まいの形態は、地球温暖化の主因のひとつとなっている。というのも、それは必然的に、今日の先端技術をもってしても大部分をガソリン消費に依存するマイカー移動を過剰に煽り、つまりは温暖化ガスの発生要因となるからだ。電気自動車の発展がいかなるものになろうと、この状況が遠からずして逆転することはなかろう。というのも、原子力の除外を前提とすれば、発電自体が当面は化石燃料消費と同義だからである。

とはいえ、自動車、あるいは戸建て住宅の暖房手段（それは必然的に、単純に形状的な理由から集合住宅よりも多くのエネルギーを使う）についてこれらの技術的考察くらいでは、問題の悉皆的把握からはほど遠い。英語の *sustainable* という術語は、環境問題では〈持続可能な〉という意味を取るが、フランス語の *insoutenable* という形容詞は、問題となっている住まいだけをもって〈持続可能な〉状態にはないことを意味しない。つまるところを換言すると、かくなる住まいの生態学的刻印[5]は過剰で、長期にわたりそれを存続させることが不可能なのだ。なぜなら、人間のための資源生産と廃棄物吸収をつかさどる地球の生物学的容量にもはや余裕がないからである。仮に、技術的に追求可能であるように、この形式の住まいの生態学的刻印が、地球の生物学的容量未満に削減可能になったとしても、かくなる住まいが他の理由からも〈堪え難く持続不可能である〉という事実に変わりはないだろうし、それを今以上に悪化させることにもなろう。

その理由のうちでもっとも根本的なものは、存在論的次元に属する。つまり、自然にできるだけ近接した戸建て住宅は、近代の個人に固有の内的矛盾のもっとも明示的な表現であるということだ。近代的個人は、自然に対する直接的関係の自由を〈個人的に〉享受することを主張する一方、その自由は近代社会の必然的に〈集合的な〉技術的・象徴的システムの発展をつうじてしか附与されないことを、具体的なかたちで無視してしまうのである。人間存在であるかぎり、私たちの自然に対する関係は生態学的であるのみならず、必然的に、同

---

［3］［訳注］本書では都市スプロール（étalement urbain）、拡散都市（urbain diffus）、あるいは田園拡散都市（ville-campagne）といった、類似の概念が語られる。あくまでイメージのレヴェルではあるが、都市スプロールはアメリカでの用法と同様「無計画で低密な都市の拡散」、拡散都市は「マイカー利用に依存した都市スプロール」、田園拡散都市は「田園を享受するため逆にそれを蚕食する拡散都市」という使い分けがあると見受けられる。これらに関しては、とりわけ§46を参照のこと。

［4］［訳注］『人間の住まいにおける非持続性』の英訳は *Unsustainability in human settlements* であるのに対し、仏訳は *L'habitat insoutenable* である。以下にベルク氏が説明するように、英語で「持続可能な」を意味する sustainable は、フランス語に直訳すると soutenable となり、これを日本語に直訳すると「堪えることのできる」となる。一方、フランス語で生態学的に「持続可能な」を意味するのは durable である。本書では、soutenable という単語が生態学的な意味でも使われているので、それの否定形として「堪え難く持続不可能な」と訳出する。

［5］［訳注］刻印（empreinte）はベルク理論において母型（matrice）が刻む具体的形象を意味するが、この生態学的刻印はエコロジカル・フットプリントと同義と解釈できよう。

時に、技術的でもあり象徴的でもある。つまり、それは生態的＝技術的＝象徴的なものなのだ。そして、この事実から、この関係は人類学者・アンドレ・ルロワ＝グーランが人間の〈社会身体〉（つまり、人間の技術的で象徴的なシステム）と呼ぶもの、そして和辻哲郎であれば人間の〈間柄〉と呼ぶものに類するものを暗示する。周知のとおり、人間性のこの基本的関係性の真実に立脚することで、和辻は〈人間存在の構造契機〉と定義するところの〈風土性〉という存在論的概念を創りだした。となると、自然にできるだけ近接した戸建て住宅の探求において否定されているのは、まさにこの人間存在の構造契機ということだ。実際、この住まいの形態では、**近代の個人がその社会身体に依存すればするほど、それを外閉してしまう**[6]。

　したがって、この人間の住まいの流行は、その過剰な生態学的刻印という意味で堪え難く持続不可能であるのみならず、内在的非真正性という意味においても、明々白々な理論的不合理は言うにおよばず、存在論的に堪え難く持続不可能である。事実としては、戸建て住宅はきわめて長い歴史を有し、本書が問うのはまさにこの百代《はくたい》の青史《せいし》である。とはいえ、それが堪え難く持続不可能になるのは、近代文明、とりわけ近代個人主義をもってしてである。それは、現代の技術的システムの展開が度を越えて増大させた生態学的刻印によってのみならず、かくなる個人主義がそのような展開に人間存在の構造契機、すなわち人間の風土性《メディアンス》の外閉を増幅的に相伴させてしまうことにもよる。主たる矛盾はそこにあり、私たちはそれが惹起される諸相で解決を迫られている。それらの相には、例えば気候変動枠組条約第二一回締結国会議による環境問題としての一般的定義の通念をはるかに超えた、もっとも深奥にある相、すなわち存在の問題が含まれている。

　日本という事例は、この点について複数の理由からきわめて興味深い。まず、明治時代までは、とりわけその社会関係についての文化が、一八世紀に近代個人主義が現れたヨーロッパのそれの、言うなれば対極にあったためである（むろん、ヨーロッパの近代個人主義には遙か古代からの形而上学的で宗教的な根源があった）。現代日本の他の多くの事柄と同様、同国にあっては個人主義の概念すらも明治時代の〈舶来品〉なのだ。今日ですら、人間存在の構造契機は、日本では西洋と（とりわけ言語面で）同じ表現を取ることからはほど遠いのである。

そう考えると、第二次世界大戦後、日本がアメリカの生活様式の模倣に躊躇がなかったのには驚くほかない。その生活様式は大陸的尺度と相対的低密度の新興国であらわれたもので、日本の風土性との共通性は皆無なのにである。日本の風土性は逆に、耕作可能な土地の比率がアメリカよりも断然に小さく、したがって土地のわずかな部分にまで最大限の配慮をみせた伝統が特徴づける、狭隘で山がちな国土の中できわめて高密度の長い歴史に培われたものなのであった。したがって、日本における都市スプロール、いわんや拡散都市は、完全な鬼子である。日本で、現代の住まいと国土整備の形態が、自国の伝統を活用したり、土地利用という点ではるかに配慮のあるドイツやオランダといった国々の模倣をすることもなく、アメリカを模倣しただけではない。都市スプロールや拡散都市に対する反応が、アメリカ自身に比べて遅れ気味でさえあったのである。日本の高級官僚が、あたかも下町、谷根千[7]、町作り、はたまた町繕いなどという高密の生活様式の伝統がかつての日本になかったかのように、英語表現を借りながらコンパクト・シティなるものを語ったりしだすのは、ほんの一五年ほど前からに過ぎない……。

---

［6］［訳注］「外閉」に関しては、本書§49「風物身体の外閉」を参照のこと。先取りして概説すると、ベルク氏はそこで外閉（forclusion）を「ある場所なり空間なりの外（*foris*）に投げだされ、自身の中に閉塞させられる（*clausus*）」と定義し、人間存在の風土からの切断とその外部への幽閉を示唆している。なお、ベルク氏はそれをラテン語の語根から読み解いているが、フランス語では一四四六年に発現したこの単語は、現代ではジャック・ラカンがフロイトの言う*Verwerfung*に与えた訳語として、心理学的な意味を主意とするようになっている。

［7］［訳注］東京都台東区・文京区の谷中・根津・千駄木のことで、一九八〇年代から主に地元の東京藝術大学の活動により、巨大開発を逃れた路地空間や低層の長屋などの残る界隈が再評価された。

都市スプロールという現象について言うと、上述の国際日本文化研究センターのプログラムの研究分担者のひとりであった社会学者・三浦展は、多くの論考で「ファスト風土化」という表現を提起し、二〇〇四年には『ファスト風土化する日本—郊外化とその病理』（洋泉社新書y）を出版している。彼がそこで考察するのは主に都市スプロールが惹起する社会学的問題だが、その表現の意味＝おもむきは、和辻が目論んだ存在論的問題にまで拡張可能である。つまり「人間存在の構造契機としての風土性」の根本的毀損という問題で、本書が日本についてのみならず、今日アントロポセン[8]と称されるものの枠組みでこの現象を考究するのは、まさにかくなる意味＝おもむきに沿ってなのである。

現代の環境の総体的荒廃は、根本的に近代の主体がその風土性《メディアンス》を否定したことに起因する。それは、デカルトが『方法序説』に「これらのことからわたしは、次のことを知った。わたしは一つの実体であり、その本質ないし本性は考えるということだけにあって、存在するためにどんな場所も要せず、いかなる物質的なものにも依存しない、と」[9]と書いて、それをパラダイムとして表明したとおりだ。この風土性《メディアンス》の否定、換言すれば「人間」の「間《あいだ》」という半身の外閉は、将来的にも近代社会がそれ自身では構造的に環境危機を克服できないであろうことの根源的理由である。そのためには、人間の間《あいだ》の、そして地球上での物事との「間柄」という近代社会の基台となるものの根本的再検討が不可欠で、これもまた換言すれば、近代社会固有の風土性《メディアンス》を再発明するということである。本書の底流をなすのはこの存在論的な問いだが、とはいえ、拙著は存在論そのものの書ではない。

小著がこだわったのは、風景をはじめとした風土性《メディアンス》の情意的＝情趣的《センシブルな》な表現であり、人間の住まいと風景との関係性である。実際、「自然にできるだけ近接した戸建て住宅」とは、風景の中の住宅であり、そこを起点に風景を享受することが可能な住宅である。本書で東アジアが大きな部分を占めるのはそれ故で、後に東アジア全域に拡がり、とりわけ日本では以前から存在していた自然の風趣の賞賛という趣向に結びつく風景概念は、まず中国で現れたからである。長い間、隠棲の中にあったこの風景への指向は、自然への真の愛、そして今日であれば生態学的であると形容可能な生活様式すら伴っていた。しかし、拡散都市とともに、とりわけ風景という表象としての「自然」が、逆に生態系や生物圏という意味＝おもむきでの自然を破壊するに至ってしまった。

　カッコ付きの「自然」が、生《き》のままの自然を破壊するに至っている逆説こそが、本書がその萌芽、長い歴史、そして現代における堪え難く持続不可能な展開を探査せんとするものである。この逆説は、とりわけ日本において顕著だ。自然への愛を特質とする歴史を持つこの国は、単に風景を殺すこと（殺風景）によってだけでなく、かねてより国土の大部分で見られる過疎によってもある種の脱風土化の中でこの遺産を愚弄し、「存在するためにどんな場所も要せず」と自称する近代の主体を是認しているかに見える。いけない。日本人は存在するために、つまりその存在の構造契機において、日本、しかも東京だけではない日本全土が必要なのだ。

　さて、今から一〇年前の私は、李白の詩を引用し、故郷への郷愁で本書の結びとしたが、この序文を閉じるにあたってはそうはするまい。詩人はつまるところ、いつも道理を弁えているので、今回は他の二人から引いてみたい。ひとりはドイツ人のフリードリヒ・ヘルダーリンで「しかし危険があれば　そこには生ずるのだ

---

［8］［訳注］Antropocene（仏語ではAntropocène）は、一九九五年にオゾン・ホールの研究でノーベル化学賞を受賞したパウル・クルッツェン（一九三三年～）が提唱した概念である。現代は地質学的には更新世に続く完新世にあると言われるが、人類の活動は地質や生態にまで影響を及ぼし、完新世に代わる、あるいはその次の地質学的時代として人新世（アントロポセン）が始まっているとするものである。

［9］［訳注］邦訳は、デカルト（谷川多佳子訳）：『方法序説』、東京：岩波文庫、一九九七年、p. 47による。

救う力も　また」[10]であり、もうひとりは松尾芭蕉で「夷狄を出で、鳥獣を離れて、造化にしたがひ造化にかへれとなり」である。私たちを救うのは、保全できればという仮定つきになるが、私たちの街の都市性であり、それは公共交通とともにあるもので、拡散都市のマイカーとともにあるものではない。そして、自然に回帰したいのであれば、四輪駆動車に乗ってではなく、芭蕉のごとく歩こうではないか。四駆なるものは拡散都市の「夷狄」と「鳥獣」を引っかけるためのもので、本書は以下で大いに問題視するつもりだ。

最後に、鳥海君の時間をかけた翻訳作業にくわえ、地球研（総合地球環境学研究所）の安成哲三所長と阿部健一教授に深甚なる謝意を示したい。おふたりは、私を二〇一五年の夏に京都の地に招聘して下さっただけではなく、本書日本語版を京都大学学術出版会から上梓することに尽力して下さったのであった。

二〇一五年一二月七日　パレゾーにて

[10]［訳注］邦訳は、ヘルダーリン（川村二郎訳）：『ヘルダーリン詩集』、東京：岩波文庫、二〇〇二年、p. 181による。

プロローグ　流れる風（＝風流）

§1　ボレゴ砂漠[1]にて

私たちは谷を登っていた。ハイカー向けの道標《みちしるべ》が導くボレゴ・パーム・キャニオン自然トレイルは、上流で小さなオアシスに至るものだった。ガイドによると、そこには冬や春先の間、清水の泉とともにヤシの木の木立が見られるとのことだった。しかし、時は九月で、急流の河床も干上がっていた。気温は我慢できるほどになった。太陽がサン・イシドロ山の裏手に回って、私たちは陰に入ったのである。対して、ボレゴ平原はあいかわらず焼けつくかのようだった。おそらくその時間、私たちの他には誰もいなかっ

［1］［訳注］アメリカ合衆国カリフォルニア州にあるアンザ・ボレゴ砂漠のことである。Borrego とはスペイン語でビッグ・ホーン＝大角ヒツジを意味する。

た。聞こえるのは自分たちの声だけだった。ほどなく私たちは、オアシスには行かずに元来た道を引きかえさなければならなかった。というのも、私たちはその晩にはラホヤにいなければならなかったし、翌日にはメキシコに飛行機で戻らなければならなかったからである。平野から谷に、暑いものの軽快な微風が立ちのぼり、風が吹きはじめていた。不愉快ではない。この砂漠の息吹には、母性的な何かさえあった……。

　先を歩いていたジョアネスが、私たちに立ち止まって耳をすませと合図した。聞こえるかい！　水しぶきの音かな……。

　彼は岩の合間をジャンプしながら見に行った。おかしいぞ、まったく。この季節に水があるのなら、なぜ谷はこんなに乾いているんだ？　でも、たしかに小川のような何かが聞こえる……。

　それは風だった。この音の蜃気楼をつくりだしていたのは、岩の合間の風だった［図1］。

§2　風を聞くために

風を聞くためには機械を沈黙させなければならない。というか、ひとつとして機械があってはならない。現代人が感じる風とは、まずは自動車の排気ガスであるのに対し、前機械社会は、アートマン、プネウマ、スピリタス[2]、さらには宇宙の息吹である「気（*qi*）」といった言葉で、宇宙《ユニヴァース》に住まい人体に宿る息吹の効果を大いに瞑想する余裕があったのはそのためである（現代人は、それらの社会が知らなかった太陽風について語れるのも事実ではある）。

　風はその効果によってしか可視化されないが、全身で感じられ、私たちの深奥にまで浸透する。ギリシャ人が裸の（gymno-）知者（sophistes）と呼んだ古代インドの「裸行者（*gymnosophistes*）」は、至って早くから自らの内に宇宙からの使者がいることに気づき、したがって風の神であるヴァーユに自らに固有の生気や魂（現代語の大気（*atmosphère*）と同根のアートマン（*ātman*））を調和させようと努力した。かくして彼らは尋常ならざる能力を開発することができた。すなわち、自らの呼吸の制御と風の力による、宇宙《ユニヴァース》との同化である。

風の有するこの宇宙＝調和を生成させ《コスミザン》る能力は、どこから引きだされるのか。明らかに、人間が陸に生き空気を必要とする存在で、したがって風が別の尺度、つまり私たちを取りまく世界の尺度で具現化するからである。そして、この同じ息吹が私たちのひとりひとりに命を与える。風、それは宇宙＝調和《コスモス》（*kosmos*）の息吹、すなわち人間世界に生命を与える息吹なのである。

これは一考に値する。とはいえ、風をどのように考えたらよいのか。それもまた見えないのだから、言葉にするのは難しい。ひとつの例外、つまり漢字を除いてである。[3] 中国ではフランス語のventを*feng*と言い、風と書く。この文字の語源を辿ると、それはふたつのデッサン、つまり左には大きな鳥（風の神）、右には風を孕《はら》んだ帆を半ば音声的に、半ば意味論的に表象する要素で構成されていることが解る。

したがって、中国ではこのように風を、鳥、帆、自然と手工業のたまもの全般といった、それに寄りそうも

---

［2］［訳注］*ātman* とは古代インドの宗教用語で、意識のもっとも内側にある認識の根源のこと。*pneuma* とはギリシャ哲学の用語で、気息や精気と和訳される人間の生命の原理、さらには一切の存在原理のこと。*spiritus* はプネウマのラテン語訳で、英語の spirit や仏語の esprit の語源となったものである。

［3］たしかに同じことがあらゆる表意文字システムについて言えるだろうが、私は漢字以外のほとんどを使いこなせない。本書はより広範に風土的《エクメナル》な関係における〈具体的思考〉にこだわりたいので、視覚的思考については議論を深めない。それについては、ARNHEIM Rudolf, *La Pensée visuelle*, Paris, Flammarion, 1997（ルドルフ・アルンハイム（関計夫訳）：『視覚的思考 —— 創造心理学の世界』、東京：美術出版社、一九七四年）という古典を参照のこと。

のをつうじて具体的に考える、またはかつては考えたのである。現代人はと言えば、それはふたつの気団間の気圧勾配中に設定された流れであると考える。附言すれば、インドでは自動車は左側通行で中国では右側通行だが、インドでも中国でも、風は高気圧の周囲を右回りに、低気圧の周囲を左回りに吹く。というのも、それは道路交通法ではなく地球の自転によるものだからである。そして私たちにとって、自動車交通は人造の法律にしたがうのみである。それは物事の本性としてあるのではないし、大きな鳥にも、ヴァーユにもまったく関係がない。

§3 風と地球

中国人は、風のことを考えた時には、地球の自転を知らなかったのだろうか。そのとおり。当時、彼らにとって地球は動かないか、（物事がよい方向に向かっていないことの警告のため震動する以外は）ほとんど動かないものだった。このような世界——ガリレオ・ガリレイ（一五六四年〜一六四二年）までの人間世界、さらにはその後の世界——では、地球は不動である。大文字（Terre ＝地球）と小文字（terre ＝大地）による現代の区別が当時も有意であったとすれば、惑星名として大文字で始まる必要性は看取されなかっただろう。というのも、地球は惑星のひとつではなかったからである。「さまよえる」天体（ギリシャ語の *planētēs* の原義）、つまり天球の一定の動きに逆らい放浪する天体はいくつかあるが、地球はそれらとはまったく異なる何物かであった。逆に、別の理由でそうする価値があったのだろう。大地の神格性から、そして大地が土地の神々の住まいであったという理由からである。それに、土地、または地球という意味でも、それは土（*tu*）と呼ばれて同一の存在だった。

他方で現代人は、私たちの足を支えている大地（*Boden*）が、それはそれで天体としての地球（とりわけ *Körper* なるもの）に還元可能ではないことを理解するにはエトムント・フッサール（一八五九年～一九三八年）を待たなければならなかった。[4] また、この区分がもっとも高次の段階では人間世界を地球上に維持できるかどうかに関わることに思い至るには（これが拙論の基礎になっているわけだが）、さらなる時間が必要であった。

こうした問題がまだ自問されなかった時代には、古代中国のように、物事を動かし、関係づけ、移送させる能力は、風みずからが内包していると考えられていた。その点で、風はそれらを包含する地球に対峙していた。『諸橋大漢和辞典』[5] では風は（総数四万八九〇二の内の）四万三七五六番目の文字であり、以下のように定義されている。①かぜ、②ふく。かぜふく、③すずむ、④かぜにあたる、⑤うごく、⑥ちる、⑦おちる、⑧にげはしる、⑨はやい、⑩をしへ。みちびき、⑪ならはし、⑫いひつけ、⑬きだて。かたぎ、⑭いきほい、⑮詩の六義[6]の一、即ち民謡、⑯うた。ふし。楽曲、⑰うたふ、⑱やうす。すがた、⑲けしき、⑳病の名、㉑こゑ、㉒おほい、㉓はね、㉔古風、㉕風氏という姓。

これらの定義から、風（*feng*）は自然にも文化にも跨《また》がることを念頭におきたい。それは気象学的意味での風で、同時にそこから歴史的に生まれた隠喩でもある。この重なりあいは言葉の綾に過ぎないとは言えない。中国、とりわけ乾燥ゆえに風による現象が顕著な西部中国の風景は、その多くの事例を具体的に提示してくれる。砂

［4］　VILLELA-ETIT Maria, Le retrait de la Terre, pp. 41–61 dans *Interpretazione del Nichilismo*, a cura di A. Molinaro, Università lateranense, 1986.
［5］　諸橋轍次：『大漢和辞典』、東京：大修館書店、一九八六年（一九六〇年）、全一五巻。
［6］　これらの六義（*liu yi*）は、春秋時代（紀元前八世紀から五世紀）に編纂された叙情詩篇である『詩経』の序で分類されている。ここで問題となっている義に関しては、GRANET Marcel, *Fêtes et chansons de la Chine ancienne*, 1919, réédition 1982, Paris, Albin Michel というフランス人中国文学者の金字塔が執筆されている。

丘やヤルダン[7]はよく知られているが、それほど知られていないものの、「風の都市[8]」なるものを見ることができる。例えば、北西ジュンガリア盆地ウルホ周辺の粘土累層に風が彫りこんだそれである。それらの形態は、シルクロードに点在するこれら死都の廃墟を思わせる。とはいえ、逆にそれらは数世紀にわたり風食され、風の都市に見えてしまうのである……。

§4 風の流れ

風（*feng*）のあらゆる熟語の内、本書でその意味が重要性を帯びるもののひとつが、文字通りには「風の流れ」のことである風流（*fengliu*）である。[9]この表現が現れたのは前漢時代のことで、『淮南子』（紀元前一一〇年頃）においてであり、風俗の退廃に対する侮蔑的意味を伴っていた。後に、風俗のなごりや遺風といった意味がくわわる。漢の崩壊（紀元後二二〇年）後、魏・晋時代に変化が起きる。表現は肯定的になり、因習や作法のくびきを逃れた自由な精神を意味するようになるのである。なぜこの転換が起きたのか。おそらく風と自由の類似性ゆえであろう。小川環樹によると、この風流を体現したのが「名士[10]」、つまり「〈清談〉すなわち深遠な哲学（老子・荘子《そうじ》の哲学）の議論にふけり、実務をかえりみなかった[11]」人々である。これらの知識人は権力の座にあった儒学者から批判されたが、風流が当初有していた侮蔑的意味はこれを由来とする。しかし、この意味は当人たち自身の自尊心により逆転され、世論は「風流の名士」を風流士（*fengliushi*）と呼ぶに至る。一五世紀の後にあってもまるで検閲に引っかかったかのように、この術語は仏語大辞典『グラン・ロベール』の中国語版とも言える『漢語大詞典』には記載されていない。[12]逆に、『諸橋大漢和辞典』は「學問があつて詩や文章を愛し、俗でない人。みやびやかな人」と定義している。実際、中国南朝の六朝時代（三世紀～六世紀）には、風流の態度は俗（*su*）、すなわち平凡、日常、ありふれた世界と対立するものとしてますます明確に定義される。この進化は、宮廷社会の優美、気品、洗練を意味する雅（*ya*）とほぼ同義語となるのである。

六朝時代末期には新たな転化があった。すなわち、この術語は習俗や装いの解放の中でなまめかしさを共示するようになるのである。小川は、「風流宰相」[13]と称してほどけた髷を結い、斜めに簪《かんざし》を指し、それを南斉（四七九年～五〇一年）の流行としてしまったある重要人物を例示している。簡文帝は一年の治世（五五〇年）しかなかったが、「感情の動きが度を過ごす」放蕩スタイルを推奨する時間があったのは、小川の注釈とおりだ。[14]唐代（六一八年～九〇七年）には感興面がさらに強調され、「風流才子」[15]は好色者や道楽者のこととなる。俗語では振りきれて、売春や淫売を意味するまでになる。

大半の中国人の耳には、風流は売春宿の同義語となり変化を終えてしまったが、小川が結論するように、全

[7]　［訳注］砂漠などで見られ、軟質の岩石が風食を受け、風向に沿った模様が刻印されるなどしたもの。
[8]　中国語で風城（*Fengcheng*）。
[9]　本書は以下の考察について、『世界大百科事典』、東京：平凡社、一九八八年、第二四巻、pp. 360–361 の小川環樹による風流の項の総説に直接的に拠っている。
[10]　*Mingshi.*
[11]　小川：前掲書。
[12]　儒学と共産主義の相乗作用もあって、現代の中国語辞典の多くに風流という言葉さえない。
[13]　*Fenglu zaixiang.*
[14]　小川：前掲書。
[15]　*Fengliu caizi.*

般的に見れば文学や芸術において高い位置づけを保持しつづけた。[16] 風流が優美や趣味の良さといった明らかに肯定的な意味を保った清朝(一六六二年〜一九一二年)までの多くの作品は、その証左である。同様に、二六の派生語が『諸橋大漢和辞典』でも『漢語大詞典』でも確認され(ただしすべてが一致するわけではない)、大半が同じ肯定的意味を有することもその証左である。ここでは書き言葉が世俗の意味と違っているのは明らかだ。もっとも、この相違は風流の概念に固有なものである。そこでは、極東的な形とも言えるが、スタンダールにより『パルムの僧院』の献呈された「幸せな少数[17](*happy few*)」が主役なのだ。

風流の息吹は同様に隣国も触発した。「ふうりゅう」、そして「ふりゅう」と発音される場合もある日本への影響は、後に詳述する。ここでは単に、研究社の『新和英辞典』(第五版、二〇〇三年)がこの術語を、*elegant*、*tasteful*、*refined*、*graceful*、*artistic(al)*、*romantic* と英訳していることを示しておこう。オノレ・ド・バルザックが一八三二年に *Contes drôlatiques* を出版したとの風聞を耳にしている向きには、この書名は日本語では『風流滑稽譚』、すなわち「コミカルで風流な物語」とされたことを付言しておこう。

朝鮮では、風流はプンギュー(*p'ungryu*)と発音し、その概念は中国や日本よりもさらに重要だった。実際、同国では近隣二国で見られる類似表現にくわえ、新羅王朝下の六世紀に、風流は空、太陽、不死を崇拝する本当の自然宗教とされた。この「風流道[18]」は、宗教、思想、道徳、文学、芸術、風景などの文化のあらゆる分野で深く刻印されている。とはいえ、非才につきヴェトナムについては言及することもできないし、朝鮮についても以下では脇に置くこととしたい。

§5 風情

風（*feng*）の熟語には風景（*fengjing*）、そしてその構成要素である風物（*fengwu*）などの事例があるように、時に身分などとは無関係な一般的性質、さらには普遍性から成りたっているように見えるものもある。後に、そうではないことを見よう。すなわち、そこでは社会性が環境の細部にまで浸透し、風景概念は普遍的には決してならないのである。それは歴史的には風流の最盛期に発現し、おそらくまさに差別という社会的論理から生まれたのである。ここでは一方で環境に、他方で社会に帰属するであろうものとの間に、明確な境界線を引くことは不可能である。さらに、これらの多くの術語は人間にも適用可能なのだ。風景はまさにその例で、ある人の外観や雰囲気を表すことができる。フランス語で某氏について「彼は心地よい風景だ」と言うと、当人にとってはやや失礼な隠喩となってしまう。彼を事物化することになるからである。東アジアではそうはならな

［16］『利氏漢法辞典』による風流の定義が確証してくれるのは以下の通りである。①波及、持続的影響、風習化した慣例、②（人の）気品、優美、貫禄、魅力、③気質、気位の高貴さ、（暗示として）「風来坊や流れ者」、すなわちａ社会的慣習からの解放者、自由な精神、変わり者（明朝まで）、ｂ放蕩者、好き者、ふしだらな者、⑤（例えば文章における）独自の、活き活きとした、魂の入った性質、特徴、スタイル、⑥（道教において）人生を深遠なる自然のなすがままにせよと説く、玄楽に結びついた三世紀から四世紀の潮流。同辞典でそれ以降に挙げられた熟語は、男女の恋情関係の意味をしばしば有している。［訳注：『利氏漢法辞典』とはフランス語で *Grand dictionnaire Ricci de la langue chinoise* と言われる中仏辞典で、一六世紀にイエズス会士として中国に派遣されたマッテオ・リッチ（Matteo RICCI）に因んで命名されたものである］

［17］［訳注］本書では「賞（*shang*）」、つまり観賞や賞味の能力を有する人々は、労働を外閉できる階級や階層であるとの解説が多数なされる。「幸せな少数」は、かかる人々を意味する表現として以下でもしばしば出現する。

［18］*P'ungryudo.*

い。そして、そのことこそが私たちを最大級の存在論的問いに直面させる。すなわち、風景は物事なのか、それとも人格なのか。あるいはさらには、この点について、これらの範疇は適切なのか。

風景については第三章で戻るとして当面さておこう。そして風そのものの問題にきっちりと向きあおう。それは人間のように感情を有しうるのか。そのようだ。というのも、文字通り「風の感情」を意味する風情（*fengqing*）という一般語が存在するからである。『諸橋大漢和辞典』によれば、その言葉の意味は以下のとおりである。①おもむき。ありさま。やうす、②抱懐する意志、③風月の情趣。面白いおもむき・あぢはひ。風趣、④もてなし。あしらひ。類義として、『漢語大詞典』は、特別な感情、愛情を伴うつながり、地域の雰囲気をくわえている。これらをフランス語に翻訳してしまうと、一見しただけではとりたててエキゾティックな点はない。しかし、それはフランス語版の読者が私の翻訳にだまされているからだ。拙訳はフランスの慣習に沿って調整されているのである。例えば、『諸橋大漢和辞典』の第三の意味について、私は「自然の魅力」というフランス語訳を充てたが、原意をより尊重した翻訳は「風と月の機嫌」とでもなろう。すなわち、この「風の感情」である風情は、環境的物事とまったく同様に、人間存在の内面生活にも適用される。

日本庭園の最初の指南書である『作庭記』（一一世紀）の序において、風情（ふぜい *fengqing* の日本語の発音）が、造園家にも彼が整備する場所にも掛かってくるのはそのためである[19]。

石をたてん事、まつ大旨をこころふへき也。

石を立てる時には［ベルク注：すなわち庭を整備する時には］、何よりも原理を把握しておかなければならない。

一、地形により、池のすかたにしたかひて、よりくる所々に、風情をめくらして、生得の山水をおもはへて、その所々はさこそありしかと、おもひよせよせたつへきなり。

一、むかしの上手のたてをきたるありさまをあととして、家主の意趣を心にかけて、我風情をめくらしてたつへき也。

一、国々の名所をおもひめくらして、おもしろき所々を、わかものになして、おほすかた、そのところになすらへて、やはらげたつへき也

一、まず、地形に従い、池の様相に合致しつつ、各々の場所なりに、自然な風景を念頭におきつつ、その風情（性質）を最良の状態とするあらゆる可能性を検討する。

一、過去の造園の名匠の方法を規範として、家主の意向も勘案して、自分固有の風情（趣味）も表現しながら作庭する。

一、局所的な条件にさまざまな名所の本質的モチーフを同化および調和させて自らのものにしつつ作庭する。

［19］　原著では、日本造園設計事務所連合関西支部『対訳作庭記』（一九七七年）所収の現代日本語への対訳を参考にフランス語訳されている。［訳注：和訳は上書が入手できなかったため、ベルク氏のフランス語訳といくつかの現代日本語訳を参考に訳者が書き下した］

§6 住むということ

『作庭記』の言うところは、それはそれで結構だ。しかし、芸術家（この範疇には庭園創作家も含まれよう）という面々は、理性の要求などにはやや無縁の人々ではなかったか。さらに橘俊綱（『作庭記』の著者）は、結局のところ中世の人だし、所詮日本人に過ぎないのではないか。つまるところ、時間という点でも空間という点でも、それらはいずれも今日私たちが知ることからはかなり遠くにあり、エキゾティックと言われればそれまでではないか。

いやはや、私たちは近代二元論を創立した時代のルネ・デカルトが知っていたことよりも多くのことを知っているのだ。本書の三分の二が東アジアを対象とし——ここでのあらゆる歴史の中で決定的テーマである風景は、まず中国で現れたことからも至極妥当であろう——、さらに過去に遡るのは、東洋は西洋ではないことや、それらの接点が皆無であることを冗長に示す意図ゆえではない。それは別のこと、すなわち、私たちがさまざまな点で西洋近代のパラダイムを超克した確信を示すためなのだ。ただし、ジュルダン氏[20]同様、それを知らずにである。私たちはもはや自分がどこにいるのか知らないのだから、矛盾や非一貫性が生じる。人間から宇宙＝調和性《コスミシテ》を奪い、人間の未来を危機にさらすのだから重大な非一貫性だ。最低限言えるのは、文明の危機だということである。

したがって、本書が報告する歴史は東洋史に留まらない。私たちに欠落している新たなパラダイムの建立に貢献するため、ほとんど全編にわたり、一点集中型の研究の超克を目論む。それができるのも東アジアによる寄与によってだが、それは私たちが自らの世界について表明する問題と対等——それ以上でもそれ以下でも

ない —— だからでもある。

したがって、ここではエキゾティズムは一掃する。しかし、双方向のやり取りや教示の中では、私たちの祖父世代の帝国主義（者）的とも言える普遍主義にも、相対主義が隠れ蓑として背後で幅をきかす普遍主義にも陥るまい[21]。共通の立脚点を定める意思をもって臨む。

つまりは歴史と地理だが、高校時代にそれらに対して抱いたイメージとは別の意味においてである。すなわち、地球（*Gê*）の人文学的な刻印（*graphè*）、そして**逆に地球による人間への刻印として**の地理学（géographie）という意味においてで、これは歴史を血肉化させるものである。対して歴史はというと、それは過去に発生した事物であると同時に、今日私たちが語っていることでもある。不即不離なのである。

このことこそ主客二元論を超克する。実際、その意味において歴史は**同時に**主体にも客体にも属す。とはいえ、「歴史」という単語はつねにこの両義性を有したため、それは〈歴史〉と呼ばれつづける。他方、長らく精確な科学、したがって客観的であろうとした地理学（例えば国立地理研究所という命名のように、それは地図制作者の意味でそうありつづけている）はそうはいかない。上記の議論を受け、そしてその結果として精確性を期すため、本書は〈風土《エクメーネ》（*écoumène*）〉について語りたい。それは**人類の地球＝大地という外延に対する関係**と定義できる。これはギリシャ語の〈住まわれた大地（*oikoumenè gê*）〉[22]から来ている。それは短絡的に大地ということではない。

---

［20］［訳注］ジュルダン氏とはモリエールの喜劇『町人貴族』の主人公である。金持ちの町人であるジュルダンは貴族になろうとするが、その方法が解らずやることなすこと滑稽になってしまう。

［21］この考え方はどうしようもなく複雑にはならない。文化主義者たちの言うところの相対主義は、諸文化間の関係を偽りの法的平等性の下に無理矢理隠蔽するのに、事実上の不平等性に対して臆面もない余地を残してしまっている。共通の基台と基準による研究は、逆に各々に対してそれぞれの地平を超越することを課すものであり、本書はそのうち視覚的な分野を扱う。

［22］風土《エクメーネ》は人間の環世界《ミリュー》の総合体で、本書においてなされるような研究は風土学（現代仏語の milieu の語源であるギリシャ語 *mesos* を用いて

実際、風土的な《エクメナルな》関係は、地球が他の惑星の中の〈ひとつ〉でもあり ── それ自体では人間の存在を措定しない〈ひとつの〉天体ということだ ── 、同時に現象学的には人間を支えている、つまり人間存在を措定する〈同等のもののない〉地面でもあることから生まれる。いくつかの術語を適宜定義する他は、前著参照[23]ということで、ここではこの両義性についての分析を繰り返さない。ひとつの事例でそれに言及することで当面は満足としよう。本書はそれを西行[24]から引くが、その説話は、それらを集成した際には至って若かった明恵[25]によるものである。[26]

西行法師常に来りて物語して云はく、我が歌を読むは、遙に尋常に異なり。華、郭公《ほととぎす》、月、雪都《すべ》ての万物の興に向ひても。凡所有《およあらゆる》相皆是れ虚妄《こもう》なることを眼に遮り耳に満てり。又読み出す所の言句は皆是れ真言にあらずや。華を読むとも実に華と思ふことなく、月を詠ずれども実に月と思はず、只此の如くして、縁に随ひ興に随ひ読み置く処なり。紅虹たなびけば虚空いろどれるに似たり。白日かゞやけば虚空明かなるに似たり。然れども虚空は本明かなるものにあらず、又色どれるものにもあらず。我又此の虚空の如くなる心の上にをいて、種々の風情を色どると雖も、さらに蹤《しょう》跡《せき》なし。此の歌即ち是れ如来の真の形体なり。

西行法師がいつもやってきて話をされて言うには、「わたしが歌を詠むのは、普通とはまったく違っています。花、ほととぎす、月、雪、すべての風情のあるものに向かっても、およそあらゆる現象は虚妄であることを目のあたりにし、耳にも聞いています。また、詠み出すことばは皆これ真言ではないでしょうか。花を詠むといってもそれを実体において花と思っているわけではなく、月を詠んでも真実に月と思っているわけではありません。ただ、あるがままに、縁に従い、風情に感じるままに詠み置いているのです。これは紅の虹が空にかかれば大空が彩られるのに似ています。太陽が燦々と輝けば、大空が明るくなるのに似ています。けれども大空はもともと明るいものでもなく、また彩られているものでもありません。私はまたこの大空のような心の上に種々の風情を彩るのですが、だからといってそこに何か跡が残る

されば一首読み出ては一体の仏像を造る思ひをなし、一句を思ひ続けては秘密の真言を唱ふるに同じ。我れ此の歌によりて法を得ることあり。若しこゝに至らずして、妄りに此の道を学ばゝ、邪路に入るべしと云々。さて読みける

わけでもありません。この和歌は、大日如来の本当の形体です。だから一首の和歌を詠んでは、一体の仏像を作るつもりでいます。一句を思いつづけては、秘密の真言を唱えるのと同じなのです。わたしはこの和歌のおかげで仏法を会得することがありました。もしこのような境地に至らずに、みだりに和歌の道を学ぶならば、誤った路に踏み込んでしまうでしょう」と。そして詠んだ歌

メゾロジーmésologie）である。この意味において（ギリシャ語にしたがって）エクメーネを女性形として使う。これにより「地球の住まわれた部分」という男性名詞として通常の用法と区分する。〔訳注：発音としては同じ「ミリュー」だが、ここでは単数形の milieu ではなく複数形の milieux が使われている。すなわち、複数の風土《ミリュー》、さらには風土《ミリュー》全体ということだが、ベルク氏の示唆にしたがい、本論ではそれを「環世界」と訳す。なお、ベルク氏の論考にしばしば登場する *Umwelt* にも同様の訳を附与すべきとの示唆であった〕

［23］一九八六年発行の *Le Sauvage et l'artifice*、一九九〇年発行の *Médiance*、一九九六年発行の *Être humains sur la terre*、そしてとりわけ二〇〇〇年発行の *Ecoumène* といった具合に、私はこの風土学《メゾロジー》を徐々に発展させてきた。〔訳注：それぞれの邦訳は記載順で、『風土の日本——自然と文化の通態』（篠田勝英訳、一九九二年）、『風土としての地球』（三宅京子訳、一九九四年）、『地球と存在の哲学——環境倫理を越えて』（篠田勝英訳、一九九六年）、『風土学序説——文化をふたたび自然に、自然をふたたび文化に』（中山元訳、二〇〇二年）、出版社はいずれも筑摩書房である〕

［24］西行（一一一八年～一一九〇年）は日本人の僧侶にして詩人で、俗名は佐藤義清《のりきよ》と言い武士であったが二三歳で出家し、隠遁と放浪の人生を送った。

［25］明恵（一一七三年～一二三二年）は華厳宗の僧侶である。

［26］以下の原文及び現代語訳は、桑子敏雄：『西行の風景』、ＮＨＫブックス、一九九九年、pp. 34–36、による。〔訳注：ベルク氏のフランス語への訳文では、いくつかの単語に日本語の発音や解説が付けられている。日本の読者には不要であろうが、ベルク氏の問題意識を確認するために列挙すると、「虚妄」「真言」「実に」「縁に随ひ」「興に随ひ」「風情」「法」であり、最後の「法」には Dharma というフランス語表記の解説が附されている〕

山ふかく
さこそ心は
かよふとも
すまであはれは
知らんものかは

山ふかく
どんなに心は
通っても
住んで心を澄ませずには、「あはれ」を
知ることはできはしない

四行目の「すま」は両義的である。詩人が同音語を使ってひとつの意味以上のものを「かける」ところの「掛詞」で、ここではフランス語で habiter を意味する「住む」と、同じく se purifier (le cœur) を意味する「(心が)澄む」、すなわち自らを完全に事物に開放することを可能にする完全な解脱の状態が掛けられている。

これらの古語は、本書に以下のふたつの着想を与える。ひとつ目の着想は、この掛詞がまさに一例だが、詩人はこのような二義的隠喩をつうじて、他の人間よりも深淵に、〈一義的隠喩〉、すなわち地球と生物圏を起点とした風土《エクメーネ》の展開という隠喩を表現することができたということである。[27] ここでは西行の詩情が、この人間についての述語なしには無(これは仏教的な見方である)に帰する、あるいは把握不可能な絶対性(これは本書の支持する視点である)に過ぎない何かの存在 —— ひとつの世界 —— への到達を象徴している。ふたつ目の着想は、風土的《エクメナル》な関係により、地球を世界にこのように昇華させる詩の性質である。これこそ、ここで「すむ」の二重の意味が具現化することだ。実際、**人間として住むということ (habiter) は常に単なる住まい (habitat) 以上のことで、**意味を展開しつつ存在の最高次元に開く。ヘルダーリンはそれを見事に言語化している。[28]

Voll Verdienst, doch dichterisch wohnet
Der Mensch auf dieser Erde

数々の勲《いさを》に満ちてあれど、だが詩人として人間《ひと》はこ
の世に住まう

本書で問題とされるのは、まさにこの住むということである。

［27］隠喩（métaphore）の語源は、「より遠くに（*meta*）運び去る（*pherein*）」であることを念頭に置きたい。

［28］HÖLDERLIN Friedrich, *Poèmes*, Paris, Mercure de France, 1986, p. 127.［訳注：原著にはベルク氏による仏訳が添えられているが、ここではベルク氏の示唆に従い、角田幸彦：『景観哲学をめざして —— 場所に住む・場所を見る・場所へ旅する』、北樹出版、一九九九年、p. 17を引用した］

第一部　中国

第一章　遊仙

§7　桃花源記

『桃花源記』[1]とは、陶淵明[2]が東晋（三一七年〜四一九年）の安帝（三九七年〜四一八年）治下、義熙時代（四〇五年〜四一八年）の第一四年の年初に作った以下の短編名である。[3]

［1］ *Taohuayuan ji.*

［2］ 陶淵明（三六五年〜四二七年）は田園への隠逸の叙情詩で著名な中国の詩人である。

［3］ 訳は、松枝茂夫・和田武司：『陶淵明全集（下）』、東京：岩波文庫、一九九〇年、pp. 152-155による。陶淵明の生涯と作品については、フランス語で、JACOB Paul, *Tao Yuanming. Œuvres complètes*, Paris, Gallimard, 1990を読むことができ、同書p. 245以降には本書原文の翻訳とは異なる訳文が掲載されている。本書の翻訳はとりわけ、一海知義：『陶淵明 ── 虚構の詩人』、東京：岩波新書、一九九七年の注解に負い、歴史的文脈については、大室幹雄：『桃源の夢想 ── 古代中国の反劇場都市』、東京：三省堂、一九八四年に拠っている。

晉太元中、武陵人捕魚爲業。縁溪行、忘路之遠近。忽逢桃花林、夾岸數百歩、中無雜樹、芳華鮮美、落英繽紛。漁人甚異之。復前行、欲窮其林。

林盡水源、便得一山。山有小口、髣髴若有光。便捨船從口入。初極狹、纔通人。復行數十歩、豁然開朗。土地平曠、屋舍儼然。有良田、美池、桑竹之屬。阡陌交通、鷄犬相聞。其中往來種作、男女衣著、悉如外人。黄髪垂髫、並怡然自樂。

晋《しん》の太元中《たいげんちゅう》、武陵《ぶりょう》の人《ひと》、魚《うお》を捕《と》うるを業《ぎょう》と為《な》す。渓《けい》に縁《そ》うて行《ゆ》き、路《みち》の遠近《えんきん》を忘《わす》る。忽《たちま》ち桃花《とうか》の林《はやし》に逢《あ》う、岸《きし》を夾《はさ》むこと数《すう》百歩《ひゃくほ》、中《なか》に雑樹《ざつじゅ》無《な》く、芳華鮮《ほうかせん》美《び》にして、落英繽紛《らくえいひんぷん》たり。漁人《ぎょじん》甚《はなは》だ之《これ》を異《あや》しむ。復《ま》た前《すす》み行《ゆ》きて、其《そ》の林《はやし》を窮《きわ》めんと欲《ほっ》す。

林《はやし》は水源《すいげん》に尽《つ》き、便《すなわ》ち一山《いちざん》を得《え》たり。山《やま》に小口《しょうこう》有《あ》り、髣髴《ほうふつ》として光《ひかり》有《あ》るが若《ごと》し。便《すなわ》ち船《ふね》を捨《す》てて口《くち》より入《い》る。初《はじ》めは極《きわ》めて狭《せま》く、纔《わず》かに人《ひと》を通《とお》すのみ。復《ま》た行《ゆ》くこと数十歩《すうじっぽ》、豁然《かつぜん》として開《かい》朗《ろう》なり。土地《とち》は平曠《へいこう》にして、屋《や》舎《しゃ》は儼然《げんぜん》たり。良田《りょうでん》、美池《びち》、桑《そう》竹《ちく》の属《たぐい》有《あ》り。阡陌《せんぱく》交《まじわ》り通《つう》じ、鶏《とう》犬相聞《けんあいき》こゆ。其《そ》の中《なか》に往来《おうらい》し種《しゅ》作《さく》する男女《だんじょ》の衣著《いちゃく》は、悉《ことごと》く外人《がいじん》の如《ごと》し。黄髪《こうはつ》・垂髫《すいちょう》、並《なら》びに怡《い》然《ぜん》として自《みずか》ら楽《たの》しめり。

晋の太元年間、武陵《ぶりょう》[4]に、魚取りを生業《なりわい》としている男がいた。ある日、谷川に沿って船をこいで行くうちに、どれくらい行ったかを忘れたが、突然、一面に咲きそろった桃の林に出逢った。川を挟んだ両岸には数百歩のあいだ、桃以外の木は一本もなく、芳《かぐわ》しい花が鮮《あざ》やかに咲き誇り、花びらのひらひらと舞い落ちるさまが実にみごとだった。漁師は甚だ不思議に思い、さらにさかのぼって、その林の奥まで見とどけようとした。

林は水源のところで尽きて、そこに一つの山があった。その山に小さな口があって、何かしら光線が射しているようだ。そこで船から下りてその口にはいりこんだ。最初はひどく狭くて、やっと人ひとり通り抜けられるくらいだった。さらに数十歩行くと、からりと開《ひら》けて、土地は広く平らに、立派な家屋が立ち並び、よい田畑、美しい池、桑や竹の類《たぐい》があった。道は縦横に通じ、ニワトリや犬の声が聞こえた。その中を行きかい、畑仕事をしている男女の服装は、どれもみな外国の人のようであるが、老人や子どもまでみなにこにこしていかにも楽しげである。

見漁人、乃大驚、問所從來。具答之。便要還家、爲設酒、殺鷄作食。村中聞有此人、咸來問訊。自云、先世避秦時亂、率妻子邑人、來此絶境、不復出焉、遂與外人間隔。問今是何世、乃不知有漢、無論魏晉。此人一一爲具、言所聞、皆歎惋。餘人各復延至其家、皆出酒食。停數日、辭去。此中人語云、不足爲外人道也。

漁人《ぎょじん》を見《み》て、乃《すなわ》ち大《おお》いに驚《おどろ》き、従《よ》って来《きた》る所《ところ》を問《と》う。具《つぶ》さに之《こ》れに答《こた》う。便《すなわ》ち要《むか》えて家《いえ》に還《かえ》り、為《ため》に酒《さけ》を設《もう》け、鶏《とり》を殺《ころ》して食《しょく》を作《つく》る。村中《ソンチュウ》、此《こ》の人《ひと》有《あ》るを聞《き》き、咸来《みなきた》りて問訊《もんじん》す。自《みずか》ら云《い》う、「先世《せんせい》、秦《しん》の時《とき》の乱《らん》を避《さ》け、妻子《さいし》・邑人《ゆうじん》を率《ひき》いて此《こ》の絶境《ぜっきょう》に来《きた》り、復《ま》た焉《ここ》より出《い》でず。遂《つい》に外人《がいじん》と間隔《かんかく》せり」と。「今《いま》は是《こ》れ何《なん》の世《よ》ぞ」と問《と》う。乃《すなわ》ち漢《かん》の有《あ》るをすら知《し》らず、魏《ぎ》・晋《しん》は論《い》うまでも無《な》し。此《こ》の人《ひと》、一一為《いちいちため》に具《つぶ》さに聞《き》ける所《ところ》を言《い》うに、皆《みん》歎惋《たんわん》す。余人《よじん》、各〻《おのおの》復《ま》た延《まね》きて其《そ》の家《いえ》に至《いた》らしめ、皆酒食《みなしゅし》を出《いだ》す。停《とど》まること数日《すうじつ》にして、辞《じ》し去《さ》る。此《こ》の中《なか》の人《ひと》語《つ》げて云《いわ》く、「外人《がいじん》の為《ため》に道《い》うに足《た》らざるなり」と。

漁師を見ると、ひどく驚いて、どこから来たのかと聞いた。そこで詳しく話してきかせると、自分の家に連れ帰って、酒の支度をし鶏《とり》をしめて、ご馳走した。村の人々は、その男の来たことを聞き、みなやって来ていろいろ質問し、自分達でいうのだった。「わたしどもの先祖が秦の時の戦乱を避けるために妻子や村人を引き連れてこの人里離れた山奥に来て、もはや決してここを出ず、そのまま外界の人々と縁が切れてしまったのです」。そこでさらに、「今はどういう御代《みよ》ですか」とたずねた。なんと彼らは漢代のあったことすら知らなかったのだ。ましてや魏・晋はいうまでもない。漁師が一々自分の耳にした限りのことを詳しく話してやると、彼らはみな驚いて嘆息した。ほかの人々もまたそれぞれ自分の家に招待して、みな酒食を出した。かくして数日間この地に逗留して、暇を告げて去ったのだが、そのとき村の人々は告げていいた。「外界《そと》の人に話すほどのことではありませんよ」。

［4］武陵は今日の常徳市または桃源県であり、洞庭湖西岸の現在の湖南に所在した。

既出、得其船、便扶向路、處處誌之。及郡下、詣太守說如此。太守卽遣人隨其往、尋向所誌、遂迷不復得路。
南陽劉子驥、高尚士也。聞之、欣然規往、未果、尋病終。後遂無問津者。[5]

既《すで》にして出《い》づるや、其《そ》の船《ふね》を得《え》て、便《すなわ》ち向《さき》の路《みち》に扶《そ》い、処処《しょしょ》に之《これ》を誌《しる》す。郡下《ぐんか》に及《およ》び、太守《たいしゅ》に詣《いた》りて説《と》くこと此《かく》の如《ごと》し。太《たい》守《しゅ》即《すなわ》ち人《ひと》を遣《つかわ》して其《そ》の往《ゆ》くに随《したが》い、向《さき》に誌《しる》せし所《ところ》を尋《たず》ねしむるも、遂《つい》に迷《まよ》いて復《ま》た路《みち》を得《え》ず。
南陽《なんよう》の劉子驥《りゅうしき》は、高尚《こうしょう》の士《し》なり。之《こ》れを聞《き》き、欣然《きんぜん》として往《ゆ》かんと規《はか》りしも、未《いま》だ果《はた》さざるに、尋《つ》いで病《や》みて終《おわ》りぬ。後《のち》遂《つい》に津《しん》を問《と》う者《もの》無《な》し。

やがて例の口を出てくると、もとの船を見つけ、前に来た路をたどって、要所要所に目ジルシをつけた。かくて郡の町に着くと、太守のところへ参ってかくかくしかじかと話をした。太守はさっそく人を派遣してその漁師について行かせ、前に付けた目ジルシをたどって行ったが、ついに迷ってもはや路を見つけることができなかった。
南陽郡[6]の劉子驥《りゅうしき》先生[7]は高潔な人物であった。この話を聞くと、喜び勇んでその秘境を探訪しようと計画を立てたが、まだ実現しないうちに、まもなく病気になって世を去った。その後ついにその地を訪ねる人はなかったのである。

陶淵明のこの短編は、同人によるものと言われる空想史記『捜神後記』[8]の一部である。これは当時大変流行したジャンルのひとつである「仙郷淹留説話」[9]に属す。これは同様に、中国に大変多くある「山中他界」[10]を語る説話としても分類できる。とはいえ、これらふたつの範疇は広範に重なりあう。例えば、同じく晋代の同ジャンルの短編『爛柯』[11]は、山中で囲碁を楽しむ仙人に出会った樵《きこり》の話である。樵は斧を置いてしばらく彼らを見ていた。それを再び手にしようとすると、柄の部分が腐っていた。そして村をふりかえったところ、二〇〇年が経っていた……。

通常の時空間からかけ離れた別世界についてのこれらの話が当時かくも流行したのは、それらが同時代の現実を想起させたのが何よりの理由である。すなわち、漢王朝崩壊後、ほとんど絶え間なく中国を襲った戦争、虐殺、飢餓、人食いの風習、蛮族の侵攻、そして為政者による厳しい徴税を逃れ、山中にこもった農民共同体

---

［5］「問津（*Wen jin*）」（津を問う）は孔子の『論語』への暗示である。弟子の子路とともに川沿いにあった孔子は、街道沿いの畑で働く老人・長沮に渡し場の場所を尋ねさせるべく子路を遣わす。老人は遠からぬところで待つ孔子に気がつき、子路に質問をする。

長沮桀溺耦而耕、孔子過之、使子路問津焉、長沮曰、夫執輿者爲誰、子路曰、爲孔丘、曰、是魯孔丘與、對曰是也、曰是知津矣、［……］

長《ちょう》沮《そ》・桀《けつ》溺《でき》、耦《ぐう》して耕す。孔子これを過ぐ。子路をして津《しん》を問わしむ。長沮が曰《い》わく、夫《か》の輿《よ》を執《と》る者は誰と為《な》す。子路が曰《い》わく、孔丘と為す。曰わく、是れ魯《ろ》の孔丘か。対《こた》えて曰わく。是れなり。曰わく、是れならば津を知らん。［……］

長《ちょう》沮《そ》と桀《けつ》溺《でき》がならんで耕していた。孔子がそこを通られて、子路に渡し場をたずねさせられた。長沮は「あの馬車の手綱《たづな》を持っているのはだれです。」というので、子路は「孔丘《こうきゅう》です。」というと、「それじゃ魯の孔丘かね。」「はい。」と答えると、「それなら渡し場は知っているだろう［あちこち巡り歩いて道を知っているはずだ。］」といった。［……］

爾来、「問津」とは知の探求を象徴した。つまり、陶淵明の短編の最後の一文は、以降、桃花源がいずこにあるのか探そうとするものは皆無であったことを意味している。［訳注：邦訳は、孔子（金谷治訳注）：『論語』、東京：岩波文庫、一九九九年、pp. 367–368による。孔丘は孔子のことである。また、長沮と桀溺は隠者の理想像とされていた］

［6］南陽は湖南の南にある。

［7］劉子驥は実在の人物である。『晋書』列伝にもその名が見られる。子驥は字《あざな》で、驎之《りんし》が通名となる。これらの名はおそらく探検に関連している。驥は一日で千里（五〇〇キロメートル）を駈けることができる軍馬で、驎は空想上の一角獣・麒麟との類推から同程度の機動力を持つ軍馬を想起させるのである（今日の日本のキリンビールのラベルにその姿をとどめている）。

［8］『捜神後記』（*Sou shen hou ji*）に「後記」が付くのは、同時代の干宝による別の選集である『捜神記』の続編であるためである。［訳注：干宝（生年不詳～三三六年）は東晋時代の政治家にして文人である］

［9］*Xianxiang yanliu shuohua.*

［10］*Shanzhong tajie.*

［11］*Lan ke.*

という現実だ（王朝の人口は史上最小の二〇〇〇万人以下に落ちこむ）[12]。これらの共同体の中には有能なリーダーに導かれ、とりわけ道教の歴史を貫く自給自足の理想に触発され、小さな理想郷となりえたものもあった。『晋書』は、永嘉年間（三〇七年～三一二年）に魯地方（現在の山東省）の山々の洞窟に多数の家族を逃げ込ませた郗《ち》鑒《かん》[13]の叙事譚を特筆している。

さらに、陶淵明や他の作家がこの類《たぐ》いの話を好んだのは、この暴力的な時代にあっては、フィクションだけが自らの命を危険に曝さずに社会批判を行う唯一の方法であったためである。植木久行が書くように、「陶淵明の描くユートピアは、君臣階級も租税の徴収もない、平等・友愛・自給自足の満ちたりた隠れ里であった」[14]が、むろん、為政者としてみれば手放しで賞賛できるものではなかった。

この歴史的枠組みの追跡はこのくらいにして、むしろ陶淵明の短編のテクストそのものの展開をアリアドネの導きの糸[15]（ただしそれをたわませたうえ）として辿りながら、その深度探査にこだわってみよう。

§8　玄牝《げんぴん》へ遡る

ともあれ、そこには釣り人がいるが、レジャーとして釣りをする人ではない。すなわち、生きるために「魚を捕うるを業と為す（補魚為業）[16]」男である。ポール・ジャコブが指摘するように、「陶淵明は、彼の『ヒーロー』が趣味や考えごとのためではなく、職業として（為業 *wei ye*）釣りをすることを強調して、私たちに彼のその後の裏切りの鍵をわたす。この漁師は、結局は俗物なのだ[17]」。実際、漁師は完全に「人境[18]」に中にあり、偶然が彼に道を誤らせる「仙境[19]」を知りもしなければ敬いもできない。

とはいえ、それは単なる偶然だろうか。

陶淵明の短編はおそらくいくつかの地域伝承に触発されているが、それらは、彼を中国において精神の有り様のみならず、国土の在り方にもにも沁みこんだ神話のコーパスに接続する。このような文脈にしてみれば、件《くだん》の主人公が漁師であったのはまずもって偶然ではない。大陸の中では、漁師は川と風土学的《メゾロジック》な（存在論的・地理学的な）関わりを有するからである。川は重力があるため一方向、すなわち上流から下流へしか流れない。この物理的方向性は生態学的方向性（例えば鮭の産卵回遊、あるいは新年に向けたウナギの稚魚の回遊[20]）の基礎となり、生態学的な方向性自身も、例えば釣り人の技術や経済といった物質生活のみならず、川の流れに関係する象徴といった風土的《エクメナル》なおもむきの基礎となる。これら存在の諸階層（物理的・生態学的・人間的）の間に宇宙《コスモス》＝調和のあるおもむきがあり、それは風土《エクメーネ》により具体的に具現化されたものである。これは以下に記述する。

［12］一五七年には五六〇〇万人だったが、二八〇年には一六〇〇万人となった。しかし、人口の増分の一部が調査から漏れた社会的変化も勘案すべきである。MASPERO Henri et BALAZS Etienne, *Histoire et institutions de la Chine ancienne*, Paris, Presses Universitaires de France, 1967, p. 96 以降を参照のこと。

［13］郗鑒については、大室：前掲書、p. 246 以降を見よ。［訳注：郗鑒（二六九年～三三九年）は中国魏晋南北朝時代の内、西晋・東晋の時代の政治家・軍人である］

［14］山田利明（他編）：『道教事典』、東京：平河出版社、一九九四年、p. 445 の植木久行による「桃源」の項による。

［15］［訳注］アリアドネはギリシャ神話の登場人物で、迷宮に入るラセウスに糸玉をわたし、それを操ることでそこから無事に脱出させた。

［16］*Bu yu wei ye.*

［17］JACOB, *op. cit.*, p. 387. この結論は、風流（*fengliu*）の美学に特徴的な労働の外閉を精確に反映している。

［18］*Renjing.*

［19］*Xianjing.*

［20］冬季に河口付近を遡上する際に捕らえられたウナギの稚魚は、スペインで新年（*año nuevo*）の伝統料理となる。

川の宇宙=調和性《コスミシテ》には疑いがない。しかし、ついでにそれが水流が最小化するまで減退することを附言しておきたい。この点に関しては、壺への注ぎ込みについてのマルティン・ハイデガーの有名な記述がある。[21] さて、件《くだん》の漁師がしていること、それは川の遡及である［図3］。彼は物事の意味=方向を逆流させているのだ。もちろん彼は中国人で、思考は（複数の物事が同道していて）具体的であり、「谷に沿って」[22] 風景の中でそうしている。いわゆる形而上学呼ばわりされる点は微塵もないのだが、象徴についてはそうなのである。たしかに、「形而上学」[23] という単語が現代中国語に存在する。しかし、それは興味深いことに、歴史的には日本語からの借りものである。井上哲次郎[24] が東洋の伝統には該当するものがまったくないドイツ語 *Metaphysik* を訳さなければならなかった際に、一般に孔子の作とされる『易経』繋辞上伝[25] に記された熟語を元の文脈から切り離すことにした。それは、「形而上者謂之道 形而下者謂之器」[26] という中国思想の内在哲学的基調を凝縮した一文である。井上は「形の上にある」の意で、日本語で「けいじじょう」と読む「形而上」なる最初の三文字を取り、「形の上にあるものの学問」、すなわちメタフィジックにあたる「形而上学」を創作した。後に、中国は新しい意味が附されたこの術語を逆輸入する。さて、西洋ではプラトン以来、この知に関わる分野は超越性に密接に結びつけられており、したがって（絶対的）存在（être）と（相対的）存在者（existant）の間の〈隔たり（*chôrismos*）〉を措定している。中国にはそのようなものは皆無だ。上記の成句が示すように、上流（*shang*）から下流（*xia*）に向けて連続的流れがある。[27] まるで川の中にいるかのようなのだ。そして、だからこそ中国では、川は惑星上における H_2O の重力流以上のことを意味する。すなわち、川は上流に、物事の存在原理に向かって流れるのである。

道教はこれを、「玄牝《げんぴん》」[28] の形象をもって表現した。

谷神不死、是謂玄牝、玄牝之門、是謂天地根、綿綿若存、用之不勤

谷神《こくしん》は死せず、是《こ》れを玄牝《げんぴん》と謂《い》う。玄牝の門、是れを天地の根《こん》と謂う。綿綿《めんめん》として存するが若《ごと》し。之《これ》を用うれども勤《つ》きず。

谷の神は決して死なない。それは神秘な牝《ひん》と名づけられる。神秘な牝の入り口、そこが天と地の（動きの）根源である。それはほそぼそとつづいて、いつまでも残り、そこから（好きなだけ）汲《く》み出しても、決して尽きはてることがない。[28]

この形象は、谷がそうであるように、風景の中にある［図2］。すなわち、「谷の神」である「道」は、別世界ではなく俗世にある。したがって、隠者の〈大地への遡行（*anachôrêsis*）〉は、中国では、俗世にあって物事本

---

［21］HEIDEGGER Martin, *Essais et conférences*, Paris , Gallimard, 1958, p. 203–204 の La chose の項を参照のこと（原著は *Vorträge und Aufsätze*, 1954）［訳注：ハイデガーの壺については、オギュスタン・ベルク（中山元訳）：『風土学序説 ― 文化をふたたび自然に、自然をふたたび文化に』、東京：筑摩書房、二〇〇二年、pp. 160–161、を参照のこと。この参照源から敷衍すると、川は水が流れてこそ存在が展開するが、水流が最小化すると地理学的には存在しなくなるが存在論的にはそうとも言えないということである］

［22］*Yuan xi xing.*

［23］*Xingershangxue.*

［24］井上哲次郎（一八五五年～一九四四年）はフェノロサの弟子で、日本の西洋哲学の初代教授であった。

［25］*Yijing xicizhuan.*

［26］*Xing er shang zhe wei zhi Dao; xing er xia zhe wei zhi Qi.*［訳注：形よりして上なる者、之を道と謂い、形よりして下なる者、之を器と謂う］

［27］ここで「上流」と「下流」という術語を用いるのは、JULLIEN François, *Pour une lecture philosophique du Yi-king, le classique du changement*, Paris, Grasset, 1993 の読解に基づいている。

［28］*Xuan pin.*

［29］『老子』第六章。五行目の綿綿という表現は、本書で後に話す生命の根源的な糸である素（*su*）を対象としたものであろう。［訳注：翻訳は、小川環樹：『老子』、東京：中央公論、一九七三年、p. 16 による］

来の原理に到達することなのだと主張できることとなろう。対してキリスト教の隠修士は、別世界以外ではそれに対面できないだろう。というのも、その原理（神）は無限に人間のいる下界を超越してしまうからである。その結果、中国では、世捨てはキリスト教における厭世のような過激さを持つことには決してならず、逆に、以下で見るように、風景という形で感覚的世界を強調することさえできるようになる。

ギュスターヴ・クールベの『世界の起源』[30]や、ジョルジュ＝ウジェーヌ・ラドコフスキー[31]が語るところの「外―在すること（*ex-sister*）の薄暗い母型」が最も明確に示しているが、物事の生成原理は女性の性である。玄い牝である「玄牝」の「牝」、それは語源学的にはウシ類のメスである。かくして谷を遡りながら、文明化された世界、人間の領土である平野から離れるにつれて、人はこの野生のメスの領土に入りこむ。

実際、多くの文化が、未開の地である仙境（*érème*）は女性に由来するとの考え方を有している。多かれ少なかれ普遍的なあらゆる類《たぐ》いのイメージが、そこから干渉してくる。川の遡及に駆りたてるもの、それは例えば母型への回帰衝動ではないだろうか。そう思われる。というのも、人が世を憚り（すなわち遡行して）玄牝を知ること、すなわち道を知ったことで、いく人かの知者は、生まれたばかりの子供のことである「子（*zi*）」を附して呼ばれるに値したからである。これは道教の老子や荘子などだけではなく、儒教の孔子や孟子においてもそうだ。

これら属人的事例に加え、実際、あらゆる中国文化が、神話をつうじて、母の胎内にある子供の状態である未分化・不可分の状態を夢見たのである。あらゆる文化が多かれ少なかれ郷愁を抱くこの状態は、原初的未分化から人間味をもって組織された宇宙《コスモス》＝調和を分離し、それをあるがままに現前させる出生前――『ティマイオス』におけるプラトンの言葉を借りれば創世《ジェネシス》――のそれである。中国では、この創世《ジェネシス》以前の状態は、わ

ざわざ *Datong*、文字どおりには「大同」と呼ばれている。『利氏漢法辞典』は、それを以下のように定義している。すなわち、「すべてが相互浸透する大いなる合一：世界における自然秩序の衰退開始前の完全な平和期間。単一体の要素と考えられる天、地、そして生成された万物との完全な合一」との定義だ。大同は、例えば「礼儀についての紀要」、すなわち『礼記』第七篇で論じられている。[32] 孔子はそこで自分が大道[33]を体験しなかったことを嘆く。それが実践されていた当時は、誰もが「天下」[34]（すなわち世界または帝国）を共有していた。言葉は正鵠を射、行動は慈愛に満ちていた。老人は安息の中で生を終え、若者は勤しみ、子供は健やかに成長した。それは大同と呼ばれた。次には小康[35]がおとずれたが、大道が消滅したのは現状に至る退廃の中での、その小康においてであった。人々は自らの家族しか愛さぬようになり、実子のみしか慈《いつく》しまず、貴顕はその称号を世襲させ、壁と堀で囲まれた都市を建てるのである。[36]

都市問題については後に再度取りあげよう。ここでしばし関心を向けるのは、近代中国において、[37]大同神話

[30]〔訳注〕オルセー美術館に所蔵されたクールべの油彩画で、開脚した女性の陰部が描かれている。

[31]〔訳注〕ラドコフスキー（一九二四年～一九八七年）はポーランド人の哲学者・社会学者・文化人類学者で、「住まい」や「住むということ」といった思考を展開した。

[32]〔訳注〕原著では第七篇とされているが、おそらく第九篇「礼運篇」の誤植である。

[33] *Da Dao.*

[34] *Tianxia.*

[35] *Xiaokang.*『利氏漢法事典辞典』では、「つかのまの平和と繁栄の時代：（大道）時代の道理ある完璧な時代後の良き統治期間」と定義されている。

[36] さらに詳細な解説は、大室幹雄：『劇場都市――古代中国の世界像』、東京：三省堂、一九八一年、第二章を見よ。

[37] 大室：前掲書により解説された作家群を見よ。

の中に、都市や要塞や攻撃兵器を持たず、家母長制であったと推定される仰韶《ぎょうしょう》時代[38]の新石器共同体への追憶を一般に見出すことができることである。かくしてヘシオドスにとっては黄金時代であったことが、中国にあっては母性の時代であった。

Chruseon men prôtista genos (...)
Karpon d'ephere zeidôros aroura
Automatê pollon te kai aphthonon

［オリュンポスの館《やかた》に住まう神々は、］最初に人間の黄金の種族をお作りなされた。［……］豊沃な大地はひとりでに、溢れるほどの豊かな稔りをもたらし、［人は幸せに満ち足りて心静かに、気の向くにまかせて田畑の世話をしておった[38]］。

大室幹雄[40]は中国の想像世界のさまざまな傾向についての見取り図を作成しているが、それらを「ユートピア複合」と「アルカディア複合」の二側面に分類している。父性原理にしたがう前者には都市や国家が属し、後者には田園や共同体が属す。儒教のいう小康はユートピア的とされる一方で、道教のいう大同はアルカディア的とされる。陶淵明と彼の『桃花源記』はむろん後者の側にあり、後に再度話題とする機会のあろう謝霊運[41]もそうだし、『金瓶梅《きんぺいばい》』[42]、『西遊記』[43]、『紅楼夢』[44]などの中国文学でもっともよく知られた小説も——奇妙ではあるが——同様である。ユートピアの側には、財産、家族、仕事、権力、組織、礼節、道徳、懲罰、戦争、城壁と濠、男女区分といったほとんどすべての社会的建設物が並ぶが、アルカディアの側でそれに相当するものは無（*wu*）——すなわち、あらゆる形式での人為を否定する道教が言うそこにないこと——しか見つからない。

このような見取り図では、大同への郷愁が満たされる機会がほとんどないのは明らかである。すなわち、農村社会自体がユートピア側に分類されるのだから、どのような肯定的社会形態もそれには相当しない。アルカディア側には、山賊、道化者、娼婦、侠客[45]といった突飛であったりつまはじきにされたりした形態しか見当たらない……。とはいえ、大室にとっては、社会実態は「境界状況」、すなわちユートピアとアルカディアの間の境界で双方の間に揺れる日常的状況に属している。

　もっとも日常的である物事も、その双方の間で均衡可能であることを示唆するのはその点であろう。例えば、水上の舟のようなものだ。川を遡る舟は釣り以外に役に立たない。それは象徴を積載している。いや、むしろ象徴によって牽引されている。たぶん、無意識そのものによってでさえ……。当時はこの種の原動力がきわめて高く評価された。『荊楚《けいそ》歳時記』[46]は短命だった梁朝期（五〇二年〜五五六年）のもので、例えば筏に乗った張《ちょう》騫《けん》[47]が、黄河の水源でまったく知らないうちに天の川[48]、すなわちミルキー・ウェイに至ったことを語っている。

---

[38]［訳注］仰韶時代は紀元前五〇〇〇年頃から同三〇〇〇年頃で、黄河中流全域に於いて見られた新石器時代のことである。

[39] *Les Travaux et les jours*, 109–118 (p. 90 dans l'édition établie par MAZON Paul, Paris, les Belles Lettres, 2001).（ヘーシオドス（松平千秋訳）：『仕事と日』、東京：岩波文庫、一九八六年、pp. 24–25）

[40] 大室：前掲書、一九八一年、p. 426。

[41] 謝霊運（三八五年〜四三三年）は、史上初の山水の詩人である。

[42]『金瓶梅』はおよそ明代（一三六八年〜一六四四年）のものと考えられる小説である。

[43]『西遊記』は呉承恩（一五〇〇年頃〜一五八二年頃）による作品である。

[44]『紅楼夢』は曹雪芹（一七一五年または一七二四年〜一七六三年）による作品である。

[45] *Youxia*.

[46] 宗懍《そうりん》の作である。荊楚は現在の湖南省と湖北省に相当するかつての地方である。

[47] 張騫は、西方の地方への著名な探検者（生年不詳〜紀元前一一四年）である。漢の武帝の命令で、匈奴の挟撃のための同盟締結の打診をすべく、現在の中国の国境をはるかに越えて中央アジアにまで旅した。彼の筏の伝説は、その旅行記自体よりも後代のものである。この逸話については、武田雅哉：『桃源郷の機械学』、東京：作品社、一九九五年、p. 51 以降に拠っている。

[48] 中国語では天河（*Tianhe*）と言う。伝説によれば、黄河の源流は、並外れた人格であるとか、尋常ならざる厭世であるとか言われもしたが、

同じジャンルの無数の説話が伝わった。したがって、大旅行をするには「筏を水に浮かべる」[49]だけで充分だったようだ。残りは無意識がやってくれたのである……。

もちろん、これはどこでも上手くいったわけではない。この種の探検の特権的領域は西方に拡がる未開の地、人跡未踏の地方であった。私たちは、今まさのそこで思考を展開せんとしている。とはいえ、備忘としてまずは、最大の都市の真っ只中にあっても、芸術の作用を借りることでそれを追体験可能であったことを記しておこう。明朝時代の著名な庭園である蘇州の拙政園は、王献臣が正徳帝時代（一五〇六年～一五二一年）に実生活の絶望から自らを慰めるために整備させたものだが、そこでは神仙島[50]への船旅が図案化されてふんだんに使用されている。とりわけ「不系舟」[51]と命名された東屋がそれで、それは浮遊する記号表現《シニフィアン》であり、信奉者をうっとりとさせる。通に言わせれば、この庭園はひとつの「景」[52]から別のそれへと自在に回遊でき、境界は有限なのに順路は総じて無限である。

このように、象徴の船旅は物的外延に係留されることがほとんどない。これはまさに前述の武陵の漁師が体験することである。彼は「路の遠近を忘る（忘路之遠近）」[53]が、これは結局、郷土を見るのに最良の方法である。

§9　西遊

ふだんの時空間の暦法を失ってしまった私たちの主人公は、「忽ち」[54]咲きほこる桃の森にいることに気づく。なぜ桃か。この木は不死の象徴だからである。例えば、『詩経』に見られるように、桃は古くは多産に関連づけられて、その実はやがて西王母（*Xiwangmu*）神話に取り入れられた。この女神は仙人を統べ、三〇〇〇年に一度しか熟さずに不死を授ける果実のなる宇宙＝調和《コスモス》の木、つまり桃の木を所有している。彼女はそれを果樹園いっぱいに有しているが、見張っておくのが難しい。そこで猿の孫悟空[55]が守衛として登場する。悟空の目的は、不死の桃が仙人の宴で所望されているにも関わらず、こっそり失敬してそれらの不死の霊薬に酔うことにある。これは少なくとも『大唐西域記[56]』のファンタスティック版・『西遊記』の第五章が詳しく物語っており、国際的に成功し、中国語版では『新・七龍珠[57]』と命名された日本の漫画『ドラゴンボール』の原典である。

結局、もっと慎ましやかに、崑崙の山頂にあるひょうたん形の（すなわち無尽蔵の）湖にあり、ロプノールで地下に入ったタリム川が地上に再度出現したものとされている。私たちはこのことで崑崙から遠ざかることはない。というのも、タリム川はヤルカンドを経由して崑崙山脈にあるＫ２に水源を有するためである（後述の§9「西遊」を見よ）。今日の地理学者は、黄河はチベットのオリン湖とキャリン湖（標高四二八五メートル）から放水されるものとする。［訳注：ロプノールは新疆ウイグル自治区南東部にあった湖で、タリム川の流路の移動で位置が変化するため「さまよえる湖」と呼ばれた。ヤルカンドは新疆ウイグル自治区南西部のオアシス都市で、Ｋ２はカラコルム山脈の世界第二位の標高をもつ山である］

[49] 中国語で浮槎（*Fu cha*）。

[50] *Shenxiandao.*

[51] *Buxichuan.*

[52] *Jing.* 拙政園の継起的景観については、中村蘇人：『江南の庭 —— 中国文人のこころをたずねて』、東京：新評論、一九九九年、p. 44 以降を見よ。

[53] *Wang lu zhi yuan jin.*

[54] *Hu.*

[55] *Sun Wugong.*

[56] 『大唐西域記（*Xiyuji*）』は、六二九年に長安を発ち、西方の砂漠を通ってサンスクリット原本の仏典を探しにインドに行き、六四六年に帰国後は、それらの中国語への翻訳に余生を過ごした仏僧玄奘（六〇二年～六六四年）による。『大唐西域記』の旅行記としての純粋さに基づき、その歴史を語ったのが、GROUSSET René, *Sur les traces du Bouddha*, Paris, Plon, 1929 だ。

[57] *Xin qilongqiu.*

その名が示すように、西王母は「西域[58]」を統治している。この方位は中国文化にあって常に魔術的な魅力を放ってきた。というのも、それが太陽の再生の前兆である死の謎に関わる方位だからである。[59]このことは、私が最近輪台[60]に滞在した折に収集した文献でも確認でき、今日でもあてはまる。輪台県の南のツァオフ[61]でタリム川が溢水してできる湖群については、実際に公式ガイドがそれらが大同からそのまま来た点を強調している。そもそも、このような砂漠では見つけることの叶わない、桃花源の国である一種のアルカディアをそこに見ているのである。[62]

ツァオフに入ってゆくと、「落霞与孤鶩斉飛、秋水共長天一色（落霞、孤鶩と齊しく飛び、秋水長天と共に一色）[63]」、「天蒼蒼　野茫茫　風吹草低見牛羊（天は蒼蒼　野は茫茫　風吹き　草低《た》れて　牛羊を見る）[64]」といった風景をいたるところに見ることができる。旅人である君は、すぐにそこで還朴[65]することも、帰真[66]することも、天人合一[67]することもできる。さて、ゆめゆめカメラをお忘れなきよう！

ほぼ同様に、とある別の公式書籍が、ツァオフを「砂漠の真っ直中のシャングリラ[68]」として語っている。かくして二一世紀の中国人旅行者が西方で発見すべきものとして期待されているのは、『穆《ぼく》天子伝[69]』が伝えるように、既に初期の西周王朝（紀元前一〇六六年～七七一年）時代に最初の「西遊[70]」の英雄である穆王が惹かれたものと、見た目にはさして変わらない。しかしながら、西王母がそこで穆王に対するものと同じ歓迎をしてくれるかは確実ではない。

［58］ *Xiyu.*

［59］ ここで本論が参照しているのは、二〇〇四年六月三日に社会科学高等研究院（EHESS）で行われたサンクトペテルブルク大学教授・マリナ・クラフトソーヴァ（Marina KRAVTSOVA）女史による聡明な講義「西遊というテーマの源泉」（未刊）である。

［60］ 輪台は天山山脈の南の山裾にあり、今日タクラマカン砂漠中央部を南北に貫くルートの終点となっている。それは漢の時代に創設され、屯田（*tuntian*）と呼ばれたかつての軍事コロニーである。

［61］ 新疆に良くある地名で草湖のことである。

［62］ 以下に引用するのは、輪台の公式紹介文である『輪台 ― 給你一把金钥匙（君のための輪台 ― 金の鍵）』（新疆人民出版社、二〇〇三年、p. 25）である。問題となっている文章は、旅人にパラダイスへの希望を抱かせる。というのも、砂漠の中の辟易するようなルートの終点にあるツァオフのオアシスで見られるのは、最近エコロジーを理由にさらに北に移住させられた地元民（「ロプノール人」*Luobu ren*）― というか望郷の念にかられた幽霊 ― くらいなものだからである。それに、ロプノールはずっと下流にあるわけだが、タリム川中流域の上流での過度の利水で徐々に進んだ乾燥により、その周辺の湖群はいずれにせよ長期的には危機にさらされている。

［63］ （いつもながら引用源が示されていないが）王勃《おうぼつ》（六四九年～六七六年）の『滕王閣序《とうおうかくじょ》』の詩からの引用である。このことを教示してくれたフロランス・ユ＝スターク（Florence HU-STERK）に感謝する。

［64］ （同様に参照源なしだが）『敕勒歌』と題された北朝（三八六年～五八一年）の民謡からの引用である。このことを教示してくれたユ＝スタークに感謝する。［訳注：敕勒とは北朝の北齊の時代、朔州（現在の山西北部一帯）にいた少数民族の名である］

［65］ *Huan pu.*

［66］ *Gui zhen.*

［67］ *Tian ren heyi.*

［68］ 「大漠中的香格里拉（*Da mo zhong de Xianggelila*）」。劉友軍・胡継傑：『輪台』、ウルムチ：新疆人民出版社、二〇〇三年、p. 21。

［69］ *Mu Tianzi zhuan.* この書は紀元後二八一年に魏（紀元前五世紀から三世紀の戦国時代）の襄王の墓から発見され、郭璞（二七六年～三二四年）により注解を附された。

［70］ *Xiyou.*

吉日甲子、天子賓于西王母。乃執白圭玄璧、以見西王母、好獻錦組百純、□《ママ》組三百純、西王母再拜受之。乙丑、天子觴西王母于瑤池之上、西王母爲天子謠曰、「[……]」將子無死。[……]」

吉日甲子天子、西王母に賓となる。乃ち白圭玄璧を執りて以て西王母に見ゆ。錦組百純、□《ママ》組三百純を好獻《みやげ》とす。西王母、再拜して之を受く。□《ママ》乙丑、天子、西王母と瑤池のほとりに觴《さかも》りす。西王母、天子の爲に謠ひて曰く、『[……]子よ死することなかれ。[……]』

（一年の二八七日目である）甲子《きのえね》の吉日に、天子[70]は西王母の賓客となった。その際、天子は白圭（白翡翠の玉版）と玄璧（黒い円形の玉版）を持参して西王母との会見に臨んだ。親愛の徴《しるし》に、百純（千五百尺）の色とりどりの絹錦と三百純（四千五百尺）の絹を土産とした。西王母は再拝してこれを受け取った。（一年の二八八日目である）乙丑《きのとうし》の日、天子は瑤池の畔で酒宴を饗し、西王母は天子のためにひとり謡ったが、そのいうには「[……]子よ死することなかれ。[……][71]」

西王母の口から出た、この「子よ死することなかれ（将子無死）[73]」は、実現可能性があった。というのも、不死[74]はまさに彼女の掌中にあったからである。長き後に「遊仙[75]」に必要となった錬金術については、この先で詳細に見よう。ともあれ、そのための第一条件は西にゆくことに他ならなかった[76]。前述の武陵の漁師が満たしているのは、まさにその条件である。事実、陶淵明が、彼が遡った川の名を明らかにしようがしまいが、それが沅江《げんこう》[77]以外の川であることはほとんどありえなかった。というのも、西方の山々を源とするその川は、かつての武陵である常得を流れるからである。さらに、中国で河川といえば西から東に流れる。それは、中華世界を統べる「西高東低[78]」という配置規則からして求められる宇宙＝調《コスミック》和的な方位なのだ。西には崑崙山、東には東シナ海がある。つまり、水の流れを遡ることとは崑崙山に遡ることなのである。

では、いったい崑崙山とはなにか。地図を見れば、それはチベットの北縁で西から東に二千キロメートル以上にわたる山々の緑膨帯である。あるいは中国の地図であればそれを喀喇崑崙[79]と記しているだろうが、これはそれらの山々を西方で収斂させるいわゆるカラコルム[80]である。夜のように黒く、世界第二の高峰であるダプサン[81]では標高八六一一メートルになる喀喇崑崙は、ムスターグ峰で標高七七二三メートル[82]、さらに一六〇〇キロメートル離れたコングール山で標高七七一九メートル[83]となる狭域崑崙山脈の西端ということになる。こう言っ

---

[71] ［訳注］穆王のこと。
[72] この行《くだり》は、MATHIEU Rémi, *Le Mu Tianzi zhuan, Traduction annotée, Etude critique*, Paris, Collège de France, Mémoires de l'Institut des hautes études chinoises, IX, 1978, p. 47 からの引用である。［訳注：原文はベルク氏の示唆による。書き下し文は、森三樹三郎：『支那古代神話』京都：大雅堂、一九四四年、p. 106 に拠った］
[73] *Jiang zi bu si.*
[74] *Busi.*
[75] *Youxian.*
[76] 西王母自身の逆が東王夫であるように、西王母の崑崙には東海の神仙島という鏡像対称物があったことは後述する。
[77] ［訳注］沅江は現在の湖南省の大河川で、長江右岸の支流である。
[78] *Xi gao dong di.* 日本の気象学者は、シベリア大陸の高気圧と日本海と太平洋の低気圧という「冬季モンスーン」を発生させる気団配置の特徴を言うのに、同じ表現（「せいこうとうてい」と発音する）を使う。
[79] *Kala Kunlun.*
[80] この山脈はサンスクリット語では「黒い山（*Krishnagiri*）」と呼ばれている。これはどうやらトルコ語のカラコルム *Karakorum*（*Kara* は中国語では喀喇 *Kala* と音写した黒のこと）の意味論上の語源のようである。［訳注：カラコルムとはトルコ語で黒い砂利を意味する］
[81] Dapsang はチベット名である。中国語ではチョゴリ（喬戈里）、英語ではゴッドウィン・オースティン（Godwin Austen）、アルピニストによるピジン語ではK2となる。チョゴリのゴリはサンスクリット語で山を意味する *giri* の音写語である。［訳注：ピジン語とは英語と中国語等を混合した二次的言語である］
[82] ［訳注］ムスターグ峰の標高を七五四六メートルとする説もある。
[83] ［訳注］コングール山の標高を七六四九メートルとする説もある。

てよければ、圧巻の要塞と言えよう。「世界の屋根」と呼ばれるパミール高原から連続するこの要塞は、タクラマカン砂漠北部で「天の山」、つまりは中国語で托木爾[84]と呼ばれ、ロシア語でポベーダ（勝利）峰と呼ばれる、標高七四四三メートルの勝利峰を最高峰とする天山山脈として再び姿を現す。

　したがって、今日の地図ではパミール高原における天山山脈と崑崙山脈の接合面は中華世界の西方末端となる。しかし、中国の伝統的時空間にあってはさにあらずだ。というのも、事物はそこで〈始まる〉からである。これらすべての山々を生成させる名である崑崙山脈からは、河川のみならず宇宙《コスモス》＝調和の息吹である気（*qi*）も下降してくる。どうしてそうなるのか。なぜなら、崑崙の語源は原初のカオスである渾沌（*Hundun*）の別名に他ならないからだ。語源は共通なのである。[85]ところで、天地開闢《てんちかいびゃく》[86]についての詩で始まる『西遊記』の最初の言葉は、渾沌ではなかったか。たしかに、そこでは崑崙山脈の方が頻繁に話題にされてはいるのだが……。これら二語は、円形であることや空隙のあることを示すひとつの語根から派生したようである。これは、葫蘆（*hulu*）（原初から宇宙《コスミック》＝調和的なものとされるもうひとつの形態であり、隠語では外陰部、つまりこの「世界の起源」も示すヒョウタン）、さらには日本語の「車《くるま》」や「空っぽ」でも同様に表現されている。『荘子』は渾沌を詳述している。渾沌という帝の頭である卵（私はそう想像している）に、北海の帝と南海の帝が人間の頭にある七つの穴をあけたところ、渾沌は宇宙《コスモス》＝調和の秩序に取って代わられたというものである。〈卵〉、そうである。なぜなら、シュメール神話や、『不思議の国のアリス』のハンプティー・ダンプティの話（ルイス・キャロルはHumpty Dumpty という名を渾沌 Hundun から造りだした）でも見られるように、ここで論じられているのは原初の卵なのである。広東地方にスープ料理の餛飩（ワンタン *wantan*。北京では *huntun* と発音する）を食べにゆくことがあれば、その名は具材である餃子のようなものに由来するものの、さらにこの原初の卵、つまり生まれでる宇宙の根幹部分であり、あらゆる生命の起源の象徴が変身したものであることに思い至って欲しい。カリフォルニアの夕日を前に、サーフィン後のカロリー回復のため、ハンプティー・ダンプティというポテトチップスをかじりながらやってみて欲しい起源の味見である。[87]

したがって、それは西にある。河川の遡行、隠遁、崑崙探し、素[88]（原初の絹糸）を辿っての卜[89]（本源的な簡素さ）への、さらには砂漠の人跡未踏への回帰、ダプサンの山腹でふける夜、そして何より不死がそうだが、これらのすべてのモチーフはあるひとつの論理にしたがっている。つまり、もともとの傾きでは桃花源からの水のように西から東へ下る、そんな世界に逆行することである。

［84］［訳注］原著ではポベーダの綴りをPobiedyとしているがPobedyとも書く。また、中国語のTuomuerには托木爾という漢字が充てられているが、托木尔峰とも書く。また、その標高を七四三九メートルとする説もある。

［85］この問題に関しては、STEIN Rolf, *Mondes en petit. Jardins en miniature et habitation dans la pensée religieuse d'Extrême-Orient*, Paris, Flammarion, 1987のうち、とりわけp. 66以降の「瓢箪型の花瓶として世界」を見よ。なお、本書はここでは、武田雅哉：「宇宙卵崑崙の謎」、『別冊宝島』、No. 116、一九九〇年を再録した武田：『桃源郷の機械学』、東京：作品者、一九九五年、p. 26以降をとりわけ利用している。

［86］ジャン・レヴィの『西遊記』の翻訳（LEVI Jean, *La Pérégrination vers l'ouest*, Paris, Gallimard, coll. Pléïade, 1991, vol. I, p. 7）が示したところでは、以下のとおりである。「混沌はまだ分かれておらぬゆえ／天と地は渺茫《びょうぼう》なんにも見えず／盤古《ばんこ》が卵を破ったその時から／天地はひらき清濁の別も生ず／生きとし生けるを育む仁《じん》は／万物をつくり善へとみちびく／創造の秘密を知りたいのなら／この『西遊記』を読みたまえ」［訳注：邦訳は、中野美代子（訳）：『西遊記（一）』、東京：岩波文庫、二〇〇五年、pp. 11–12による］

［87］起源の味見（archéotrophie）とは、ギリシャ語で起源や原理を意味する*arché*と栄養を意味する*trophê*から、起源の食べ物、すなわち自らの尾っぽから自らを飲み込むことから、不老不死の象徴とされるウロボロスの蛇の生存規則のことである。

［88］*Su*.

［89］*Pu*.

§10　恨むらくは周穆に及ばざりしを

陶淵明自身は大旅行こそしなかったものの、少なくとも地理には通じていた。彼は『穆天子伝』や『山海経』[90]に強い関心を抱き、後者については『読山海経』[91]を著した。そこでは何よりこれらの「西山」[92]、とりわけ崑崙山が引き合いに出され、この詩人を夢想に誘うのである。

恨不及周穆
託乗一来遊

恨《うら》むらくは　周穆《しゅうぼく》の乗《じょう》に託《たく》して一《ひと》たび来遊《らいゆう》せるに及《およ》ばざりしを。

ああ、もしも実際にそこまで行ったという周の穆天子の車駕に便乗して、わたしもこの地に遊べたらどんなにすばらしかったろうと残念でならぬ。[92]

二行目の「来遊」という表現は曖昧である。というのも、そこには「来（やって来る）」という考えと「遊（旅に出る）」というそれが同時にあるからだ。西方に行くこと、それはまさに大旅行に出発することだったのに、なぜここでは「やって来る」なのか。つまりは、誰かがあなたを待っている場所で、あなたを待っている誰かのもとにやって来るということになる。陶淵明は西方で待たれているが、それはそこが郷土、つまり彼の魂の遠い故郷だからである。しかし、身をもってそこにゆけない以上、象徴作用が車駕や道中案内記を代替する詩や説話を書くのである。むろん、そのことで地形学的な実測図は犠牲になる。『桃花源記』のような物語は地理学的精確さに欠けるだけではなく、件《くだん》の武陵の漁師のように、そこに記したはずの目ジルシを探してみても二度とは見つからないということになる。つまり、計算上可能な反復とは違い、隠遁は反復不可能なのだ。ここでは計算などできはしない。桃の林に「逢う」[94]のだが、それを「みつける」ことはできない。そして山、それは「一つの山（一山）」[95]であり、どの山かは判定不可能なのだ……。

しかし、道順が不確かでも、逆にそれを辿る理由は、大地が人間を支えていることに負けず劣らず確固としている。物事の実体である大地は、それ自体がそこにあるのであって、人は山に半開きになったこの「小さな口（小口）」[96]をつうじてそこに至るし、俗世を離れもする。

件《くだん》の漁師が入り込む洞窟は、ご想像のとおりに「ひどく狭い（極狭）」[97]。実際、俗世を離れるのは容易ではない。しかし、とおり道の反対側には探しものがあるのだから、やってみる価値はある。たしかに一見したところそうは見えないかも知れないが、一般的にそれが真実というものだ。六朝時代の中国の隠士たちが探していた真理、すなわち真（*zhen*）は、今日の人々にとってはエキゾティック、さらに練丹術師のケースでは正直言って奇矯なものに映るかもしれない。しかし、問題はその点ではない。問題はかかる探求の真正性（authenticité）である。そして、人々の真正性は外側からは判断がつきかねる。つまり、それは主権に関わる何かであり、そ

［90］年代不詳だが、それを構成するテクストは戦国時代（紀元前四七五年〜同二二一年）に遡る。
［91］*Du shanhaijing.*
［92］*Xishan.*
［93］訳は松枝・和田：前掲書、p. 110による。JACOB Paul, *Tao Yuanming. Œuvres complètes*, Paris, Gallimard, 1990, p. 197はこの二行を「周の穆天子に同道すること／そしてその車駕でそこを訪れること、それは私には叶わない」と訳している。
［94］*Feng.*［訳注：『桃花源記』中の「一面に咲きそろった桃の林に出逢った」に対応している］
［95］*Yi shan.*
［96］*Xiao kou.*
［97］*Ji xia.*

れを生きる人々が決めることなのだ（ギリシャ語で *authentês* とは、自殺のことを言うことすらあった……）。

つまり、真理に至るためには俗世を離れ、さらには俗世に対して死ななければならないのであり、この考え方は至って普遍的と言えよう。中には、例えば墓所に滞在することで隠遁生活を始めた聖大アントニオスのように、他の人々よりも強烈なかたちで、象徴作用によってそれを表現した者たちもいるのだ[98]。もっとも流布しているモチーフ、それは砂漠（désert）、すなわち社会との絆と「もはや絡み合わない（(dé-)*sertum*）、つまり編みこまれず、加えられず、引きつけられず、束縛されていない」空間のモチーフである（印欧語根の *ser* は絡みあわせるという意味である）。換言すると、そこでは人は孤独だ。中世ヨーロッパ同様、中国ではこの dé-*sertum* は森であり、とりわけ山（*shan*）という木々に覆われた山岳である。

山、それは件《くだん》の武陵の漁師が、足先から頭のてっぺんまで現世に留まりつつも隠遁してゆく先に他ならない。事実、隠遁の風景さえ整っていれば、自身が隠士になる必要はない。私たちの惑星にはいくつもの世界があるのだから、そこから姿を消す方法も同じくらい種類がある。例えば、聖大アントニオスの時代には、砂漠の師父たち[99]は絶対性の探求のため、肉体―それは人間を現世に附随させる自然である―の苦行を課す隠修生活（érémitisme。この言葉はギリシャ語で砂漠を意味する *erêmos* に由来する）を実践していた。ヨアンネス・クリマコス[100]が書くように、「俗世からの離脱、それは物質に対する自発的な憎悪であり、自然を超えるものに至らんとする欲求による自然の否定である」[101]。これらの隠者の隠遁生活では、動物身体（corps animal）に対する苦行と同様、風物身体（corps médial）[102]は自身から切り離されていた。それについて、聖大アントニオスにとっての砂漠が、彼個人の尺度かつ信仰の効果という点で予示したことがある。地球的尺度かつ科学の効果という点で近代性が最終的に産みだしてしまうもの[103]、すなわち、人間の風土性《メディアンス》の否定である[104]。この点については第三部で再検討しよう。

そこで件《くだん》の漁師だが、彼の象徴的行為は他のやり方で行われる。つまり、山中で「やっと人ひとり通り抜けられるくらい（纔通人[105]）」の洞窟の狭い通り道を横断するという行為である。その後「からりと開けて（豁然開朗[106]）」となる［図4］。

そして、そこで彼が見るのは「立派な家屋が立ち並び（屋舎儼然[107]）」「道は縦横に通じ（阡陌交通[108]）」ている至っ

---

［98］LACARRIERE Jacques, *Les Hommes ivres de Dieu*, Paris, Fayard, 1975, p. 59.

［99］三世紀から四世紀のエジプトやシリアにおけるキリスト教の隠修士たちのこと。

［100］［訳注］クリマコス（五七九年〜六四九年）は、キリスト教の修道士にして著述家で、修道士への教訓をまとめた『天国の階梯』を著した。

［101］MIQUEL Pierre, osb., *Lexique du désert. Etude de quelques mots-clés du vocabulaire monastique grec ancien*, Bégrolles-en-Mauges, Abbaye de Bellefontaine, 1986 の隠遁（Anachorêsis）の項（p. 71）からの引用。

［102］人類にあって必ず動物身体を補完する生態学的・技術的・象徴的な風土《ミリュー》のこと。LEROI-GOURHAN André, *Le Geste et la parole*, Paris, Albin Michel, 1964, 2 vol.（アンドレ・ルロワ＝グーラン（荒木亨訳）：『身ぶりと言葉』、東京：ちくま学芸文庫、二〇一二年）のいう〈社会身体（*corps social*）〉に対応しているが、風土的《エクメナル》な関係においてそれに代替するものである。拙著『風土学序説』を見よ。

［103］BERQUE Augustin, «La cité naturelle. De l'ermitage paysager en Chine médiévale à l'*e-urbanization* post-fordienne», dans ESCANDE Yolaine et SCHAEFFER Jean-Marc, *L'esthétique: Europe, Chine et ailleurs*, Paris, You-Feng, 2003, pp. 71–84 は、その比較についての試論である。

［104］風土性《メディアンス》とは、人間にとって動物身体と風物身体との補完的関係である（拙著『風土学序説』を見よ）。近代性に浸かった二元論者の存在論的方策は、風物身体を外閉することで、存在を個人的動物身体に限定してしまう近代存在論的な抽象的局所《トポス》でそれを置き換えた。

［105］*Cai tong ren.*

［106］*Huoran kai lang.*

［107］*Wushe yanran.* JACOB, *op. cit.*, p. 245 は、この行《くだり》を「建物はおごそかな様相をしていた」と訳している。しかし、本書は「『儼』と『厳』とは、やや意味を異にし、『厳』がおごそか、厳格であり、美の観念とは必ずしも連ならないのに対し、『儼』は規格が保持されている美しさをいう」という一海知義：『陶淵明 ― 虚構の詩人』、東京：岩波新書、一九九七年、p. 16 の注釈にしたがいたい。これは、ここで問題になっている家屋にも言えよう。それらの規則的配置は見るだに美しい。しかし、残りの文章からも明らかなように、その風景はおごそかではなく、むしろ心地よい。この「儼」が肯定的な意味を有することは、陶淵明が長男の名前にそれを充てたことからも裏付けられよう（本書§17も見よ）。

［108］*Qian mo jian tong.*

てユートピア的風景だ。阡と陌は、それぞれ畑地の間の東西と南北の道のことである。このような配置方法からは、必然的に「井（という文字の形）への畑地の整序」である井田法（*jingtianfa*）という古典的モチーフが思いおこされる。井（*jing*）という文字は、中国で井戸の上で組む四本の垂直な厚板を表象する絵文字から派生していて、ここでは「直交している」という意味である。これは、孟子（紀元前三七二年？〜紀元前二八九年？）が周代のものとして理想化しつつ推奨した幾何学的な国土整備手法だ。[109] この方法は至ってユートピア的に見えるが、中国史においては陶淵明の件《くだん》の説話の用法同様、正当で秩序ある社会を象徴していた。

　このユートピア的側面は、陶淵明に帰属可能な達観した社会批判への意思と何らかの関係があるに違いない。しかし、かかる意思と彼の説話で支配的なアルカディア的側面は合致しないのが事実である。また、大室の著書に「桃花源の入口」[110]との題名で転載された版画『桃花源志略』[111]のように、その不一致は後世の想像上の風景が造りだす絵画的な表象による変局を受けてもいる。そこには「土地平曠」[112]ではなく山がちで切り立ち不規則な、つまるところピクチャレスクな景勝が描かれており、陶淵明の書いていることと一致する点は皆無である。「屋舎儼然」の代わりには、イギリスの中国式庭園で見られる工作物のように風景の中に無理なく散布された住まいが描かれる。それらの工作物には「秦人古洞」[113]「大士閣」[114]「淵明祠」[115]「遇仙橋」[116]「坊竹亭」[117]「八角亭」[118]などの地名が添えられている（イメージ自体の中に記述されている）。この類《たぐ》いの地名の添付は中国式庭園では多々見られる。そこで明白に看取できるのは、『桃花源記』という作品の中国庭園史への実際的影響のみならず、後述のとおり、それ以上の影響を及ぼす本作品が庭園に刻印したヴィジョンである。しかし、そのヴィジョン自体が、そしてそのヴィジョンに則ったこれらの庭園が、もっと一般的なインスピレーションの潮流に由来するために、陶淵明の影を庭園に見てしまうだけなのだ。そしてその潮流とは、中国では別個の時空間（＝別所、別時）の探査ため、大地にもぐりこみ俗世の反対側に遡らなければならないとするそれである。庭園はこの探求を図化するが、私たちはクリマコスや聖大アントニオスが求めたものから遙か遠方に導かれる。しかし、原理は同じだ。すなわち、世界からの孤立は真理へと向かうことである。あるいは少なくとも自身固有の真理、つまりは自らの真正性に向かうことなのである。

［109］井田法（これはなにより北米のタウンシップを思いおこさずにおかないわけだが）によれば、土地は以下のように区画される。九〇〇畝《うね》の正方形を「井」の字の形に九等分することで、田畑は直交した碁盤の目に区画される（「井」の字を正方形の中に書くと実際に九つの正方格子が形成される）。周りを囲む八区画は、私田（*sitian*）としてそれぞれ一区画が一家族に割り当てられるが、中央の区画は公田（*gongtian*）として八家族が共同で耕作し、収穫は国に税として徴収される。国土は全般に、この基本的モジュールにより分割組織される。鄒衍《すうえん》（紀元前三〇五年～紀元前二四〇年）は、全世界は九州に、各州は九地方に分割され、その一地方、すなわち全世界の八一分の一が中国であると説明する。この中国の伝統的な宇宙論《コスモロジー》では大地は正方形である一方、天は球形であることは失念できまい。これこそが宇宙＝調和的《コスミック》な秩序なのだ［訳注：タウンシップは政府の測量単位で、六マイル四方の面積の土地区画のことである。鄒衍は中国戦国時代の思想家で、陰陽五行思想を初めて体系化したことで知られる］

［110］大室：前掲書、一九八四年、p. 252。残念ながらその他には説明も解説も附されていない。

［111］*Taohuayuan zhilüe.*

［112］［訳注］『桃花源記』中の「土地は広く平らに」に対応している。

［113］*Qinren gu dong.* このアルカディアの住民は「秦人」と呼ばれる。というのも、彼らは秦の時代からやってきたからである。

［114］*Dashi ge.*

［115］*Yuanming ci.*

［116］*Yu xian qiao.*

［117］*Fang zhu ting.*

［118］*Ba jiao ting.*

§11 別所、別時

私の記憶の中に、「*Lalla Aziza Bihi/usigh-am afullus* …」（ララ・アジザ・ビヒ／私は君のもとに［生け贄にする］雄鶏とともにやってきた）[119]というベルベル人の祭りの歌が残っている。そして半世紀後のある冬の晴れた日、チゲミ・イジズ［図3］からジニットまでの峡谷を越え、ララ・アジザの聖域のあるアジフ・イセクサワン[120]［図2］の谷を遡及してみると、私たちはタイム・スリップしたかのように出迎えられた。過去は常に現前してくる［図6］。私たちをもてなしてくれた食事では、*snwan-d afullus i imekli*（鶏を焼いておいてくれた）のである……。

それらの土地は西への上りの中途にあり（西高オーアトラス山脈のセクサワ[121]）、武陵の漁師も西に遡及してその到着をもてなされたのだから、その話とはいくつかの類似点がある。尺度の違いはたしかにある。実際、「秦の人々」が記憶にすがり時の流れから身を引いてそこに居ついてからは五〇〇年以上が経っており、半世紀ではない。しかし、アトラス山脈の桃花源の里—そこでは花々はアーモンドのそれだが—でも、遠来の客をもてなす「殺鶏[122]」という方法に変わりはない。

さらに似かよったことに、空間と時間が忘却されている。なぜなら、肉体から象徴への移行に際し（むろん生きとし身体がそれらを連結しているわけだが）、〈脱計測（*démesuration*）[123]〉が起きるからである。中国では、道教の伝統が、例えば『荘子』の「逍遙遊[124]」の章に見るように、無為[125]の理想を象徴し、仙人の領地である何もない広大な土地を「無何有之郷[126]」と命名している。無と無為は絶対的非人為、すなわち道士が苦行によって不死のために試みることで手に入れる自然な絶対である。しかし、無何有之郷では、もはや私たちの知る時間や空間の目盛りでは物事の計測は不可能で、前述の秦の人々がそうであったように、そこに道程すらも気づかないままに至ってしまうことさえしばしばあるのである。

彼らのものとなった郷では、**「物事はある」**のであって無というわけではない。そして土を耕すなどして**「彼らはそこで物事を作っている」**のであって、無為とは無縁に見える。しかし、無為は何もしないことではない。私の道教についての知見は充分ではなかろうから、ここでそれを論ずることはやめにしておきたい。むしろ、俗世からの離脱が引きおこす計量の無意味化を強調しておきたい。すなわち、つまるところ、別世界で起きていることの判断に、俗世の寸法という単位は使えないという考え方でである。実際は真逆なのだ。というのも、ここで問題になっている「離脱」とは、少なくとも高い割合で俗世で正常なことが自動的に反転してしまうことであり、逆方向でも同じことが起きる（これは『不思議の国のアリス』で鏡の反対側に移動するというテーマが語らしむことである）。

さらに深奥では、この反転は生態学的意味での自然（nature）と象徴的な意味での自然らしさ（naturel）の理念

［119］歌詞の書き取り文を修正してくれたタサディット・ヤシン（Tassadit YACINE）に感謝する。
［120］［訳注］いずれもモロッコの地名である。
［121］［訳注］オギュスタン・ベルク（木岡伸夫訳）：『風景という知――近代のパラダイムを超えて』、京都：世界思想社、二〇一一年の表紙にその写真が掲載されている。
［122］*Sha ji.*［訳注：『桃花源記』中の「鶏をしめて」に対応している］
［123］これはベルナール・ラシュスがランドスケープ・アーキテクチャーの分野で提唱し実務で活用した〈計測を超えている（*démesurable*）〉という概念から私が派生させたそれである。とりわけ、LASSUS Bernard, *Jardins imaginaires. Les habitants paysagistes*, Paris, Weber, 1977を見よ。
［124］*Xiaoyaoyou.*
［125］*Wuwei.*
［126］*Wuheyou zhi xiang.*［訳注：わが国では無何有郷と略すことが多い］

に関わってくる。西洋でも東洋でも、隠士は獰猛な野獣と平和裡に暮らしている。例えば、ゲラシモス[127]のライオンには郭文[128]の虎が相当する……。人境《エクメーネ》[129]と仙境の間の越境が引きおこすこの自然と文化の関係の反転は、まずは金銭に見られる価値の転換をともなう。六朝時代の中国の隠者たちは、かくして「貧しくない貧困」という概念を発明した。文字通りには「清貧」[130]であり、ある種の解放として喜びをもって受容されるものである[131]。とはいえ、おそらく中国におけるこの転換は、前述の砂漠の師父たちほどには突飛ではなかった。事実、ジャック・ラカリエール[132]は狼狽させるような「砂漠の論理」を語っている。

何人かの隠修士の謙虚さときたら、自分の名前が呼ばれてもあえて答えないほどであった。［……］「パラディウスとルフィナスはポイメンを探していて、自分はポイメンではないという隠修士を見つけた」この答えを聞いて、それが彼であることがわかった［……］。

仙境における価値と人境《エクメーネ》の論理の反転は、例えば漢王朝末期から農民が俗世から切り離された共同体を打ちたてるために山に逃げこんだ時のように、乱世にあってはよく見られたものであった。先に見た陶淵明の説話は、部分的にはこの歴史的現象に依拠している。例の秦の人々は、当時の他の人々と同様に、「妻子や村人を率いこの絶境までやってきて、そこからもはや出ることはなかった（率妻子邑人来此処絶境不復出處）[133]」。かくなる絶境（別所）とかくなるタイム・スリップ（別時）。この瞬間から彼らは歴史の外部にある。俗界の外なのだから世紀の転換には煩《わざら》わされない。そして、彼らは道教が理想化した物事の流れとは逆方向への旅をなしとげる。彼らは自給自足で平静不動であり、以下の「小国寡民[134]」を現前させる。これは国家の発展以前の状態であって、『老子』第八〇章が論ずるところのものである。

［127］LACARRIERE, *op. cit*, p. 232を見よ。とりわけヨルダン地域の隠遁者にとっては、獰猛な野獣も聖性に敬意を抱けば穏和で忠実な同伴者に変わるのであった。ゲラシモスのライオンはその主人（この言葉が適当であればだが）の墓のそばで死んでいったという。［訳注：ゲラシモスは五世紀にパレスチナのヨルダン川沿岸に修道院を開設したキリスト教の修道士で、砂漠のライオンを飼いならしたとの伝説がある］

［128］西晋（二六五年～三一六年）末期から東晋（三一七年～四二〇年）初期に生きた郭文は、とりわけ以下の逸話で有名である（大室：前掲書、一九八四年、p. 333以降及び大室幹雄：『園林都市——中世中国の世界像』、東京：三省堂、一九八五年、p. 583以降を参照のこと）。ある虎が歯に骨をはさませて苦しんでいた。郭文がそれを抜いてやったところ、虎は翌日感謝のために子鹿を彼に献上した。

［129］［訳注］本書ではエクメーネを風土と訳しているが、そもそもそれはギリシャ語の *oikoumenê gê*（人の住む土地）、さらには *oikos*（家）に遡り、篠田勝英氏の訳で一九八八年に邦訳されたベルク著『風土の日本』では、居住域との訳が充てられている。因みに本書で仙境と訳すことを基本としている érème は「人の住まない空間、野生の空間」の意で、上書では非居住域との訳が与えられていた。本書では、ベルク氏の示唆もあり、仙境との対比を明示するため、文脈に応じてエクメーネに人境という訳を充てることもある。なお、§8の冒頭に見られる「人境」のように、エクメーネとのルビの振られていない語は、原文で中国語の人境の発音が指定されていたり、domaine des humains（直訳すれば「人間の領域」）のような意訳が施されたものである。

［130］*Qingpin.*

［131］神楽岡昌俊：『隠逸の思想』、東京：ぺりかん社、二〇〇〇年、p. 9以降を見よ。

［132］LACARRIERE, *op. cit*, p. 136以降。ポイメンの逸話は、セラピオン（Sérapion）による『エジプトのマカリオスのコプト語生活（*Vie copte de Makaire l'Ancien*）』から採られている。［訳注：セラピオンは四世紀に下エジプト地方で活動した司教でギリシャ語に通じた宗教者であった、エジプトのマカリオス（三〇〇年頃～三九一年頃）は隠遁修道の最初期の完成者のひとりとされ、コプト語は四世紀以降のエジプト語である］

［133］*Shuai qi zi yiren lai ci jue jing bu fu chu yan.*

［134］*Xiao guo gua min.*

小国寡民、［……］、
雖有舟輿、無所乗之、
雖有甲兵、無所陳之、
［……］、鄰国相望、
鶏犬之声相聞、民
至老死、不相往来

小国寡民《かみん》には、［……］、舟輿《しゅうよ》
有りと雖《いえど》も、之《これ》に乗る所無く、
甲兵有りと雖も、之を陳《つら》ぬる所
無し。［……］。隣国相望み、
鶏犬《けいけん》の声相聞こえて、民は老
死に至るまで、相往来《おうらい》せず。

国は小さく住民は少ない（としよう）。［……］
船や車はあったところで、それに乗るまでもなく、
甲《よろい》や武器があったところで、それらを並べて見
せる機会もない。［……］。隣の国はすぐ見えると
ころにあって、鶏や犬の鳴く声が聞こえるほどで
あっても、人民は老いて死ぬまで、（他国の人と）
たがいに行き来することもないであろう。[135]

陶淵明の説話に出てくる「ニワトリや犬の声が聞こえた（鶏犬相聞[136]）」との表現は、明らかにこの外界を気にかけない平穏無事なさまを暗示している。東アジアでは時代が下ると、鶏の鳴く声と犬のほえる声はのどかな田園での幸せな生活を象徴することとなった。「みなにこにこしていかにも楽しげな（並怡然自楽[137]）」老人（黄髪[138]）や子供（垂髫[139]）のイメージも同義となる。それは、老人と子供という最弱者がおだやかに安心して暮らせる「大同（*Datong*）」に帰してゆくのである。

これらの秦の人々とともに、私たちはたしかに俗世の外部にある。しかし、歴史のみならずモンスーン・アジアと近東の砂漠、道教とキリスト教といった具合に異なる風土《ミリュー》で見られる類似テーマを概観してみると、外部にいる彼らが俗世の宇宙＝調和性《コスミシテ》について本質的役割を担っていると考えさせられる。つまり、俗世の外部、さらにはそれが反転したところに俗世の秩序（*kosmos*）を打ちたてるということである。そこには多少なりとも、アリスの鏡のこちら側とあちら側で映りあう記号の遊び以上のものがある。まず、本書が宇宙＝調和《コスモス》の〈類推基調（*constante analogique*）〉と呼ぶものが、その術語のあらゆる意味において、そして存在（être）のあらゆ

る段階において間違いなく存在する。宇宙《ユニヴァース》の秩序を維持しながら真空が物質のエントロピーを吸収すると考える熱力学や天体物理学にはじまり、ゲーデルの不完全性定理が自らの外部以外には（つまりある命題の体系の外部への参照なしには）世界を打ちたてること（つまりその体系の確実性を証明すること）はできないと言っているに等しい数学や論理学に至るまでのあらゆる段階である。ここで本書にさらに直接的に関わるのは、仙境（野生の大地、砂漠、仙人の領地、つまりは仙境）が風土《エクメーネ》（住まわれた大地、人間の領地、つまりは人境）の基盤となるということである。

むろん、この類推の表現方法は風土《ミリュー》によって異なる。おのおのの世界がそれを述べるための固有の象徴体系を有している。さらに、人境《エクメーネ》と仙境の関係における尺度を弁別する必要がある。風土《エクメーネ》とは人類の大地という外延に対する関係だが、それは一般的意味において、その内部に地球のあらゆる砂漠のみならず、宇宙《ユニヴァース》において人類が何らかの方法でアクセスできるすべてのものを含んでいる。仙境とは、この尺度において、俗世の境界のあちら側にある余事象のことである。ジョルジュ＝ユベール・ラドコウスキーはそのことを以下のごとく見事に書いている。

> 境界は世界を保護し、あちら側との分離を見張っている。すなわち、それは場所とそうではないもの、世界とカ

［135］訳は小川：前掲書、p. 141 による。
［136］*Ji quan xiang wen.*
［137］*Bing yiran zi le.*
［138］*Huang fa.*
［139］*Chui tiao.*

オスを裁断する。あらゆる深度を剥奪された純粋な外在性の深淵、というのも道がないから（世界の深度が明らかになるのは場所の探査の中で道を辿りながらであり、探査とは中心に回帰するために実現すべき深度の体験である）。すなわち、それ自体における実在（réel）の空隙、というのも場所の空隙だから。現前させる純粋な能力、それを外-在させる（*ex-sister*）薄暗い母型。すなわち、モンスター、奇跡、そして驚異。そこではあらゆることが可能になる。というのも、可能なことが何もないから。空想と専断の王国、というのも基礎がなく、無の上に基礎があるから。冒険の世界、というのも自然が奪取されているから。不可知で知るべきでもない不知。すなわち、理解可能なあらゆる決定への無縁[140]。

逆に特殊な意味において、風土《エクメーネ》と仙境、住まわれた大地と野生の大地の区分は、地球上において、さまざまな尺度で、私たちの世界であるものとそうではないものの間のこの基礎的対比を具体的に体現しもすれば変化を羅列しもする。あらゆる文化にその固有のヴァージョンがあり、ここでは中国史において中心的モチーフとされることとなるいくつかの単語を挙げてみると、人間の領地と仙人の領地の区分は、人境と仙境となるのである[141]。

§12　遊仙

陶淵明の説話は、「自然と遊ぶのを好み（好遊山沢[142]）」「隠遁を志向し（志存遯逸[143]）」さらに漁師から話を聞いて「喜び勇んで（欣然[144]）」いる南陽[145]の「高潔な人物（高尚士[146]）」に言及して終わる。陶淵明は不死を信じていなかったのだから、この言及は皮肉なものだ。さて、なぜかくも喜び勇んでいるのか。なぜなら、彼にとって仙人世界と接触する機会がえられるのはまさにそこだったからである。そして、その探検は何世紀にもわたって中国の大半の知的エリートの息もつかせないこととなる。とりわけこの時代にあってはエリートたちはその探査に関心をもったし、それは隠遁志向という形で表れた。

この隠遁志向の問題は後述するとして、ここでは不死のテーマそのものを考えてみたい。前述のように「死なないこと」は西王母が穆王に祈念したことである。これは不死（*bu si*）と言われ、例えば「不死の薬（*busi zhi yao*）」といった具合に、名詞としてフランス語の immortalité の意味で用いられる。しかし、さらに一般的なのは「不老不死（*bulao busi*）」という表現である。おそらくこれこそ全人類の夢であろう。とはいえ、肉体の死の明白さを前にすると、たいていの文化は、肉体に対して生き残る魂という形で埋めあわせをする。しかし、さまざまな延命（養生[147]）手段で体そのものが永遠に若々しくあることで不死を得ようとするのは、中国文化に

［140］RADKOWSKI Georges-Hubert, *Anthropologie de l'habiter. Vers le nomadisme*, Paris, Presses universitaires de France, 2002, p. 154.

［141］以降の記述に関しては、基本的に汪涌豪・兪灝敏（鈴木博訳）:『中国遊仙文化』、東京：青土社、二〇〇〇年に拠っている。このテーマについての文学は数多い。フランス語では、とりわけ SCHIPPER Kristopher, *Le Corps taoïste. Corps physique, corps social*, Paris, Fayard, 1982 で読むことができよう。

［142］*Hao you shan ze*.［訳注：好遊山沢と志存遯逸は、『晋書』巻九四「隠逸傳」の中で『桃花源記』で唯一登場する実在の人物である劉子驥に関する記述に出てくる表現である］

［143］*Zhi cun dunyi*.

［144］*Xinran*.

［145］南陽は河南省の南にある都市で、武陵からは至って遠方にあるものの、その地名はおそらく単純にこの「高尚士」の故郷であることを意味している。

［146］*Gaoshang shi*.

［147］*Yangsheng*.

顕著な特徴である。[148]

なので、ギリシャ人が語る不死の人々と中国的なそれとの共通点は皆無である。この無限の若々しさの探求を成功に導く方法を知っていたのは人間なのだ。伝統的にかかる人々は僊人（*xianren*）と呼ばれた。僊（*xian*）という文字の語源は諸説紛々だが、（左側のパーツである）人間が空中に自在に立っているさまか、山の方へ移動しているさまといったところであろう。もっとも、この文字は後に（同音の）仙という文字に取って代わられる。こちらはもっと解りやすい。右側のパーツが山なのである。実際、仙人たちは山に出没する。それは彼らの領地であると同時に境（*jing*）という状態でもある。というのも、彼らはたいていの場合は見えないのであり、雲の中にまぎれこんでいて、見えるのは山だけなのだ。賈島《かとう》[149]（七七九年～八四三年）の有名な五言律詩はそれを以下のように述べている。

松下問童子	松下《しょうか》　童子《どうじ》に問《と》う	松の木の下で子供に聞いてみた。
言師採薬去	言《い》う師《し》は薬《くすり》を採《と》りに去《さ》ると	その子供が、お師匠さまは、薬草を採りにお出かけになりました、との返事。
只在此山中	只《た》だ此《こ》の山中《さんちゅう》に在《あ》り	どうもこの山の中にいるらしい。
雲深不知處	雲深《くもふか》くして処《ところ》を知《し》らず	だが、白雲が深く垂れこめて、どこにいるのかわからない。

石川忠久はこの詩を以下のように解説する。[150]「この子供は隠者の身のまわりの世話をする子供です。隠者のまわりにはけがれのない子供がはべっています。松も、隠者の象徴だということは前にも出てきました。[……]薬とは薬草のこと。これもまた隠者につきものです。隠者は薬草を摘んで、それを俗世間の者に売ってやる。

つまり、薬草だけが隠者と世間を結ぶものなのです。［……］雲はもちろん白雲です。これも隠者の象徴。［……］そして、肝心の隠者先生自身は雲の中に隠れて姿を見せない。そこに縹渺《ひょうびょう》たる味わいが漂ってくるのです」。私たちは詩情の中にあるのだから、たしかに縹渺[151]であろう。しかし、中国人の読者は、この隠者は仙人であると即座に理解できる。

実際、多くの隠者はそうであるか、そうなるかである。彼らを探しにいっても会えないことが頻繁なのはそのためである。「隠者を尋ねて遇わず（尋隠者不遇）[152]」は、中国の詩情にあって古典的主題だ。上記の詩はまさにそれを題名としている。隠者に会えないのにはさまざまな理由が考えられるが、仙人は本質的に不可視であることは些事ならぬそれである。彼は、文字どおり人と山の組みあわさった仙（*xian*）になっているのだ。

中国でもっとも有名な山のひとつに廬山《ろざん》という名前のものがあるが、それもまた語源としてこの類《たぐ》いの歴史を有している。廬山は中国中央部の江西省北部に位置する標高一三〇〇メートルの山塊である。山岳名称学的には廬は「小屋」を意味するが、それにまつわる伝説がある。[153]春秋時代（紀元前八世紀～五世紀）にそこに匡俗《きょうぞく》という隠者が住んでいた。周の定王（在位六〇六年～五八六年）が出仕をうながしたものの、密使たちは彼の空の小屋しか見つけられなかった。匡俗は仙人となって山に溶け込んでしまい、消えてしまっていたのだ。かく

［148］　これはまさしく山田（他編）：前掲書、p. 522 において楠山春樹が強調するとおりである。
［149］　［訳注］賈島は唐代の詩人で、推敲の故事で知られる。後述のとおり、以下の詩の題名は「尋隠者不遇（隠者を尋ねて遇わず）」である。
［150］　石川忠久：『漢詩の風景』、東京：大修館書店、一九七六年、p. 156 以降。［訳注：書き下し文及び訳文も同書に拠った］
［151］　［訳注］ぼんやりしていてかすかなさま。
［152］　*Xun yinzhe bu yu.*
［153］　以下は、『角川大字源』、東京：角川書店、一九九二年、p. 583 の廬山の項を参考にした。

して廬山はいまだに「匡山《きょうざん》（*Kuang-shan*）」、さらには匡廬《きょうろ》（*Kuang-lu*）、すなわち「匡の小屋」とも呼ばれている。

神仙思想[154]の源泉は雑多で、西方から来たものもある。この思想は戦国時代（紀元前五世紀〜三世紀）から形成されはじめたが、史的には道教と密接な関係があるとされる。とはいえ、さらに緊密なのは中国の国士とのそれである。実際、山らしい山なら、仙人の領地、すなわち仙境（*xianjing*）考えられなかったものはほとんどない。隠修士たちが薬草を探して山に遠足すること（遊 *you*）もまた、不死の探求を意味する遊仙（*youxian*）を共示するものだった。この術語は『利氏漢法辞典』では「イマジネーションの中で仙人の王国を散策すること」と味気なく定義されている。実際は単なるイマジネーションどころの話ではない。問題となっている散策には実際には確固とした肉体的側面がある。とりわけ、一時的遠足という意味にせよ、隠修生活を人生の中で選択するという意味にせよ、「入山（*Rushan*）する」という肉体的側面である。それにはまた、食物選択、衛生確保、さらには肉体鍛錬というテクニックが伴うこととなった。それらの頂点に立つのが錬丹術である。しかも、神仙思想の影響は甚大かつ持続的で、庶民だけではなく、とりわけ皇帝に代表される中国社会の文人エリート層に及んでいった。中国統一を成しとげ最初の皇帝となった秦の始皇帝（在位二二一年〜二一〇年）はそれに熱中していたし、同様に前漢の大皇帝であった武帝（在位一四一年〜八七年）も同様である。一六世紀の明朝時代でも、嘉靖帝《かせいてい》（在位一五二一年〜一五六六年）がそうであった。しかし、その後、皇帝たちは関心を失ってゆく。清朝の満州族はもはやそれに興味を示さない。その間に、秘薬と言われたさまざまな水薬や、特に水銀によって中毒となって青春の始まる時期に死んだ者たちは数知れない。不死の宇宙像《コスモロジー》の中心に描かれた朱色は硫化水銀（HgS）だったのだ。

このように（キリスト教の歴史と同じくらい長い）ふたつの千年紀ほどの間、継続的とは言えないまでもおびただしい回数で、神仙思想は帝政の頂点で大まじめに実践されたのである。後述するように、それはとりわけ庭園設計に代表される東アジア文明の複数の分野に大きな影響を及ぼした。いくつかの時代はそれ以外の時代に比較してもそれが顕著だった。六朝時代がそうで、その中でも大家のひとりと考えられるようになるのが葛《かっ》洪《こう》（二八三年〜三四三年または二八四年〜三六四年）である。

葛洪は自らに抱朴子《ほうぼくし》、すなわち簡素さを抱く名人とのあだ名をつけ、それを不死への到達方法を記した七〇巻の大著指南書の題名ともした[155]。本書では、問題となっている簡素さ（卜 *pu*）に、§9に記した草湖ツァオフのオアシスにて出会っている。朴という文字は原義的には樹皮をむかれた木を意味し、そこから無装飾、簡素といった意味が派生してきた。簡素さを抱くこと（抱朴）、またはツァオフのようにそこに帰ること（還朴[156]）は、道教の理想である無為（*wuwei*）に他ならない。しかし、『抱朴子』を読めば納得できるが、そこへの到達方法はまずもって簡素ではない。「不死への処方（仙法 *Xianfa*）」は基本的に口頭で伝承される（口訣 *koujue*）ので、よき師の教えにしたがわなければならない。これはとりわけ若さの獲得には服用が欠かせず、「朱の砂（丹砂 *Dansha*）」から造られる「金の秘薬（金丹 *Jindan*）」製法に関わる。彼はそこに呼吸法や山への引退などを加えている。

簡潔さを抱くことには深入りしないものの、葛洪について失念できないのが、彼が山中で完成させた人間としての存在のあり方であり、体の軽さである。彼の弟子たちはその軽さを見て、師はまさしく仙人の一種で肉体の外皮しか残さない尸解仙《しかいせん》（*shijiexian*）になった証拠だと考えるほどであった。この場合の軽さは、彼が道教

[154] *Shenxian sixiang.*
[155] 抱朴子については、村上嘉実：『抱朴子』、東京：明徳出版社、一九六七年に拠っている。
[156] *Huan pu.*

の求道者の死を意味する伝統的言い回しとなる羽化登仙《うかとうせん》[157]（羽が生えて空に登り仙人となること）を成しとげたことを示している。

仙人の住まいは中国全土に及ぶが、道士にとってそれは「精神の島（神州）[158]」である。司馬承禎《しばしょうてい》（六四七年～七三五年）[159]の『天地宮府図』[160]には一一八箇所もの仙境が記載されているが、その中には一六箇所の洞天、三六箇所の小洞天[161]、そして七二福地[162]が数えられている。もっともすばらしい洞天は、東西南北とその中心に所在する五岳[163]にあると言われる。東は山東省の泰山、西は陝西《せんせい》省の華山、南は湖南省の衡山、北は山西省の恒山、中央には河南省の嵩山《すうざん》である。洞窟や山岳は王朝の栄枯に関わらず不動で、それは杜甫（七一二～七七〇）の有名な詩の一節でもある。

国破山河在　国破れて山河あり[164]

したがって、晋の太元年間、武陵の漁師がある日そうしたように、いつでもそこに「仙人たちを訪ねること（訪仙）[165]」ができる。

［157］*Yu hua deng xian.*

［158］*Shenzhou.*

［159］［訳注］司馬承禎は唐の玄宗皇帝に仕え、道士を科挙の合格者と同等に扱わせることに成功した道士である。なお、彼の生年を六四三年とする説もある。

［160］*Tian Di gong fu tu.*［訳注：洞天とは道教において仙人が住むとされる場所で、福地は仙人が修行した場所である］

［161］*Dongtian.*

［162］*Xiao dongtian.*

［163］*Fudi.*

［164］*Wu Yue.*

［165］*Fangxian.*

第二章　城外隠遁

§13　城は都市である

城（*Cheng*）は、フランス語で都市にあたる単語*ville*が*Lunéville*や*Brazzaville*といった具合に地名の接尾辞としても使われたように、中国で都市を意味するためもっとも一般的に用いられた単語である。[1] 中国語では、西安城と改名された長安城（西漢、ついで隋と唐の首都）[2]や、西周時代からおよそ九王朝というかなり長きに亘って首都であった洛陽城などがその例だ。

［1］　以下の総論は主に、愛宕元：『中国の城郭都市 ―― 殷周から明清まで』、東京：中央公論社、一九九一年および西川幸治：『都市の思想』、東京：日本放送出版協会、一九七三年に依拠している。

［2］　ただし、場所は完全に同一というわけではない。

とはいえ、印欧語で住まわれた場所という意味の語根に派生した *ville* と異なり、城には直接的には住まいという考え方は含まれていない。城という文字は、まずは「城壁」のことである。この文字は、「土」を意味する左側の部分と、積みあげるという考え方を含む右側のそれというふたつのパーツから構成されている。それらが組みあわされ、城塞の壁を造るために土を積みあげることを意味する。実際、もっとも汎用的だった工法は、蛸突き[3]を使って板の間に土を積みあげ、場合によっては日干し煉瓦や、時代が下ってからは焼成煉瓦でこの壁を外装するものであった。煉瓦の使用が一般になったのは明朝下に過ぎず、しかもたいていの場合は単なる化粧材でしかなかった。

時代を経ると、城は都市そのものの中で権力空間（王宮、官庁、兵器敞、貴族の住居など）を囲む内壁の意味を有することとなり、下々《しもじも》の者の商業、手工業そして住まいのある街々（城壁は田畑も囲むこともあったので、そこには一定の割合で農家も含まれていた）といった都市全体を囲む外壁である郭（*guo*）と区分された。管仲《かんちゅう》（生年不詳〜紀元前六四五年）によるものとされる法家の古典『管子』に書かれているように、「内部は城、城の外部のものが郭と呼ばれる（内為之城、城外為之郭）[4]」のである。

郭の語源はこの社会＝空間による構造化に関係がある。左部分は城壁を意味する文字を簡略化したもので、この文字の発音を規定する。意味を発現させる右部分は、もともとは首都を意味していた邑（*yi*）に派生している。邑という文字の冠部分は城壁のことである。下側の要素は諸説紛々だ。城壁の前に跪《ひざまず》く人物だとする説もあり、これは地元民が都市を創設した征服者に隷属することを意味するのだろう。この場合、城壁とはさらに精確を期せば城（*cheng*）のことである（実際、周王朝はもともと西から黄土高原を経てやって来た征服者で、その領地は各々の城を単位とした封土に分割された）。当初の城から排除されたそれら地元民は、その後に郭に包摂されることとなろう。他にもそこに人民の集合を見る解釈もあるし、さらには上記のふたつの解釈を組みあわせ、城壁で守られた高台上への集住という意味から、丘とする捉え方もある。

　戦国時代からは城郭といった具合に熟語化された城と郭という文字は、中国の歴史都市を意味するに至るが、それが二重の城壁システムを喪失するのは二〇世紀後半にすぎない。この二重城壁の巨大な実体を見れば、中国では「都市と田園の対立はいたってはっきりしないままで、それが看取できるようになるのは、宋王朝下において大規模商業集落が現れる頃合いにすぎない」[5]とするジャック・ジェルネの説に、本書は靡《なび》くことはできない。本書としては、むしろ逆に、中国都市は田園の対局に置かれることで自覚[6]を持ちはじめる過程を詳述する大室幹雄の見方に与《くみ》したい。これは、本質的には都市が「権力の結晶」[7]と化し、その結果として基本的に土相手の労働者である取るに足らない人々（小人《しょうじん》）の対局たる文才エリート（大人《たいじん》）を独占してゆく事実に基づいている。文（*wen*）は長い間統治技術であり、権力に仕える階級としての文人は、どの時代にあっても大人による小人の支配保証のために倫理構築をしたのだった。

　とまれ、中国における都市と田園の関係は、周の征服から受けついだ対立構造を明確に保持した。ただ、それは力尽くで従属させた田園に自らの城を押しつけたものの、田園はその後もずっと同化されないままであった。ジェルネの評価は、§18で後述する「牧神パンの洞窟の原理」の効果の現れのように見える。つまり、都市文化は逆説的にその対局にある文のわからぬ農民を装うことで、農民にとってさらに縁遠い新たな形の文を

［3］［訳注］蛸突きとは太い丸太の周囲に二本または四本の柄をつけて土を締め固める道具のことである。
［4］*Nei wei zhi cheng, chengwai wei zhi guo.*『辞海』事典の城の項よりの引用である。［訳注：『辞海』は中国の大型総合辞書のことである］
［5］GERNET Jacques, *L'Intelligence de la Chine. Le social et le mental*, Paris, Gallimard, 1994, p. 22.
［6］大室幹雄：『劇場都市――古代中国の世界像』、東京：三省堂、一九八一年、p. 35 以降。
［7］大室：前掲書、p. 167 以降。

造りだすのである。このような条件下では、なるほど都市と田園の区分ははっきりしない。しかし、二重の城壁はゆるぎがない……。

さらに、〈三重の〉城壁システムとさえ言えるかも知れない。というのも、中国という国自体が万里の長城[8]という擁壁で外見上は守られていたからである。その建設と維持のため、戦国時代から明朝に至るまで、人々は約二千年にわたって苦役に呻吟した[9]……。さらに、〈四重の〉城壁とさえ言ってもよい。唐の長安は中国都市の模範型に近いが、基本的には郭の中で街区を形成する坊（*fang*）自体が、日中は門で住民の出入りを監視し、とりわけ夜間には外出を禁止する土牆[10]と言われる、より簡便な形式の壁に囲まれていたのである。

この擁壁群が、秦帝国の開朝から中国人を「二重城壁の民（城郭之民）[11]」として規定した。「移動する国々（行國）[12]」と呼ばれた西方のノマドたちとは対照的に、この呼称は野蛮とは反対の文明を含意している。野蛮どころではない。「行く、移動する（行）」と「郷、国、領土（國）」の不自然な組みあわせが象徴する怪物性と言ってもよい。というのも、國の語源は、規模の異なる城壁（囗と口）[13]、境界線または地表面に描いた一本の線（一）、そして最後に矛槍（戈）を組みあわせており、とりわけノマドたち、さらには城壁外の非都市性や非社交性に対して、ノマド的性質は皆無のこの強力な総合体を防御することなのである。

都市にせよ、領土にせよ、文明にせよ、それらはつまるところ文の文化であるわけだが、この社会形態は従属した人々（民 *min*）を支配するほとんど神授的な権力（天からの附託である命（*ming*）を携《たずさ》えた天の息子である天子（*Tianzi*））という角度でのみ自身の姿を思い描いた（すなわち、文を司ったエリートたちが、かくのごとく描いた）。マックス・ウェーバーが指摘したとおり、ポリス（*polis*）とかキヴィタス（*civitas*）とか呼ばれた西洋の都市《シ》＝市民体《テ》[14]は、人間の意図に立脚し、さらにはキヴィス（*cives*）と言われた同胞市民の決断に基づく建国行為の末裔で、その特性と中国都市の上記の性質には大いに異なる何かがある。[15] 内包された人々ともども、中国の城郭がもっと深い関連があるのはアレクサンドロス帝国における都市創設である。すなわち、当初は征服により強制され、次に行政により維持され、そしてエンブレムとしてこれ見よがしに見せつけられる擁壁という支配システムである。

それにしても何たるエンブレムか。擁壁の煉瓦は汎用されるそれよりも大変に大きく、一般的に42×24×12センチメートルもあった。殷朝（または商朝と呼ばれ、紀元前一六世紀～同一〇六六年）の鄭州では、擁壁はすで

［8］ *Wanli Changcheng.* 文字通りであれば約五〇〇〇キロメートルにもなるが、実際には二三〇〇キロメートルほどで、さらに多様な建設物である。一般的に大壁と言われるこの長城の材料は、通過地域の地場産のものを使っている。したがって、例えばモンゴルのような砂漠の区間では、煉瓦ではなく石材が用いられている。［訳注：中華人民共和国文物局は、二〇〇九年時点で総延長は約八八五〇キロメートル、さらに二〇一二年時点では発掘の進行もあり二万一二〇〇キロメートルと確認されたとしている。ただし、これは多くの不連続点を含むとされている］

［9］ とりわけ秦の始皇帝は必要な人手を軍事徴発して（*manu militari*）強制労働につかせた。KAIKO Takeshi, *La Muraille de Chine*, Arles, Picquier, 1992 はその暴政ぶりを良く描きだしている。

［10］ *Tuqiang.*

［11］ *Chengguo zhi min.*

［12］ *Xing guo.*

［13］ ふたつ目の四角は、むしろ城壁によって保護された人々（つまり扶養すべき口）を表象しているとする解釈もある。

［14］ ［訳注］フランス語で今日ともに都市を意味する ville と cité の違いだが、ベルク氏は「ヨーロッパの都市性の伝統に於いて、シテが固有の精神的・政治的権威を持っていたこと、そして住民の物理的集合としての都市は必ずしもそのようなものを持っていなかった」としている（オギュスタン・ベルク（篠田勝英訳）：『都市のコスモロジー —— 日・米・欧都市比較』、東京：講談社新書、一九九三年、p. 59）。本書では、オギュスタン・ベルク（中山元訳）：『風土学序説 —— 文化をふたたび自然に、自然をふたたび文化に』第八章「市民体《シテ》」を参考に都市＝市民体と訳す。

［15］ このテーマはここでの議論と直接的関係はないため、以下の参考文献を示すにとどめたい。WHEATLEY Paul, *The Pivot of the four quarters*, Edinburgh University Press, 1971; POLIGNAC François (de), *La Naissance de la cité grecque*, Paris, La Découverte, 1984; GRANDAZZI Alexandre, *La Fondation de Rome*, Paris, Les Belles-Lettres, 1991.

に一〇メートルの高さに達し、厚さも基部で一五メートルから一七メートル、周長も約二キロメートルあった。最高高度に到達するのは明朝下の南京の壁で、約二〇メートルとなった。とはいえ、一般的には七メートルから八メートルの高さで、厚みも二メートルから五メートルのものに留まった。城と郭を数多く建設しなければならなかったからである。漢の行政システムはすでに一五〇〇以上の城郭を編入していたのだ……。これらの城郭の中でもっとも重要なのは、当然ながら首都のそれである。前漢の首都・長安の外周は二五キロメートルで、後漢の首都の洛陽は一三キロメートルだった。しかし、それは隋と唐の長安に比肩しえない。東西九・六キロメートル、南北八・五キロメートルのほぼ完璧な四角形の外周は三六キロメートルなのだ。焼成煉瓦で建設されたこの擁壁は、各辺三箇所か四箇所の門をつうじてしか出入りできなかった（つまり、門の間隔は二キロメートルから三キロメートルとなる）。周囲の田園から見て、暴力により強制され、人々が強引に植民されたこの圧倒的要塞が、いかに畏《おそ》るべき様相を呈したかを想像されてもみよ。[16]

§14　城外

近代の計量主義的な地理学的思考法は、『孤立国』の著者・ヨハン＝ハインリッヒ・フォン＝チューネン（一七八三年～一八五〇年）から多くを学んだ。[17] チューネンは、中心から周辺に向かい、①野菜栽培や村落、②森、③ジャガイモ、④ライ麦、⑤ライ麦と牧畜といった具合に秩序だった同心円が続く都市周辺農業の合理的空間配置を想定していた。

中国では、この類《たぐ》いの合理化が二千年以上前にすでに日の目を見ていた。杜正勝は、周代にあっては、国土は主要都市である邑の周囲に、①郊、②牧、③野（埜）、④林、⑤坰《けい》という具合に同心円状のゾーンとして組織されていたことを示している。[18] ゾーン②、③そして④の解釈は、少なくとも呼称にしたがっている分にはほとんど問題がない。[19] 基本的にそれぞれが、牧畜、畑地、そして林地ということだ。古代ギリシャにおいてポリス（*polis*。複数形では*poleis*）と呼ばれた都市＝市民体《シテ》の間の境界を形成していたエスハティアイ（*eschatiai*）と同様に、ふたつの邑の領域間で隣接ゾーンを形成していた坰の何たるかを知るのは、より困難である。坰という漢字の基本的意味は、首都または一般的に都市から遠隔にあるゾーンというものだ。しかし、そのことを除くとこの術語は定義困難なのである。それは畑地なのか林地なのか。おそらく双方だろう。というのも、この文字は野（埜）や林と組みあわされることがあり、いずれの場合でも畑や林の境界という意味を見出せるからである。

本論にとってさらに興味深いのは、都市周辺の最初の同心円である郊（*jiao*）の何たるかである。[20]「こう」と

---

[16] 伝統的に、隋と唐の首都であった長安は、数十万人の地方民を強制入植させたと言われ、そのことで数年のうちに人口は一〇〇万人を超えた。このテーマについては、若林滋：『ローマと長安 ―― 古代世界帝国の都』、東京：講談社、一九九〇年を見よ。

[17] VON THUNEN Johann Heinrich, *Der isolierte Staat in Beziehung auf Landwirtschaft und Nationaloekonomie*, Jena, G Fischer 1910 (1826). 翻訳版としては、*Isolated state*, Oxford, New York, Pergamon Press, 1966.［訳注：フォン＝チューネン（一七八三～一八五〇）は経済地理学の先駆者と呼ばれるドイツ人学者で、ベルク氏がここで挙げる『農業と国民経済に関する孤立国』（邦訳は、近藤康男・熊代幸雄訳で『孤立国』、東京：日本経済評論社、一九八九年）が代表的著作として著名である。］

[18] 杜正勝：『周代城邦』、台北：聯經出版公司、一九七九年。

[19] 問題は都市間の階層性により複雑化する。同心円状のゾーニングは基本的に同一のままだが、中心に関しては、下から上に向かって邑、都、郭という階層性がある。大室：前掲書、一九八一年、p. 92 の模式図を見よ。

[20] 今日の中国では、「郊（*jiao*）は、都市（城市）を取りまくもの、すなわち『城市周囲的地区』を意味する。郊外（*jiao wai*）は、ある城市に対し市外にあるもの、すなわち『城市外面的地方（対某一城市説）』を意味する。これは場所の副詞の同等物である。郊区（*jiaoqu*）は、ある城市の外部領域で、その城市の政府に帰属するものを意味する」。二〇〇五年一〇月一七日のシルヴィー・ラグノー（Sylvie

発音する日本語では、今日この文字は外という文字と組みあわせて郊外という意味で良く使われる。郊の語源は、境界や要塞といった理念ではなく、住まわれた場所（右部分が簡易化された形で邑を表現している）の理念と、祭りのかがり火（左の要素により想起させられる）のそれを組みあわせたものである。『利氏漢法辞典』によれば、第一義は「天子が（南郊で冬至の日に）天と（北郊で夏至の日に）地をまつった台」とされている。周代からはこの術語はその祭祀そのものにも充てられた。より精確を期せば、天の祭りのことで、一方で大地の祭りは社と呼ばれていた。そのために大きなかがり火をたいたが、これは冬至に火をたく郊柴《こうさい》や郊燎《こうりょう》[21]といった、この文字が痕跡として保持しているところのものである。春秋時代（紀元前七三〇年〜四四三年）になると、郊は換喩によって城壁から一〇〇里（約五〇キロメートル）以内に広がる都市の周辺地域を指すこととなる。それはさらに近郊（五〇里まで）と遠郊（五〇〜一〇〇里）に区分される。あるいは、さらに一般的には、都市の外部は城外、もしくは農地や原生地のことである野外と呼ばれた。したがって、城外という術語は原則的には牧（牧畜ゾーン）に対応していたが、実際上は田園地帯である一般的な野とされることが多かった。それが郊外という近代的意味を獲得するのは、ずっと後になって、日本においてである。

　城壁と城門群により具現化された都市と郊の間の象徴的境界は、儀礼により意味の豊かなものとされてゆく。例えば、やんごとなき客人を待つ際にはその足労（郊労）に感謝するため郊で出迎え（迎郊）、同人の出発時には郊まで供をする（送郊）といった具合の用法である。現代文明では違ったものとなってしまったが、およそあらゆる都市文明における都市と非都市の境界は、世界の存在意義の本質を実際に析出してきた。とりわけ文化から自然への移行がその境界上で立ち現れるので、田園そのものは仙境に対しては文化の側にあるのに、上述の構造だと、田園は自然の側に分類されるわけだ。実際、都市の側から見れば——そして世界を定義するのは都市の側なのだが——、田園と仙境の差異は、田園を都市から区分するそれに対し、実際には些末なものにすぎない。田園を産みだすだけではなく都市の存在を可能ならしめる農民の労働は、この視点では自然の中に稀釈され、あるがままには見えなくなってしまう。今日、この隠蔽がかつてなく強力なものとなっていることについては後述しよう。ただ、かくなる隠蔽は都市が生まれてこのかた続いてきたものではある。

かくして都市門は、風土《エクメーネ》と仙境とを結ぶ連絡路のエンブレムとなり、そこで世界の存在が決せられる。そして、それこそがこの連絡路が祭礼化される理由なのだ。都市門を通りながら、天子がひとつの至点から反対の至点に、地と天に生贄を捧げにゆくことは、その関係の宇宙《コスミ》＝調和性《シテ》の興味深い表現方法なのである。

とはいえ、この物事の開闢《かいびゃく》を司るのは必ずしも天子である必要はなかった。それは知識人程度であればできるもので、あまつさえ遊戯にもなりえた。今日の郊外居住者による往復交通はこの都市／非都市間の往還遊戯のなれの果てで、郊の生贄はその最初のヴァージョンなのである。六朝時代末期ともなると、都市外での隠遁生活に身を引くことは上流社会ではお決まりとなり、唐代に至っては、悦楽のため、あるいは出世のため、都市滞在と田園滞在を順繰りにする偽りの隠者（偽隠）[22]の出現を見ることに事欠かなくなった。これは、すでに孔稚珪《こうちけい》（四四七年～五〇一年）が著書『北山移文《ほくざんいぶん》』[23]において、隠者のふりをしているが実際は現世に執着する周顒《しゅうぎょう》なる人物をあげつらいながら非難していたことである[24]。時代が下ると、この往還が存在意義を有することが

RAGUENEAU）のこのEメールに感謝する。

［21］［訳注］郊柴・郊燎ともに、郊外で柴を焚いて天を祭る儀式のことである。

［22］*Weiyin.*

［23］*Beishan yiwen.*

［24］この論叢の詳細に関しては、神楽岡昌俊：『隠逸の思想』、東京：ぺりかん社、二〇〇〇年、p. 128以降を見よ。［訳注：孔稚珪は宋代の文人である］

明白となった。かくして白居易（七七二年～八四六年）は、自身では「ほどほどの引退（中隠）」[25]を薦めることとなる。そこで参照されたのが四皓《しこう》[26]による方法で、この四皓は「時のなりゆきに随って、世に現れもし、山に隠れもした。［……］四皓は出処両面、自然のなりゆきに従っているのである。いつまでも隠棲している必要もなければ、いつまでも政治に苦労する必要もない」[27]。

つまりは選択の問題であった。各自の選択次第というわけだ。ここで見られる個人的尺度は、遙か後世の近代初頭に、宗教改革を伴って人間存在を単独で自然に対置させる「主体に責任をとらせること」[28]を予告していた。

> 宗教改革がもたらしたものは［……］、カトリック教会が自身の世界を形成するときに拠りどころとしていた、自然に対する敵対関係を破壊することである。来世の管理組織の破綻により、それを観察し愛するため、人間は世界に直に対峙することとなった。[29]

たしかに、それは六朝とは別の文脈の別の世界である。しかし、いずれにせよそこに共通するのは世界を「管理する」こと、あるいはそれを解体することである。換言すると、創世を司《つかさど》る述語を我がものとすることだ。[30]そのために、同様に共通なのは、個々人が独りで仙境に対峙することである。すなわち、本当に、あるいは比喩的に人間は隠者となり、つまりは俗世を否定する。『荒野へ』[31]さながらに、彼はさらに無人の地（ギリシャ語の *erēmos*）に入るという危険を冒す。

さて、知識人にとっては、無人の地や仙境といったものは都市門において、郊（*jiao*）とともに始まる。[32]中国語で田園、すなわち人間の手で開墾され耕作された空間を意味する文字である野（埜）は、「野生」という意味でも使われることは重要である。例えば、「野草」「野獣」、オオヤマネコではなくアナグマの一種である「野猫」、野生の豚である野豕、すなわちイノシシといった具合にである。チベット語のイエティに相当する中国語である野人[33]は言うに及ぶまい。というのも、中国では恐ろしい雪男を含めて何でも見つかるからでもあるが、同

---

［25］ *Zhongyin.*

［26］ *Si Hao.* 四皓とは漢代初頭の四人の老隠者のことで、鬚眉《しゅび》が皓白《こうはく》であった。彼らは秦朝を滅亡させた動乱期に商山に隠遁しており、高祖（漢の初代皇帝で在位紀元前二〇二年〜一九五年）から再び出仕することを請われたが辞退した。［訳注：高祖とは、すなわち劉邦（紀元前二五六年または二四七年〜一九五年）のことである］

［27］ 神楽岡：前掲書、p. 127.

［28］ VIARD Jean, *Le Tiers-Espace. Essai sur la nature*, Paris, Méridiens-Klincksieck, 1990, p. 70.

［29］ VIARD, op. cit., p. 136. 傍線部はベルク氏の原文ではイタリック体。

［30］ 拙著『風土学序説』を見よ。世界が述語として成立しているという考え方は西田幾多郎に由来する。風土学《メゾロジー》では、述語*P*は地球であるところの主語*S*を（感覚、四皓、言葉、行動で）解釈するための人間による作法である。主語／述語の関係、あるいは地球／世界の関係こそが風土《エクメーネ》で、換言すれば、現実なのだ。［訳注：西田（一八七〇年〜一九四五年）は、禅の体験に基づき純粋経験なる概念を導き、それを自覚や意識の存在する場の論理化を追求した点で、ベルク理論に大きな影響を及ぼしている。例えば、オギュスタン・ベルク（篠田勝英訳）：『地球と存在の哲学 —— 環境倫理を越えて』、東京：ちくま新書、一九九九年、p. 190 以降のベルク氏による批判的解題解説を参照のこと］

［31］ クリストファー・J・マッキャンドレスの悲劇的運命、さらにはジョン・クラカワーとショーン・ペンが彼に捧げた同名の書籍と映画が近年明らかにしたように、どの時代でも実践されることではある。［訳注：マッキャンドレスはアメリカの裕福な家庭に生まれたが、それを捨ててアラスカの山中に籠もり餓死しているのが発見された。クラカワーはその顛末を『荒野へ』（邦文では集英社文庫に二〇〇七年に所収）として刊行し、それを原作としてペンが監督した映画『Into the Wild』が二〇〇七年に公開されている］

［32］ 最近の好例として、社会科学高等研究院（EHESS）のパリ市第六区からオーベルヴィリエールへの移転構想が惹起した動揺がある。［訳注：社会科学高等研究院はベルク氏の所属機関で、第六区は都心にあたる。対してオーベルヴィリエール（Aubervilliers）は、一般に治安に不安があるとされるパリ市北方の郊外に所在する］

［33］ この術語は、文脈によっては農民、在野の人、気取らない誠実な人、粗野な者、がさつ者を意味することもある。中国においてさえ野人は完全に定義されることはなく、したがって、野人はこれらの性質を併せ持つものでありえたのである。

様にそれをもって純粋な自然性や野外生活を意味する野生（*yesheng*）を表現するためでもある……。そこから、至って旧い儀式を典拠とした尉繚子《うつりょうし》[34]の以下の教えが導かれる。すなわち「野生の動物を犠牲に使わない（野物不為犠牲）[35]」、つまり諺《ことわざ》として現在でもつうじる比喩的意味では「無教養な人間を公務に就かせるべきではない」という教えである。

実際、数多くの表現が野（埜）を文化に対置しているが、中国では文字通り文化の文は権力の専有物である文である[36]。事実、野（埜）が定義されるのは、文、すなわち権力の座である都市を起点としてである。農村であれ野生であれ、田園であれ森林であれ、結局同じことになる。つまり、都会性を欠いている。城外なのだから、社交界の埒外ということとなる。その証拠に、それを表象する漢字である野の歴史を見てみよう。この文字は、「むらざと」を指す意味要素である「里」と、「のんびり」という意味の発音要素である「予」が組み合わされ、全体の意味としては「のんびりした田園の住まい」となる。それは明らかに農民社会からは出てこないヴィジョンで、逆に自分本来の生活モードである閑暇（*otium*）を否定する（*negare*）娑婆《しゃば》の雑事（*negotium*、すなわち *negare-otium*）から一時的に逃れ、城壁外の自らの農地、あるいはその小作地に休養にきた大地主の視点である。農村と野生、田園と自然の間に大差がないのは、この「有閑階級[37]」の視線のためで、これらの対言葉は結局は同じ非都会性に帰属されてしまうからである。実際、野の旧形である埜は、木々（林）に覆われた大地（土）を表象している。農民の働きにより宇宙《コスミック》＝調和的な転換手法で森が農地に、自然が文化になろうとも、城の高みから見ればそれらもすべて野なのである。というのも、農業は文ではない。見たところ反対ですらある。

同じ理由から、仙境や隠遁生活も都市、つまりは都市からの視線を前提としている。ピグミー族やヒバロ族のようにそこに定住している人々にとって、私たちが「処女地」と呼ぶ森はまったくもって野生ではないことが知られている[38]。それは彼らの住まいなのだから、彼らにとっては飼い慣らされた[39]ものなのだ。それ自体で仙境たるもの（したがって野人という未開人）は存在しない。風土《エクメーネ》の現実にあっては、森（そしてその主人）が野生であるためには、少なくともその一部は事前に開墾され、田園、そしてとりわけ都市に改変されていなければならない。同様に、仮に生活が自己完結していたとしても――そうは言い難いことは後述しよう[40]――、この隠士という自発的世捨て人の苦行に対して意味を附与するため都市があるのだから、都市こそ隠遁の前提である。歴史とはやんごとなく都市的なものなのだから、都市なくしては何も記憶に留められまい。隠士が実践しているのは〈都会性の反転〉で、絶対的隠遁行為ではない。というのも、それでは何の意味もなさないからである。隠士が隠遁を実践するのは、まずは彼が軽蔑する俗世の都会性から身を引き、その習俗よりも自分の都合（自適）[41]を優先させる行為においてである。もっとも、だからと言ってそれで苦行を課されるかといえばそ

---

［34］戦国時代の兵法書であり、尉繚は著者名である。
［35］*Ye wu bu wei xisheng.*
［36］現代日本の民主主義において、政権の反対党が文字通りには「野生の党」となる野党と呼ばれるのを説明するのは、この派生関係である。
［37］VEBLEN Thorstein, *Théorie de la classe de loisir*, Paris, Gallimard, 1970 (*The Theory of the leisure class*, 1899)（ソースティン・ヴェブレン（高哲男訳）：『有閑階級の理論』、東京：筑摩書房、一九九八年）の深甚なる表現による。有閑階級にとっては閑暇を基に娑婆の雑事が定義されることが分かるだろう。逆ではないのだ。［訳注：ヴェブレン（一八五七年～一八二九年）は古典派経済学を批判した制度派経済学の中心人物である］
［38］フランス語で「野生の」という意味の形容詞ある *sauvage* の語源は、いずれも「森の」という意味の形容詞である sylvestre や forestier と同様に *silvaticus* であることを思いおこしたい。
［39］DESCOLA Philippe, *La Nature domestique. Symbolisme et praxis dans l'écologie des Achuar*, Paris, Maison des sciences de l'Homme, 1986 の巧みな表現を借用した。
［40］ここでは、余談ながらキリスト教の登塔者の事例を述べておこう。登塔者は柱から降りることなく、毎日食事を上に運んでもらうのである。［訳注：登塔者（stylite）とは、柱（塔）の上に登りその上で生活をする苦行を実践する修道士のことである］
［41］*Zidi.*

うではない。西風[42]が郷里を思い起こさせたとして、以下のごとく述べて、秋のある晴れた日に北斉の首都・洛陽を去った張翰《ちょうかん》が好例である。「私はもともと山林に住む身で、もう久しくこの世に望みをかけていない」。また、ある人が、「あなたは今の世を気ままに暮らしているが、死後の名声を思ったことはないか」と問うたのに対して、彼は「私は死後に名声が残るよりは、今の一盃の酒の方がいい[43]」と述べたのであった。

§15　謝霊運《しゃれいうん》の原理

中華帝国の行政に特徴的な高級官吏を記述する術語にマンダリン（*mandarin*）があるが、それはポルトガル語の〈命じる（mandar）〉の影響を受けた *mandarim* に由来する。そのポルトガル語自体、中国語を起源とせず、サンスクリット語の〈国務大臣（*mantrinah*）〉を語源とするマレー語 *mantari* に由来する。中国語ではマンダリンは士大夫（*shidafu*）というが、最初の文字である士（日本語では「さむらい」と読む）は、男根の絵文字に派生していることは念頭に置いておいてよかろう。この第一の意味は「成人男性」というそれを生成させたが、これはより直接的に官吏の職能に結びついているように見える。しかし、男性としての性的能力は士の性質と無縁ではなかったことはたしかで、後になって日本において、この文字が春秋時代に獲得した「文士」という意味から「戦士」というそれに進化したことはその証左である。たとえ政治という点では常によいことづくめではなくても、マンダリンは基本的には権力の道具になることで、その権力自身、周朝の征服とともに開朝時には武断を避けえなくなっていた（もっとも、これは後世の各王朝の代替わりには同様となる）。上述の男性的語源にふさわしい事実だ。

したがって、マンダリンは職務上は国家に身を捧げていたが、それでも私生活は持ちあわせていた。時代と場所により変化しながら、歴史はその生き方を二極化してゆく。六朝時代にはマンダリンは「とりわけ儒教の価値観に依拠した社会的成功と、道教の価値観に圧倒的に多くを依拠した精神的成功による生き方」が半々であるとして描きだされる。これはこの時代に「周辺社会のまっただ中に、現世の外部の逃避場所を提供する」[44]ところの「隠居庭園」の開花をもたらすこととなる。

とはいえ、そこでの庭園はより広大な何かを応急的に閉じこめたようにしか見えず、さらに、マンダリンの職能についての問題を提示しているように思われる。すなわち、城と野（埜）、都市と仙境、表向きの経歴と本当の自分らしさといったものが造りだす対照的組みあわせの間の平衡という問題だ。大室が示したとおり、この組みあわせは平時にはほとんど省みられることはないのだが、乱世においては、至って不確かな推測の間でしなければならない二者択一となり、大いに心をかき乱すことになる。官吏にとって、普通は都市とは秩序、規律、仕事、安全、文化の同義語で、仙境のその反対である。大室は、それは都市が象徴しているのであろう意識に対し、（本論が『桃花源記』の歴史で見たように、とりわけ洞窟通過に見られる）無意識をも象徴しているとする。[45]ところが、政治的不安定期にはこの組みあわせは反転することもある。官吏にとってはむろん、安全な

[42] 秋に特有のこの西風は閶風（*changfeng*）と呼ばれた。閶（*chang*）は、世界の西の門、とりわけ上帝（*Shangdi*）の住む天宮の西門の名称だった。その示唆と、中国世界における西方について前章で述べたことの比較ができよう。すなわち、張翰の帰郷願望は、宇宙論的《コスモロジック》な向性にも由来しているのだ。

[43] 神楽岡：前掲書、p. 112.

[44] DONG Lu, Place des jardins dans la culture chinoise, *Extrême-Orient Extrême-Occident*, 22 (2000), pp. 9–15, p. 10 以降。

[45] 大室幹雄：『桃源の夢想 —— 古代中国の反劇場都市』、東京：三省堂、一九八四年、p. 192 以降。大室はさらに城郭（*chengguo*）と山（*shan*）、すなわち都市と山岳という組みあわせに言及しているが、問題は同じである。

生活の保全のためにしばしば山に逃げこんだ都市民にとっても、都市はあらゆる危険を凝縮していたのである。権力闘争が顕在化するのは都市だったし、反乱軍が略奪に走るのも都市であった。権力が窮地に陥った場合、官吏はコルネイユのジレンマの前に立たされる。彼の義務は、忠実でありつづけることなのか、それともより重い附託として「命」（天の命令としての天命）を選ぶことなのか。いずれにせよ、彼は命がけだ。そして、反旗を翻すにせよ単に自らの安全を確保するだけにせよ、都市と職を投げうつ決断を強いられることともなりうる。そうなると、彼はもはや（宮廷や政府に）在朝（*zaichao*）してもいないし、単に（職や位階に）在位（*zaiwei*）してもいない。彼は「野に在る」、つまり在野（*zaiye*）となるのである。逆世界ということだ。汎用された『書経』の成句が象徴するところでは、「君子在野、小人在位」[47]ということである。[46]

これに類する状況が漢朝末期から続出する。帝国の統一性が破綻し、領土は競合各朝により分断され――中国北部だけで一六朝にもなった――、それぞれが正統性や、そうでなければより強大化する権利を主張していた。行政機構は破綻している。そこには国家の組織分解以上のものがある。崩壊してしまったのは天下、つまり「世界そのもの」なのである。全方位喪失とはこのことだ。これ以降、名誉、正統性、真実の在処はどことなるのか。多くの場合、それは城外、すなわち仙境となるだろう。

あらゆる時代の中でもこの時代が、中国において権力闘争を同じくらい旧い現象の増加に特徴づけられるのはそのためである。すなわち、平野のただ中にある都市（丘を条件とする地中海のアクロポリスとは違って、中国では普通、城壁で充分こと足りた）から離脱して、そこから山に向かう大地への帰還あるいは遡及、つまりはギリシャ語の *anachorêsis* の第一義そのままの隠遁志向の増加である。中国語では、それにはあまたの言い方がある。神楽岡は隠逸（*yinyi*. 日本語では「いんいつ」と発音する）という表現を使っており、同様のニュアンスを有する術語を十点ほど紹介している。[48]もっとも汎用的なのは隠逸と隠遁（*yindun*. こちらは小尾が好んで用いている）の二語で、これらは隠れる（*yin*）という理念を含んでいる。隠逸の逸、隠遁の遁は「逃げる、免れる」という意味である。遁世も汎用され、こちらは「世を逃れる」ことを言う。別の様態を表すものとしては「不明瞭な陰」とでも言える幽（*you*）があり、これは人知れずする引退と、賢人、とりわけ道家の思想の秘儀を同時に意味する。「定かならぬ住まい」である幽居（*youju*）や「暗闇の静けさ」である幽静（*youjing*）といった具合にである。他にもさまざまだ。[49]

隠遁をする者自身は「隠れる者」である隠者（*yinzhe*）と言われることがたいていだが、「陰の人」である幽人（*youren*）、「在野の文士」である処士（*chushi.* つまりは職に恋々とせずに私生活に回帰すること）、「高位の文士」である高士（*gaoshi.*「高い」とはその精神性と引退場所の高度を同時に意味している）などとも言われることがある。隠遁現象を描きだす人がいればいるだけの術語が存在する。後述のとおり、詩情は重要な役割を果たすが、詩をもってそれを言う方法は言うに及ばず、隠者の絵に添えられ、かくかくしかじかの作品により有名になり、後世の伝統により頻繁に言及されるあまたのイメージも同じ意味の役割を果たす。

問題となっている隠者は都市世界から逃れる。彼らはそれを否定し批判するが、大室が述べるように、[50] その動機を当時あまた見られた農民一揆のそれと混同すべきではないし、この世界を非難して破壊せんとする蛮族

［46］［訳注］ピエール・コルネイユ（一六〇六年～一六八四年）はフランス古典主義期の劇作家で、それが形容詞として用いられると本音と建前の間で決断に揺れる状況を示す。

［47］*Junzi zai ye, xiaoren zai wei.*［訳注：『書経』は中国最古の歴史書で、夏・殷・周までの帝王の言行を記録している］

［48］神楽岡：前掲書、p. 8 以降のみならず、彼のさらなる博覧強記の書である『中国における隠逸思想の研究』、東京：ぺりかん社、一九九三年、p. 12 以降を見よ。

［49］小尾郊一：『中国の隠遁思想 ―― 陶淵明の心の軌跡』、東京：中央公論社、一九八八年。

［50］大室：前掲書、第三章「反都市の倫理学」。

のそれとはとりわけ取り違えるべきではない。董卓《とうたく》（生年不詳～一九一年）は、遊牧民生まれの（彼は現在の甘粛省の出身だった）反乱将軍で、東漢の首都・洛陽を徹底的に荒らしたが、それはごく単純に洛陽が俗世の中心だったからである。隠者たちはそうではない。彼らは精神においては都市民で、非都市を理想化するのはとりもなおさず彼らが農民でも野蛮人でもないからである。彼らはアルカディア的な夢を造りだし、それは一見したところ反都市的なのだが、そう見えるのは彼らが文士であるためである。つまり、たとえ「野（埜）（*ye*）の人間」である野夫（*yefu*. 隠者の数多い同義語のひとつ）を自称しえたとしても、言葉の気品、つまり風流（*fengliu*）の典雅において彼らは野（埜）（*ye*）の対極にある文（*wen*）の側にいる人間なのだ。

この両義性は、彼らの社会的地位から自らに刻印されている。古代ローマ同様、六朝時代の中国では富と権力は大土地所有者であるいくつかの家系の掌中にあった。文士もその一部をなしている。彼らは仕事のために都市で生活しなければならないが、いつでも領地に帰る可能性を保持していた。ただ、陶淵明同様、彼らが帰農を称揚したとしても、それはがさつな人間[51]（真の野夫）になろうというではなく、都市で体現される教養世界のためなのであった。

つまるところマンダリンは両生類で、状況に応じて都市にも田園にも動くことができる。というのも、彼は都市の小人《しょうじん》でも田園のそれでもないからだ。前者と異なり、彼は領地によって閑暇（*otium*）を享受することができる。後者と異なり、彼にとって大地とは労働（*labor*）ではなく享楽と表象の対象である。後述するように、風景概念、そしてさらに一般的には城壁外の生活の理想化が産まれるのはそこからだ。まさに、ローマと同様である。というのも、ラテン語で中国語の相当文を書けば以下の通りだからだ。

O fortunatos nimium, sua si bona norint agricolas !
quibus ipsa, procul discordibus armis, fundit humo
facilem victum justissima tellus.

おお、自己のよきものを知るならば、あまりにも幸運な農夫らよ！　争いの武器から遠く離れて、彼らのために、最も正しい大地はみずから、地中からたやすく日々の糧を注ぎ与える。[52]

大地は「みずから」（ラテン語で *ipsa*、中国語で自然（*ziran*））「たやすく」食物を惜しみなく与えるように見えなければならなかった。つまり、農民であってはならなかったのだ。

ウェルギリウスの言う「みずから（*ipsa*）」は、§8で引用したヘシオドスの「ひとりでに（*automatè*）」と同等であることは特記しておこう。つまり、実際、不労であるのに果実を与えてくれる大地という、同じアルカディア的虚構である。しかし、ヘシオドスがそれから過ぎさりし時を記しているのに対し、ウェルギリウスはそれを現在の場面に登場させている。この演出は、まさに陶淵明の同時代人や後継者たちが、幸せな少数（*happy few*）のために現在の大地において具現化に成功するもの、つまりヘシオドスが黄金時代に見ていたように、孔子が過去に見出していた大同そのものである。ただし、この場合の大地は数百あるいは数千の農奴が耕作した

［51］フランス語でがさつな人間を *rustre* と言うが、この単語は *rus*、すなわち田園に由来している。
［52］Virgile, Géorgiques, II, 458–460.（ウェルギリウス（小川正廣訳）：『牧歌／農耕詩』、京都：京都大学出版会、二〇〇四年、p. 135、158–160行）［訳注：プブリウス・ウェルギリウス・マロ（紀元前七〇年～紀元前一九年）は、古代ローマの詩人で『牧歌』『農耕詩』『アエネイス』という三篇の詩で知られる］

ものだった。この労働もまた、その結果が自然なものと見えるように隠蔽されていなければならなかった。ヘシオドス自身もまたこの虚構にかつがれたのだ。彼の語る大地（*aroura*）は、「自分固有の動きにより（*automatê*）」小麦を実らせると自称するが、実際にはその名が示すように鋤《すき》（*araire*）により耕されている。耕作に適した（*arable*）、つまり換言すれば人為によって開墾された土地〈として〉[53]既定のものなのだ。[54]

かくして他者の労働を隠蔽してしまえば、われらが隠者の閑暇（*otium*）は、「自然」の中の良き生活となりえよう。『晋書』にその伝記のある謝安（三二〇年〜三八五年）は、役所仕事よりも城外の墅《しもやしき》[55]を好み、「出ずれば山水[56]に漁弋《ぎょよく》し、入れば言詠して文を属《つづ》る。世に処《お》る[57]の意無し」[58]とまでなるのだ。

これは、同時代のキリスト教の隠修に比べれば、よほどローマ時代の保養に近い。キリスト教の隠修の中心人物たちの社会的出自はもっと低かったし、[59]前述の六朝時代の隠者たちとはまったく異なる歴史上の役割を有していた。以下の聖エウセビウスのごとく、アルカディア神話を起動することとなるのは彼らではない。

［エウセビウスは］この田園[60]を見たり、空や天体の美しさを想う喜びを享受することが決してないように目を覆っていたし、祈祷室にゆくために使う椰子の樹ほどの幅の小道より向こうに目が向かわないようにしていた。彼はこのようにして四〇数年間を送った。［……］彼は腰には鉄のベルトを巻き、首には重々しい首輪をしていたが、目が常に地面に向かい、さらにかつて奴隷たちを見てしまったことを罰するため、首輪をベルトに鉄の部品でつなげていた。[61]

少なくとも、目はかつては彼らを見ていたわけだ……。そこには最初の山水詩人であり「孤高」[62]を自称していた――といまでも言われている――謝霊運《しゃれいうん》（三八五年〜四三三年）なる人物の場合とは異なる類《たぐ》いの外閉をしている。[63]とはいえ、実際には、彼は山越え谷越えゆく旅路では多勢を頼んでいたのだが。つまるところ、彼にとっては従者のような下っ端はものの数に入らず、彼らの仕事はしかと実存しているのに、ロック・アウト、すなわち外閉されていたのだ。

---

[53]　[訳注]「として（en tant que）」は、「ともにゆく（aller avec）」や「もまた（mais aussi）」と並んで、ベルク理論の通態性の口語表現として以下に頻出する。人間にとっての現実は、主観／客観、主体／客体、主語／述語、さらには時間／空間が分離されて形成されることはない。例えば見立ては、「XをY〈として〉見る」ことで成立する。対して、近代科学の客観性神話はそれらを切断し、象徴的に生態学的にも風土の貧困化を惹起した。その恢復のキイ概念として「として」がある。なお、「として」の言語的考察は第三章§19の注15に詳しいし、『風土学序説』第三〇節「現実の〈として〉」で詳述されている。

[54]　大地（*aroura*）、鋤（*araire*）、耕作に適した（*arable*）は、いずれも「耕す」を意味する印欧語の語根に由来している。

[55]　*Shu.*

[56]　*Shanshui.*

[57]　処世（*Chushi*）

[58]　小尾：前掲書、p. 119にて引用されたもの。

[59]　ROUSSELLE Aline, *Porneia. De la maîtrise du corps à la privation sensorielle, IIe –IVe siècles de l'ère chrétienne*, Paris, Presses Universitaires de France, 1983, p. 177.

[60]　シリアのアレッポ周辺に拡がっているもので、その光景が彼を福音書の言葉から一時的に遠ざけるほどのものであった。

[61]　A. d'Andillyにより翻訳されたThéodore de Cyr, *Histoire des moines de Syrie*の中の一節である。本書は、LACARRIERE Jacques, *Les Hommes ivres de Dieu*, Paris, Fayard, 1975, p. 183から再引用している。

[62]　小尾郊一がこの詩人に捧げた著書の書名『謝霊運 ── 孤高の山水詩人』（東京：汲古書院、一九八三年）はその証左である。

[63]　本書が論ずる外閉（forclusion）は語源に近い意味においてである。つまり、外置して（英語の*out*に相当する*foris*）、戸を閉ざす（英語の*lock*に相当する*claudere*）ということで、視覚的には良く見えていても心理的にはそうではないということだ。すなわち、それらの表象の除外である。

霊運は父祖の資に因り、生業は甚だ厚し。[64] 奴僮は既に衆《おお》く、[65]義故門生[66]数百あり。山を鑿《うが》ち、湖を浚《さら》え、功役[67]已《や》むこと無し。山を尋ね嶺を陟《のぼ》れば、必ず幽峻に造《いた》る。巌嶂《げんしょう》千重、備《つぶさ》に登躡《とうじょう》を尽さざる莫《な》し。常に木履《ぼくり》[68]を箸《つ》け、山に上れば即ち前歯を去り、山を下るには其の後歯を去る。嘗《かつ》て始寧の南山より木を伐り逕《みち》を開き、直ちに臨海に至る。従者数百あり。臨海の太守王琇《おうしゅう》は驚駭《きょうがい》して謂いて山賊と為す。[69]

山水を見ることはあっても、それを産みだす労働は目にしない。そして自然を前に孤高であると自称する。本書はこれを〈謝霊運の原理〉と呼ぶ。後述するように、この原理にはバラ色の未来が待っていた（§28を見よ）。マーク・エルヴィンは、これらやんごとなき社会を出自とする隠者たちを「気取り屋[70]」と喝破し、陶淵明なる者が貧者を自称しているとしても、同一条件下の人々と相対してそうであるにすぎないと断じている。仮に彼が大地で手を汚したとしても、今日の郊外で見られる日曜の畑仕事のようなもので、実際にはそれを耕す隷《しもべ》を所有していたのだ。魯迅（一八八一年～一九三六年）は、類義的ながらこの隠遁思想の脱神話化を図ったのであった。[71]

しかしながら、本書§17で後述するように、問題はもっと複雑だ。同様に本書第四章で後述するが、この類《たぐ》いの人生は一見したところでは考えも及ばないような、より広範な子孫を有することが運命づけられていたのである。

§16
庵

隠者の見分けは住まいでつく。庵である。そのための語彙は豊富だが、何はさておき廬（*lu*）とか庵（*an*）[72]とか言うのはそれが「陋屋《ろうおく》」ゆえだ。§7で言及した「田園詩人[73]」陶淵明は、元興元年（四〇二年）に詠んだとりわけ以下の『飲酒[74]』二十首其の五において、その原型ともいえるイメージを残してくれている。

---

[64] 当初は三千石あったのだが、後に五百石に減らされている。
[65] *Nutong.*
[66] *Yigumen.*
[67] *Gongyi.*
[68] *Muli.*
[69] 小尾：前掲書、p. 202 より引用した。
[70] ELVIN Mark, *The Retreat of the elephants: an environmental history of China*, New Haven et Londres, Yale University Press, 2004, p. 334 で、poseur というフランス語を使ってかく述べられている。
[71] 『魯迅全集』、北京：人民文学出版社、第六巻所収（pp. 227–229）の作品『隠者』の注においてである。このことを教示してくれたフランソワーズ・サバン（Françoise SABBAN）に感謝する。
[72] 中国では前者、日本では後者（同様に「いおり」とも発音する）が比較的使われる。
[73] *Tianyuan shiren.*
[74] *Yinjiu.*

結廬在人境　廬《いおり》を結《むす》んで人境《じんきょう》に在《あ》り、
而無車馬喧　而《しか》も車馬《しゃば》の喧《かまびす》しき無《な》し。
問君何能爾　君《きみ》に問《と》ふ
何《なん》ぞ能《よ》く爾《しか》ると、
心遠地自偏　心《こころ》遠《とお》く地《ち》自《おのず》から偏《へん》なり。

采菊東籬下　菊《きく》を採《と》る東籬《とうり》の下《もと》、
悠然見南山　悠然《ゆうぜん》として南山《なんざん》を見《み》る。

山氣日夕佳　山気《さんき》日夕《にっせき》に佳《よ》し、
飛鳥相與還　飛鳥《ひちょう》相与《あいとも》に還《かえ》る。
此中有眞意　此《こ》の中《うら》に真意《しんい》有《あ》り、

欲辨已忘言　弁《べん》ぜんと欲《ほっ》して已《すで》に言《げん》を
忘《わす》る。

人里に廬《いおり》を構えているが、
役人どもの車馬の音に煩わされることはない。

「どうしてそんなことがあり得るのだ」とおたずねか。

なあに、心が世俗から遠く離れているため、ここも自然と僻遠の地に変わってしまうのだ。

東側の垣根のもとに咲いている菊の花を手折りつつ、ゆっくりとした気持ちで、ふと頭をもたげると、南方はるかに廬山のゆったりとした姿が目に入る。

山のたたずまいは夕方が特別すばらしく、
鳥たちが連れ立って山のねぐらに帰って行く。

この自然のなかにこそ、人間のありうべき真の姿があるように思われる。

しかし、それを説明しようとしたとたん、言葉などもう忘れてしまった。


ここで陶淵明が南の頂を観望している廬山《ろざん》は、§12で見たとおり、ある隠者の陋屋に語源がある。廬（*lu*）という漢字は、建物の概念である广《まだれ》が、それ自体では食べ物を入れる「深皿」を意味する表音要素（文字の残りの部分）と組みあわされている。全体としては、生活とその基本的な覆いということである。上述の詩で面白いのは、「廬を構えて」という意味の「結廬」における「結（*jie*）」との組みあわせだ。信頼できる辞書で結廬を調べると、必ずと言っていいほど『飲酒』其の五の最初の行が引用されているはずである。つまり、この表現を普及させたのはとりもなおさず陶淵明という詩人だったということになる。ところで、結は「編む、つなげる」という意味である。この文字は「ひも」を意味する糸偏に表音部分である吉が組みあわさったもので、吉そのものは、例えば子縄を撚《よ》って綱をつくるといった具合に「ねじる」を意味する。したがって結廬とは、至って粗末な陋屋を組みたてるために粗朶《そだ》を編むということになる。これこそが陶淵明の狙いどおりのイメージだ。それは、数世紀を経て東アジアのあらゆる場所に広まった。かくして「廬を結ぶ」と読む日本では、文字どおり「陋屋を結びあげる」という意味になる。

では、この類《たぐ》いの建築の要素はどのようなものだったのか。§33で後述するように、それらは極限にまで洗練されるが、外見は原則的に「粗朶の編まれたもの」という類型に忠実でありつづける。とりわけ隠者の住まいへの入口は粗末な柴の束で閉じられている。この「藪《やぶ》の戸」には柴扉《さいひ》（*chaifei*）、柴門《さいもん》（*chaimen*）あるいはその同等語が充てられ、それらは提喩作用で「隠遁」をも意味する。例えば、陶淵明は自らへの弔辞である『自祭文』の中で、彼の柴門を以下のように詠む。

含歓谷汲、行歌
負薪。翳翳柴門、
事我宵晨

歓《よろこ》びを含《ふく》んで谷《たに》に汲《く》み、行《ゆ》
こ歌《ゆくうた》いて薪《たきぎ》を負《お》う。翳翳《えいえい》たる
柴門《さいもん》、我《わ》が宵晨《しょうしん》を事《こと》とす。

谷間に水を汲みに行くのも苦にならず、楽しく歌をうたいながら薪を背負って歩いた。ほの暗い柴《しば》の戸が朝早くから夜おそくまでわたしを見守ってくれた。[76]

[75] 訳は、松枝茂夫・和田武司：『陶淵明全集（上）』、東京：岩波文庫、一九九〇年、p. 208による。［訳注：松枝・和田による上書では、最終行は「欲辨已忘信」となっている。誤植と考え、信を言に置換して引用した］

[76] 訳は、松枝茂夫・和田武司：『陶淵明全集（下）』、東京：岩波文庫、一九九〇年、pp. 237–238による。

同じ意味をもたらす同様の提喩作用が、隠遁をとりまく環境にも拡張可能だ。例えば、「水と竹の居住まい」を意味する水竹居（*shuizhuju*）なるものがあるが、これにはさらに隠士自身についての隠喩が秘められている。竹（zhu）は彼の精神が強固であることの、水（shui）はその解放性の象徴なのである。この象徴作用が、蘇州の有名な庭園である網師園[77]にある東屋のひとつで使われている。網師園は一八世紀に宋宗元[78]により、宋朝期のかつての庭園の旧跡に建設されたものだが、その庭園自体が漁師である隠者（漁隠[79]）の隠喩に則って建設されていた。

かくかくしかじかの隠士の逸話から採られたあれやこれやのイメージによって、隠遁がさらなる象徴作用を受けることもある。例えば、「梅妻鶴子《ばいさいかくし》」[80]は「文士の隠遁生活」とでも言える意味の成句だが、これは杭州の西湖にある島である孤山[81]で、二〇年のあいだ一度も都市に出ずに孤高の生活を送った林逋《りんぽ》の生きざまに由来している。[82]彼は孤高に安住すべく二羽の鶴を飼い、梅の木を植えており、その実を食して花を愛でていた。今日件《くだん》の島の中で見ることができ、目前の花壇が二羽のプラスティック製の鶴で飾られた「鶴を放つ東屋（放鶴亭[83]）」はその名残である。「鶴を放つ」というこの興味深い地名は、以下の逸話から来ている。すなわち、林逋が散歩に出たある日、訪なう者があった。待童[84]（歴たる士大夫には欠かせないもの）は彼に来客を告げるため二羽の鶴を放ったというものである……。[85]

ヘンリー・デイヴィッド・ソローのウォールデン湖畔の丸太小屋や、フランク・ロイド・ライトの落水荘といったものを対象に、アメリカという別の文脈で庵についての思索をしたジル・チベルギアンは、以下のように記している。

［庵は］ある種の自由の理念に合致している。無論、このような住まい方をすると大地や同胞との関わりは少な

くなる。［……］内外を媒介する設《しつら》えを多数布置しながら外部を導入するための「自由なプラン」のために壁を取り払うというライトに顕著な理念は、ソローに根源がある。［……］庵にあっては、住居にとって根源的な内と外という極性は存在しない。[86]

チベルギアンはまた、「編みこみのモチーフ[87]」に言及しているが、それは以下のソロー自身の文学的遺言状『ウォーキング』を引用するに際してである。

[77] 文字通りには「漁師の庭園」となる。
[78] ［訳注］宋宗元（一七一〇年～一七七九年）は、清朝の祭祀を扱う役所の官僚で、網師園は彼が母親のために建設したものである。
[79] *Yuyin.* 中村蘇人：『江南の庭 ―― 中国文人のこころをたずねて』、東京：新評論、一九九九年は、p. 104からこの系列を詳述している。
[80] *Mei qi he zi.*
[81] *Gushan.*
[82] ［訳注］林逋（九六七年～一〇二八年）は宋代の詩人である。
[83] *Fangheting.*
[84] *Shitong.*
[85] さらなる詳細については、大室幹雄：『月瀬《げつらい》幻影 ―― 近代日本風景批評史』、東京：中央公論新社、二〇〇二年、p. 58を見よ。
[86] TIBERGHIEN Gilles A., *Notes sur la nature, la cabane et quelques autres choses*, Ecole des arts décoratifs de Strasbourg, 2000, p. 19, 32, 36.［訳注：ヘンリー・デイヴィッド・ソロー（一八一七年～一八六二年）は、アメリカの作家・思想家・詩人・博物学者で、マサチューセッツ州のウォールデン池畔に丸太小屋を建てて自給自足の生活を二年二ヶ月送った。『森の生活　ウォールデン』はその代表作で邦訳もある。フランク・ロイド・ライト（一八六七年～一九五九年）は、アメリカの建築家で、落水荘は実業家・エドガー・カウフマンのために一九三五年に建設された邸宅であり、その名の通り建物の中を貫くかのように清流や滝が配されている］
[87] TIBERGHIEN, *op. cit.*, p. 39.

私は自然を擁護し、絶対的自由と野生のためにひと言述べてみたい。その際、人間を社会の一員としてではなく、単なる市民的自由や文化と対比させて、自然の住民もしくは一員、あるいはその一要素としてとらえたい。[88]

風景の愛好家は、自分だけが自然に対峙していると考えたがるが（カスパー・ダーヴィト・フリードリヒの『雲海の上の旅人』を思いおこされてもみよ）[89]、チベルギアンはここでそのロマン主義的態度の解釈をしているわけで、それには全面的賛意を示したい。ここで附言したいのは、その態度は一五世紀前に謝霊運の原理により予言されていたということだ。さらに、§39で後述するように、ライトを触発したのはソローだけではなく、陶淵明の「粗朶を編んだ陋屋」を先祖とする数寄屋様式についての経験を得た、ライト自身の日本滞在もしかりなのである。つまるところ、私たちの自然に対する態度は、見た目と違って完全に西洋起源ではないことが解ろう。とはいえ、むしろその前に、歴史と大陸を貫いたこれらの表象にあったと思われる真意を自問してみよう。

§17　虚構か真意か

まずたしかなのは、隠士の「隠」は、そのものとしては隠の付くあらゆる事柄同様、両義的だということだ。奥野健男は、昭和初期[90]の東京の原っぱで同世代の子供たちとした隠れんぼに絡《から》め、そのことを記している。何が楽しいかといえば一緒に遊ぶことであり（つまり社会関係の中でということ）、何が怖いかといえば、あまりにうまく隠れてしまうと自然の中で一人きりになってしまうことである。[91]同様に、中国の隠士も、公務復帰を促すため彼のもとに人を使わす（招隠[92]）権力との微妙な駆けひきをしている。隠士は少なくとも二度は固辞しなければならないが、三度固辞すると永久に片田舎に忘れさられ、さらには君主を怒らせてそこで一生を送る羽目になりかねない。『招隠詩』[93]はそこから生じた文学の一ジャンルである。それについては§20で一例を見よう。ここでつなぎとして記しておきたいのは、大人物から出仕を請われるのは、東洋のみならず西洋の隠士たちにも共通するということだ。ジャック・ラカリエールは「砂漠の論理」を語っているが、実際それは以下のごとき振るまいを要請する。

隠修士たちは、貧民や乞食や農民は直ぐさまにいそいそと迎えいれるが、士官や司法官や高級官吏、さらには皇帝さえも、何時間も、できれば炎天下で待たせる。[94]

無論、それは社会があってのことだ。それは世界の反転であって世界の破壊ではない。そして、このようなことこそ風土的《エクメナル》な関係における仙境の役割なのである。隠遁思想の末裔である中国の文士庭園は、この両義性

---

[88] TIBERGHIEN, *op. cit.*, p. 53とp. 54で引用されたもの〔訳注：日本語訳は、ヘンリー・D・ソロー（大西直樹訳）：『ウォーキング』、横浜：春風社、二〇〇五年、p. 4による〕

[89]〔訳注〕カスパー・ダーヴィト・フリードリヒ（一七七四年～一八四〇年）は、ドイツ・ロマン主義の画家で、一八一八年の作品である『雲海の上の旅人』は、前景に岩の上に立つ旅人を置き、彼が独りで雲海とそこに頂きを出す山々に対峙する構図で描かれている。

[90] 昭和は一九二五年から一九八九年までの期間だから、その初期とは一九三〇年代のことである。

[91] 奥野健男：『文学における原風景』、東京：集英社、一九七二年、p. 94 以降。

[92] *Zhao yin.*

[93] *Zhaoyinshi.*

[94] LACARRIERE, *op. cit.*, 1975, p. 138.

を基に「都市における山林（城市山林）[95]」という芸術と都会性の織りなす驚嘆すべき形態を造りあげている。中村蘇人によれば、南宋時代（一一二七年～一二七九年）の中国庭園は、当時北部中国を支配していた蛮族に対し、もっとも洗練された中国文化が自らの自己同一性を確認するための反射行為という傾向を強めることとなる。[96]これが可能であったのは、数世紀前の六朝時代の文士たちが、都市と仙境の伝統的関係を戯れなるままに逆転させることで、その方途を準備してくれていたからに他ならない。東アジアの歴史を貫く伝統をこのように確立しつつ、仙境を基に文（*wen*）の文化の顕著なモチーフを造りだしたのは彼らなのである。とはいえ、これは上述の両義性を激化させながらなしとげられたのであった。当時の多くの隠者が果たした教育者としての役割に関する研究の最後で、ヴァレリー・ラヴォワは、例えば「六朝の文化と社会における隠遁慣行の絶対的統合[97]」を断言するほどの結論にまで至るのである。

文の教師と導師というこの役割は、隠遁生活に無縁どころの話ではなく、つまるところ隠者のなりわいの場である仙境に固有なものである。彼らが単に自然の中に身を隠しただけであれば、これらの文士は世界を反転させることはなかっただろう。彼らにそれが可能であったのは、世界とは何かを記述するA＝Bという等式のBにあたる述語とは異なるそれを伝道し、社会化するという方法においてのみであった。したがって、それらの新たな述語の効率性と歴史的重要性は、問題となっている隠遁の両義性に直接的に結びついてくる。それらが述語づけていた実体としてというよりも、むしろ将来に有する名残として、それらの表象が本書の中心課題となるのである。とりわけ社交性を帯びた述語がそれに該当するわけだが、なぜかと言えば、それが後世に伝達され、後述するように最終的には風土《エクメーネ》の中で物質的に具体化させられるのが、かくなるプロセスをつうじてだからである。はっきりと言おう。陶淵明などが真の隠士であったかどうかは実はさして重要ではなく、大切なのは彼らが隠遁について書いたということだ。というのも、世界はそれを基に変容したからである。

実際、隠者は例えば、とりわけ清談（*qingtan*）のような社交そのものとも言えるいくつかの活動分野で抜きんでていた。漢代に使われるようになったこの術語は、当初は風流才子たちが得意としていた世俗[98]を離れた品のある話を意味していた。魏や晋の時代ともなると、とりわけ道教の勢力範囲における哲学的な話という意味を有することとなる。この話の技芸を実践した者の中でもっとも有名なのは、魏朝末期と晋朝初期の紀元後三世紀を生きた隠士の一団である竹林の七賢[99]である。[100]伝説では、彼らは「深く交わり俗を避けて竹林に遊んだという」[101]［図8］。彼らをテーマとした最近の書籍[102]の表紙には、「僻目《ひがめ》と韜晦《とうかい》に潜む強烈方外な自由と個性」との帯がある。新興の権門（司馬一族）に対する政治的反抗を底意としつつ、彼らは厳然としてその実践に挑んだのであり、唯我独尊を選んだのだった。阮籍と並んでもっとも有名な嵇康に至っては、舌禍により死罪に処せされているほどだ。阮籍は、酒をもって現実を逃避した。他の者たちは権力に抗《あらが》えず、山濤や王戎に至っては司馬一族に仕官して華麗な経歴を積んだのだった。

---

［95］*Chengshi shanlin.*
［96］中村：前掲書、p. 12。
［97］LAVOIX Valérie, «A l'école des collines: l'enseignement des lettrés reclus sous les Dynasties du Sud», dans NGUYEN TRI Christine et DESPEUX Catherine (dir.), *Education et instruction en Chine, III. Aux marges de l'orthodoxie*, Paris et Louvain, Peeters, 2004, p. 65.
［98］*Shisu.*
［99］*Zhulin qixian.*
［100］すなわち阮籍《げんせき》（二一〇年～二六三年）、嵇康《けいこう》（二二四年～二六二年または二六三年）、山濤《さんとう》（二〇五年～二八三年）、劉伶《りゅうれい》（生没年不詳）、阮咸《げんかん》（生没年不詳）、向秀《しょうしゅう》（生没年不詳）及び王戎《おうじゅう》（二三四年～三〇五年）である。
［101］数多《あまた》引用されたこの一文は、とりわけ孟慶遠（他編）：『中国歴史文化事典』、東京：新潮社、一九九八年、p. 696の「竹林の七賢」の注釈にあるものである。
［102］吉川忠夫：『竹林の七賢』、京都：世界思想社、一九九六年。

しかし、竹そのものは彼らの意思の強さの象徴であるのはよいとして、これらの文士は竹林の中で何を見出していたのだろうか。図像を見ると、彼らはあぐらをかいたり寝そべったりしながら呑気に放談し、酒をきこしめし、琵琶を奏でている……。[103] 当時の隠士たちの月並みな素行である。阮籍が、文字どおりには「大鹿の尾」となる麈尾《しゅび》という清談に不可欠の道具を無造作に指で弄《もてあそ》んでいる様子も見られる。というのも、馬毛や、時として貴重な他の材料（例えば白鷺の羽毛が挙げられる）を使ったこの類《たぐ》いの組紐は、道徳的権威の象徴だからで、かかる道徳は大鹿が群れのボスに従うことに由来している。例えば、仏僧も問答に際して麈尾を意図的に使っていた。蛇足とでも言える道具だが、それは風流というやんごとなき生活方式のエンブレムなのであって、そこでは徒然なるままにどんなことでも雑談し、喜んでどんな難事でも歓談したのであった。大室は、それは禅問答の原形だとする。[104] 実際、問答がそうであるように、前述の七賢の反骨ぶりは、常識に一泡吹かせる何事かを持ちえていた。阮籍の逸話を引いてみよう。母堂の死に際して葬式の代わりに宴会を催し、豚を潰してがつがつと食べ、酒も一樽を干してしまった。しかし、棺を前にすると悲痛のあまり血を吐いたのだった……。

今日であれば、かかる所行はさしずめ奇を衒《てら》っているとでも呼ばれてしまうのだろう。あるいは……。いずれにせよ明白なのは、かかる行状は人に見てもらうことを目的としており、事実それらは見られたのだった。これっぽっちの見る目もなく、後世に何も伝えない下々《しもじも》の者どもによってではなく、他のマンダリンたちによってである。謝霊運の原理は古今東西で機能している……。

隠遁は、世界をしかと反転させる。というのも、世界の中心や社交の拠点は仙境にはなく、君主やその代官たちの御座所である都市にあるからである。そのため、適度な簡傲（*jian'ao*）、すなわち社交界に対する傲慢さや無関心ぶりが必要であった。劉義慶（四〇三年～四四四年）は、有名なマンダリンの逸話集である『世説新語』[105]の一部をそのために割いている。[106] それは阮籍の話から始まるが、神楽岡は以下のように要約している。

阮籍が晋の文王の側にいたときの話である。晋の文王は、功績も人徳もすぐれて立派で、その座席は威厳にあふれ、まるで王者のようであった。ただ阮籍だけは、その座にあっても、脚を投げ出して坐り、嘯《うそぶ》き歌い、ほしいままに酒に酔って平然としていたという。[107]

この阮籍なる者、腹が据わっている……。とはいえ、反抗はもっと遠回しにされるのが普通であった。つまり、権力の座から遠ざかることである。これは、陶淵明が「鄙なる住まいへの回帰（帰園田居）」[108]というパラダイムを同時設定しながら行ったことである。事実、それは廬山を望む柴桑という田園のただ中にある家族の家への帰還となる。しかし、それは帰農ではなく、そもそも彼はまったくもってそのような家系にはなかった。陶淵明が田園生活に赴くということは、いわば都会的な風土《ミリュー》にゆくことと同義である。神楽岡は、このマンダリンにとって「田園の暮らしには世俗の人情世故は無縁」[109]と述べるが、図らずもそれがかくの如くあったことを明らかにしている。換言すると、陶淵明は自分自身の世界の周縁部にいるのであり、したがって、俗世を形成する世故を免除されている。とはいえ、他のあらゆる世界と同様に「人情世故」という義務のある農民世界に入っ

［103］吉川：前掲書のp. 6とp. 7を見よ。それらは姚迁・古兵（編著）：『六朝艺术（六朝芸術）』、北京：文物出版社、一九八一年のものの再掲である。
［104］大室幹雄：『園林都市 ── 中世中国の世界像』、東京：三省堂、一九八五年、p. 583。
［105］*Shishuo xin yu, Jian'ao pian.*
［106］［訳注］劉義慶は中国南北朝の宋の皇族で、『世説新語』は彼が編纂した後漢末から東晋までの著名人の逸話を集めた小説集である。
［107］神楽岡：前掲書、p. 152。
［108］*Gui yuantian ju.*
［109］神楽岡：前掲書、p. 168。

てゆくこともなかった。つまるところ、彼にとってそこにいるのは休暇としてなのだ。閑暇（*otium*）ということである。彼が反社交的な選択をして、それによって隠士となったのは、都市にのみ顔を向けながらなのである。

ここで見られる農民世界の不在、つまりは田園の見世物化は、謝霊運の原理にしたがっている。つまり、都市世界、さらにはその世界が田園に対して向けている都会的視線を成立させているもの（すなわち農民の労働）の外閉である。結局のところ、私たちは都市についての述語で記述されるままの状態でそこに留まっているわけだ。陶淵明は都市と出世を否定したが、農村社会に入りはしなかった。彼に残されたことは、つまるところ自分自身と家族を包む殻の面倒をみることであった。そして、彼はまさにそれを地《じ》でいったのである。

まずは「帰去来辞[110]」の第二節から詩句を引用することで、家族の方から見てゆこう。この詩は義熙元年の一一月（紀元後四〇五年一二月）にものされた。陶淵明は野に下り帰郷する。彼は以前に二度帰郷し、その後再度仕官をしているが、ここでは今度の下野は最終的なものであると自らを奮いたたせ、実際に翌年四一歳で引退することになる。

乃瞻衡宇
載欣載奔
僮僕歡迎
稚子候門
三徑就荒[111]
松菊猶存
攜幼入室
有酒盈罇

乃《すなわ》ち衡宇《こうう》を瞻《み》て、
載《すなわ》ち欣び　載《すなわ》ち奔《はし》る。
僮僕《どうぼく》は歓《よろこ》び迎《むか》え、
稚子《ちし》は門《もん》に候《ま》つ。
三径《さんけい》は荒《こう》に就《つ》き、
松　菊《しょうきく》は猶《な》お存《そん》せり。
幼《よう》を携《たずさ》えて室《しつ》に入《い》れば、
酒《さけ》有《あ》りて罇《たる》に盈《み》てり

やがてわが家が見え、
うれしさのあまり思わず駈け出した。
召使いがうれしそうに迎えてくれ、
幼な児も門で待っていた。
庭を見わたせば小道は荒れかけているが、
松や菊は昔のままに残っている。
幼な児を伴《ともな》って部屋に入ると、
酒が樽《たる》いっぱいに用意されている。

まさにわが家の帰宅だ。そこでは子供たちに二行が充てられている（一読すれば、おそらく家事に専業している奥方がのけ者にされていることに気がつこう）。実際、陶淵明はたいへんな子煩悩で、教育は無論、家族の生活の喜びに認めた価値によってもそのことがわかる。「止酒（酒を止む）[112]」との詩の第六行は、以下のようにさえ言うのである。

大懽止稚子　　大《おお》いなる懽《よろこ》びは止《た》だ稚子《ちし》のみ　　何よりの楽しみは幼な子とたわむれることだけだ

そして「帰園田居（園田《えんでん》の居に帰る）[113]」と題された詩の其の四には、家族で田園を散歩していろいろな発見[114]をする悦楽が綴られている。役人暮らしの束縛など糞くらえだ。ここでは現代人が週末につくほっとした一息や、有給休暇中の心踊る冒険が先取りされている。

---

[110] *Gui qu lai xi.* 訳は松枝茂夫・和田武司：『陶淵明全集（下）』、東京：岩波文庫、一九九〇年、p. 143 による。

[111] 陶淵明の庭園のこの「三徑（*san jing*）」に関するポール・ジャコブ（JACOB Paul, *Tao Yuanming. Œuvres complètes*, Paris, Gallimard, 1990, p. 346）による注釈を引用しておこう：「紀元後九年から二三年に在位した王莽《おうもう》（王莽の死は二五年）の暴政期に仕官を拒否した Juang Xu（生没年不詳）への暗示である。彼は三本の小径を造作した竹林に隠遁していた。彼は政治倫理を共有する仲間であった Qui Zhong（生没年不詳）と Yang Zhong（生没年不詳）と一緒でなければそこを散歩することはなかった。［……］陶淵明の三本の小径が［荒れていたということは］、彼が長いあいだ隠遁生活という理想を偽り俗世に生きていたため、独りなり「刎頸の友」を伴うなりしてそこを散歩しなかったということである。つまり、三本の小径とは、引退後の友情の隠喩なのである」。この三本の小径については§41でも後述する。［訳注：王莽とは殺人や家系詐称により帝位を簒奪したとされる官吏で、在位を紀元後八年からとする説もある。また、文中にローマ字表記のまま残した三人物は、フランス語訳を参照したベルク氏自身も、訳者にも判明しなかった］

[112] *Zhi jiu.* 訳は松枝茂夫・和田武司：『陶淵明全集（上）』、東京：岩波文庫、一九九〇年、p. 236 による。

[113] *Gui yuantian ju.* 訳は松枝茂夫・和田武司：『陶淵明全集（上）』、東京：岩波文庫、一九九〇年、p. 100 による。

[114] ここでは廃村を発見しているが、この時代には戦争による人口減少もあってそのような村が多くあった。

久去山澤游
浪莽林野娯
試攜子姪輩
披榛歩荒墟
徘徊丘壠間
依依昔人居
井竈有遺處
桑竹殘朽株

久《ひさ》しく山沢《さんたく》の遊《あそ》びを去《さ》りしも、
浪莽《ろうもう》たり　林野《りんや》の娯《たの》しみ。
試《こころ》みに子姪《してつ》の輩《はい》を携《たずさ》えて、
榛《しん》を披《ひら》いて荒墟《こうきょ》を歩《ゆ》く。
徘徊《はいかい》す　丘壠《きゅうろう》の間《かん》、
依依《いい》たり　昔人《せきじん》の居《きょ》。
井竈《せいそう》遺《のこ》れる処《あと》有《あ》り、
桑竹《そうちく》　朽《く》ちたる株《かぶ》を残《のこ》す。

わたしは長いあいだ山沢の遊びから遠ざかっていたが、
役人暮らしをやめたいまでは、勝手気ままにゆったりとした気分で山林田野を歩きまわっている。
きょうもふと思いたって子や甥たちをひきつれ、
雑草をおしわけて荒れ果てた村里に足を踏み入れてみた。
墓地の間をぶらぶら歩いてみると、
故人の住んでいた家跡がちゃんとあった。
井戸やかまどの跡が往時の名残りをとどめ、
桑や竹が朽ち株となっていまでも残っているのだ。

そして娯楽ではなく、「與子儼等疏（子の儼等《げんら》に与うる疏《そ》）」[115]のように、五人の息子に遺訓をあたえるような場合でさえ、陶淵明は、神楽岡が断ずるように結局のところ「親バカ」[116]ぶりを発揮してしまう。

隠者の中には、夫婦関係の睦まじさにおいて陶淵明以上に突飛な者もいた。伝説的に賞賛されているのは梁《りょう》鴻《こう》の話である。[117]東漢時代のこのマンダリンは、徹底的に野良人になってしまったのであった。大学を卒業すると皇帝の苑囿である上林苑で豚飼いをしたが、やがて帰郷して「肥えて醜く色黒く、石臼を持ち上げる大力で」[118]、すでに齢三〇にもなった醜女《しこめ》と結婚した。結婚式に際して彼女は着飾っていたが、夫の方は七日間も彼女を顧みなかった。彼女が思いあまって理由を聞いたところ、以下のごときやり取りになったのである。

「裘葛《きゅうかつ》の粗末な衣服を着て私とともに深山に隠れることができる人を私は求めているのだ。それなのにあなたは綺縞《きこう》の上等の衣装をまとい、化粧をしている。私の願う人であろうか」と夫は答えた。あなたの志を観ようとした[119]だけだ、わたしは自分の隠居の服をもっている、こういうと妻は髪を椎髻《ついけい》つまり束ね髪にあらため、粗末な衣服にきがえて夫のまえに現れた。「これ真に梁鴻の妻なり、能く我に奉ぜん！」と大いに喜び、彼女に徳曜という呼び名を夫はつけた[120]。

郊（*jiao*）における生活の鑑として、この両人は（長安東南郊外の）覇陵にふたりして隠棲して幸せに暮らし、多くの子宝にも恵まれた[121]。地を耕し糸を紡ぎ、琴[122]を奏し、『詩経』や『書経』を高吟したものだった……。とはいえ、この美しい恋物語の冒頭に戻ろう。前述のやりとりに見られる徳曜とは、つまるところ妻が夫の志（*zhi*）、すなわち意思、真意、真情、心情を身にしみて理解するということである。真（*zhen*）（真理、真正性、

[115] *Yu zi Yan deng su.* 本文は松枝茂夫・和田武司：『陶淵明全集（下）』、東京：岩波文庫、一九九〇年、p. 212を見よ。
[116] 神楽岡昌俊：『中国における隠逸思想の研究』、東京：ぺりかん社、一九九三年、p. 181。日本語にあっては稀有な侮蔑表現であるBakaは、神楽岡の書では表音文字であるカタカナで「バカ」と書かれているが、漢字では「馬鹿」となる。この語は、伝説化した中身のなさで知られた秦の二代皇帝についての逸話を語源としている。ある日、宦官の趙高《ちょうこう》が彼に鹿を献上したが、それを馬だと信じさせたというものである。
[117] 梁鴻については、大室：前掲書、一九八四年、p. 290以降を参考にした。
[118] 大室：前掲書、一九八四年、p. 291。
[119] *Zhi.*
[120] 大室：前掲書、一九八四年、p. 291以降より引用。徳曜（De Yao）の本名は孟光（Meng Guang）と言う。彼女は良妻の象徴として歴史に名を刻まれる。彼女は数世紀後に再登場するが、それについては§26で後述されよう。
[121] 伝説では子供はひとりで、父の埋葬する義務を果たした。しかし、その他にも子があったことが想像される。
[122] *Qin.*

完全性[123]）とともに、この志という言葉は隠者の説話で頻用される。実際、結局これこそが問題なのである。都市を捨て仙境に入ることで隠士になった時に表明するのもそのことだ。これらのマンダリンの大半は、梁鴻と徳曜の夫妻ほどには突飛ではなかったことは認めよう。彼らが大地を基に抱いたヴィジョンは、むしろ自己中心的で奇矯なもので、しかもそのヴィジョンを持つことができたのは、そこで働く農民をはじめとする人々のおかげであることを捨象していたことを認めよう……。それは彼らの生きた時代のためでもあり、彼らの属した階層ゆえでもあった。さらに、彼らは本意に逆らった出世のようなものではない何かに至るため、遁世することを個人的に心底探求した。すなわち、より本質的で、より宇宙＝調和《コスミック》的な何かで、それは自らの本性（nature）とも自身をとりまく自然（nature）ともより合一的な何かである。

ここで再登場するのが陶淵明だが、というのも、その作品が宇宙＝調和《コスミック》的な秩序の中での自らの探求という、この二重の探査を明白に示しているからである。早速、「帰園田居」の其の一の詩を見てみよう[124]。

少無適俗韻　　少《わか》きより俗《ぞく》に適《かな》うの韻《しらべ》無《な》く、　　若い頃からわたしは世間と調子を合わせることができず、
性本愛丘山　　性《せい》　本《も》と丘山《きゅうざん》を愛《あい》す。　　生れつき自然を愛する気持が強かった。
誤落塵網中　　誤《あやま》って塵網《じんもう》の中《なか》に落《お》ち、　　ところが、ふと誤って埃《ちり》にまみれた世俗の網に落ち込んでしまい、
一去十三年　　一《ひと》たび去《さ》って十三年《じゅうさんねん》。　　あっというまに十三年の月日がたってしまった。
羈鳥戀舊林　　羈鳥《きちょう》は旧林《きゅうりん》を恋《こ》い、　　かごの鳥がもと棲《す》んでいた林を恋い、

池魚思故淵　池魚《ちぎょ》は故淵《こえん》を思《おも》う。　池の魚がもとの淵《ふち》を慕うように、わたしも生まれ故郷がなつかしく、
開荒南野際　荒《こう》を南野《なんや》の際《さい》に開《ひら》かんとし、　世渡りべたなもちまえの性格を守り通して田園に帰り、
守拙帰園田　拙《せつ》を守《まも》って園田《えんでん》に帰《かえ》る　村の南端の荒地を開墾しつつある。

ここでは各行において都市社会と陶淵明の本意の対立が表現されている。

・この対立は幼少期に遡る（第一行の少）
・それは彼のもともとの性向で、自身の根本に刻みこまれたものである（第二行）
・社交界の濁流に身を任せた（つまり出世を求めた）のは誤りだった（第三行の「誤」）
・十三年という余りに長い誤りだ（第四行）
・都市にあっては、陶淵明は生地から連れ去られた、囚われの鳥や魚同然である（第五行と第六行）
・そこで、彼はなすべきことをなす。すなわち、自らに正直に、世故に拙いままに田園に帰るのである（第七行と第八行）

この拙は、真正性の記号である。それは、後の正徳帝の治下（一五〇五年～一五二一年）、蘇州に建設されて

［123］　真（それ自体での真理、自然）は、本書の隠士たちを考える上での大家である荘子の哲学の中心課題である。それについては、大浜晧：『荘子の哲学』、東京：勁草書房、一九八七年の第一〇章「〈真〉の意味」、とりわけ p. 276 以降を見よ。
［124］　訳は松枝茂夫・和田武司：『陶淵明全集（上）』、東京：岩波文庫、一九九〇年、p. 94 以下による。

中国の四大名園として名高い拙政園を創作した王献臣によって再び引きあいに出されよう。ここで、庭園の整備とは、陶淵明の詩における「荒を開く（開荒）[125]」の同義語である。背景は同じではないが、構造契機は同一だ。つまり、都市と仙境の組みあわせの反転の中で、出世を諦めることで自らを城外において再発見することである。事実、庭園自体が都市壁のアンチテーゼである壁に囲まれている。その壁はそもそもの機能を無化し、象徴的に仙境を幽閉しているのである[126]。

つまるところ、自らへの忠実さと隠遁による孤高における真正性ということである。しかし、それですべてではない。陶淵明の本性は、自然（*ziran*）そのものと合致する。それら二者は、田園に帰った詩人が解放される中で同一のものとなるのである。

久在樊籠裏　久《ひさ》しく樊籠《はんろう》の裏《うら》に在《あ》りしも、　長い間、かごの鳥の生活をつづけてきたが、
復得返自然[127]　復《ま》た自然《しぜん》に返《かえ》るを得《え》たり。　これでまた本来の自然の姿にもどることができた。

田園への帰還、すなわちそれは個人の人格と物事の自然な流れの合致の中で、「本来の自然の姿にもどること（返自然）[128]」ということとなる。§16で「結廬（廬を結ぶ）」ということについて『飲酒』其の五［図11］を見たが、その夕暮れ時の景観が言いあらわしていたように、じつに宇宙《コスミック》＝調和的な合致である。花を手折りつつ、詩人は自身の隠遁場所（つまり廬）のシンボルであり陸標である廬山の山容を見る[129]。雲に体現される山気[130]は、夕陽の中で天地が再会する美しくも善き吉兆である[131]。この合一は鳥たちが連れだって山のねぐらに帰ってゆく様により強調されるが、それは詩人が田園に帰還することの象徴でもある。つまり詩人の人生選択、動物の帰巣向性、山気、そして太陽の動きが和合した、全面的な宇宙《コスミシテ》＝調和性である。

この黄昏どきの調和には、本当の意味とか本当の意図のこと、すなわち本当のこと（真 *zhen*）と心の望むもの（意[132] *yi*）が和合した真意（*zhen yi*）が見られるが、それは人間の本性と自然の深奥なるおもむきの表現の間の合致であり、つまりはタオ（道 Tao）である。「此中有眞意（此の中に真意有り）」ということだ。

しかし、このことは明々白々というわけではない。というのも、タオが言及されているわけではないからだ。『老子』の冒頭には「道可道、非常道[133]（道の道《い》う可《べ》きは、常《つね》の道に非《あら》ず）」（「道」が語りうるものであれば、それは不変の「道」ではない）と書かれている。これは、事実、最終行で詩人が「言を忘る（忘言 *wang yan*）」と述べて明らかにしていることである。同時に、この場面を刻印しているのはまさにタオであることを明らかにしている。タオは「このなか（此中）」にあるのだ……。最後にもう一度引用しておこう。

---

［125］*Kai huang.*

［126］この問題は、日本庭園についての§27及び§28で再度論じよう。

［127］松枝茂夫・和田武司：『陶淵明全集（上）』、東京：岩波文庫、一九九〇年、p. 96の「帰園田居」の一節である。

［128］*Fan ziran.*

［129］見（*jian*）であり、意図的でつまるところ有為（*youwei*）である観（*kan*）ではない。蘇軾《そしょく》をはじめとする後世の詩人の幾世代かが注釈を加えたように、ここでの廬山の眺めはそのもの自体が自然に目に入ってくるのであって、つまるところ人は無為（*wuwei*）な状態にある。［訳注：蘇軾（一〇三七年～一一〇一年）は北宋時代の政治家で、当代一の詩人と言われ、書家としても著名であった］

［130］*Shangi.*

［131］古典ギリシャ語で言えば *Kalos k'agathos*、すなわち中国語の佳（*jia*）である。［訳注：*kalos* は倫理的意味で人々に良いとされることで、*agathos* はそれ自体で善いとされることである］

［132］意という文字は、「心」と「音」という二要素から形成されている。この「心の音」は、語彙論的には日本語の「本音」に近似的である。本音とは文字通りには「根本の音色」であり、儀礼上必要とされる表向きの態度（日本語では「建前」と言われ、文字どおりには「建物の前面」のこと）に対し、本当に考えていることである。

［133］*Dao ke dao fei chang Dao.*［訳注：以下の邦訳は、小川環樹：『老子』、東京：中央公論、一九七三年、p. 5による］

採菊東籬下
悠然見南山

山氣日夕佳
飛鳥相與還
此中有眞意

欲辨已忘言

菊《きく》を採《と》る　東籬《とうり》の下《もと》、
悠然《ゆうぜん》として南山《なんざん》を見《み》る。

山気《さんき》　日夕《にっせき》に佳《よ》し、
飛鳥《ひちょう》　相与《あいとも》に還《かえ》る。
此《こ》の中《うち》に真意《しんい》有《あ》り、

弁《べん》ぜんと欲《ほっ》して已《すで》に言《げん》を忘《わす》る。

東側の垣根のもとに咲いている菊の花を手折りつつ、
ゆっくりとした気持ちで、ふと頭をもたげると、南方はるかに廬山のゆったりとした姿が目に入る。
山のたたずまいは夕方が特別すばらしく、
鳥たちが連れ立って山のねぐらに帰って行く。
この自然のなかにこそ、人間のありうべき真の姿があるように思われる。
しかし、それを説明しようとしたとたん、言葉などもう忘れてしまった。[134]

[134] 訳は、松枝茂夫・和田武司：『陶淵明全集（上）』、東京：岩波文庫、一九九〇年、p. 208 以下による。

第三章　風景の誕生

§18 牧神パンの洞窟の原理

ヤギの脚を持つ神であるパンは、アルカディア地方を故郷としている。これはアルカディアの別名であるパニア（*Pania*）、つまり「パンの大地」という地名が裏づけるとおりで、その崇拝についての最古の痕跡が、ペロポネソス半島のこの奥地で発見された事実にも傍証される。[1] ギリシャ＝ローマ世界全体で自然を象徴する存在となる前に、長い間パンはそこで単なる牧神であり、牧畜の群れの守護神にすぎなかった。では、その位置づけの変化はどのようにして起きたのか。そして、そもそもアルカディアとはいかなるものだったのか。

［1］ BORGEAUD Philippe, *Recherches sur le dieu Pan*, Genève, Droz, 1979, p. 73 et p. 15.

往来困難な山国であったアルカディアは、政治、言語、そして宗教といった面で、アルカイズムの真の保存庫であった。そこでは古典期にはミケーネ方言にもっとも近いギリシャ語が話されていたし、パンにくわえて、しばしば名前が秘され動物の姿をしている奇妙な神々が崇拝されていた。［……］野禽の猟師にして保護者、そして家畜の小群の飼育者にして繁殖者であるパンは、本質的に牧畜経済下にあり、狩猟がスポーツの地位に貶《おとし》められていなかったこの国では、狩猟民にして初期的飼育者である民族によく知られた姿をした〈動物の支配者〉の機能を有していた。［……］詩人のアルカディア、すなわち、そよ風が吹きわたりヤギ飼いの恋歌が響く幸福で自由なアルカディアは、ローマの起源についての夢想と連関したローマ時代の発明品である。アルカディアに所在するとされるウェルギリウスによる牧歌的風景は装飾品なのだ。［……］［テオクリトス[2]とカリマコス[3]は］ギリシャの伝統に忠実でありつづけた。すなわち、アルカディアは牧歌的な場所どころではなく、不毛にして住みにくい土地で、そこには粗暴で原始的でほとんど未開といえる人々がおり、彼らのもとにあっては音楽はまずもって習俗を和らげる機能を有するという伝統である。[4]

牧歌的場所にせよ住みにくい土地にせよ、アルカディアは自らの鄙《ひな》びた空間に最古の起源の原初的時間を定めている。月よりも古くから存在するというその住民達は、その祖先であるコナラのドングリで食いつないでいるのではないか。これは少なくともギリシャの想像世界で言われていることで、そこではアルカディアが常に野生の原初の時間へ遡及可能な後退性を具現化している。[5]

実際、ヘロドトス[6]によると、紀元前四九〇年、マラトンの戦いの数日前、伝令兵フィリピデス[7]は牧神パンに（アルカディアにある）テゲアの出口で呼びとめられる。パンはペルシャ戦争でアテネの人々を支援することを約束する。実際に彼はメディア国の兵卒の間に〈パニック[8]〉を引きおこし、それによってギリシャの勝利が決定的になる。ミルティアデス[9]は戦場で彼に贈り物をもって感謝することとなる。一方、アテネの人々は彼らの都市《シ》＝市民体《テ》にパンの祭壇を設置することで謝意を示すこととなろう。彼らはプロピュライア[10]の地下、アクロポリスの丘の北西斜面の洞窟にそれを安置する。[11]ギリシャの他の都市《シ》＝市民体《テ》もアテネに倣《なら》うこととなる。こうして、かなりの速度でパンの祭壇はヘレニズム世界の全土に伝播してゆく。

奇妙なことに、アルカディアの人々はと見てみると、彼らは他の神々に対してするのとまったく同様に、パンに寺院という建築を捧げていた。パンが洞窟に住まうのは、アルカディア以外のアテネやそれに追従した他の都市《シ》＝市民体《テ》おいてのみである。フィリップ・ボルジョーはこの点について、したがって洞窟は、ヘラス[12]の残りの地において特別な象徴的機能を有したと指摘している。すなわち、アルカディア地方以外では、まさしくパンの住まいであった洞窟が、アルカディアそのものを意味していると認めなければならない。ボルジョー

［2］［訳注］テオクリトス（紀元前三一〇年頃～没年不詳）は、文学上「牧歌」と呼ばれる分野の創始者である。

［3］［訳注］カリマコス（紀元前三一〇年または三〇五年～紀元前二四〇年）はヘレニズム期の詩人である。

［4］BORGEAUD, *op. cit.*, p. 16, 18, 19.

［5］LORAUX Nicole, *Né de la terre. Mythe et politique à Athènes*, Paris, Seuil, 1996, pp. 67–68.

［6］この続きは、BORGEAUD, *op. cit.*, p. 195 以降の「アテネにおけるパン」を見よ。

［7］アテネは彼をスパルタへの伝令として遣わしており、彼はその帰途にあった。マラトンでの勝利後、休むことなくアテネに報告をしに走ったのはこのフィリピデス（またはフェイディピデス）である。オリンピック大会の復活後、今日ではマラソン競技として記念されている偉業である。

［8］［訳注］パニックの語源は牧神パンにある。家畜の群れが突然騒ぎ出すのことをパンの仕業と考えたのである。

［9］［訳注］ミルティアディス（紀元前五五〇年頃～紀元前四八九年）は、マラトンの戦いでアテネ（アテナイ）軍を率いてペルシャ軍を破った軍人である。

［10］［訳注］アクロポリスへの入口を形成する門に相当する空間のこと。

［11］BORGEAUD, *op. cit.*, p. 222.

［12］［訳注］古代ギリシャの古名。

を批評しながら、ニコル・ロローは以下のように詳述する。

パンはアルカディア地方の山がちな風景と不可分であり、彼がひとたびアテネ人として帰化するや、都市のただ中にありながら野生の自然ともいえる場所、［……］すなわち洞窟という場所を与えられるのはそのためである。［対して］アルカディアの人々は彼に型どおりの寺院しか捧げなかった。［そして実際］アルカディアにあっては洞窟は洞窟に過ぎず、しかしアルカディア地方以外では洞窟はすなわち「アルカディアを意味しており」、したがってパンの住処となっている。[13]

この解釈に依拠しながらも、本書は以下を指摘しつつそれを風土的な《エクメナル》意味＝おもむきにおいて追求してみたい。つまり、人境《エクメーネ》のただ中に仙境を定置させる原理において、パンをアクロポリスの麓の洞窟に安置することは、蘇州の中心部に拙政園を布置する庭園整備（§17を見よ）に対応している。しかし、いずれの場合でも、都市のただ中に、都市にとって異質な即自的存在を単純に転置することではない。というのも、§14で見たように、それ自体で仙境と呼べるものはなく、人境《エクメーネ》と関係してはじめて仙境があるからである。換言すれば、パンの洞窟はアテネ的なのだ。それは純粋に野性的なのではなく、ギリシャ文化の中でもっとも洗練されたアテネ独自の趣向の産物なのである。

しかし、それですべてではない（なぜなら、パンがアクロポリスの麓の洞窟にいるということに過ぎないのならば、その洞窟は実際にはアテネにしかないという単純な事実認証に留まるからである）。この洞窟によって、パンは自らの位置づけや帰属先を変化させる。彼はもはや単なる立ちあがったヤギ、すなわちアルカディアの牧童の神なのではない。彼はアテネの都市性の真逆、すなわち、野生の自然を象徴しはじめている。そして、この視座はアルカディア人にはないアテネ人に固有なもので、そこからギリシャ＝ローマのあらゆる世界に拡がってゆく。もともとは外部にあって農民世界に属していた物事を、このように都市が掠《かす》めとること、そしてそれをまさにその反対の物事として再解釈するために領有すること、ところがまた次に当該の反対の物事である自然を、都市自身を起点として、さらに都市自身のために（つまり農民の手の届かぬところに）知らしめることを、本書では〈牧神パンの洞窟の原理〉と呼ぶ。これは逆説的原理で、そこでは「自然」（洞窟のような、自然の概念とその感知可能な表象）が自然（人為的変化を蒙らなかった生態系）に置きかわる。そして、この置換は都市（地球上でもっとも人工的なもの）が自然に対抗するという点においてのみなされる。

この原理は、おそらく都市による（それ自身が都市と同じくらい古いものである）田園の支配に負けるとも劣らず古いもので、洋々たる前途が約束されていた。後述のとおり、中国の六朝時代における風景の誕生に際し、それは大々的に活用されたのである。

§19　風景以前

風景の誕生は、まさに風土的《エクメナル》な問題である。事実、それは実証主義的な術語では何も意味しない。そこでは風景はオブジェ、すなわち地球の外延で、それをそのものとして見る人間主体がいようといまいと、風景はあ

---

［13］ LORAUX, *op. cit.*, p. 67.

らゆるところにあるとされる。対称的に、この問題は主観主義にとっても何も意味しない。そこでは風景は鏡像関係にある視線の産物で、環境が風景となるためには人間主体が存在するだけで充分とされてしまう。前者の場合、風景は地球と同じくらい昔からある（そして宇宙と同じくらいと言ってよい）。後者の場合、人類と同じくらい昔からある。このふたつの立場は明らかに異質だが、実際のところは同根から派生している。すなわち、物事を客観的な術語で考えたり主観的な術語で考えることを強要する近代二元論である。

実のところ、風景概念は歴史上のある瞬間に出現したことは紛れもない事実なのだが、これは前者の立場にも後者の立場にも合致しない。通態的（trajectif）[14]であるというこの事実は、単純に近代的なものの見方の中には収まらない。近代的な見方では、還元主義、アナクロニズム、自民族中心主義、あるいはそのままに放任主義などと命名されたさまざまな歪曲をもってのみしか、風景概念誕生の事実は受けいれられない。とりわけ還元主義は、現実（*S/P*）[15]を純粋な物体、すなわち主語論理の*S*に後戻りさせてしまう。あらゆる世界性、あらゆる歴史性を剥奪された風景（*S/P*）は、物理的外延、つまりデカルトのいうところの外延（*extensio*）（*S*）に還元されてしまう。このような見方は、人間の風土《ミリュー》について受忍不可能であるだけではなく（なぜなら、それは必然的に主語（*S*）を述語づけて述語（*P*）化することで、外延を風土《ミリュー》に変える人間存在を原理的に排除してしまうからだ）、〈環世界（*Umwelt*）〉を〈環境（*Umgebung*）〉[16]に還元してしまうので、総体としての生命社会にも整合しない。これは、つまるところ〈世界のない（*weltlos*）〉小石を語るようなものである。[17]しかし、この還元主義は小石以外のこと、とりわけ人間の現実に口出ししてくることがある。還元主義は（風景の概念が存在している）世界についての還元主義独自の見方を、風景概念の存在理由がない場所に拡大適用するなどして嘴《くちばし》を挿《はさ》んでくる。つまり、他の世界にいるのに、その人々にとっては別のものとして別の呼ばれ方をしているものを「風景」と呼んでしまうなどするのである。

風土的《エクメナル》な視点では、逆にその把握のため、世界のあらゆるものの見方の固有の論理が尊重される。本書であれば、「風景」や「自然」といった概念を使う状況で使われている象徴体系が意図することを把握するためにである。また、ある風土《ミリュー》でそれらと〈ともに行く〉技術的体系や生態系も同様にである。この〈ともに行く（aller-avec）〉（この具体性[18]（*concrétude*））は、実際に風土性《メディアンス》の根本的特色である。[19]

[14]　風土的《エクメナル》な関係では（拙著『風土学序説』を見よ）、物事は通態的、すなわち単に客観的でもなければ単に主観的でもない。というのも、それらは一方で不可避的に人類の技術体系や象徴体系に投企されており、他方でそれに負けるとも劣らずに生物圏の生態系に帰属するためである。すなわち、生態的＝技術的＝象徴的なもので、それらが人間の風物身体、つまるところの風土《ミリュー》を形成する。

[15]　風土的《エクメナル》な関係では、現実（*r*）は人間存在により述語（*P*）〈として（en tant que）〉述語づけられた（問題とされている）論理上の主語（*S*）である（すなわち、主語*S*は即自としては存在せず、人間の感覚、思考、言語、そして活動といったものにより、ある種の方法により必然的に把握されたもの〈として〉存在する）。これは $r = S/P$ という図式で表象され、同式は「現実（*r*）は述語（*P*）〈としての〉主語（*S*）である」と読まれる。例えば、それは風景（*P*）〈としての〉環境（*S*）であり、人間世界（*P*）〈としての〉地球（*S*）である。*S/P*（すなわち現実）という関係は風土《エクメーネ》に固有ではない。それは生命の誕生とともに現れたもので、生物圏の実存的階梯においては、ヤーコプ・フォン＝ユクスキュルの環境（*Umgebung*）／環世界（*Umwelt*）という関係に対応している。しかし、風土《エクメーネ》の実存的階梯では、人類固有の技術的で象徴的な（そして単に生態学的でもない）システムがそこに入りこんでくる。［訳注：ユクスキュル（一八六四年～一九四四年）は、ある生物が周囲に与える意味の世界を環世界と呼び、人間中心の世界観の見直しを提唱した生物学者である］

[16]　UEXKÜLL Jacob (von), *Mondes animaux et mondes humains*, Paris, Pocket, 2004 (*Streifzüge durch die Umwelten von Tieren und Menschen*, 1934)（ヤーコプ・フォン＝ユクスキュル（日高敏隆・羽田節子訳）：『生物の世界』、岩波文庫、二〇〇五年）を見よ。*Umgebung* とは客観的環境のことで、*Umwelt* とはそれぞれの種《しゅ》に固有の周辺世界（環世界）である。例えば、人間種の固有世界では、$\lambda = 700$ ナノメートル（*S*）という波長の電磁波は、赤い色（*P*）〈として〉身体により述語づけられるが、牛にとっての周辺世界にはこの色（この述語）は存在しない。

[17]　［訳注］ハイデガーは「石は世界を持たない（*weltlos*）、動物は世界が貧困である（*weltarm*）、人間は世界形成的（*weltbildend*）」であると述べ、周辺環境との相互関係について、存在論的階層を措定している。

[18]　具体（concret）は *cumcrescere*、すなわち「一緒に成長する」ということに派生していることを再確認しておこう。これは現実の中で「ともに行く」ことを分離してしまう抽象の対極である。

[19]　『風土学序説』の p. 76 及び本書53ページの注104を見よ。

例えば、ヨアヒム・リッターがペトラルカ[20]による一三三六年のヴァントゥー山[21]登頂についてそうしたように、実用的喜悦（*uti*）と観想的喜悦（*frui*）とを区分することが重要となる。ペトラルカが書いている「あらゆる方法で私たちの登頂を断念させようとした老いた羊飼い」や、彼らに同道するふたりの従者の沈黙は、山に対する実用的喜びの次元にある関係に由来している。対して、ペトラルカの思考は観想的な喜びの次元にある。前者にせよ後者にせよ、風景はまだ問題になっていない。しかし、前者の場合の方が後者の場合よりもそれへの距離がある。リッターは、美術史家・マックス・ヤコブ・フリートレンダーを引用しつつ、必要性や有用性が支配的な状況下では、観想的な喜びを見出すことができないと指摘している[22]。風土的《エクメナル》な視点から見ると、主語（*S*）に対して、述語（*P*）が〈として〉の形を取って展開するには自由度がかなり低い状況下にある。必要性の支配下にあるために、世界の展開がより少なく、偶発性がより少ないのである。

　事実、多くの著者が、観想をそれなしには環境を風景として観ることができない条件として挙げている[23]。この条件は、風景の誕生の確定方法を予測させるものとして、それ以前であっても機能する。本書の考え方では、それは牧神パンの洞窟の原理の一種である。つまり、牧神パンに自然の象徴を見出してそれに洞窟を与えること、それはアルカディア地方の牧童にはできない、観想のための距離を必要としていた。ヤギにあまりにも手がかかるので、彼らは牧神パンを、彼らにとっての他の神々同様に寺院奉献の価値のある半獣神としてしか見られなかった。逆に、都市にいることでこの観想のための距離設定が可能であったアテネの人々は、パンの自然性そのものを独占して展開した。日本の建築言語が茶室[24]について行う野小屋（文字通りには粗雑な小屋ということだが、小屋組が天井で隠されている類型をいう）と化粧小屋（文字通りには装飾された小屋だが、天井がなく小屋組と屋根が露出した類型をいう[25]）の区分で機能しているのも、これと同じ反転である（都市性がその対極にある自然を逆説的に独占すること）。つまり、田舎っぺは住居には天井があって然《しか》るべきだと考えるが、意味＝おもむきの反転の中で、ここでの洗練は彼らを裏切って、自然を独占するために飾り気のなさを演出するのである。

とまれ、自然を観想するためには、それが何らかの方法で概念化されていなければならない。さもなければ、それは観られるものとは別のものである。とりわけ、それに名前を与えなければならない。ギリシャ語では、至って都市的なミレトス学派の哲学者たち（ソクラテス以前の哲学者たち）の下で、フュシス（*phusis*）が自然という意味になるのは紀元前六世紀にすぎない。ホメロスにとっては、この術語はいまだにある植物（*phuton*）[26]の植物的効能を意味している。中国では、道教の流行の中で類義や同義で自然（*ziran*）が使われるようになるのは戦国時代[27]である。いずれにせよ、問題となっているのは近代の所産である物質としての自然ではない。しかしながら、このような概念の萌芽は、たしかに道教のもとで無為（*wuwei*）に最高価値を附与するにしても、他の生命

---

［20］RITTER Joachim, *Paysage. Fonction de l'esthétique dans la société moderne* (*Landschaft. Zur Funktion der AEsthetischen in der modernen Gesellschaft*, 1963) *accompagné de* l'Ascension du mont Ventoux *de Pétrarque et de* La Promenade *de Schiller*, Besançon, Les Editions de l'Imprimeur, 1997 の p. 40 に掲載された文章［訳注：フランチェスコ・ペトラルカ（一三〇四年～一三七四年）は詩人であると同時に、ラテン語文法を整備したことで著名である］

［21］［訳注］ヴァントゥー山はフランス南部にある標高一九一二メートルの独立峰で「プロヴァンスの巨人」と呼ばれる。

［22］RITTER, *op. cit.*, p. 45.

［23］最近の例としてMILANI Raffaele, *Esthétiques du paysage. Art et comtemplation*, Arles, Actes Sud, 2005 (*L'Arte del paesaggio*, 2001) を挙げておく。

［24］本書§33も見よ。

［25］例えば、京都の高台寺にある傘亭を見よ。陶淵明に遡る結廬（*jie lu*）の本質に迫られたかのように、竹垂木の小屋組はこれみよがしに「編まれて」いる。

［26］『オデュッセイヤ』第十歌302-303行を参照してみよう。「こう仰せられると、名に負うアルゴス殺しの神は、ある薬草を土から引き抜いてわたしに手渡し、どのような草か見せて下さった。」この薬草の効能（*phusis*）により、オデュッセウスはキルケの毒を免れる。［訳注：邦訳は、ホメロス（松平千秋訳）：『オデュッセイヤ（上）』、東京：岩波文庫、一九九四年、p. 260による］

［27］［訳注］中国の戦国時代は、紀元前四〇三年に晋が韓・魏・趙に分かれてから紀元前二二一年に秦により統一されるまでの期間をいう。

体とは異なる人類の共通意識のそれを示唆している。というのも、無為のような概念の存在自体が、自然とは異なる有為（*youwei*）の意識の存在を示唆するからである。

中国のエリート階層は都市民だったから、[28] 身分上、住まいはもっとも造りこまれた人工物である城（*cheng*）である。では、自然を観想することに始まり、彼らはどのようにして自然に至る道程を掠めとることができたのか。他の場所や他の時代のエリート階層同様、彼らは物事の価値を決定し、話し言葉《パロール》やとりわけ書き言葉《エクリ》よって環境を述語づけする権能の保持によって、この掠めとりを行ったのである。社交界の述語は、それ自体が幻想を源とする純粋な恣意性に左右されがちだが、彼らはその首座にあることで、自然を道（*dao*）として語ると同時にそれを語りえないと語り（§17で前述のとおり、『老子』の最初の文章は「道可道、非常道（道の道う《い》可《べ》きは、常《つね》の道に非《あら》ず）」（「道」が語りうるものであれば、それは不変の「道」ではない）である）、さらに名所に能書きを押しつけてその見方を規定してしまうこともできたのだ。[29] ともあれ、自然と文化のクラッチ連接を物質的に担っているのは農民だが、エリートたちはそれを掠めとっていたのである。例えば、桂林の七星岩[30]という洞窟を訪れた地理学者・徐霞客《じょかきゃく》（一五八七年～一六四〇年）[31]は、先人の刻んだ銘文に、自らのそれをくわえることを忘れない。このような所行を説明するべく、武田雅哉[32]は「見立てのある宇宙論」を論じている。それらの銘文により、ある世界の見立てを石に残すことで、中国のエリート階層は数千年前からしもじもの者どもが眼前にしているものの見方を規定してきた。自分の世界を彼らに強制する実に優れた手段ではないか。

このようにして世界性が続いている。つまり述語の治世である。そのためにはまず、当の述語の治世を樹立しなければならない。そして、それは支配関係においてのみしか実現不可能だ。この論理は普遍的である。例えば、ルネ＝ルイ・ジラルダン侯爵は以下のように書いている。

主な街道沿いはもちろん、平凡な芸術家の絵画には土地の拡がり（pays）しか見出せないが、詩的場面である風景（paysage）は、趣味と感情により選択されるなり創造されるなりしたものである。[33]

彼は、客観的には、彼と同程度の人々の趣味や感情が、他のしもじもの人々のそれに優るとしている。主観的には、しもじもの者どもは趣味も感情も持たないとすら言っている。それは、社交世界を形成しているこれら述語（*P*）の絶対化のおかげである。事実、見立て（主語（*S*）を述語（*P*）〈として（*en tant que*）〉見る）は、他の可能性の中のひとつの〈として〉に過ぎないとはされず、唯一許されたものだとされる。換言すると、他の述語（*P*）の非存在への格下げにより（ここでは趣味や感情の欠落による非都市性や非世界性）、主語（*S*）を自らの利益として独占することである。

ジラルダン侯爵の場合、それが無視できないほどの不動産所有と関連し（彼はエルムノンヴィルなどの地主で

［28］たしかに彼らの経済基盤は都市外の邸宅をともなった土地所有にあったが、彼らのエリートとしての本質は、都市性と不可分の文（*wen*）の所有にあった（§13で前述したとおり、権力が都市固有のものであるのと同様に、都市的であるという意味においてである）。

［29］日本と異なり、中国の名所には岩に彫り込んだ説明（問答であったり詩歌であったりもする）があり、その場所が歴史的にかくかくしかじかの人物にゆかりがあることを示したりしている。これは、その見方を強制することにもなる。

［30］*Qi xing*.

［31］［訳注］生年を一五八六年、没年を一六四一年とする説もある。

［32］武田雅哉：『桃源郷の機械学』、東京：作品社、一九九五年、p. 103 以降。仏文では Yolaine Escande の以下の二論文がこの問題を論じている：«Paysage et inscription du lieu», dans COLLOT Michel, CHENET Françoise et SAINT GIRONS Baldine (dir.), *Le Paysage, état des lieux*, Bruxelles, Ousia, 2001, pp. 51-83 及び «Des inscriptions monumentales qui transforment un lieu en paysage», *Les Carnets du paysage*, 7, automne 2001, pp. 146-165。同人の近著 *La Culture du* shanshui. *Montagnes et eaux*, Paris, Hermann, 2005 の第六章（«Le lieu du paysage»）も見よ。

［33］GIRARDIN René-Louis, *De la Composition des paysages sur le terrain, ou Des Moyens d'embellir la nature près des habitations*, 1777, réédition, Seyssel, Champ Vallon, 1992, p. 55.

あった)、さらにこれらの地所を風景として整備させる権能を併せもっていたことに連動している。しかし、後述するように、風景の精神的な父といえる謝霊運がすでにそうだったのだ。繰りかえしになるが、この論理は風景に先行している。それはまた社会労働の分業、つまり都市にすら先行していたと言えよう。一方に述語の支配者がおり、他方に肉体労働でこの特権的述語づけに奉仕している人々がいるのである。

長い間、問題とされるのは美学ではなく、したがって風景とはなるまい。風景の誕生の直前期だけでも、葛洪の『抱朴子』は「山に入る」ために必要なあらゆる助言を与えてはいるが、風景はもちろん、一般的な美学とも無縁の意味＝方向性で著されている。そこで論じられているのは、何より山の化け物どもから身を守りつつ不死を得るための適切な方法である。私たちの風景的視点には残念ではあるが、その視座は――中国という山水(*shanshui*)の国にあっても――長い間より重要でありつづけたのである。葛洪には不幸なことだが、「不死」や「錬丹術」といった述語は今日では流通を停止しており、風景詩人たちの作品に比べると彼の作品は余りぱっとせず、かなり廃れてしまい、至って二義的に見える。しかし、彼の世界やその時代に身を置いてみる必要があるのである。

汪涌豪《おうようごう》と兪《ゆ》灝敏《こうびん》が指摘するように、当時、道教神話の祖型となる伝説が多く書かれた[34]。中にはもっと古い原形を有するものが少なからずあったが、それらが文(*wen*)の体裁をとるのは六朝時代のことである。『後漢書』[35]を読んでみると、例えば魯女生という女シャーマン(後世の言い方ではあるが)は、嵩山《すうざん》(§12で前述した聖なる五山のうちの一山)で三天太上侍宮という女性から『五岳真形図』を授かるが、『抱朴子』は後にそれについて、山に入るに際して神仙の加護を受けるために身につけるべきであると述べている[36]。この魔術的な機能を有する地図が、山水画というジャンルの原形のひとつであるとしたら[37]、そこで問題になっているのはまったくもって風景ではない……。

『抱朴子』の教えは実際には山の教えで、風景の観想的喜悦よりも登山指南書による実用的喜悦に近い。そこでは、逆に半ばアウグスティヌス的な強調すら見出される（内省のため、実世界での息を呑むような光景を糾弾する『告白』の有名な行《くだり》に[38]ある強調で、それをもってすれば、ペトラルカはヴァントゥー山の風景を賞賛するのを時宜よく断念させられたであろう）。葛洪は例えば以下のように助言する。

深淵に棲んで魂を養い[39]、万物を度外視して自得し、危険な世間の路の塵埃を忘れ、深い沈黙のうちに精神を澄ませる。窓から外を窺わずとも、宇宙を見渡し、賢人の微言を判読して惑わない[40]。

事実、現世における不死を探求する練丹術師は、聖アウグスティヌスの抱いた懸念とはかけ離れているように見えかねない……。本当だろうか。例えば、聖アウグスティヌスが四二八年から四二九年にかけて執筆

---

［34］汪涌豪・兪灝敏（鈴木博訳）：『中国遊仙文化』、東京：青土社、二〇〇〇年、p. 192 以降。

［35］*Hou Han shu*.

［36］汪・兪：前掲書、p. 313。

［37］このテーマについては、ESCANDE（2005）の第二章「中国における山水画の創造」を見よ。

［38］聖アウグスティヌス：『告白』、第一〇巻第八章一五［訳注：その一部は以下の通り（服部英次郎訳、東京：岩波文庫、一九七六年、下巻、pp. 21–22）「人びとは外にでて、山岳の高い頂に、海の巨浪に、河川の広大な流れに、大洋の広漠に、星辰の運行に驚嘆しながら、自分自身のことには注意しない。人びとは、わたしがこれらのものについて語ったとき、わたしはそれらをすべて目で見たのではないが、しかもわたしは自分で見たことのある山や浪や河や星辰や、他人の話を信じている大洋を外界に見るとまったく同じ広がりにおいてわたしの記憶の内部で見ないかぎり、それらについて語ることができないであろうということに驚嘆しないのである。」］

［39］『抱朴子』には三魂七魄という考え方があり、魂は精神的なもので陽に属して天に帰し、魄は形式的なもので陰に属して地に帰すとする。これらの魂の役割に関しては、SCHIPPER Kristofer, *Le Corps taoïste. Corps physique, corps social*, Paris, Fayard, 1982 を見よ。

［40］神楽岡昌俊：『中国における隠逸思想の研究』、東京：ぺりかん社、一九九三年、p. 131 で引用されたもの。

した『聖徒の予定』[41]では、人間の自由、すなわち選択の可能性という本質的条件が堅持されているのに対し、葛洪にとっては、仙（*xian*）となるかならないかの事前確定は値（*zhi*）という偶発性によってのみしか決まらない。

由茲論之、大壽之事、果不在天地。仙與不仙、決非所値也。

茲《こ》れに由りてこれを論ずれば、大寿のこと、果して天地に在らず。仙と不仙とは、決《かなら》ずや値《あ》ふ所に在あり。

以上により宇宙の原理はあることがのべられた。自然ということの一つの現われは、物と物との出会い（値《あ》うところ）にある。[42]

本書で、前述の二人の思想家が各々の世界で事前確定と自由を和解させるために依拠した巧みさについて、類似点を長々と挙げることもできよう……。しかし、人間による述語づけという可能性の前では、神々ですらさしたることはできないという確信を堅持するだけにしておこう。

となると、その時代に環境を風景という地位にのし上げた方向転換のような歴史の偶発性に分け入るためには、その述語づけの精査が有用だ。その方向転換は、帝政ローマではなされなかった。たしかに、例えば以下に引用するプリニウスの文章[43]のように、ローマ人は環境を前に審美感を有していた証拠がある。つまり、「君は自分が見ているものはまったくもって大地ではなく、稀有なる美の描かれた絵だと想像してしまうだろう（*Neque enim terras tibi, sed formam aliquam ad eximiam pulchritudinem pictam videberis cernere*）」というそれである。これは「郷土はとても美しい（*Regionis forma pulcherrima*）」[44]ということであると、ぎりぎりで認定できるかもしれない。しかし、そこには風景という視座のほとんどあらゆる要素があるにしても、それが風景となるための（言語を伴った）思考という決定的条件を欠いている。[45] ローマでは土地の拡がり（pays）が風景（paysage）となる敷居

［41］このテーマに関しては、REES B. R., *Pelagius. Life and letters*, Woodbridge (Suffolk, UK), The Boydell Press, 1988 (*paperback* 1991), p. 41 以降を見よ。

［42］村上嘉実：『抱朴子』、東京：明徳出版、一九六七年、p. 213 で引用されたもの。

［43］*Epist*, V、6, 7. アンヌ＝マリー・ギルマン編（Pline le Jeune, *Lettres*, texte établi et traduit par GUILLEMIN Anne-Marie, Paris, Les Belles Lettres, 1989, p. 64）の『書簡集』では、この文章は以下のように翻訳されている。「あなたの見ているものがあなたには田園ではなく、いとも美しい風景画に見えるのであれば［……］」。これはけだし現代語訳で、時代の取りちがえの結果でもある。換言すると、「描かれたもの（*formam ... pictam*）」が「風景画（tableau de paysage）」となるためには、まずもって風景の概念がなければならないのにである。［訳注：ガイウス・プリニウス・カエキリウス・セクンドゥス（六一年〜一一二年）は、帝政ローマ時代の政治家にして文人である。伯父との区別のため小プリニウスとも称されるが、本書ではプリニウスとのみ記述する。『書簡集』はトラヤヌス帝時代のローマを知る上で、貴重な資料とされる］

［44］*Epist*, V、6, 7.

［45］風景そのものの存在を正当に語るためには、私は以下の七規準が満たされなければならないと考えている（順番は識別の容易さによる）。一　風景そのものの意識を有していることを明言する風景の指南書、二「風景」と言うひとつまたは複数の単語、三　風景画、四　風景に対する眺めを特権化する建築、五　娯楽用の庭園、六　環境美を誇示する地名、七　環境美を誇示する（口伝または筆記された）文学。ローマでは明らかに最初の規準が満たされていないし、私に言わせれば第二のそれも失格である。ヴィトルヴィウスの『建築十書』第七書第五章の二が語るところの *topia* は、中国語で風景の要素を表す景物（*jingwu*）に相当する庭園や絵画に関する動機《モチーフ》だが、それらをひとつの総体にまとめあげる風景概念そのものは欠落している。しかも、一般的意味での環境との関係づけがなされていない。換言すると、上述の *topia* は、例えば、先述した例文に見るようなプリニウスが郷土（*regionis forma*）と呼び、同様に「風景」と呼ぶには時代を取り違えているものとの連関を持たない。他にも *prospectus*、*amoenitas locorum*、さらには *amoenia* なども関係がない。これらすべては真の風景概念に統合されてしかるべきなのに、そうなってはいない。ローマ人は環境について現代人とは異なる意識を持ち、そのために現代語にはない彼ら固有の単語を有していた。そして素晴らしい景勝においてさえ、彼らの別荘（*villae*）は内部に内向きに設えられた中庭（*atrium*）に頑固にも向けられていた。このテーマについては、MADERUELO Javier, *El Paisaje. Genealogía de un concepto*, Madrid, Abada, 2005 を見よ。

の一歩手前までは行った。[46]しかし、それを跨《また》ぐことはなかったのである。一方で、これは逆に六朝時代の中国人がなしとげることとなる。

§20 風景の出生証明書

周知のとおり、キリスト教初期の隠修士たちは世界の美を見ることを頑《かたく》なに拒否していた。葛洪ですら、以下に示す聖エルピーダのようにはしなかった。

［聖エルピーダは］自身の穴居の入口が［エリコ近郊のルカ山の］山頂にあるのに、決して西方を向くことはなかったし、太陽や日没とともに現れる星々を見ることもなく、それは二〇年の間にただ一度としてなかった。[47]

実際、西洋史のこの段階では、アリーヌ・ルーセルが「感覚遮断[48]」と形容するものの探求が際だっていた。それを相対化すると、ローマ人は最終的には風景概念を発明していたと推測できるのに、帝政によるキリスト教の国教化はその意味で決定的後退となってしまい、その回復のために一〇〇〇年以上がかかることとなる。そこではあらゆる感覚的表象が対象とされるが、とりわけそれらの基礎となり相互に結合するもの、すなわち、人間が感覚世界へ帰属することの喜びが遮断される。

キリスト教的世界観におけるプラトン的形而上学と、神の王国の賛美との間の連関を再確認する必要はない。いずれも、感覚への帰属の非難という点でつながっている。かかる態度は、風景についての思考の萌芽を阻害するだけだった。逆に中国では、かかる思考を形成する上での本質的概念のひとつは、現実の感覚的表現を〈味わう能力〉とされる。それは、§15で見た最初の風景詩人・謝霊運が賞（*shang*）と呼んでいるもので、彼は頻繁にこの単語を使っている。この漢字は、部首である貝が価値を表す（それ自体は貝殻の絵文字で、タカラガイのように通貨として使われていた）。そして冠部分は表音要素で、賞金や賞賛を授けるというものである。したがって、基礎的には、何かを賞賛して価値づける能力のこととなる。謝霊運は意図的にこの文字に心（*xin*）という文字を伴わせて賞心（*shangxin*）とし、特別に「風景についての感受性」、あるいはもっと一般的に「審美感」を意味させている。それは至って選良的で、至って風流（*fengliu*）な感情である。そして、孤独のせいで、自分のような幸せな少数（*happy few*）である世捨て人とそれを共有できないことを、しばしば嘆く感情だ。その好例となる独白を引いておこう。

我志誰与亮　　我が志誰か与《とも》に亮《あき》らかにせん　　私の気持ちをともに理解してくれるのは誰だろうか
賞心惟良知[49]　　賞心のひとのみ惟《た》だ良く知る　　趣味の心を持つ人だけがそれをよく知るだろう

---

[46] 土地の拡がりと風景の関係を問題とすることは、アラン・ロジェの作業に負うところが大きく、その業績はROGER Alain, *Court traité du paysage*, Paris, Gallimard, 1997 にまとめられている。とはいえ、ロジェはローマ人が風景概念を有していたと考えており、その点では本書は彼に首肯できない。

[47] CRY Théodore (de), *Histoire des moines de Syrie* の中の文章で、本書ではLACARRIERE Jacques, *Les Hommes ivres de Dieu*, Paris, Fayard, 1975, p. 182 からの再引用である。

[48] ROUSSEL Aline, *Porneia. De la maîtrise du corps à la privation sensorielle, IIe–IIIe siècles de l'ère chrétienne*, Paris, Presses universitaires de France, 1983 の書名そのものでもあり、文中各所で触れられている。

[49] 小尾郊一：『謝霊運 ―― 孤独の山水詩人』、東京：汲古書院、一九八三年、p. 254 で引用されたもの。

この「賞心」なる味見の本質は、審美眼がない俗人の目には無価値と見えるものに、価値を授ける能力を示す「賞」にある。つまり、本書の文脈でいけば、「風景として」それを価値づけることである。ポール・セザンヌは、農民はサント・ヴィクトワール山をそのものとして賞賛する目を持たないとしているが、まさにそのようなことだ[50]。そして、本書が〈風景の出生証明書〉と考える以下の詩句を謝霊運が書くのは、この奇妙な現象を省察しながらである。

情用賞為美　情は賞することを用って美と為すも　趣味を介することで感情は美を生む
事味竟誰辨　事は味《くら》くして竟に誰か辨ぜん　誰かが語る以前には事柄は曖昧なものだ
観此遺物慮　此を観て物慮を遺《わす》れ一たび悟って遣《こころや》　この美しい景色を眺めて世間への気遣いを忘れ
一悟得所遺　る所を得たり　何に心を向けるべきかをはっきり悟った[51]

これは長詩「斤竹澗《きんちくかん》従《よ》り、嶺を越えて渓行す」の最後の詩句である。斤竹澗（斤竹の急流）は、紹興市の近郊の会稽《かいけい》山中にあり、ここは謝霊運が豪邸である上虞《じょうぐ》の別荘に隠棲した土地である。彼は、実際に自然美で有名なこの浙江《せっこう》地方の風景について多くの詩を残した。この詩は、常套手段である古詩への暗示を紛れこませつつ、前述の『雲海の上の旅人』のごとく横断した光景を記述することに始まり、上述の四行で終わる。

「出生証明書」という単語は重々しい。正当化できるだろうか。最初の「風景詩人[52]」としてあまねく知られている謝霊運だが、後述するように、山水（*shanshui*）という単語を風景という意味＝おもむきで使った最初の人物ではない。たしかに彼は多くの風景詩を書いたが、風景を賞賛した最初の詩人でもない。彼の根本的新機軸であり抜本的現代性は、風景の風景としての制度化の本質を予感していたことで、それを示すのがとりわけ上述の四行なのである。したがって、これらの四行は真の出発点となり、彼はそれを意識していたと言えるのだ。

個人的には、私はそこに風景の通態性への予感をあえて見出している。風景そのものは美しくはない。それを「美しくする（為美 *wei mei*）」には、そこに観客が参加し、適切な「趣味（賞 *shang*）」を持っている必要がある。というのも、このような設定では、観客は美が生まれるための賞賛に特有な（第一行）感情や心情といった情（*qing*）を有するからである。[53] 美は曖昧で蒙昧なもので（味 *mei*）、単語によって規定されない限り把握できず、「誰かがそれを口に出す（第二行の誰辨 *shei bian*）」必要がある。そうすることで、「物欲という憂慮（第三行の物慮 *wulü*）」の世界性とは別の次元が立ちあがる。そうして風景は鑑賞者の感受性に別次元の手がかりを与え、鑑賞者は自分の心をそこに向けることができる（第四行の所遣 *suo qian*）。

換言すると、この特権的観客は、**環境（*S*）を風景（*P*）〈として〉把握する**ことができ、かくして俗人には不可知の現実（*S/P*）に到達する。新たな世界の創設契機となるこの述語づけの中心的メカニズムは、まさに賞（*shang*）、つまり価値を授けることである。それは新たな附加価値の設定で、つまりはこれまでに使われてきた

［50］「いいですか、農民と一緒にいると、彼らは木を知ってはいますが、風景と呼ばれるものを知っているのか、しばしば疑問に思うのです。これはあなたには奇妙に映るでしょう。私はしばしば散歩をしましたし、市場にジャガイモのを売りに行く農夫の二輪馬車についていったこともありました。彼は一度としてサント・ヴィクトワール山を見なかったのです」。GASQUET Joachim, *Cézanne*, Fougères, Encre marine, 2002 (1921), pp. 262–263 に掲載された発言。

［51］小尾（1983）、p. 179 で引用されたもの。［訳注：邦訳は、オギュスタン・ベルク（木岡伸夫訳）：『風景という知――近代のパラダイムを超えて』、京都：世界思想社、二〇一〇年、p. 64 からの引用である］

［52］*Shanshui shiren.*

［53］この行に関し、小尾郊一：『中国の隠遁思想――陶淵明の心の軌跡』、東京：中公新書、一九八八年、p. 177 は「『賞』という物我一体の境地により、はじめて対象に価値が生じてくる」と書いている。

述語をアップ・グレードした「〈としての〉」（つまりある述語）の設定である。かつての述語群は、エリート階層の権威を授けられたこの新たな述語（*P*）により、瞬時にして締めだされる。謝霊運はそのことについて意識したか、少なくとも予感を抱いた最初の人物なのであり、まさにそれは§15で命名した謝霊運の原理の第二の側面なのである。すなわち、単に締めだすだけではなく、創設するという側面だ。**新たな述語により地球に価値を附加する賞は、まさに風土《エクメーネ》の展開の根本的操作である。**

問題となっている賞（*shang*）は、それに留まらない広範な分野で見られるが、本論では分析は割愛する。というのも、詩歌についてはドナルド・ホルツマン[54]、もっと一般的な美的側面についてはヨレーヌ・エスカンドによる秀逸な研究があるからである[55]。本書としてはむしろ、中国古典詩の主要語彙の系統図を作成した後藤秋正の業績に依拠しつつ、風景概念の萌芽についての文献学的側面を詳述してみたい[56]。

中国語からフランス語へは多くの術語が〈paysage（風景）〉と翻訳されているが、その中で歴史的にもっとも重要なのは「山と水」のことである山水である。たしかに、孔子の『論語』の良く知られた文章に、水や山の意味＝おもむきが隠喩として使われた「知者楽水、仁者楽山（知者は水を楽しみ、仁者は山を楽しむ）[57]」というものがある。このような意味論的関係を持たされているものもあるにはあるが、長い間、山と水というふたつの単語は別々に使われてきた。秦朝時代までは、これら二語が熟語化して山水として発現する例はほとんどない（より頻用されより具体的に見られるのは「山の水の流れ」や「山と谷」のことである山川（*shanchuan*）である）。発現例としては、墨子[58]による「山水鬼神者[59]」という一文がある。後藤は墨子には「山水鬼神」という表現が八回発現しているとして、それがある意味論的結合体として存在していたと結論している[60]。以降、山水という単語はさらに頻用されるが、多くの場合、「山の水」（急流など）という意味＝おもむきで使われる。この単語は美学的含意を有さず、したがって詩人ではなく技術者により使われる。この状況は、漢朝末期、そして三国時代（二二〇年～二六五年）まで続く。

詩における山水の最初の発現は、左思《さし》（二五〇年頃～三〇五年頃）による『招隠十二首』[61]の最初の詩で、その行《くだり》は以下のとおりである。

非必糸与竹　　糸と竹とを必とするには非ず　　糸や竹は必要ではない[62]
山水有清音　　山水に清音有り　　山水には清い音色がある

[54] HOLZMAN Donald, *Landscape appreciation in ancient and early medieval China: the birth of landscape poetry*, Hsin-chu (Taiwan), National Tsing Hua University, 1996.

[55] ESCANDE Yolaine, *La Culture du shanshui. Montagnes et eaux*, Paris, Hermann, 2005. エスカンドは以下のように書いている（p. 70）：「魏晋朝における風景の萌芽は、四大要因により説明可能である。まず、救済が社会集団や国家によってはもはや保証されず、社会が内向したことである。次に隠遁指向が顕著な形で発展し、人生のモデルになったことがある。また、北来の文人により発見された江南、すなわち『（揚子）江の南』の地理が、彼らの間に意識化を促したこともある。第四の主因は本質的で、風景の美学を自問した神秘研究［ベルク注：玄学 *Xuanxue*］の哲学に負っている」。以降のページではこれら四大要因が詳説されている。

[56] 後藤秋正・松本肇：『詩語のイメージ —— 唐詩を読むために』、東京：東方書店、二〇〇〇年。とりわけ第二章を参照のこと。

[57] 『論語』雍也編、第六の二三。HOLZMAN, *op. cit.*, p. 28 以降は、この難解な文章にまっとうな解釈を与えている。おおまかに言えば、それはモラルの質に関わり、風景にも生態学にも関係がないが、時代錯誤な解釈だとそれがあると主張してしまうことになる。［訳注：一般的には、知者の知識が水の流れの、仁者の仁徳が山の不動性の隠喩とされる］

[58] 墨子の生没年は不詳だが、紀元前四七〇年頃から三九〇年頃とする説もある。

[59] *Shanshui guishen zhe*. 後藤：前掲書、p. 77 で引用されたもの。

[60] 同上。しかし、後藤はこの推理をそれ以上には進めない。つまり、宗炳が後に風景の霊（*ling*）と呼ぶもの（§22を見よ）、すなわち環境の中で生命を吹き込まれた総合体と解釈できるとまではしない。

[61] *Zhaoyin shier shou*. 後藤：前掲書、p. 79 以降で引用されたもの。

[62] 糸は弦楽器、竹は笛などの管楽器の隠喩である。

ここには美的次元が間違いなく存在している。後藤はこの点について「隠士の住む世界の情景が現実感を伴って美的に形象化されている」[63]と書く。この情景（*qingjing*）は、東アジアの風景の美学における中心的概念である。[64]一見してわかるように、そこでは情（*qing*）と景（*jing*）が混用されている。これは感情を刻印された光景であると「同時に」、光景に対する感情でもある。山水はこの通態的方法で機能する。

とはいえ、左思の時代には、後に王夫之（一六一九年〜一六九二年）が「情景交融（*qingjing jiaorong*）」[65]という考え方で行う通態の概念化には至らなかった。そして、山水という単語自体もまだ風景という意味＝おもむきを有さず、いまだに「山の水」というものに留まった。[66]しかし、「招隠十二首」やとりわけ前述の二行は瞬く間に有名になるのである。

「山水」は、この詩に用いられたことによって、それまでの鬼神の棲む山や川、堅固な山川、あるいは単なる山の水という意味から、しだいに山と水によって構成された自然の情景を美的に意味するようになるとともに、清浄な印象を帯びるようになっていったことがうかがわれる。[67]

このプロセスは、四世紀の最初の数十年にかけての、そのものとしての風景の、つまりは山水としての風景の萌芽に他ならない。同じ世紀の中盤ともなれば、もはや論ずる必要もない。有名な蘭亭において東晋の永和九年（三五三年）三月三日に催された宴の席で編まれた数編の詩で、[68]山水はすでに「風景」の意味＝おもむきを確固として有し、世塵から逃れた浄徳を備えている。かくして、王徽之《おうきし》は以下のように謳うのである。

散懐山水　　懐を山水に散じ　　風景を見ることによって心が紛れ

蕭然忘羈[69]　　蕭然として羈するを忘る　　ぼんやりしたまま手綱をとるのも忘れてしまう[70]

また、孫統は以下のごとく謳う。

地主観山水　　地主　山水を観　　家の主人は風景に見入っている
仰尋幽人踪[71]　　仰ぎて幽人の踪を尋ぬ　　山を仰いで隠者たちの跡を追いながら[72]

[63] 後藤：前掲書、p. 80。
[64] 日本語では、英語のムード（*mood*）の訳語としてこの情景が使われてきたことは特記に値しよう。ただ、現代の日本語はそれをむしろそのまま「ムード」として使っている。
[65] この問題については、ESCANDE, *op. cit.*, p. 163 以降を見よ。
[66] 他の解釈も存在する。例えば「清音」を山の音（木々が風にそよぐ音）と水の音（川の流れの音）であるとする評者もいる。後藤：前掲書は p. 80 と p. 81 でさまざまな視点から論じているが、結論は本書がここで採用するものと同じ方向性のものである。
[67] 後藤：前掲書、p. 81。
[68] 王羲之（三〇三年～三六一年）の別荘で、同人は書作品『蘭亭序』を残している。三月三日は太陰暦の五節句の二番目である上巳の祭りである。蘭亭は浙江省紹興市南西の会稽山陰にある。ここで話題にされている宴は、当時の通例にもれず曲水宴（*qushuiyan*）というものである。これは庭園で開催され、曲がりくねった小川が整備されて、そこに酒杯（無論、紹興酒のである）を浮かべ流すという趣向のものである。客は自分の前に盃が来る前に二行詩をものしなければならない。酒の飲み方として極端に風流（*fengliu*）なのだ。
[69] 後藤：前掲書、p. 81 以降で引用されたもの。ここで論じられている馬具とは、俗世のしがらみのことである。
[70] [訳注] 邦訳は、ベルク（木岡伸夫訳）：前掲書、p. 52 からの引用である。
[71] 後藤：前掲書、p. 82 で引用されたもの。「地主」とは王羲之のことである。彼は山を仰ぐため頭を上げなければならない。山には隠者がまさしく仙人として姿をくらましつつも、おそらく痕跡を残しているからである。
[72] [訳注] 邦訳は、ベルク（木岡伸夫訳）：前掲書、p. 54 からの引用である。

§21 山と川が山水になった時

したがって、四世紀から、少なくともそうする価値があった場所では、[73]中国のエリート階層は土地の拡がり（*S*）を風景（*P*）〈として〉観ることを始めた。この述語づけは、風土的《エクメナル》な関係において、**生態学的な意味での地球が風土的《エクメナル》な意味での世界に昇華する**存在論的萌芽（それが主語（*S*）から述語（*P*）に昇ること）である。このプロセスは、生物種が環境（*Umgebung*）を環世界（*Umwelt*）に変える解釈（述語づけ）が、生命体を上位形態に格上げする進化プロセスに類似している。[74]いずれの場合でも、主語（*S*）の自身に対する解放、つまり隠喩の原理による自己同一性の原理からの解き放ちということである。すなわち、主語（*S*）が述語（*P*）になることで、地球の外延（*S*）が文化による述語づけを受けて（*P*）人間の風土《ミリュー》（*S/P*）になることであり、ジャック・デリダによる記号表現《シニフィアン》（*P*）の例えを借りれば、世界（*P*）はそれに実体を付与する地球という基盤（*S*）に対し、浮遊して浮世となることである。風土《エクメーネ》のこの一般的展開は歴史の一般的流動と同様のものだが、前述のとおり、そこではある時点で、**土地の拡がり**（*pays*）**が風景**（*paysage*）**になった**のだ。[75]

それは、当初は言語に関わる程度のこと、清談（*qingtan*）に関わる程度のこと、そして既存の単語である山水の微細で風流な内的変容に関わる程度のことで、つまるところ表象に関わる程度のことであった。しかし、まさに言語は自分以外に意図的に表象を伝達することを可能にする。この伝達は発声行動以外の肉体的な媒介を必要とせず、発声行動はそれ自体では言説の実体でもない。主語の実体（*S*）が自身から解放され、形而上学的に輸送されることで存在論的跳躍（つまりは隠喩）が行われるのは、そこにおいてである。[76]しかし、かくして解放がなされると、「今となっては」隠喩として実体化された新たな述語が、その実体を固有の意味＝おもむきに整形し、それを物理的に変容させる。かくなるものが地球に対する人間活動の論理である。それは単語で始まり、惑星を変容させることで終わる。山水の萌芽とともに書き物《エクリチュール》となった単語は、§19で前述した刻印を残しながら大地への働きかけを始める。しかし、刻印だけではない。中国で美観に添えられた亭（*ting*）や楼（*lou*）と呼ばれる数多くの展望台のような建設物も同様である。そして、そこから領土の漸進的変容がなされる。それは長い時間を経て日本、さらにそれを越えて影響を及ぼすことは後述しよう。

§19の桂林の七星岩のような「見立て」は、ある物理的な場を日本語で「名前の有するほどの場所」、さらには「有名な場所」として「名所」と呼ばれるものに制度化する。または、中国であれば、それと示す刻印により立ちあげられた場所としての「史所」とでもなろう（というのも、日本ではこの類《たぐ》いの刻印の習慣は一般的に

---

［73］エスカンドの前掲書（2005）が見事に明らかにしているように、中国のあらゆる場所が山水であったわけではない。文人達が喜んで書き残したもののおかげで、現代人はそれを知ることができるということである。

［74］ネオ・ダーウィニズムの不完全性が惹起する批判については、拙稿（BERQUE Augustin, «Milieu et identité humaine», *Annales de géographie*, 2004, CXIII, no 638–639, p. 385–399）を参照されたい。偶然にぶつかり合う、〈世界を持たない（*weltlos*）〉石とはまったく異なり、生物種が関係を持つのは常に相互の世界をつうじてである。したがって、進化には偶発性や歴史性（つまり流れ）がある。それは風土《ミリュー》と意味＝おもむきの関わる事案であり、偶然性への機械論的適応というたまさかの結果ではない。

［75］ここでは本書は、アラン・ロジェが練り上げた公式を再度利用している。つまり、土地の拡がりから風景への転換は〈審美化（*artialisation*）〉の結果だというものである（とりわけ ROGER, *op. cit* を見よ）。実際、本書で前述したことは、藝術（この場合は詩歌）の強さであり、それが風景を誕生させたのであった。しかし、本書にとってこのプロセスはより一般的な存在論的意味での宇宙＝調和生成《コスモジェネリック》に固有のものである。

［76］「明らかに」と書いたのは、意味＝おもむきが伝達可能なのは、同じ風土《ミリュー》に浸った人間主体（つまり同じ風物身体を所有している）が問題とされ、したがって同じ音声的媒体の送出と受容が同一方向に向くように予め設定されているときのみだからである。換言すると、そのような場では、かかる問題における通常の仮定とは逆に、意味＝おもむきは記号表現《シニフィアン》と記号内容《シニフィエ》の結合の内部に限定されない。それには話者の間の共通の風土《ミリュー》が必要で、その風土《ミリュー》は自然に根を張り、複数の時間的尺度の中で展開する（種に共通の進化、社会に共通の歴史、個々人に共通の経験）。これらの問題は、拙著『風土学序説』第五章の「意味＝おもむく」で論じてある。

はなく、問題とされている歴史はむしろ文学に記されるからである）。換言すると、ある物質的な場（*S*）が、述語づけされる場所（*P*）になる傾向があり、これはフランス語で名高い場所（haut lieu）や伝説の地（lieu légendaire）[77]という言い回しで名所と呼ばれるものである。このような述語群の総体が、人間が関係するあらゆる領域を、それが物理的外延（*S*）である限りにおいて伝説（*P*）に変える。つまり、それにより現実（*S/P*）（réalité）に変えられる。こう言ってよければ、この「現実化（réalisation）」[78]は、上述の七星岩の場合で見た洞窟の壁に彫られた刻印の機能である。それは一般的には文化の機能であり、さらに詳細には日本の古代文学の場合であれば「歌枕」のような文学の機能である。[79]歌枕は存在論的には空間的位置性《トポグラフィー》（*S*）を人間の風土《ミリュー》（*S/P*）にまで高める。換言すると、それらがもたらすのは、ラテン語では *carmen mundi* となる世界の詩歌である。さらに、それらは述語づけの結果、空間的位置性《トポグラフィー》（基体 *hupokeimenon*[80]、つまり*S*）という基盤を失うこととなる。その好例が「浮島」[81]と命名されたもので、文学的に過ぎてもはやそれがどこにあるのかは不問とされる。純粋な世界性の中に流しこまれ、述語の平原の中で迷子になってしまったのである。

しかし、因果は決して絶対的ではない。ふたつの言葉の間の関係は偶発的で、具体的で歴史的なのである。それは更新されてもゆく。夏目漱石の『草枕』[82]では、（画家である）主人公は以下のように独白をする。

> 淵明、[83]王維[84]の詩境を直接に自然から吸収して、少しの間でも非人情の天地に逍遥[85]したいからの願《ねがい》。[86]

その意味するところは、主人公は人為から解放され、道教が夢想したような自然に至ってみたいということである。これは、歴史の始まりにおいて想像可能な述語未決状態への回帰と解釈できよう。「歌人は居ながらにして名所を知る」[87]という格言とは異なり、自らの目で名所を見にゆくと述べた松尾芭蕉（一六四四年〜一六九

［77］*Légende*（伝説）は中世ラテン語で「読まれるべきもの」を意味する*legenda*を語源としている。換言すると、問題とされている場所に付着させなければならないのは、その把握を可能にする〈として〉の述語である。例えばシノンという場所を訪れる際、それを「ジャンヌ・ダルクがシャルル七世に一四二九年に出会ったところ」という〈として〉をつうじて、それを理解する必要がある。この〈として〉（または述語）が多ければ多いほど、より多くの名所に居合わせることとなる。

［78］本書としては、かくのごとく「現実化」を括弧に入れ「こう言って良ければ」などという条件法を使わざるをえない。というのも、物理学では「現実化する」とは真逆の意味であることを尊重するためである（すなわち、物理学では*S*を*P*〈として〉見立てる代わりに、*P*を*S*に導引する）。とはいえ、だからと言って現実（réalité）（*S/P*）は、それ自体における実在（Réel）（*S*）、つまり原則としてあらゆる述語づけから汚されていない絶対と異なるとは少しも考えない。ここで言う「現実化する」とは、現実に向かって存在論的に高めるという意味なのである。

［79］このテーマに関しては、PIGEOT Jacqueline, *Michiyuki-bun. Poétique de l'itinéraire dans la littérature du Japon ancien*, Paris, Maisonneuve et Larose, 1982を見よ。歌枕は地名だが、その役割は外延（主語（*S*）の領域）における特定の場所ではなく、その地名に関連するテーマ（述語（*P*）の領域）における共通の場を参照することにある。ピジョ（p. 91）が書くように、この関係づけにおいては「主題は場ではなく場の名前である」。援用してみると、「シノン」という文字を読むと、ヴィエンヌ川沿いの都市ではなく、ジャンヌ・ダルクを思うわけだ。場所（*S*）に対し、「シノン」は述語（*P*）である。この場合、「この場所はシノンである」と読める。しかし、「ジャンヌ・ダルク」（*P*）に対し、「シノン」は主語（*S*）である。この場合、「シノンはジャンヌ・ダルクである」と読める。ここに言葉遊びだけを見出すべきではない。世界を持たない（*weltlos*）小石以外のこと、つまり人間を媒介として主語（*S*）が述語（*P*）〈として〉通態する、人間の環世界のことに少しでも目が行っていると言うのであれば、問題となっているのは現実の構築方法なのである。

［80］「下に横たわるもの」というこのギリシャ語は、ラテン語が*subjectum*（主語・主体）と訳す意味でアリストテレスにより用いられた。

［81］この島の目的に関しては、FRANCK Bernard, «L'île flottante — Ukishima — de la poésie japonaise: réalité ou fiction», *Mélanges offertes à M. Charles Haguenauer*, Paris, L'Asiathèque, 1980. pp. 233–254を見よ。

［82］一九〇八年の作品である。

［83］無論、陶淵明のことである。

［84］王維（七〇一年〜七六一年）は、唐朝期の著名な詩人である。

［85］「逍遙したい」とは、明らかに道教への暗示である（『荘子』の冒頭の篇はこの題名を有している）。

［86］一九二九年岩波文庫版、p. 15。

［87］この格言は画家・宋炳（三七五年〜四四三年）の逸話に遡る。§22で後述するが、山水画の最初の理論家である彼は、年老いてお気に入りの風景を見にいけなくなったため、それを自室の壁に描いた。詩歌についても同様で、その格言にしたがえば、適切な歌枕を使えば、現地におもむく必要はまったくなくなる。

四年）はその好例である。自らの目で見ることは、まさに偉大な芸術家のすることなのだ。それだけではなく、一般的に言ったとしても、人類の創造性も同様なのである。

逆の態度は、制度化された述語の優先により形成される。そこでは、しばしばその創設根拠となる実体はもはや必要とされない。地球から遊離し、世界が浮遊する……。中国人は、自らの自己同一性の道標保全のために文学的伝統を頼みとする一方、建築文化財を重視しない。それは、西欧の実体主義に対して、このような述語づけされた世界の自律化に傾倒しているからである。[88]日本の文人・斎藤拙堂（一七九七年～一八六五年）はその好例で、天保年間（一八三〇年～一八四四年）の初頭、「真景」、描かれた風景、そして文学の記す風景のそれぞれの長所についての論争が教養人の間で戦わされた際に、彼はそれを逆に順位づけした。つまり、文学を最上位に置いたのだ。実際、§20で見た蘭亭は消滅し、描かれたイメージは一枚も残っていない。ところが、王羲之が書いた『蘭亭序』[89]は時を越えて伝えられている……[90]。

自然主義はそうさせたいだろうが、本書としては、このような態度は知的抽象化に過ぎず、世界をあべこべにしかねないことを失念するまい。本当は、世界は意味＝おもむきに至るために、自然が解釈され、整備され、耕作されることを要求してくる。そして、このことは風土的《エクメナル》な関係のあらゆる階梯において意義を有する。環境が風景となるためには人間化される必要があること、そしてそれに注がれる眼差しは教育されたものであることを、直接的知覚をつうじてでもよいので感得するためには、農業がいまだ行われているヴォージュ地方のある渓谷と、森林により飲みこまれた別のそれを比べてみるだけでよい。純粋な仙境は世界とは無縁である。それは何も意味しないし、別の生命体である人間には無意味な存在形式なのだ。

§22　宗炳の原理

ここまでの拙文は二一世紀に京都郊外で書かれたものである。しかし、すでに五世紀の六朝時代の中国で、少なくとも実体面で同じ仮定が論じられている。人類史上初の風景画指南書『画山水序』[91]は、宋炳（三七五年〜四四三年）によりおそらく劉宋文帝[92]治下、沅江一〇年に書かれたものだが、彼は以下の文章を最初の数行に記している。

至於山水　　山水に至っては　　山水のすべては
質有而趣霊[93]　　質《かたち》は有にして霊に趣く　　物質を有しながら精神に向かう[94]

[88] この議論を発展させたのが、拙稿«La momie et le bulldozer: ontologie du patrimoine bâti en Orient et en Occident», *Annals XX Universitat d'Estiu: Patrimoni naturali i culturali*, Andorre, Govern d'Andorra, 2004, pp. 101–119である。
[89] *Lanting xu*.
[90] 大室幹雄：『月瀬幻影 ―― 近代日本風景批評史』、東京：中央公論新社、二〇〇二年、p. 204。
[91] *Hua shanshui xu*.
[92] 文帝は東晋を四二〇年に滅ぼした劉宋朝の第三代皇帝で、四二四年から四五四年の間に帝位にあった。沅江時代はその治世に対応している。
[93] 中国語の原文及びそのフランス語訳と注釈は、DELAHAYE Hubert, *Les Premières peintures de paysage en Chine, aspects religieux*, Paris, Ecole française d'Extrême-Orient, 1981を参照のこと。
[94] ［訳注］邦訳は、ベルク（木岡訳）：前掲書、p. 74からの引用である。

ここで物質と訳した「質（*zhi*）」は、しばしば「物質的形態」[95]とか、あるいは日本語では通常「形」（この文字は実際に「物質的形態」と翻訳可能である）という漢字を充てられる「かたち」であるとされる。[96]これはまさに「質」を翻訳するに際しての至って特殊な考え方である。この文字に「物質的形態」などという場違いな意味を附与する理由は、伝統以外には見あたらない。また、日本語においても、『角川大字源』の「質」という見出し語に記された約五〇の字義の中に、「かたち」というそれはない。したがって、このような翻訳はこじつけとも言える。では、テクストにより忠実にはどうすればよいのか。まず、ここでは、「質」は「霊（*ling*）」、つまり精神や霊魂に対置されていることを念頭に置きたい。つまり、潜在的考え方としては、風景は同時に物質的次元と非物質的次元を有するということである。次に「質」を詳述してみよう。「質」という漢字は、貝殻の絵文字を語源として金銭的価値の概念を表象する貝という偏と、ふたつの斧《おの》の絵文字で、そこから「釣りあった」という意味となる所という冠が組みあわされている。質の第一義は質草ということになる。というのも、それが内在的価値を有するからである。そこから、何はさておき、（今日でも通用する）質の主要字義である「実体、固有の性質」という意味となる。「霊」（旧字では「靈」）について言えば、そこに風景の精神的次元を見出すことには一般的合意がある。エスカンドはそれを「精神的効力」と訳して興味深い解釈をしており、これを「質」に附与された「物質的実体」に対置している。[97]

本書はエスカンドに与《くみ》するが、ただ単純に「実体／精神」の対《つい》に拘《こだわ》るという条件つきでである。なぜこれらを基礎に「宋炳の原理」を論ずるのか。それが風土的《エクメナル》な関係の中心にある主語／述語の対をまさしく予見しているからだ。風景はその物的次元では物質的主語であり、そこにある述語が附着され、風景として制度化されながら意味＝おもむきを附与される。むろん、宋炳が言わんとするのはこのことではない。しかし、彼がその時代の言葉で言わんとしたのは、本書が今日言わんとすることと同義である。本質は、前述の対語の間で、「もまた（mais aussi）」を意味する「而（*er*）」という接続詞が表象するクラッチ連接（通態）にある。この「而」によって、対語の一方と他方の間の断絶が解消され、差異を認容する連続性が存在することとなる。

この結合にして対置を理解するため、而という漢字の語源は参照するに値しよう。それはヤギ髭の長く垂れさがった毛を表象する絵文字である。その発音である*er*は、「装飾する」ことを意味する珥（イヤリング）の*er*、や輀（装飾された車、すなわち霊柩車）の*er*と共通している。実際、ヤギ髭は顎を装飾している。しかし、それは顎そのものではない。基体（*hupokeimenon*）であり物質であるのは顎である……。

つまりは通態だ。しかし、いかなる意味（sens）においてか。述語の引っ張る方向（sens）である（ヤギ髭を引っぱる方向とまでは書くまい[98]）。というのも、宋炳の文章で言えば、「ある方向に傾く」ことである意味＝おもむき「趣（*qu*）」が対応しているからである。趣の語源も興味深い。走（走る）と取（取る）、つまり「走り取る」が対にされている。風景の物質的主体は、このようにして精神がそれに附与する意味＝おもむきを、さらに広義には人間による述語づけを走り取る。もっと言えば、**風景的関係は主体から述語に向かって走る**。

これが宋炳の原理である。それは§53で後述するように、地球を世界に昇華させる彼の歴史的業績に見られる風土的《エクメナル》な関係の本質的部分も包含している。

［95］これはとりわけ VANDIER-NICOLAS Nicole, *Esthétique et peinture de paysage en Chine (des origines aux Song)*, Paris, Klincksieck, 1982 に当てはまる。対して ESCANDE (2005), *op. cit.*, p. 81 は、以下の翻訳を与えている：「山水について言うと、その［物質的］実体（質）は（そこから私たちが看取する）もの（有）であり、同時にしかしながら精神的な効力（霊）でもある。」（括弧書きは原文のママ）

［96］大室（1985）、p. 515 がそうしている。

［97］ESCANDE (2005), *op. cit.*, p. 81.

［98］文法用語では、この形象を暗示的看過法と呼ぶ。［訳注：暗示的看過法とは、あることに触れないと述べることで逆に注意を引く修辞的技法である］

宋炳がこの「宋炳の原理」の父であるのは、相応関係によってであることを繰り返しておきたい。彼の考えたことは、彼の時代のものである。小尾が書くように、[99]「山水思想」は道教と仏教の交差点で生まれたもので、さらに詳述すれば隠士によるそれらの変版なのである。本書では、仏文で読めるドゥラエによる聡明なる研究[100]を参照することでよしとして、歴史分析には深入りせず、風景的関係のいくつかの側面を明らかにすることを優先しよう。

§23　風景と社会労働の外閉

アジアの庭園術では、「風景の借用」である「借景」（中国語では *jiejing*、日本語では「しゃっけい」と発音する）が好んで実践される。中景を隠しつつ遠景を近景（自らのいる庭園）との連続性のもとに置く整備方策のことである。京都で典型的なのは、普通は市街化されてしまっている庭園の周囲を隠しつつ、周辺の山々に対する眺望を設《しつら》えることである。かくして庭園は大自然との連続性を獲得する。とはいえ、このようにして借用された眺めなり風景なりが、稀にではあるが工作物であることもある。実際、蘇州の拙政園では北寺塔への借景を含み、京都の修学院離宮は田んぼへの借景を有している。ここでは自然と人為の区分は意味がないのか。

ここで興味深いのは、借景そのもの（遠景）よりも、むしろ隠された面である中景である。長い間、それは普通の生活世界、つまり都市だった。換言すれば、しばしば俗塵[101]と組みあわされる俗[102]や塵[103]のことで、これは隠士たちが仙境に逃げこむために忌避したものである。この意味で、借景とは両端の仙境を世界を飛びこして架橋することで、その一端の庭園は本質的に象徴的なものである。しかし、先に疑義を呈したように、借景は人間の労働をつうじても造ることができるのだから、この方向はおそらく唯一のものではない。

俗界や世間を隠す技術は、計成（一五八二年～没年不詳）による庭園術の指南書『園冶《えんや》』[104]で詳述されている。逆に、借景が利用すべきなのは周辺の美しさだ。そのことをつうじ、§15で〈謝霊運の原理〉と命名されたことの第一の側面、つまり社会労働の外閉であり、ここでは都市活動の外閉が、庭園によりシステム化されるのである。このシステム化と借景という視覚的道具による実体化は、謝霊運の山水作品では暗示的にすぎなかったことを白日の下にさらす。それらはまた、風景的関係は社会労働による自然の変容を消しさりながら、観察者と仙境たる野生の自然とを直結する傾向があることも明白にする。このようにして外閉されるのは、まさしく労働（人為である有為 *youwei* や作為 *zuowei*）そのものだ。というのも、（修学院の場合で見た田んぼのような）それによる産物は、こう言って良ければ自然なものと見なされ、風景への視線により非人為的（無為 *wuwei*）な場面展開に挿入されて人目を惹きつけかねないからである。この現象は、§14で見た野生と田舎くささが野（*ye*）という同じ文字で混同される現象と同一次元にある。

この社会労働の外閉は、風景的関係と後世の近代個人主義への道筋を付けることとなる個人的意識（§24を見よ）との間の相乗効果を打ちたててしまう。ジョン・ラスキンが「ピクチャレスクは社会意識の麻痺である」[105]

［99］小尾（1988）：前掲書、p. 122。
［100］DELAHAYE, *op. cit.*.
［101］*Suchen.*
［102］*Su.*
［103］*Chen.*
［104］本書に関しては、CHIU Che Bing, *Le traité du jardin de Ji Cheng*, Besançon, Editions de l'Imprimeur, 1988 の注釈付きのフランス語訳を見よ。
［105］RUSKIN John, *The Complete Works of John Ruskin*, vol. XXIX（TERRACOL Pascal, *Entre massif et plateau, la montagne limousine*, mémoire pour le DEA «Jardins, paysages, territoires», Ecole d'Architecture de Paris-La Villette, 2004, inédit, p. 58 で引用されたもの）［訳注：ラスキン（一八一九年～一九〇〇年）は、英国のヴィクトリア期の美術評論家で、中世の手仕事やありのままの自然を重視した］

と書くとき、彼は彼なりのやり方でそれを表明しているのだ。風景の賞味についてのこの非社会的論理は、実際、前世紀にレイモンド・ウィリアムズ[106]に引きつづきブルデュー学派[107]の作業により明らかにはされたが、それをそのまま風景的関係の存在論的構造に負わせてみる作業はなされていない。そこでは、むしろ社会的差別が語られてしまっているのだ。他方、本書にしてみれば、人類はピエール・ブルデューが垣間見たこの「自然的で社会的な世界に対するブルジョワ的関係[108]」よりも、もっと深遠な人類学的現象の前に立たされているように見える。ここでは、「ブルジョワ（bourgeois）」をむしろ旧義である「都市民（urbain）」と解釈すべきだろう。都市（*bourg*）という単語は、さらに古くはゲルマン語の要塞（*burg*）に語源があることを失念すべきではない。換言すれば、城（*cheng*）ということである。実際、かくして明らかにされた視線は、市壁と都市の二重の意味での *cheng* を起点とする。それは都城（bourg-*cheng*）からやって来るのだ。

この意味＝方向では、謝霊運の原理は、けだし自然的で社会的な世界に対する「ブルジョワ＝都市民的な」関係の原理であると言えよう。自然から田園を創造した労働が外閉されるのだから[109]、自然と田園が混同される視線である。風景的視線は、実際、無差別に両者に向けられるが、都市や城の内部に及ぶことはない。というのも、それは存在論的にそこを起点とするもので、その盲点だからである[110]。エスカンドは、例えば山水画は都市を無視していたと特記している。二〇〇〇年一二月に至ってさえ、第二回深圳水墨画ビエンナーレの当初タイトルであった「城市山水[111]」が一般的に理解されず、「水墨画与都市[112]」というそれに置きかえられざるをえなかったほどなのだ。さらにフランス語でも、都市計画分野で生まれた paysage urbain（都市景観）という表現は汎用されず、風景と都市の二律背反が看取されつづけている。パスカル・オブリーのような洗練された専門家でさえ、「ランドスケープ・アーキテクト（風景意匠家）として、二〇〇六年一〇月の現時点では、paysage urbain はいまだに存在しないと言わざるをえない」とまで書くので

［106］WILLIAMS Raymond, *The Country and the city*, Oxford, Oxford University Press, 1973（レイモンド・ウィリアムズ（山本和平訳）：『田舎と都市』、東京：晶文社、一九八五年）

［107］とりわけ、風景の特集号である *Actes de la recherche en sciences sociales*, no 17–18, 1977 を見よ。［訳注：ピエール・ブルデュー（一九三〇年～二〇〇二年）はフランスの社会学者で、教養や習慣といった文化への影響要素を「文化資本」と名付け、その世代間継承を明らかにした。その他、ハビトゥスやディスタンクション（卓越化）等の概念で社会の構造分析を進め、それらの考え方を共有する人々をブルデュー学派（école bourdieusienne）と呼ぶことがある］

［108］前掲の *Actes de la recherche en sciences sociales* の特集号の pp. 3–4 の前書きである BOURDIEU Pierre, «Une classe objet» は以下のように述べる：「世界のブルジョワ的表象は［……］私たちに客観的形式で自然的で社会的な世界に対するブルジョワ的関係の真理を明らかにする。それは散策者や観光客とは距離をおいた視線で、風景を風景として、つまり装飾として、農民（paysans）なしの風景（paysages）として、耕作者なしの耕作として、構造化作業なしの構造化された構造として、目的（fin）なき合目的性（finalité）として、藝術作品として生産する」。それをブルジョワ的視線と述べるのは正当だが、風景がその視線だけで生産されると述べる（あるいは少なくともそう思わせる）のは誤りである。謝霊運はブルジョワに区分されるにはあまりに高位の領主であり、そもそも当時の中国にはブルジョワなどというものは存在しもしなかった。問題は、さらに深淵でさらに一般的なところにある。

［109］労働中の多くの農民が描かれた『ベリー公のいとも豪華な時祷書』（一四一三年～一四一六年）から何を言えるか。つまるところ、それらはまだ風景画ではないということだ。それらは、むしろ後のブリューゲルやその他の画家の絵画がそうなるように、社会生活のいろいろな場面なのである。それはまったく異なるジャンルに属し、そこでは借景のように俗世を隠すのではなく、それを見せることが要点なのである。

［110］問題は複雑で、術語に注意しなければならない。山水画とは逆に、ヨーロッパの風景画は初期段階から都市を表象していた。しかし、「風景の中の都市」は都市風景とは似て非なるものである。都市的場面は多く描かれたが、それらは風景画とは異なるジャンルに属する。たしかに、カナレットの作品やさらに後のユトリロの作品は、ふたつのジャンルに跨がるように見える。しかし、都市場面画（*vedutta*）は風景画（*paesaggio*）ではなく、街路の場面は風景ではない……本書の感覚＝方向（sens）では、風景的視線は存在論的に自然を指向しており、それはそこで田園との混同を引き起こす。ただ、それらは両者ともに〈ブルジョワ＝都市民〉的となることはない。それらは、同様に存在論的に都城を形成する市壁に対して外部にあるからである。［訳注：カナレット（一六九七年～一七六八年）はヴェネチアの都市景観を多く描き、ユトリロ（一八八三年～一九五五年）はパリ・モンマルトル近辺の絵画を多く残した画家である］

［111］*Chengshi shanshui.*

［112］*Shuimohua yu dushi.* ESCANDE (2005), *op. cit.*, p. 16. 日本語でも「都市山水」という表現は存在しない。都市景観という術語が使われるが、これは都市計画や地理の分野の専門用語で、後に中国語に逆輸入される（*dushi jingguan* と発音される）。また、しばらく前からは文化派的意味として、しばしば都市風景という表現が使われる。英語でも *urban landscape* という用法は忌避され、英国では *townscape*、米国では *cityscape* と表現されている。

ある。[113]

中国の場合、§13で見たように、上述の外閉を、城と田園の間に横たわる文化的、政治的、そして社会的断絶に帰すことができる。それは周朝の征服の遺産であり、地方の領主だったものの本質的に「ブルジョワ＝都市民的」だった貴族が独占する行政システムにより継承されてきたものである。とはいえ、城により具現化された「ブルジョワ的＝都市民的」視線と国家権力の一致は、おそらくさらに遠くに遡及可能で、その本質も中国にだけ見られるものでもない。ヘシオドスは『労働と日』に以下のように書くとき、彼はいくばくかの予想を抱いていたように見える。

Krupsantes gar echousi theoi bion anthrôpoisi　　神々は人間にその生計を隠したから[114]

実際、人類をそのものとして活かしているのは、地球を世界に昇華させる労働というもっとも一般的意味における社会労働である。それは農事のようなもっとも物質的なものから、神事のようなもっとも非物質的なものまで、あらゆる側面の人間活動を包含している。ただ、**世界性は人為性を感じさせない**。例えば母国語がそうで、それは幼児期から自然なものとして各人に与えられている。かくなる具合に、神父の権威（*auctoritas*）は自然なものに見えるし、農民の労働（*labor*）も自然なものとされる。野生と田舎は混同され、§14で前述のとおり、植林された大地である埜も耕作されたそれである野も、同じ*ye*と発音される埜＝野となる。しかし、それは都城が歴史的にその世界を田園にも押しつけ、田園世界そのものは逆に畑と森との間で本質的区分がなされてきたからである。[115]田園風景を前にして、実はそれが何千年もの農民の労働により構築されたものなのに、一般的フランス人が「私は自然が好きだ」と口を滑らせ、陶淵明よろしくそこに廬を編むことを夢想してしまうのは、都市社会に内在するこの外閉に起因する。

しかし、神々が人間からそのことを隠し、そのことで人間が生きているのだとしたら、彼らにはそうする正当な理由がある。というのも、人間が、地球を世界に昇華させるあらゆる労働の知悉を課されたら、生きてゆけないからだ。それでは身が持つまい（地球上のあらゆる言語を習得することと同じであろう）。しかし、労働の外閉をつうじて、人間はそれを免責される。したがって、人間は、〈象徴的アルゴリズム〉[116]をつうじ、遊戯という方法によりこの昇華を生きることでよしとする。これは幼い哺乳類が遊びをつうじて世界を知り、陶淵明が帰農し（とはいえ、農民身分への帰化ではない）、宋炳が地球を世界に昇華させる原理（とはいえ、風景という術語をもってだ）を予感しながらしたことである。

---

[113] BERQUE Augustin (dir.), *Mouvance 2. Soixante-dix mots pour le paysage*, Paris, Editions de la Villette, 2006, p. 79 に所収され、彼が分担をした paysage urbain の項を見よ。

[114] Hésiode, Erga kai hêmerai (*Les Travaux et les jours*), 42. 本書フランス語版では、*Bios* を「生計」と訳されているが、実際にそれには「存在手段、資源」という意味もある［訳注：ヘーシオドス（松平千秋訳）：『仕事と日』、東京：岩波文庫、一九八六年、p. 16 では、当該部分は「これももとはといえば、神々が人間の命の糧《かて》を隠しておられるからじゃ」と訳されている。この行《くだり》の前段に悪代官を籠絡して不正の利益を得る者の話があり、その理由として本書で引用される文章につながってゆく。そして結局、正しい富は労働によって得られるという結論になる］

[115] 日本の場合でのこの区分については、拙著（宮原信訳）：『空間の日本文化』、東京：ちくま学芸文庫、一九九二年、p. 88 の「自然＝文化の関係の空間構成（II）」を見よ。

[116] アルゴリズム（それは隠喩ではなく計算の帰結である）は、当然ながら象徴（それは計算ではなく隠喩の帰結である）ではないが、アルゴリズムが（原則として主語 *S* である）宇宙《ユニヴァース》＝普遍の一部分を要約しているように、象徴は（述語 *P* であるところの）世界の一部を要約している。世界と遊戯の類縁性については、FINK Eugen, *Le Jeu comme symbole du monde*, Paris, Minuit, 1966 (*Spiel als Weltsymbol*, 1960)（オイゲン・フィンク（千田義光訳）：『遊び ―― 世界の象徴として』、東京：せりか書房、一九七六年）を見よ。

つまり、それはまさに世界を再構築することなのだが、遊戯をつうじてなのだ。というのも、世界はすでに他者の労働により実体的に建設されているからで、換言すれば、そこに屋上屋を重ね、下の階の上に展望台を載せることなのである。美学とは世界そのものの享受のことだが、そこではそれが中心の座を占める。実際、ジャック・ジェルネは六朝期を「支配した耽美主義」を論じている[117]。

この耽美主義は中世を超え、中国の周辺国にも痕跡を残すこととなる。例えば朝鮮では、柳濟憲が、地名学的に漢字で通常「岬」と書かれる *kot* が、ほぼ同音の花 *kkot* に進化することを特記している。後世に漢字で「花」、そして「華」と書かれ、もはや岬とは無関係の変化となるものである。江華や華城はその好例だし、さらに明確には、*Kotbat*（岬の外側）が *Khotobat* となり、後に「花田（花の畑）」と転記され、最終的にはその転載から *Huajeon* と発音される地名の事例がある。そこでは、*pat*（外側）と *pat*（庭園）という同音異義語が巧妙に機能したのだった[118]……。海事労働者の視線（実用 *uti*）が風景的な視線（遊戯 *frui*）に置き換えられ、さらには外閉される好例である。

さて、では外閉の視線はどのようになるのか。先進国では農民は人口面でも文化面でも衰微していったが[119]、だからといって排除されてしまうわけではないのだから、彼らは彼らの世界を見つづけている。あるいは、新世界（彼らの世界に押しつけられたもので、「農民の世界」はそのせいで瞬時に「旧世界」とされる）は、旧世界の価値に後ろ足で砂をかけてゆくが、旧世界側は時代遅れとされ、プロレタリア化され、第三世界化され、つまるところ未開人化されてしまう。新世界を立国した社交界人士たちは、旧世界の抜け殻を戯れなるままに反転させ、旧物を遊戯に変えてしまう。彼らが昨日夢見たことをいまだに夢想している未開人たちとは違い、彼らが遊び方を知っている世界の遊戯にである。例えばマリー・アントワネットとプチ・トリアノン[120]から二世紀以上を経て、中流化したフランス人が風景に溶けこんだ農家への選好（彼らなりの賞 *shang*）を隠さないのはその好例である……。

　これは社交界人士たちが謙虚さや善意を持たないことを意味するわけではない。彼らは皮肉屋なのではなく、自身の世界にいるだけのことなのだ。それが遊戯として旧世界に対して第二段階にあるとしたら、それは述語（ある世界）が主語（ここでは旧世界）に対して必然的に第二段階にあるからで、述語は旧い〈として〉を消去しながら、現有の〈として〉を使って主語を述語づける。例えば、プロヴァンス地方の伝統的農家（*S*）は、第一段階の農民の仕事場や手段（旧い*P*）としてではなく、第二の住まい（つまりは別荘）（新たな*P*）〈として〉存在しつづける。精確を期せば、新たな述語の主語（*S*）になるのは、旧い現実（*S/P*）である。歴史にとっても進化にとっても本質的な実体化の、つまりは記号の実体化（hypostasie）というプロセスであり、*S/P*→*S′*と記述できる。[121]この関係における遊戯性（ludicité）[122]は、プレイヤーの真剣さを排除するものではない。例えば、社会科学（新たな*P*）が社会の現実（新たな*S*、つまり旧い*S/P*）に対して第二段階にあるとしても、だからといってそれが真剣ではないということにはならない。それは自身の世界にいるだけで、その世界は自身の研究している

［117］　GERNET Jacques, *Le Monde chinois*, Paris, Armand Colin, 1999 (1972), p. 184.

［118］　RYU Je-Hun, *Reading the Korean cultural landscape*, Hollym, Seoul, 2000, p. 164. 熟語になると、*pat* は *bat* と発音される。

［119］　この問題については、古典的名著である MENDRAS Henri, *La Fin des paysans*, Arles, Hubert Nyssen et Actes Sud, 1984 (1967) を挙げておこう。なお、ここで言う衰微するなりほとんど減退するなりした農民の文化面と、工業社会に完全適応した農産物加工品ロビーや職能団体を混同しないようにしたい。

［120］　［訳注］マリー・アントワネットは、徒然なるままに、プチ・トリアノンという農家をヴェルサイユ宮殿の一角に建設させ、農民のまねをする遊戯に耽ったものだった。

［121］　拙稿 BERQUE Augustin, «Les travaux et les jours. Histoire naturelle et histoire humaine», dans *l'Espace géographique*, XXXVIII (2009), 1, 73–82 を見よ。

［122］　第二段階で遊戯であること。

人々のそれではないというだけである。

さらに*(S/P)/P'*、つまり「旧い*(S/P)*／新たな*P*」と記述できる述語づけは、自然（地球）という原初の基体に対して、世界性の上位階梯を表象している。この世界性の時間軸上での展開が歴史である。社会労働の外閉が抱いてきた幻想とは逆に、いかなる時点においても、個人は手つかずの自然や純粋な仙境なるものに直面することはない。これこそが§20で前述した有名な蘭亭での宴が示していることである。それは歴史をつうじ、後世の多くの風景的作品（絵画、庭園、詩など）に対して参照源（基体）として使われた。例えば、一三四二年に蘇州の有名な庭園である獅子林[123]の整備に際してである。というか、王羲之の庭園からして、西晋の首都であった洛陽に石崇[124]（二四九年〜三〇〇年）の設計で整備された金谷園[125]という庭園を基体としていた……。そして獅子林の宴のごときは、元朝（モンゴル系の王朝で一二七一年〜一三六八年）以前の旧き良き時代を懐古させるものだったし、三五三年の蘭亭の宴も、蛮族の侵入を前に長江の南の逃れた後、東晋[126]となってしまった西晋の旧き良き時代を懐古させるものだった[127]。

このように、新たな述語（*P'*）の核心には常に旧い述語（*P*）への懐古の念があり、それは新たな述語（*P'*）に対する主語（*S*）の位置づけに応じて決まる。**そして実体（*S*）の懐古の念とは、人間の自然に対する渇望に他ならない**。主語（*S*）そのものは歴史により自然化された旧い述語以外の何物でもないということと同じくらい架空の「自然」への渇望である。それでもやはり、風土《エクメーネ》（*S/P*）においては、構造的かつ絶対的に、世界はその故郷である地球への懐古の念を抱いている。

§24 個人観と社会観

歴史における現実の継起的な換骨奪胎である $(((S/P)/P')/P'')/P'''$、つまりは主語のそれである $S \to S' \to S'' \to S'''$ は、前述のとおり、それがなされるたびに世界性が上位の階梯に移行することを意味している。このことは同時に、社会労働の分業化が上位の階梯に移行することと対応している。換言すると、自然（つまり原初の S という基体）との関係の漸減である。しかし、人間は自身の社会身体には限定されない。それはそもそも個々の動物身体をも包含している。この物的身体は、人間世界を形成する技術や象徴に人間を接続する感覚の拠りどころであるだけではなく、生物圏の生態学的システムと一蓮托生の関係にある。この関係は世界性により媒介されてはいるが、必然的に太古からつづく潜在的次元を保持している。つまり、風土《エクメーネ》ではなく生物圏に、そして歴史ではなく進化に帰属する動物性の次元である。動物身体の世界性は、ホモ・サピエンス種の環世界（*Umbelt*）（*P*）の階梯に留まっている。文明による環境（*Umgebung*）（*S*）の加速度的改変にも関わらず、

[123] *Shizilin.*

[124] [訳注] 石崇は西晋の官僚だが、職業倫理に欠け奢侈に流れたことで有名である。

[125] *Jingujian.*

[126] その新首都である建康（南京）は、かつての首都の洛陽に対して東ではなく南にあるが、そう言うのである。とはいえ、西漢（首都は長安）と東漢（首都は洛陽）、さらに旧くは西周（首都は長安近郊の鎬京《こうけい》）と東周（首都は洛陽近郊の成周）のような歴史的パラダイムがあり、正統な類推性も尊重しなければならなかったのである。

[127] 本論では簡略化したが、蘭亭と獅子林の関係については、中村蘇人：『江南の庭 —— 中国文人のこころをたずねて』、東京：新評論、一九九九年、p. 129 以降を見よ。

それは数万年来不変である。そして、この動物的次元は同時に身体の個体性のことである。これは、人間が生まれ、そして死ぬ身体としての個体であり、生きている間は、人間は生態学的システムに直接的に取り込まれているということである。対して社会身体は、時間という点でも空間という点でも異なる尺度にある。この問題については第三部で戻ることとしよう。とはいえ、それはとりもなおさず風景的視線なるものの誕生にも課された問いである。

§23で述べたとおり、本書では、この視線は存在論的に都城（bourg-*cheng*）から発せられているとの理論を提示している。これを要約すれば、都城を防御すると同時にそれと環境との実用的関係を切断する市壁の上から、風景の観察者はそれを〈社会的かつ象徴的に〉観望するということである。

とはいえ、同時に、その視線を造りだしている者は〈個別的かつ物理的に〉環境に投企されており、これは謝霊運の旅行が余すことなく示していることである。それは距離を置いた観望ではないし、中途に文章が介在するそれでもない。

問題は、これらふたつの視線、つまり個人的なそれと社会的なそれ、あるいは物理的なそれと象徴的なそれが、どのようにして相互連接するかを知ることにある。ただ、同時にこの関係の成立方法は、文化と同じくらいに多様であることに言及しておきたい。

中国について見ると、例えば絵画空間は、西欧近代の透視図法とはまったく別の規則で構成されていることは周知のとおりだ。同時に、エルヴィン・パノフスキー[128]以降、透視図法の適用は近代的主体の萌芽の〈象徴形式〉であり、それは絵画的表象を超え、あらゆる風景に関わってくることも周知のとおりである。中国では逆に、それは一般に「三つの遠方」である「三遠」[129]、つまり「高遠」[130]「深遠」[131]「平遠」[132]として語られる。とはいえ、他の方法を使う作家もいる。いずれにせよ、フロランス・フ＝スタークは、高いものを見上げたり、平地を間に挟《はさ》んだり、あるいは「低遠[133]」にすることで遠近感を感じさせる「客観的様式」と、上下左右を見ながら「心の眼」が動き、深さによりそれを感じさせる「主観的様式」とに区分している。これらふたつの方法は重合することもある。それらの長所を併せとった第三の方法は、中国の山水画の「美的理想」を表象するとも言えよう[134]。本書にしてみれば、かかる理想がむしろ通態的と呼べることはかなり明白に思われる。というのも、明らかに客観的な透視図法[135]とは別物で、外延の中での孤高の観察者の物理的立ち位置とは無縁であり、主観性には還元不可能な複数の側面が見られるからで、そこに〈風土性《メディアンス》の象徴形式〉とでも呼べるものが読みとれるからである……。

低いものを見下ろす方法について、フ＝スタークは高いものを見上げるそれに対置し、「中国の山水詩において長い伝統を有し、想像上の視線[136]とは似て非なる視線であり、詩人である謝霊運はしばしばこの視線を使っている[137]」としている。

---

[128] PANOFSKY Erwin, *Perspektive als symbolische Form*, 1924/1927（エルヴィン・パノフスキー（木田元監訳）：『〈象徴（シンボル）形式〉としての遠近法』、東京：哲学書房、一九九三年）

[129] *San yuan*.

[130] *Gao yuan*.

[131] *Shen yuan*.

[132] *Ping yuan*.

[133] *Di yuan*.

[134] HU-STERK Florence, *La beauté autrement. Introduction à l'esthétique chinoise*, Paris, You-Feng, 2004, p. 148.

[135] 標準的写真機のそれで、すでにルネサンスの線型透視図法から使われてきたものである。

[136] ベルク注：フ＝スタークによれば高いものを見上げる視線。

[137] HU-STERK, *op. cit.*, p. 147.

実際、例えば謝霊運の『郡の東山、溟海を望む』[138]という詩には、視線より低い位置にある海岸の記述があるが、それはこの低いものを見下ろす視線を見事に描きだしている。とはいえ、この視点は一方で物理的な状況（謝霊運はまさに同山の頂上にいるか、いたのであった）から不可分でもあるが、他方で孤高ということからも不可分である。

非徒不弭忘　徒らに忘るることを弭《とど》めざるのみに非ず　［憂《うれい》を］忘れることができないだけではない
覧物情弥遒　物を覧れば情は弥《いよ》ゝ遒《つよ》し　この風景を見ていると情はいよいよ強まってくる
萱蘇始無慰　萱蘇は始めは慰めらるる無く　忘れ草[139]なぞでは端から心を慰めることはできないのだ
寂寞終可求　寂寞は終には求む可けん　寂寞こそが最後に求めるべきものなのだ

謝霊運は東山にあって、孤高であると同時に海を足下に置いている。この視座は、カスパー・ダーヴィト・フリードリヒの『雲海の上の旅人』を思いおこさせずにはすまない。それは雲海を足下に置いているが、これは謝霊運が中国の海辺をそうしているのと同じである。それらには共通して孤高の面があるが、同時に自由の象徴である旅を示してもいる。謝霊運の年譜を§15で引いたが、実際それは以下のように続く。

徐《おもむろ》に是れ霊運なりと知り、乃ち安んず。又琇[140]［臨海の太守王琇］に要め更に進む。琇は肯ぜず。霊運は琇に詩を贈って曰く、邦君は地の峻なるを難しとし、旅客は山行を易しとす。

このように、謝霊運は山の好きなところに自由に行ける旅人たる自分に比べ、その身を俗世に釘付けにする社会装置に束縛された太守を馬鹿にする。ここに近代的主体のそれではないにしても、少なくともある存在の萌芽の象徴形式が見られる。つまり、その自由によって物的環境を高みから計測すると同時に、遠方から社会的環境を測定する存在である。風景の中にいるのと同時に風景に依拠するこの存在は、現代の個人主義的〈ノマディズム〉の前触れとなっている（§45）。

近代性と類推できる点がもうひとつある。謝霊運の視線は単に詩人のそれではないという点である。マーク・エルヴィンは、謝霊運の作品を主要史料のひとつとした中国環境史の著作において、[141]それらの作品は、とりわけ植物学的視点から見ても自然の記述に高度の精確性を有していると特記している。彼の詩の多くに自然主義的側面があるのは疑うべくもない。そこに、ベルナール・ラシュスならば〈脱計測（*démesurable*）〉、宋炳であれば霊（*ling*）と言ったであろう詩の隠喩がくわわり、この自然主義的側面は風景の物質的特性を描きだす。換言すれば、とりわけ風景の生態学がそうである自然科学のこの一翼において、西洋の近代性が重大な関心を寄せることとなる質（*zhi*）である。そして、それは言うまでもなく、謝霊運が風景から引きだした物理的、個人的、そして直接的経験から不可分である。人間が、神話の次元（それは同定可能な著者がなく、本質的に隠喩に富み集団により形成される述語である）ではなく、環境に対して客観的で個人的な近代的関係に置かれたことは間違い

［138］*Jun dong shan, wang minghai.* 小尾（1983）：前掲書、p. 119 以降で引用されたもの。
［139］学名は *Hemerocallis fulva*（ユリ科ワスレグサ属の多年草）で、黄色いユリのこと。中国では萱草とも呼ばれ、「忘憂草（*wang you cao*）」と書くこともある。
［140］*Lüke.* 小尾（1983）：前掲書、p. 202 で引用されたもの。
［141］ELVIN Mark, *The Retreat of the elephants: an environmental history of China*, New Haven et Londres, Yale University Press, 2004.

ない。さらに、§20で引用した詩「斤竹澗従り、嶺を越えて渓行す」の最後の四行で、一文が『楚辞』[142]の九歌「山鬼」[143]の本歌取りとなっているが、これはそれらの詩のテーマである仙境[144]や女神[145]に出会えなかったことを嘆くためである。とりわけ謝霊運に見る風景は、神話的次元ではなく実体的環境の経験に立脚していることを、これ以上に明確に表明することはできまい。これは将来ルネサンスが検証するもので、ヨーロッパにおいても、風景の誕生は宗教史からの離脱に依拠するのである。[146]

ともあれ、謝霊運の作品は宗炳の原理を、そして地球が世界に展開する風土的《エクメナル》な関係を体現していると思われる。それは環境の実体（質 *zhi*）を直接的に経験することに始まり、賞味をつうじ（賞 *shang*）、詩的表象である精神（霊 *ling*）に至ることである。存在のこの展開（主語*S*→述語*P*、環境→山水詩）について、図像という別分野についてだが、ハンス＝ゲオルグ・ガダマーは「表現によって、表現されたものはいわば存在の増大（Seinzuwachs）を経験する」[147]と指摘した。存在のこの風土的《エクメナル》な展開は、まさに基礎的で存在論的なプロセスで、ハイデガーが空間化（*Räumung*）と命名するものを類推可能である。つまり、物事が客体の単なる抽象的局所《トポス》（*topos*）を離脱し、ある実存的場所《コーラ》（*chôra*）（ある風土《ミリュー》）において、感覚世界でのそれらの物事の生成（*genesis*）を達成する実存的場所性《コレジー》（*chorésie*）のプロセスである。[148]

このように、本書にとっては、宗炳の原理が手に引きよせているのは「世界の詩」となる。そして、近代性が一方で物事を客体の抽象的局所《トポス》に、他方でそれと相関して人間という主体をその動物身体の抽象的局所《トポス》に固定することで沈黙を強いるのは、まさにそのこととなる。[149]世界のこの本質的喪失、この深刻な存在欠如（manque-à-être）[150]は、個人的主体に地球上では比肩するもののない無限の価値を附与することで、それを穴埋めする。かかる具合に、世界に地球を引きうけさせるかわりに、それは主体に絶対性を引きうけさせる（遠くは神は人間の内にあるというパウロ的原理に源泉を有することである）。とはいえ、この昇華が人間に原則として無限の権能を与えたことで、地球はそれを根こそぎ奪われたことになる。このようにして、それは人類の地球に対する現実的な（つまりは風土的な《エクメナル》）関係に背反し、それを本書第八章で見る将来の災厄に向かわせるのみならず、陶淵明を題材に記述した宇宙＝調和的《コスミック》な横溢感を看取不能にしてしまうか、少なくとも切断してしまう。小尾は蘭亭の宴にからめ、それを以下のように記述する。

---

[142]『楚辞（*Chuci*）』とは西漢時代に編まれた詩歌集で、戦国時代から漢朝黎明期の文学作品を所収し、その多くは長江を中心としていた楚の国の軌跡に関わるものである。

[143] *Shangui.*

[144] *Xianjing.*

[145] *Nüshen.*

[146] このテーマについては、ROGER, *op. cit.* を見よ。

[147] GADAMER Hans-Georg, *Vérité et méthode*, Paris, Seuil, 1996 (*Wahrheit und Methode*, 1960), p. 158.（ハンス＝ゲオルグ・ガダマー（轡田収他訳）:『真理と方法I』、東京：法政大学出版局、一九八六年、p. 204）

[148] 実存的場所性《コレジー》の問題については、拙著『風土学序説』を見よ。言わずもがなではあるが、抽象的局所《トポス》はアリストテレス（『自然学』において土性に与えられた定義と同時に、主体の自己同一性に関するアリストテレス的論理に関してである）、実存的場所《コーラ》（生成 genesis も同様）はプラトンの『ティマイオス』を参照している。［訳注：以降で頻出する抽象的局所《トポス》と実存的場所《コーラ》の概念だが、『風土学序説』から比較衡量の一文を引いておこう（p. 43）:「トポスには、別の場所にあることもできたはずの物を、自由に位置づけることができる。この物は場所から分離できるものであり、その物に固有で、それを包み込む局所的な場所のうちに、その同一性を維持している。だから物は周囲の場との間で、存在論的な絆をもっていない。これにたいしてコーラの概念は、まさにその正反対である。みずからの場所と分離することのできない建築であり、かくして人間の風土《ミリュー》を作り出す建築である」。そしてベルクは関心の中心たる実存的場所《コーラ》について、以下のように記述する。「わたしはコーラの基本的な特性は、〈開け〉にあると考える。コーラは受け入れるからだし、コーラは生み出すからだ。刻印であり母型であること、これがコーラと物の本質的な関係である。［……］。コーラは世界の実存への〈開け〉である」］

[149] 拙稿、BERQUE Augustin, «*Vers une mésologie — au delà du topos ontologique moderne*», dans WIEWIORKA Michel (dir.), *Les Sciences sociales en mutation*, Auxerre, Editions Sciences humaines, 2007, pp. 149–154.

[150]［訳注］ジャック・ラカン（一九〇一年～一九八一年）の精神分析用語の援用と考えられる。欲求とは主体なり他者なりに見出される存在の欠如の埋め合わせであるとする考え方である。

参加した詩人たちは、そのとき詠じた詩を『蘭亭集』として残しているが、ここ蘭亭の風景を「山水」と呼び、ここに遊ぶことによって、「心神を暢《の》ばし」、そのため「情志が暢び」「懐《おもい》を散ずる」ことができると考えていた。[151]

この風景における風景による存在の展開は、[152]かなりの後に哲学が存在の増大（Seinzuwachs）と、そして地理学が実存的場所性《コレジー》と命名するものである。詩人が三五三年に山水の中でそれを看取できたのに、なぜ現代人はそれを奪われてしまうのか。

§25　仙境と風景

小尾は、上述の解題文につづき「自然のままなる風景を、楽しみつつ眺めていると、人間本来の自然のままなる心情になりうる」と述べ、それが老子と荘子の道教思想から直接的に派生した考え方であるとする。このように、人間存在が自分自身に至るのは、風景の中で自己を展開させることによってである。これは、例えばマッシモ・フェリオロが主張した、都市外への動物身体の移動でしかない「自然への外出」とは似て非なることだ。[153]ここで見られるのは、人間が全身で自分固有の風土性《メディアンス》を昇華させる「脱自存在（*Ausser-sich-sein*）[154]」である。しかしながら、それらには共通して風景は自然そのもの、換言すれば仙境であるとの考え方があり（これは本書に、謝霊運の原理の最初の側面である社会労働の外閉を思いおこさせる）、また、王羲之の別邸である蘭亭に会した詩人たちは、まさに象徴的であるだけではなく物理的にも都城（*bourg-cheng*）の市壁外にいるのも事実である。彼らがいるのは野＝埜（*ye*）、つまりは仙境となる。

野＝埜がこのように「野生の自然」を人間性の本質に通態することを可能にする（いずれの場合でも、小尾の書くように「自然のまま」に）からこそ、東アジアの僧院は仏教のものにせよ道教のものにせよ山中に好んで開設された。とはいえ、僧院だけではない（なぜなら、それだけであればヨーロッパも大シャルトルーズ修道院という同等物があるからだ）[155]。これはまた、六朝時代以降、多くの隠士により定期的に施された教育のために設置された複数の学舎の場合も同様であった（§17）。例えば、朝鮮の宋明理学[156]の私塾である書院（*seowon*）の設立場所を左右したのは、仙境に真実を見出すこのような風景の原理であった。とりわけ「東方の小朱子」と呼ばれた

[151] 小尾：『中国の隠遁思想……』、前掲書、p. 113。引用文中の括弧は小尾によるもので、『蘭亭集』の中の詩で使われた表現であることを意味する。そのうちの二詩は§20で見た。

[152] 中国語で暢（*chang*）、日本語で暢《の》びという。

[153] 彼は、VENTURI FERRIOLO Massimo, «Introduction», dans RITTER Joachim, Paysage. *Fonction de l'esthétique dans la société moderne* (*Landschaft. Zur Funktion der Æsthetischen in der modernen Gesellschaft*) *accompagné de* L'Ascension du mont Ventoux *de Pétrarque et de* La Promenade *de Schiller*, Besançon, Les Editions de l'Imprimeur, 1997, p. 30 において、『パイドロス』(230b〜230c) を参照しながら、「[風景は自然状態を免除される都市を起点に] 自然の中に〈外出する〉。都市の哲学者であるソクラテスは、かくして自然の中に〈外出し〉、風景を看取するのである」と書いている。[訳注：『パイドロス』はプラトンの中期対話篇のひとつで、ソクラテスとパイドロスの対話が、「美について」との副題の下に収録されている]

[154] [訳注] 言うまでもなくハイデガーによる概念で、『風土学序説』の p. 222 で和辻哲郎のそれとの比較の下に解説されている。

[155] フランス語で僧院を意味する単語 *monastère* は、たしかに共同生活を営む者のことだが（キリスト教初期の共住修道者を意味する *cénobite* は「共同生活」を意味する *koinobion* から来ている）、それは「単独で」を意味する *monos*（そこから「独り暮らし」を意味する *monazein* から派生する）、つまり事実上は隠修士の孤高の隠棲を語源としていることを思いおこしておきたい。東洋だけではなく西洋でも、かかる隠棲の記念が多くの僧院の起源となっている。

[156] [訳注] 別名を道学と言い、中国の宋代や明代に儒教の研究テーマが「理」であったことから、このような学問名を得た。西欧では新儒学（フランス語で書けば néo-confucianisme）と呼ばれる。

退渓[157]（一五〇一年～一五七〇年）やその弟子たちが設立した書院は、その好例である。[158]

実際、朱子学について見ると、これら山中の書院は、理想の場所として「川の九つの湾曲点（九曲）[159]」、つまり山水の祖型的モチーフに添う明確な風景的原理を継承していた。しかし、宋明理学にとっては、仏教や道教とは逆に、これらの場所はあまりに隔絶したものであるべきではなかった。そのことは、これらの書院にとっての望ましい自然性の意味や度合いの問題を提起する。エジプト砂漠の東部にある聖大アントニオス修道院のような僧院では、エデンの隠喩であった内部を囲壁が仙境から孤立させていた。[160] 九曲の場合は逆に、書院と周囲との間に連続性が確立されており、周辺全体は庭園のようなものである。たしかに、ひと言で環境と言っても、だいぶ違うものなのだ（一方は砂漠、もう一方はモンスーン地帯）。とはいえ、本質的な違いはふたつの視線の間にある。つまり、一方は風景的で（つまりは感覚世界に接続されており）、他方はそうではない（つまり外部世界と切断されている）。つまるところ、仙境の意味＝方向が逆なのだ。聖大アントニオス修道院について見れば、周辺が否定的であるのとは逆に内部庭園は肯定的で、書院では周辺が肯定的で建物とも連続的である。これは明白に生態象徴的な対照性、つまり生物圏と記号圏がそこで出会う対照性、そして聖大アントニオス修道院周辺の仙境は死に結びついた絶対的なもので、書院周辺のそれは生に結びついた相対的なものであるという対照性の根底にあるものである。

モンスーン・アジアの仙境であるこの相対的仙境は（言わずとも、それは西域の砂漠にはつうじないが）、世界のこの部分で風景的視線が誕生したことと間違いなく関係がある。より歴史的な条件と並んで、風景的視線に内在する好ましい自然を見出す必要性を満たす生態学的基盤というものがある。中近東の砂漠の周縁部で形成されたキリスト教的視線の場合とは異なり、モンスーン・アジアのそれはよほど好ましいものだったのである。

実際、千年間に自然に対する多くの非難を重ねたキリスト教的ヨーロッパは、中世の末期となって風景的視線を持つこととなる。その到来時期ゆえに、パクス・モンゴリカ、つまりモンゴル帝国の覇権がもたらした平和が関係しているとの推論がある。すなわち、ヨーロッパからアジアにかけて広まった平和が山水画を西洋にもたらし、ルネサンスに〈風景の発明〉となる種子を撒いたとする推測である。洋の東西を問わず多くの研究者がこの仮説を支持しており、最近でも例えば田中英道が『モナリザ』や『善政の効果』[161]の背景の絵画モチーフの分析に基づきながらそれを主張している。[162]ただ、実証的材料はまったくない。フランドルなりイタリアなりの図書館に保存された山水画は一軸とてない……。おそらくこの種の発見は、いつの日かさらなる光をもたらすだろう。本書としては、パクス・モンゴリカの時代に環境についての中国的視線とヨーロッパ的視線の最初の接触があったものの、これらふたつの視線はあまりに違った世界に属していたため、それぞれにまったく痕跡を残せなかったという仮説に留まりたい。それらはそれぞれが、各々の世界の言葉の中で他方とは無関係に新陳代謝をしたということである。後にヨーロッパで風景となる何らかの反響の可能性の排除なしにである[163]

---

［157］［訳注］本名は李滉《りこう》で、退渓は号のひとつである。李珥《りじ》と並んで朝鮮朱子学における二大儒と呼ばれる李氏朝鮮期の儒学者である。

［158］RYU, *op. cit.*, p. 63 *sqq.*

［159］*Jiu qu.*

［160］LACARRIERE, *op. cit.*, p. 229.

［161］［訳注］『善政の効果』は、アンブロージョ・ロレンツェッティ（Ambrogio Lorenzetti）（一二九〇年から一三四八年）が、プブリコ宮殿（現シエナ市庁舎）の九頭の間に描いたフレスコ画で、初期ルネサンスの世俗画の傑作のひとつとされるもの。

［162］フランス語では、BERQUE Augustin, BONNIN Philippe et GHORRA-GOBIN Cynthia (dir.), *La ville insoutenable. Les trois sources du mythe de la ville-campagne*, Paris, Belin, 2006 に所収された田中論文を見よ。イタリア語では、TANAKA Hidemichi, *Leonardo da Vinci's vision of the world*, Sendai, Tohoku University Press, 2005, pp. 55–68 の論考（Il paesaggio della Mona Lisa e la Sansuiga Cinese）がある。

［163］一三三八年から一三四〇年にかけて描かれた『善政の効果』は、一五世紀の風景画の萌芽に先行する稀少例のひとつである。そこに見られる（都市周辺という旧い語義での）郊外（banlieue）は、すでに風景の望ましい位置づけに至っている。その意味＝おもむきで、このフレスコ画は、約六世紀の後の都市の大衆による郊外住宅の理想化を導く底流の生成に関し、重要な起点となっている。

……。

一方、一八世紀になると、本書§38で見るように、ヨーロッパにおける中国風の風景の影響は、より明々白々になるのである。

第二部　日本

第四章　廬山を京都に移送する

§26　参照体系としての廬

『月刊しにか』[1]でのアンケートによれば、日本人が好む漢詩の詩人ランキングは、以下のとおりであった。

一位　李白[2]
二位　杜甫[3]
三位　白居易[4]

[1]　『月刊しにか』、二〇〇二年一〇月号、p. 14。好きな詩のランキングでは、§16で引用した『飲酒』は第八位であった。
[2]　Li Bai. 七〇一年〜七六二年。
[3]　Du Fu. 七一二年〜七七〇年。
[4]　Bo Juyi. 七七二年〜八四六年。

四位　杜牧[5]
五位　王維[6]
六位　陶淵明[7]
七位　頼山陽[8]
八位　蘇軾[9]
九位　孟浩然[10]
十位　王之渙[11]

この九名のリストの内、古典漢詩の黄金期である唐の時代（六一八年～九〇七年）を生きなかったのは二名だけであることに気がつこう。最晩年をのぞき東晋時代[12]（三一七年～四二〇年）を生きた陶淵明と、北宋時代（九六〇年から一一二七年）を生きた孟浩然の二名である。

一九世紀を生きた日本人の頼山陽が第七位に入ったことも注目されよう。この時代（というか古代より）、漢文は詩歌をはじめとするさまざまな分野で使われていた。「漢詩」は晦渋なジャンルではなく、今日でも山陽が得ている人気はその証左である。明治時代でも、教養人であれば漢詩をものすることができた。大作家である夏目漱石[13]も余技ながら玄人跣《くろうとはだし》であったことは有名だ。さらに驚くべきことは、上記ランキングの第一一位に乃木希典[14]が入っていることである。日露戦争の勝者にして武士道の鑑として有名だった乃木将軍は、明治天皇の死に妻ともども殉じた。この近代戦の偉人はまた、古典中国語という東アジアのもっとも純粋な伝統においても、偉大な詩人なのだった……。

以上の二点の指摘は、唐の時代に詩歌のパラダイムが形成され、それが今日の日本でも生き残っているとまとめられる。たしかに現在では古典的漢文を書くことはほとんどないが、中国の古典的詩人であれ日本人のその後継者であれ区別のないジャンルとして、漢詩をいまだに好んで読む[15]。

日中間のこの詩歌の連続性は、文学にとどまらない他のパラダイムの方向づけもしてきた。それは、とりわけ、すべての人間社会での基礎中の基礎である自然に対する関係や、その関係について本書が特化して論じている理想の住まいのイメージに関し、あらゆる感受性を伝播してきた。

上述の『月刊しにか』のアンケート結果には、数名の識者がコメントを寄せている。静永健は、「日本人の古典・白楽天の世界[16]」と題された小論を、白楽天の詩が上位一〇位までに皆無であることを驚くことから始めている。彼は、白楽天の詩が相対的に長いことが、絶句[17]を好む現代読者への足かせになっていると説明する。

［5］Du Mu. 八〇三年〜八五三年。
［6］Wang Wei. 七〇一年〜七六一年（六九九年〜七五九年とする説もある）。
［7］Tao Yuanming. 三六五年〜四二七年。
［8］日本人。一七八〇年〜一八三二年。
［9］Su Shi. 一〇三七年〜一一〇一年。
［10］Meng Haoran. 六八九年〜七四〇年。
［11］Wang Zhijuan. 六八八年〜七四二年。
［12］四二〇年から四七九年は劉宋時代であった。
［13］一八六七年〜一九一六年。
［14］一八四九年〜一九一二年。
［15］これには刮目すべき傍証がある。日本人は「お風呂」のような安息時でも読書願望がある。しかし、風呂の蒸気に耐えられる紙がなかった……ただ、それはある出版社が、合成樹脂の耐水性紙に印刷された『風呂で読む』シリーズを刊行するまでのことである。そのシリーズでは全巻が日本の詩か漢詩を扱っている。例えば、李白や杜甫、あるいは陶淵明の作品集の他、竹林の七賢（吉川忠夫：『風呂で読む竹林の七賢』、東京：世界思想社、一九九六年）もそこに所収されている。
［16］静永健：「日本人の『古典』――白楽天の世界」、『月刊しにか』、二〇〇二年一〇月、pp. 60–63。
［17］Jueju.

そして、李白と異なり、白楽天は成熟性ゆえに刺激的表現を忌避しており、逆にかえって日常性を醸《かも》していたとする解題を提示してみせる。比べてみれば、異国情緒《エキゾチズム》を欠いていたわけで、結局のところ、彼の作品が前述のような現代の調査で選に漏れるのは、日本の伝統の中でその日常性があまりに定着してしまったためだとする。「白楽天の詩は『中国の文学』ではあるが、同時に、私たち日本人にもっとも身近な『古典』でもあるのだ」[18]。

実際、静永が示すように、白楽天は日本の古典文学の中で大きな存在感がある。まず、藤原公任《ふじわらのきんとう》（九六六年〜一〇四一年）撰の歌集で、後世の文学に多大な影響を残す『和漢朗詠集』において、一三六詩が選ばれることで圧倒的存在感を見せつける……。同集は、現代の日本でも文庫版としてつねに売れゆきのよいものだ[19]。このようにまとめられた詩歌は、中国のものにせよ日本のものにせよ、声に出して詠われる、つまり朗されることを目的としており、日本の伝統ほどそれを血肉化したものはない。つづく世代は「白の造った詩」を「白詩」として口ずさんだほどで、それは普通名詞にすらなったのだ。とりわけ「香爐峰下新卜山居草堂初成偶題東壁（香爐峰下《こうろほうか》[20]新《あら》たに山居を卜《ぼく》し[21]、草堂初めて成る。偶《たまたま》東壁に題す）[22]」から抜粋した以下の二行はその好例である。

遺愛[23]寺鐘欹枕聴　　遺愛寺《ゐあいじ》の鐘は枕を欹《そばだ》てて聴き　　遺愛寺の鐘の音は枕の上にあたまをちょっともたげて聞くし、

香爐峯雪撥簾看　　香爐峯《かうろほう》の雪は簾《すだれ》を撥《かか》げて看る。　　香爐峯の雪はすだれをはねのけて見るだけだ。

実際、日本のエリートたちの生活はこの類《たぐ》いの参照体系にどっぷりと浸っていた。静永は、『源氏物語』の文中をはじめ、上記の二行が何度となく引用されたことを示している。以下ではある例を詳述するが、同例がとりわけ明示的であると同時にパラダイム的でもあるからである。つまり、それは一般的に〈散布〉とか〈文化変容〉などと呼ばれ、世界の移転とされるもののメカニズム、換言すると、〈異なる実体に対する同じ述語の隠喩の輸送〉をあらかた文字どおりに明らかにする。人間の現実（$r = S/P$）は、述語の同一性の論理（*lgP*）と主語の同一性のそれ（*lgS*）の間で均衡をとるが、それはこれらふたつの本質的論理のうちのひとつの例証となっている。[24]

平安時代の宮廷生活の指南書とも言われる『枕草子』の有名な一場面[25]を使って、清少納言（九六六年〜没年不詳）は以下のように書く。[26]

雪のいと高《たか》う降りたるを、例《れい》ならず御格子《みかうし》まゐりて、炭櫃《すびつ》に火おこして、物語《ものがたり》などして集《あつま》りさぶらふに、「少納言よ、

［18］静永：前掲書、p. 63。

［19］とりわけ普及版の講談社学術文庫のものである。

［20］香爐峰は、廬山の連なる山塊を形成する峰のひとつである。

［21］この「卜し」は、より精確には風水（*fengshui*）の地相勘案規則にしたがい、敷地の配置を「卜《うらな》う」ことを意味している。

［22］*Xianglu-feng xia, xin pu shanju, caotang chu cheng, ou ti dong bi.* この詩は、田中克己：『白楽天』、東京：小沢書店、一九九六年、pp. 152–153 に所収されている。

［23］以下で引用する VALLETTE-HEMERY Martine, *Les Paradis naturels. Jardins chinois en prose*, Arles, Philippe Picquier, 2001 は、遺愛寺を「永続的な善意の（仏教の）僧院」と訳している。

［24］これらふたつの論理に関しては、拙著『風土学序説』を見よ。要約すれば、一方は隠喩、他方は合理的推論のことであり、前者は相関的で、後者は実体的である。

［25］版により当該の段が異なる。静永は第二八〇段としているが、講談社学術文庫版は第二八二段、角川ソフィア・ブックス版は第二八四段、岩波文庫版では第二九九段である。

［26］本書では池田亀鑑による岩波文庫版（一九六二年）を用いる。以下の引用文は同書の p. 325 のものである。

香爐峯《かうろほう》の雪いかならん」と仰《おほ》せらるれば、御格子《みかうし》あげさせて、御簾《みす》[27]を高《たか》くあげたれば、わらはせ給ふ。
人々も、「さることは知《し》り、歌などにさえ歌《うた》へど、思《おも》ひこそよらざりつれ。なほ、此の宮の人には、さべきなめり」
といふ。

何が論じられているのか。それを考えるためには、少納言の女主人・中宮定子が白楽天の撰集である『白氏文集』に夢中で、宮廷生活の日々がことごとく「白詩の世界」[28]のごときものであるべしと考えるほどだったことを失念すべきではない。また、上記の場面では、表の雪を見たいことを述べるため、当然のこととして前掲の有名な二行を仄《ほの》めかしている。そして、これは他の女房たちはさておき、中宮の微笑と女房としての世辞のため、清少納言が冷静沈着にも引きあいに出せたことなのである。

このような場面では、物理的状況（中宮の館）が、ことごとく白楽天の作品の文学的空間に象徴的に擬《なぞら》えられる「見立て」[29]として機能している。中宮定子は、取りまきの女房たちはこの類《たぐ》いの引用に直ちに反応できるべきだと考え、彼女たちに宮廷世界での遊戯についてゆけることを証明させるべく、ある種の試験を課したのだ。その試験は、少納言が機転をきかせて御簾を上げさせたように、新たな隠喩をこれからもできるだけ創造するため、遊戯を続けながら行われるものであった。この所作には三重の意味がある。まず「中宮様ご自身でご覧なさいませ」ということ、次に「というのも、私どものいる宮中は廬山への眺めのある白楽天の廬であるから」ということ、そして「私どもはあなたのお望みどおりに白楽天の世界におり、あなたのお役に立つべく私は白楽天になる」という意味である。

このような所作をつうじ、中宮は「平安（京都）→廬山」という隠喩を作動させる。それができるのも、ここでもそこでも、同じ世界、同じ「廬山」という述語が問題にされているからである。私たちは物理的には江西ではなく日本にいるが、空間における通態をつうじ、そして私たちは一〇世紀の末にいて白楽天は肉体的には一五〇年前に死んでしまっているが、時間における通態をつうじ、白楽天は社会的には不死で（とりわけ平安の宮廷においてはである）、白楽天の廬はまるで宮廷が廬山を前にしているかのようにここ平安の地にあるのである。

このように、そこでなされているのは、単なる言語の平原（つまり隠喩）を越えて、（清少納言の所作という）肉体の劇場的動きへの投企をつうじ、所作の平原に拡がる通態である。本書の残りで見るのは、領土の物理的改変に投企することで、さらにこの表象が拡張されることである。とはいえ、その前にかくして宇宙=調和を生成させる《コスモジェネティック》この「見立て」の参照物について、より明確に定義を与えておくに如くはない。白楽天はしばしば廬山にある自分の山居[30]や草堂[31]を詠っているが、以下の二筆ほど詳細なものは皆無である。一方は「香爐峯下、新卜山居、草堂初成、偶題東壁（香爐峯下《こうろほうか》、新《あら》たに山居《さんきょ》を卜《ぼく》し、草堂初《そうどうはじ》めて成《な》り、偶《たま》たま東壁《とうへき》に題《だい》す）」

[27]　「御簾」のふたつ目の漢字は、前掲の白楽天の詩で見られるそれと同一のものである。『枕草子絵巻』（角川ソフィア・ブックス版 p. 220 に掲載されている）の当該情景の描画は、御簾や簾《すだれ》といった垂直巻きとりのブラインドで囲われた部屋を示している。御格子《みこし》と呼ばれる雨戸は、その外側に位置するものである。

[28]　このテーマについては、上坂信男（他）（全訳注）：『枕草子（下）』、東京：講談社学術文庫、二〇〇三年、p. 237 の解説を見よ。

[29]　§21を見よ。「見立て」は文字どおりには「視線（見）を設定する（立て）」ことを意味するが、それは RICŒUR Paul が *La Metaphore vive*, Paris, Seuil, 1975, p. 269 以降で論じた「〈として見る〉」と比較衡量できる［邦訳はポール・リクール（久米博訳）：『生きた隠喩』、東京：岩波書店、一九八四年］。風景に代表される日本の美学における「見立て」の重要性については、拙著『風土の日本』p. 95 以降を見よ。

[30]　*Shanju.*

[31]　*Caotang.*

の一連の詩の中のひとつである。[32]

五架三間新草堂
石階桂柱竹編牆
南簷納日冬天暖
北戸迎風夏月涼
灑砌飛泉纔有點
拂窓斜竹不成行
来春更葺東廂屋
紙閣蘆簾著孟光

五架三間《ごかさんげん》の新草堂《しんそうどう》[33]
石階桂柱《せきかいけいちゅう》　竹編《ちくへん》の牆《かきね》
南簷《なんえん》は日《ひ》を納《い》れて冬天《とうてん》も暖《あたた》かに
北戸《ほくこ》は風《かぜ》を迎《むか》えて夏月《かげつ》も涼《すず》し
砌《いしだたみ》に灑《そそ》ぐ飛泉《ひせん》は纔《わず》かに点有《てんあ》り
窓《まど》を払《はら》う斜竹《しゃちく》は行《こう》を成《な》さず
来春《らいしゅん》　更《さら》に東廂《とうそう》の屋《やね》を葺《ふ》き
紙閣《しかく》　蘆簾《ろれん》　孟光《もうこう》を著《つ》けん

新築のわらぶきの家は、五本の柱の上に屋根が架され、三部屋を有するかまえ。
それに石の階段と、もくせい《ママ》の柱と、竹であんだ垣根。
南の簷《のきば》は日がさしこんで、冬でも暖かだし、
北の入口は、風を迎えて、夏でも涼しい。
軒下の石だたみに飛びちる泉は、わずかにしぶきをあげ、
窓をこするように斜めに生える竹は、正しく列をなさない。
来年の春には、さらに東の廂《むね》の屋根をふき、
紙障子の部屋にあしの簾《すだれ》をたれて、老妻をおらせよう

もうひとつは散文で、ここでは岡村繁の訳を引用する。[36]

匡廬奇秀、甲天下山。山北峯曰香爐、峯北寺曰遺愛寺。介峯・寺間、其境勝絕、又甲廬山。

匡廬《きやうろ》は奇秀《きしう》にして、天下《てんか》の山《やま》に甲《かしら》たり。山北《さんほく》の峯《みね》を香爐《かうろ》と曰《い》ひ、峯北《ほうほく》の寺《てら》を遺愛寺《ゐあいじ》と曰《い》ふ。峯《みね》と寺《てら》を介《かい》するの間《かん》、其《そ》の境《きやう》勝絕《しようぜつ》にして、又廬山《またろざん》に甲《かしら》たり。

匡廬（廬山）はすぐれて秀でた山であって、天下第一の山である。北の峯を香炉《ママ》峯といい、峯の北の寺を遺愛寺という。香炉峯から遺愛寺にかけては、絶景の地であって、さらに廬山中第一である。

元和十一年秋、太原人白樂天、見而愛之、若遠行客過故鄉、戀戀不能去。因面峯腋寺作爲草堂。

元和《げんわ》十一年《じゅういちねん》秋《あき》、太原《たいげん》の人《ひと》白樂《はくらく》天《てん》、見《み》て之《これ》を愛《あい》すること、遠行《ゑんかう》の客《かく》の故郷《こきやう》を過《よぎ》り、戀戀《れんれん》として去《さ》ること能《あた》はざるが若《ごと》し。因《よ》つて峯《みね》に面《めん》して寺《てら》を腋《わき》にして草堂《さうだう》を作爲《さくゐ》す。

元和十一年（八一六）秋、太原出身の私白楽天はこの絶景を愛でて、遠く故郷を離れて旅の身にある人が故郷に立ち寄って後ろ髪をひかれ、たち去り難いようにたち去りかねた。そこで香炉峯を向かいに望み、寺に隣りして草堂を作った。

---

［32］高木正一（注）：『中國詩人選集13・白居易（下）』、東京：岩波書店、一九五八年、p. 154で引用されたものである。

［33］「桂（*gui*）」はモクセイ科モクセイ属の常緑小高木で、学名 *Osmanthus fragrans* だが、日本ではカツラと発音される（京都の桂離宮と比較のこと）。

［34］すなわち、三部屋ある家屋である（主室が中央にあり、両脇に別室がある）。中国式の小屋組について言うと、「架（*jia*）」とは、断面で見れば、地面に立てられた二本の柱が梁《はり》を支え、さらにその上に二本の束《つか》が置かれて二重梁を受け、さらにその中央上部に一本の棟束が設えられて棟木を支持しているのである。［訳注：高木訳では「五架三間」は「奥行き五間に間口三間のかまえ」とされているが、ベルク氏の示唆にしたがい書き直している。ただし、以下の散文では二部屋と明記されており、訳者にはいずれが正しいのか、判断できなかった］

［35］この部屋は半透明の紙を貼られた窓を有する。高木訳では老妻と意訳されている孟光（徳曜との渾名がある）は、本書§17に既出の東漢時代の隠士・梁鴻《りょうこう》の妻の名である。つまり、それは白楽天の妻の隠喩となる（彼は実際には左遷されたのに、自分を隠士に擬《なぞら》えている）。孟光は、非の打ちどころのない妻のイメージを残した。まさに隠遁にうってつけの設えではないか。『後漢書』は、以下の逸話をとりたてて掲載している。曰く、彼女は夫に料理を供する際にも食膳（案）を眉の高さに挙げ、顔を上げて目を見ることがないほどに儒教の作法を心得ていた。そこから「孟光挙案（*Meng Guang ju an*）」、すなわち女性の鏡という表現が残った。以上は、『諸橋大漢和辞典』の「孟光」の項からの引用である。［訳注：わが国では「挙案斉眉（案を挙ぐること眉に斉《ひと》しくす）」として知られる］

［36］［訳注］本書フランス語版では VALLETTE-HEMERY, *op. cit.*, pp. 26–27 に掲載されたフランス語訳が転記されている。この日本語版では、岡村繁：『白氏文集（五）』（新釈漢文体系 101）、東京：明治書院、二〇〇四年、pp. 215–222 から引用する。

明年春、草堂成。三間兩柱、二室四牖、廣袤豐殺、一稱心力。洞北戶、來陰風防徂暑也。敞南甍、納陽日虞祁寒也。木斲而已、不加丹。牆圬而已、不加白。墄階用石、羃窗用紙、竹簾・紵幃、率稱是焉。堂中設木榻四、素屏二、漆琴一張、儒・道・佛書各三兩卷。樂天既來爲主、仰觀山、俯聽泉、傍睨竹樹雲石、自辰及酉、應接不暇。俄而物誘氣隨、外適內和、一宿體寧、再宿心恬、三宿後頽然嗒然、不知其然而然。

明年春《めいねんはる》、草堂《さうだう》成《な》る。三間兩柱《さんげんりあうちゆう》、二室四牖《にしつしいう》、廣袤豐殺《くわうぼうほうさい》、一《いつ》に心《しん》力《りよく》に稱《かな》ふ。北《きた》の戸《と》を洞《つら》ぬくは、陰風《いんふう》を來《き》たらしめて徂暑《そしよ》を防《ふせ》げばなり。南《みなみ》の甍《いらか》を敞《ひろ》くするは、陽日《やうじつ》を納《い》れて祁寒《きかん》を虞《おもんばか》ればなり。木《き》は斲《けづ》るのみにして、丹《たん》は加《くは》へず。牆《しやう》は圬《かべぬ》るのみにして、白《しろ》を加《くは》へず。墄階《そくかい》は石《いし》を用《もち》ひ、羃窗《べきさう》は紙《かみ》を用《もち》ひ、竹《たけ》の簾《すだれ》・紵《あさ》の幃《とばり》は、率《おほむ》ね是《これ》に稱《かな》ふ。堂中《だうちう》には木榻四《ぼくたふし》、素屏二《そへいに》、漆琴一張《しつきんいちちやう》、儒《じゆ》・道《だう》・佛《ぶつ》の書各々三兩卷《しよおのおのさんりやうくわん》を設《まう》く。樂天《らくてん》既《すで》に來《き》たりて主《しゆ》と爲《な》り、仰《あふ》ぐて山《やま》を觀《み》、俯《ふ》して泉《いづみ》を聽《き》き、傍《かたは》らに竹樹雲石《ちくじゆうんせき》を睨《なが》め、辰《しん》より酉《いう》に及《およ》ぶまで、應接《おうせつ》して暇《いとま》あらず。俄《には》かにして物誘《ものさそ》ひ氣《き》隨《したが》ひ、外《そと》に適《かな》ひ內《うち》に和《わ》し、一宿《いつしゆく》して體寧《たいやす》く、再宿《さいしゆく》して心恬《こころやす》く、三宿《さんしゆく》して後《のち》は頽然嗒然《たいぜんたふぜん》として、其《そ》の然《しか》りて然《しか》るを知《し》らず。

翌年の春。草堂は完成した。三間の間口に二本の柱[37]、二部屋四つの窓、広さといい、こしらえのほどといい、ちょうど私の好みと財力にふさわしい。北に戸口を設けたのは、北風を入れて暑さを防がんがためである。南の屋根を高くしたのは、太陽の光を入れて寒さを防ぐことを考えてのことである。木は削ったのみで[38]丹《に》を塗ることはしない。牆《かき》も荒壁を塗っただけで、[39]しっくい（石灰）の白壁には塗らない。きざはしには石を用い、窓のおおいには紙を用い、竹の簾、紵麻で織った[40]とばりは、この建物に調和している。室内には木榻四脚、何も描いていない屏風二張り、漆塗の琴一張り、儒・道・仏の書が各々二、三巻ずつ備えてある。私楽天は草堂に入ってからは、仰いで廬山をながめ、俯して泉の音に耳をかたむけ、かたわらに竹や木や雲や石をながめ、朝から晩まで次々と楽しむべきものがあって、休む間がないほどである。ほどなく景物の美しさに誘われ心なごみ、目を楽しませ心楽しく、一泊すれば体が安らぎ、二泊すれば心がのびやかとなり、三泊もした後は、酔うたように我を忘れて、なぜこのようになるのか理由が分からなくなってしまうのである。

この文章は、つづいてこの草庵周辺を自然庭園として、あるいは楽園的自然として記述している（ここでは楽園 *paradis* は原義である「庭園」[41]に回帰させられる）。ここではその中のモチーフをいくつか引用するにとどめよう。[42]「平臺（台地）」「方池（四角な池）」「夾澗有古松（谷川を挟んで年を経た松）」「盛夏風氣如八九月時（盛夏の暑気も、まるで八、九月の頃のようである）」「下鋪白石（その下に白い石を鋪き）」「積石（重なる石）」「又有飛泉植茗、就以烹燀（またほとばしる泉が有って茶を植え、すぐさまこれを採って煮たてている）」「堂東有瀑布、水懸三尺（草堂の東に滝があり、落つるは三尺）」「堂西倚北崖右趾、以剖竹架空、引崖上泉（草堂の北の崖の右すそから割った竹で懸樋を架け、崖の上の泉を引いてある）」などなどだ……。日本では「方池」はほとんど根づかなかったが（朝鮮ではより多くのそれが見られる）、逆に平安貴族の心は他のものに掻きみだされずにはいられなかった。というのも、貴族たちが寝殿造りの庭園を整備したのは、それら他のものに心乱されたからであったし、このようなモチーフは日本庭園で歴史をつうじて見られることとなる。とはいえ、ここでは草堂にもどろう。

[37]　これらは前述の二本の柱である。この別荘は、廬山の頂上にある公園内に再建されている。
[38]　[訳注]赤い色の顔料のことで、一般的には赤土から作られるそれのこと。
[39]　[訳注]階段のこと。
[40]　[訳注]木製の長椅子のこと。
[41]　ギリシャ語 *paradeisos* はペルシャ語で「領主の囲い地」を意味する *paridaiza* から派生している。
[42]　[訳注]前掲の散文同様、VALLETTE-HEMERY, *op. cit.*, pp. 26–27 ではなく、岡村：前掲書から引用する。上述の白楽天の文章は『廬山草堂記』である。

§27 社会身体の故郷

この文章の最初の数行で驚かざるをえないのが、他所から、というか遠方からやってきたのに、[43] 白楽大は盧山の虜《とりこ》になってしまうことだ。盧山を見るのは初めてなのに、「若遠行客過故郷[44]（遠く故郷を離れて旅の身にある人が故郷に立ち寄って後ろ髪をひかれ、たち去り難いようにたち去りかねた）」。このような事案は、主語の同一性の論理では把握できないが、風土的《エクメナル》な視点からは明白なことである。たしかに盧山は白楽天の動物身体の「故郷[45]」ではない。それは彼の社会身体、つまり古典的教養のある文士の故郷なのである。その身体の中で、盧山は突出した場を占める。それは名所で、少なくとも§12で見た匡俗《きょうぞく》の時代にまで遡及する述語群を背負った場である。この隠者は周の定王が出仕をうながした際に消えてしまい、空の盧しか残さなかったため、それがあった山が盧[46]（*lu*）の山、つまり盧山になった。それは道教と仏教の名所とされ、それらにより多くの寺院や僧院が建設された。それは「小洞天[47]」の八番目で、陶淵明が自身の庭園から毎日観望していた「南山」であり、宋炳や謝霊運といった多くの著名文士の隠棲の場でもある……。そして文人・白楽天もそこに帰郷したのだ。

ここまでの章で、この高級官吏《マンダリン》の社会身体の「故郷」についての一定の考え方を示した。それは実際、隠遁思想の生態象徴である盧と盧山をモチーフとしている。ただ、ここでは別の視点を提示してみたい。つまり、中国中央部の歴史と風土《ミリュー》に根ざすその「故郷」は、太原にまで拡がり白楽天をも巻きこんだだけではなく、白楽天を介して平安朝にまで及び、さらにそこから日本全体に拡がっていったという視点である。それは隠者の小屋という原義を保持しつつ、日本語では *lu* ではなく「いおり」と発音されることとなる。[48]

単刀直入に言って、これは本書なりの論法である。むろん、それは形式化されている。他の山々や知名度の低い山、あるいはそれらの詳細は割愛されている。白楽天は平安貴族に好まれた唯一の詩人ではないし（冒頭で引用したリストはその証左となろう）、盧（*lu*）はここで論ずるイメージをまもり伝える唯一の術語ではない。すでに§16でそのいくつかを見たが、日本でとりわけ好まれた他の単語をいくつか見ておこう。

日本人文士たちは、例えば「山房」という術語を好んだが、それは「山の家（あるいは山の寺）」という原義から「文士の仕事場」を意味するようになり、さらに類義語として「書斎」という言葉が造られた。書斎の使用者の雅号の後ろに、この術語をつけるのが慣習となっている。例えば、漱石山房といったぐあいにだ。ところで、夏目漱石の個性を反映したこの雅号の由来はほとんど知られてはいない……。中国語で*shushi*と発音されるこの雅号は、清の時代の劇作家・張堅（一六八一年～一七七一年）のそれでもあり、漱石という単語はさらに西晋時代（二六五年～三一六年）のある逸話にまで遡ることを記しておくに如くはなかろう。それは「漱石枕流[49]（石に漱《くちすす》ぎ流れに枕す）」という表現に由来する。孫楚《そんそ》[50]なる文士が本来であれば「漱流枕石[51]（流れに漱《くちすす》ぎ石に枕す）」、つまり隠遁生活を送るという表現を、うっかり逆に言い間違えたものだ。至って風流なこの表現を使い、

[43] 白楽天は現在の山西省にある太原、すなわち中国北部の典型的風土《ミリュー》の出身である。対して、盧山があるのは「大河の南」、すなわち江南というまったく異なる風土《ミリュー》なのだ。
[44] *Ruo yuanxingke guo guxiang.*
[45] *Guxiang.*
[46] 白楽天の文章は「匡盧」という表現で始まるが、これはまさに盧山と訳すべきものである。
[47] *Xiao dongtian.*（§12を見よ）
[48] 日本語では「庵」という漢字も同様に「いおり」と読む（音読みでは「あん」と発音されるが、これは中国語発音の*on*に近い）。
[49] *Shu shi zhen liu.*
[50] ［訳注］孫楚（生年不詳～二九三年）は三国時代から西晋時代にかけての政治家にして武将である。
[51] *Shu liu zhen shi.*

孫楚は山中への隠遁願望を述べようとした。王済がその言い間違えをからかうと、孫楚は本当は「俗世で耳に入るあらゆる汚穢から耳を洗い、小石で歯を磨きたい」と言いたかったのだと述べた。以降、「漱石枕流」は「間違えを認めない屁理屈」を意味することとなった。そして一六〇〇年後の明治の東京で、夏目金之助がこの雅号を選ぶのは、この類《たぐ》いの態度を皮肉ると同時に、隠遁の理想像を認めたことの証左である。

中国の伝統では、選択可能な隠遁方法のそれぞれの長所について、こまかな注釈がくわえられた。隠遁にはあらゆる嗜好のものがあったが、城外隠遁と都市内隠遁というふたつの主要類型があり、後者のうちでも朝隠[52]はもっとも好まれた方法だった。晋朝下を生きた王康琚は以下のように書く。[53]

小隠隠陵藪　　小隠は陵藪に隠れ　　小物の隠士は藪に隠れるが
大隠隠朝市　　大隠は朝市に隠る　　大物の隠士は市井に隠れる（だけでよい）

つまり、聖アレクシオ[54]のように、仙境よりも俗世のただ中に隠遁することに多くの利点を見出す。日本では、「市中の山居」が、後世に茶道の萌芽との連関が見られる美学上の命題ともされ、高く評価されつづけた。[55]ここには牧神パンの原理と同じ何かがある。アテネの人びとがそれをもって自然性の本質を喚起したのと同様に、[56]東アジアの都市が仙境そのものの否定の上に高度の仙境性を喚起したのだ。同じ理由から言えるのは、「自然」をふくむ文明化された世界を形成する述語群のゆりかごは、首都という都市の中の都市であるということである。

同様の方法で、古代日本のエリートたちは、日本列島の土着民にはお構いなく、日本に記述式文学が発祥した際に、中国文学をもとに仙境を美学の中に構築した。日本最古の和歌集で、四世紀から八世紀までの作品が編纂された『万葉集』には、かくして「見立て」により日本の内地に輸送された「遊仙窟[57]」への暗示が数多く見られる。唐の時代の張文成[58]によるこの伝奇小説[59]は、当時の日本人エリートたちの絶大な支持をうけた……。日本列島にあった多くの洞窟が、当時おそらく郷土史とはほとんど無関係の位置づけを与えられてしまったのだ。

§19で見たように、茶室の語彙としての「化粧小屋」には天井がないのに「野小屋」にはあるという建築的逆説は、同様の論理、すなわち都市とその文化である「風流（*fengliu*）」による、仙境性の独占の論理においてなされている。この「侘び」の美学については後に吟味するが、白楽天の小屋がそれを予感させていたことも見ることとなろう。しかし、ここではその特性のひとつであり、パンの論理と類比できる王康琚による「大隠」の原理をつうじてそれを理解しておこう。千利休（一五二二年～一五九一年）は、関白秀吉の権力中枢である大

[52] *Chao yin.*
[53] 神楽岡昌俊：『隠逸の思想』、東京：ぺりかん社、一九九三年、p. 334で引用されたもの。
[54] ［訳注］聖アレクシオ（生年不詳～四三〇年頃）は、出家後にローマの実家に戻ったが、余りの貧相ぶりに家族に本人とは気づかれないまま、あえて使用人として苦行の生涯を送った。
[55] 村井康彦：「都市の美意識：市中の山居」、『日本の美学』第二号、一九八六年七月、pp. 44–54を見よ。
[56] これは外来的と考えられていた他のギリシャ都市と異なり、アルカディア人のそれと同じような土着性と併行するものであった。この論点に関しては、LORAUX Nicole, *Né de la terre. Mythe et politique à Athènes*, Paris, Seuil, 1996を見よ。
[57] *Youxianku.* 奈良時代（八世紀）に日本に伝わったこの小説は、中国ではその後に逸書となってしまった。黄河の源流にまで遡った主人公が洞窟を見付け、二人の仙人に歓待されるというものである。
[58] ［訳注］本名は張鷟《ちょうさく》で文成は号である。生没年不詳の唐代の文人で、名文家として日本にまで名を知られていた。
[59] *Zhuangqi xiaoshuo.*

阪城内に茶室を建造した際、それを「山里の数寄屋」[60]と命名している。後述するように、日本の都市には市壁がなく、都城(*bourg-cheng*)は城で形づくられるのみであったから、城内の山里とは都城のただ中に輸送された仙境に他ならなかった。

その小屋は、秀吉が金箔で覆わせた茶室[61]に隣接していたと言われ、その点でも際だっていた。ここでも至って風流な対照性が見られる……。それは数寄屋様式が最終的に到達する洗練と同じくらい強い対照性である。通常は漢字三文字で書かれる数寄屋は、「すきや」という単語とは音を充てただけの関係しか持たない(ただし「住まい」を意味する最後の文字を除く)。久松真一が示すように、「数寄」はおそらく好むという意味の「好く」に由来する。[62]実際、茶道に関係する「数寄」の初期の用法は、明の時代の中国から伝来した陶磁器などの嗜好品の収集家に適用されるものであった。彼らはおおよそ愛好者という意味で「数寄者」と呼ばれたり、「茶の愛好者」という意味で「数寄茶人」と呼ばれたりした。正徹[63](一三八一年~一四五九年)は「哥《うた》の数寄に付きてあまた有り。茶の数寄にも品々あり。先づ茶の数寄と云ふ者は、茶の具足をきれいにして[……]」[64]と書いている。東山時代(一五世紀末)には、「数寄」は貴重な茶器の収集家との意味を明確に有することとなる。それは金満収集家のことで、これらの数寄茶人は、そのような嗜好をもたない侘びを好む茶人(茶道を実践し、名人と言われる人)である侘び茶人と対置された。とはいえ、「数寄」は、さらに一般的に茶会という意味も有することとなる。久松によると、当時の「数寄に行く」という表現はそのまま「茶会に行く」ということであった。[65]同義として「数寄道具」とは茶道の道具のことだったし、「数寄屋」とは茶室のことだった。利休が「山里の数寄屋」という術語を用いたのは、この意味においてであった。

しかし、「数寄」にはつねにその原義に派生する共示的意味を保持しつづけた。つまり、洗練されて際だたされ、無粋な人間にはわからない嗜好というそれである。本書は、「数寄」は「侘び」とまったく背反しない

〔言うなれば侘びを賞賛した利休の用法がその証左である〕という意味において、§20で見た謝霊運の「賞〔*shang*〕」との類比が必要だと考える。問われているのは、まさに数寄であったり賞であったりのエリートの嗜好で、この同一の社会身体にあっては、清少納言の所作と白楽天それが海を越え、「賞」とは無縁の無粋な者どもを越えて合体していたのである。

パンの洞窟の原理に類似して、このような嗜好はもっとも逆説的な反転を喜々として甘受する。つまり、それは貧しさを豊かさに転換するのではまったくもってなく（§11）、深奥では豊かさを基盤としているのである。利休は茶室ではなく大名屋敷に、しかもいくつもの屋敷に住んでいた……。それと相関することとして、都市や田園というマクロな尺度が住まいや庭園内の茶室といったミクロな尺度に転換可能であった。この論法でゆくと、「数寄に行く」とは、一時的かつ特別な場所に隠棲をきめこむということであった。これこそが上流階級の住まいが享受した数寄屋の機能であり、それはあたかも唐の時代の中国で王維（七〇一年〜七六一年）[66]が輞《もう》川《せん》の畔の有名な別荘である別墅《べっしょ》（*bieshu*）に行ったように、城外の別邸にゆくようなものであった。相違点はその本質ではなく時空間的な尺度であって、両者は同じ象徴的領域にあるのであり、隠遁機能は類似のものなのである。

〔60〕　数寄屋に関しては§33でも扱うが、ここでは茶室のことである。
〔61〕　ただし、これが秀吉の最初の「黄金の茶室」ではなかった。それらはすべて、一六一五年の大阪城炎上により焼失した。
〔62〕　久松真一：『茶道の哲学』、東京：講談社学術文庫、一九八七年、p. 170 以降。
〔63〕　［訳注］二万首近い詠の現存する室町時代の歌人にして臨済宗の僧侶である。
〔64〕　久松：前掲書、p. 171 で引用された『正徹物語』の一文である。
〔65〕　久松：前掲書、p. 174。
〔66〕　六九九年〜七五九年とする説もある。

	日常	隠棲
王維（唐の時代の中国）	都市の住まい（長安）	城外の別荘（輞川）
利休（秀吉の時代の日本）	都市の住まい（京都）	茶室（都市にある待庵）

さらに、後述するように、日本は市壁外とでもいえる場所、というか、少なくとも都市外の別荘を有することとなる（こういう言い方をするのは、都市には市壁がなかったからである）。そして、六朝時代から隠遁がニセ隠者の隠れ蓑になった中国と同様、日本でもインチキ「茶人」の出現を見ることとなる。復本一郎は、「侘び」が秀吉の時代以降いかに流行したかを示したうえで、利休や正統派の人々が似而非《えせ》の「侘び」（この術語は当時、「侘び」嗜好の愛好者という意味になっていた）を冷笑した逸話をいくつか紹介している[67]。例えば、彼の孫である千宗旦（一五七八年～一六五八年）は、彼をわざわざ京都から来駕させたにもかかわらず、「侘び」風と称して「一汁三菜」の精進料理しか供さなかった大名をきびしく非難した。これは真の「侘び」ではなく、「侘ノ真似ソコナヒ」なのである。真の「侘び」は、大名が自然体（＝「常」）であること、つまり、わざわざ「京ヨリ参レト候ヘバ、先ヅ鯉鮒ノ類、御鷹ノ鳥ナド下サレナント存ジ設ケ候[68]」……家元を招くのはけっこうだが、彼が隠者とは限らないという失念できない教訓である[69]。

実はこの逸話で興味深いのは別の点にある。たしかに、宗旦が引きあいに出した大名の「常」は、隠遁とは無縁の段階にある。しかし、これはまさに仙境への隠遁に類同するものとしての「茶の湯」が、「常」とは無縁であるということである。それらを混同してはならない。これこそが件《くだん》の大名が理解していなかったことである。つまり、彼は「常」の時空間を隠遁のそれと混同しており、これは逆説的に彼が真の隠遁（真に「侘び」である「茶の湯」）できなかったことの証左となっている。これは§14で見た周顒《しゅうぎょう》がエセ隠者であったこと同様に偽の「侘び」であり、両者ともにパラダイムであった時空間を正統的に峻別しなかったのである。

	六朝時代の中国	徳川時代の日本
日常	都市における栄達	都市
仙境	隠遁（*yindun*）	茶の湯

§28
仙境の探求

上述のとおり、茶の湯と隠遁（*yindun*）は双方ともに仙境としての性格を内包し、その時空間は類同的だが、尺度の相違がある。一方は都市と田園というマクロな尺度で、他方は都市の内部というそれである。この尺度

[67]　復本一郎：『さび —— 俊成より芭蕉への展開』、東京：塙書房、一九八三年、p. 95以降。
[68]　復本：前掲書、p. 98。
[69]　家元とは、茶道のような日本の伝統藝術において正統派を伝承する名人のことだが、彼らは資産家としても有名である。

の変化はいかにして可能になったのか。

まず、先に示唆したとおり、パンの洞窟の原理によってである。つまり、アテネでアクロポリスの洞窟が果たした役割が、京都で茶室により果たされている。すなわち、都市の中の都市の真っ直中に仙境を凝縮するのである。

しかし、ここで問題とされている仙境は地中海起源のものではない。それは東アジア固有のものである。茶道の聖典とされた『南坊録』に、弟子たちが転記した利休による一文はその手がかりとなってくれる。

露地[70]の一境、浄土世界を打開き[71]

茶室に入るときに通る庭園は、現世と仏教の極楽浄土の「境」をまたぐ通路を象徴している。相関的に言うと、この通路が至る茶室は（庭園外の）世塵を逃れた浄土を象徴する。

それだけではない。この通路は通態、つまり〈具体的隠喩〉であり、単なる言語上のそれに限定されない。この〈具体的隠喩〉は、一方で都市内の日常的尺度で露地の内に具現化している。しかし、他方で都市と田園というマクロな尺度で、物理的外延と仏教の間の通態的結合（宋炳が述べたような質（*zhi*）と霊（*ling*）の結合）をつうじた東アジアの空間の現実を示している。つまり、具体的には浄土は西にあるという「西方浄土」のことである。そこに至るために通らなければならない難路は、玄奘が経典を求めた旅で直面した砂漠であり、崑崙山脈に収束する「西高東低」という宇宙=調和的《コスミック》な配置の山々である（§9）……。実際、崑崙は本来的には仏教とは無縁だが、具体的にはインドで宇宙=調和的《コスミック》な山と想像されていた須弥山《しゅみせん》と関係しているのだ。この山は仏教により伝搬され、日本庭園でふんだんに模造された。

したがって、茶という宇宙論《コスモロジー》においては、以下の構造的類同性がある。

庭園の横断＝浄土へのあゆみ＝西方への遡上＝隠遁

この動きは、§9で見たこの世界の原初の流れを逆さまに遡及し昇天するという、中国のそれを受けついだものである。中国を通り日本に伝来するため、仏教は自らのイメージをそこに挟みこんだ。しかし、日本はインドでもなければ中国でもなく、海に囲まれている。したがって同じ術語群で中国の隠士や僧侶の隠遁行為を語ることができず、自分なりの方法でその通態を継続した。

もっとも顕著なもののひとつとして、葛洪《かつこう》による練丹術の探求で見られた素朴さである「朴」（日本語では「ぼく」、中国語では*pu*と発音する）（§12）が挙げられよう。[72] この漢字の成りたちを垣間みると無関心ではいられない。それは木偏に造りであるトで構成されているが、トはここで発音を規定するだけではなく、そもそもそれ自身が、亀の甲羅や獣の肩甲骨を焼いた際にできる亀裂をつかった占いの解釈術を意味している。そこから、取りさる、むく、そして剥ぐといった考え方が派生し、それが朴に樹皮を剥がれた木、さらには簡潔さ、原状、飾り気のなさという原義を附与した。葛洪の隠遁が目標としたのはこのような原初の状態であった。さ

［70］　露地とは茶室をとりまく庭園のことである。
［71］　石田吉貞：『隠者の文学 —— 苦悶する美』、東京：講談社学術文庫、二〇〇一年（初版一九六九年）、p. 116で引用されたもの。
［72］　この文字はさまざまな補完的読解が可能だが、ここでは割愛する。

らに、例えば§9で見たツァオフでは観光客が土着の「原初の簡潔さへの回帰（＝還朴[73]）」に誘《いざな》われているが、このような中国の国家としての公式発言がいまなお目指しているのも、かくなる原初の状態である。このふたつの斜面に挟まれて、廬山における白楽天の廬の素朴さがある……。「廬山のわが廬」から八世紀後の平安王朝による紆余曲折を経、清少納言の『枕草子』から六世紀を閲《けみ》して、千利休の茶室である待庵に至る。これは唯一確実に彼の作として認定可能な当初の状態をとどめたもので、「侘び」の極致の表現として、室内は畳二畳[74]にまで切りつめられたのだ。

建築史家・中村昌生によれば、「待庵における侘茶の空間の創造は、その原点の設定にほかならなかった[75]」。換言すると、利休はここで極点に達しており、そこから彼が創始し統制した古典的な茶室建築や作法の規則のすべてが規定されることとなる。

ここでの中村の記述はこのふたつの視点に限定されている。しかし、この「原点」は別の反響を起こさずにはおかない。同じく待庵について、草薙正夫は以下のように述べている。

その他にこの待庵の茶室には、もう一つ重要な特徴がある[76]。それは、床[77]が利休独特の好みによる室床《むろどこ》となっているということである。室床というのは、三方の壁だけでなく天井までも土塗り仕上げになっている床をいうのである。そして隅柱も壁土で丸味をつけて塗り隠されているのである。この室床と洞床との相違は、後者においては間口よりも奥の方が広くなっているという点だけである。利休は、室床を最初一畳半の茶室で用いたといわれているが（堀口捨己『利休の茶室』七五ページ）、この室床や洞床[78]の効用は、洞床という名称がすでに暗示しているように、狭い茶室に広さだけではなく、奥深い感じ（深さ）を与えることにあったと思われる[79]。

床、洞、奥……。単なる偶然の組みあわせだろうか。そうは考えられない。これらの要素はすでに『桃花源記』の話の中で出会ったものだ。これらは同時にもっとも原始的な隠遁場所、つまり小屋よりももっと原始的である洞窟の基本構成要素で、それは人の住まいとして、もっと土に近く、もっと大地に抱かれ、したがってもっと社交からの距離がある。主語／述語（*S/P*）の「論争」に即せば、天よりもよほど地球の側にある……。

あらゆる世界性に先行するこの原初の素朴さの探求は、「侘び」の嗜好が具現化している。とはいえ、利休はそれを世界の中心である都市のただ中で、洗練の極致のもとに表現する。これはパンの洞窟同様の生態象徴だが、より練りあげられている。このことは、あらゆる都市を打ち棄てるのではなく、逆に都市性を都市を越えて仙境にまで押しだすことを措定する。そして仙境自体、都市性を自らの胎内に、自ら生命の源泉として具《そな》えつける。

「侘び」はこの動きの外部では理解できず、長い歴史の具体性の中にある。ここでは、隠遁はいくつかのオブジェが占有し所作の厳粛さが活気づける、縮約された空間の中に結晶化している。しかし、これらはおしな

［73］*Huan pu.*
［74］今日の標準的な畳二畳で構成される一坪（三・三m^2）に相当する。しかし、畳の大きさは時代によって違う。後述するように、床の間を加えなければならない。
［75］中村昌生：『茶室と露地』、東京：小学館、一九七二年、p. 175。
［76］ベルク注：草薙はそれに先立つ特徴として、空間の制限、簡素さ、粗末さを挙げている（草薙正夫：『幽玄美の美学』、東京：塙書房、一九七三年、pp. 174–175）。
［77］ベルク注：床《とこ》とは、寝所としてではなく装飾品（蒔絵、書画、生け花など）の設置場所のことである。
［78］ベルク注：日本の古典的住まいの主室に設えられた床の間にはないほどに、明らかに奥深いものである。
［79］草薙：前掲書、p. 175。

べて特定の風土《ミリュー》でしか意味＝おもむきを持たない。例えば、一九五四年刊行の『研究社新和英大辞典』第三版では、「侘び」に対して quiet taste という曖昧な翻訳しか与えていない[80]。これでは、それが内部の静けさを意味しているのかという点でも、小屋の形態や茶の湯の進行形式の簡素さに外部的に象徴される世故からの解放の意味なのかという点でも、理解不能のままなのである。

さらに、「侘び」と「寂び」は一蓮托生で、後者はしばしば芭蕉の俳諧のごとく「優雅な簡潔さ」と翻訳されるが、それは長い歴史の古色を共示するものでもある。これらふたつの概念の補完性は、多くの具体的事例にくわえ、長い実践活動を見ることでしか明らかにできない。しかし、それらをいくつかの原理に引きつけてみるのは禁じ手とは言えない。

もっとも一般的なのは、現世の拒絶をつうじ、仙境に居を構えることを探求する原理ではないか。この美学の源泉をしばしば見出せる西行（一一一八年～一一九〇年）の詩歌が、都市から離れた孤独な隠遁生活から生まれたのは偶然ではない。つまり、隠棲や独居を意味する「侘び住まい」であり、流浪のことである。石田吉貞はこのような隠者起源説の支持者だが、以下の歌[81]にそれが本質的に受胎しているとする。

心なき
身にもあはれは
しられけり
鴫《しぎ》たつ沢の
秋の夕暮

石田はここで、世事へのあらゆる情念を捨てた（これは第一行と第二行の「心なき身」が表現している）西行が、「心の底」[82]、つまりこう言って良ければ感情の絶対零度に到達したとしている。換言すると、西洋社会でエピクロス派やストア派が〈アタラクシア〉と呼んでいた絶対的な心の平静である。石田によれば、かくして凡人の感覚や感情を超克した西行は、沼地である秋の夕暮れ、件《くだん》の鴫《しぎ》が飛び立つ様《さま》を見て、「寂び」という新たな美を発見する。

実際、この夕暮れの飛び立ちのイメージは、「侘び」と「寂び」の美学について多くの言葉を費やすよりもよほど多弁である。ただ、だからといって翻訳の問題がなくなるわけではない。「侘び」には「飾りのなさ（dépouillement）」という翻案を維持するとして、「寂び」には「寂寞《せきばく》（déserttude）」はどうだろうか。何より、この場面は俗世の感覚や感情にすら打ち棄てられた極限的な孤独（つまりは絶縁（désert）であり、その原義は *de-sertum*、つまり世界を造る縁故を絶つことである）のそれなのである……。そして直ちに、新しい何かを知らしめる（第三行の「しられけり」の「しられ」が知ることを意味するのに対し、「けり」という接尾辞は未知のなに

[80]　とはいえ、一九七四年発行の『新和英大辞典』第四版では taste for the simple and quiet ともっと明確になっている。

[81]　石田：前掲書、p. 99 で引用されたもの。しかし、ここでは西行の歌集である『山家集』（後藤重郎編、新潮社、一九八二年、p. 129）での綴り字を転記した。第四行の鴫《しぎ》はジシギ（フランス語でベカシーヌ bécassine）でありヤマシギではないが、フランス人読者はご存知の漫画『ベカシーヌ』と「寂び」の概念を誕生させたジシキであるベカシーヌを混同することのなきよう留意したい。閑話休題。第四行の「たつ」の解釈は複数ある。後藤のように「佇立《ちょりつ》」とするものもあれば、石田のように「飛び立つ」とするものもある。本書としては、拙論との整合性が高い「飛び立つ」という見方である後者に与《くみ》するが、もともとの見方は（孤独に浸って）「寂しい」であることに変わりはない。［訳注：漫画『ベカシーヌ』の主人公は、ベカシーヌというおてんば娘で、そこから単語 bécassine は「おっちょこちょい」「こまったちゃん」等の共示作用を有している。つまり、一般的フランス人は「鴫たつ（envol d'une bécassine）」と聞くと、おてんば娘が飛びあがることを連想してしまい、「侘び」とは真逆のイメージが喚起されてしまう］

[82]　石田：前掲書、p. 107。

かの発見を示唆する）この飛び立ち（第四行の「たつ」）が続くのである。

この歌と謝霊運が「情用賞為美（情は賞することを用って美と為す）」（§20）と書いたそれを比較するのは示唆的だ。実際、それこそがここでなされたことなのだ。つまり、新たな感情の経験の中で、西行は新たな美を発見する。しかし、彼はそれを新たな方法で表現するのであり、それは謝霊運が自分自身や物事に対して使った言葉という方法とは対極にある。いまだ言語化はされてはいないものの、「飾りのなさ」や「寂寞」の中で、この飛び立ちの本質に再帰する「侘び」や「寂び」といった方法である。

つまりは新たな美の昇華である。その美は隠者という実存の貧しさを豊かさに変えてしまう。そしてそれこそが「侘び」という嗜好の本質的原理なのである。

> 隠遁が真にさび系の美を生んだものだということが理解されれば、貧小なものはたちまち豊大なものとなり、［……］。重要なのは、貧小が実は貧小でないという認識である。[83]

この原理は§11で見た清貧（*qingpin*）のほぼ直系の末裔だ。それは六朝時代の中国の隠者たちが引きあいに出していた道徳的価値観だが、さらなる原型は孔子の弟子である顔淵（紀元前五二一年〜紀元前四八一年）[84]によるものである。この人物は「一箪食一瓢飲」[85]［図10］との成語の如く、食事は箪《たん》（*dan*）（竹で編んだ容器）一盛りの飯、飲み物は瓢《ひょう》（*piao*）（瓢箪を半分にした器）ひとすくいの水で良しとし、住まいも陋巷《ろうこう》に甘んじた。[86] 彼にとっては、「（君子は）道を憂えて貧を憂えず」[87]という師の教えを守って生きることは、貧しさが原因の苦痛よりももっと大きな喜びをもたらす源泉なのである。したがって時代を経ると、清貧という単語は貧しさのなかにあっても清いこと、つまり実直さを象徴した。真の豊かさとは貧なることなのである。

これは道徳的な範囲にとどまっているが、美学もそこから遠からずである。陶淵明、白楽天、そして他の多くの者が、自らが住まう「小屋」のつつましさ（これは自称だ。後世にとって重要なのは、彼らの住まいが本当にかくも貧相だったかということではなく、彼らがそれを詠ったこと、しかも巧みに詠ったことである点を繰りかえしておこう）を作品をつうじて理想化し、それらを架橋している。しかし、まずは「侘び」と「寂び」を底流にある道徳的原理とし、その上で真の美学とする反転が行われるのは日本である。そして、そこで物質的形態が実質的にその理想を翻案する。

中国にせよ日本にせよ、このように貧しさを豊かさにする反転は、アルカディア地方の人々が牧神パンの自然性を看取できなかったのと同様、貧者（たいがいは農民）には無縁のことだった。いずれの場合でも、そこで認められる価値は反対のものを想定している。つまり、アテネの都市性であり、東アジアのエリートたちの豊かさである。「飾りのなさ」に至るためには、そぎ落とす飾り（そしてさらには無一物にされる他の社会階層）がなければならない。

このことは、実際に個人として禁欲の中に生きた西行の天才性をいささかも減じるわけではない。[88] 先駆者で

[83] 石田：前掲書、p. 43。
[84] 没年を四九〇年とする説もある。
[85] *Yi dan shi yi piao yin.*
[86]［訳注］孔子は『論語』雍也編でこの弟子を讃え、「一箪食、一瓢飲、在陋巷」と記している。因みに「陋巷」は路地裏のむさくるしい街のことである。
[87] 神楽岡昌俊：『隠逸の思想』、東京：ぺりかん社、二〇〇〇年、p. 135。
[88] 西行は名家に生まれながら二三歳で出家をし、以降は定住と放浪をくりかえしながら隠遁生活を送った。同時に彼は遁世歌人として、一二〇五年に編纂された歌集である『新古今和歌集』にもっとも多く歌が所収された。

ある彼は、中世後半、室町時代[89]になってからしか本当に理解されなかった。当時、新たな感受性が涵養され、石庭、華道、茶道、俳句につながっていく連歌などの新たな藝術形態が萌芽しつつあったのである。

これらの新たな藝術形態は、こう言ってよければ、どれもが曲言法の理想形となっている。つまり、最小をもって最大を表現する。そう考えると、それらは西行が源泉を発見した仙境に由来することが分かる。日本人の精髄について代表的なこれら特定の藝術形態にとどまらず、物質とエネルギーを節約する顕著な能力を挙証してみせるのは、日本の伝統の総体なのである。[90]俗には、場所不足や人口の過密の影響とされるが、これは誤解だ。仙境においては逆に、事欠かない唯一のものが空間であり、もっとも事欠くものが人間の存在なのだ。しかし、藝術をつうじた変換により、これらの価値は正から負に反転させられるし、逆も同様に行われる。現世の否定による社会の不在は自然の存在となり、知人や友愛の不在は自然への愛の存在となる。既述のように、風景が生まれたのはそこにおいてだ。石田が記すように、風景を超えて、日本のたいていの隠者は自然を深く愛した。彼らは自らをそこに溶けこませることさえした。かくして「社会を棄てて自然のなかに入ったものには自然は自己と同列のものとなる[91]」。

とりわけ日本において、現代が酔い痴れているオブジェとしての自然の消費は、このこととはまったくの別物である。現代人は上述の変換を逆の意味＝方向で行ってしまった……。伝統由来の理想型さえ、それとは知らぬ間に反対に変容している。本書は住まいを論じているのだから、ここでは建築にかかわる例をひとつだけ示しておこう。建築家・伊東豊雄の特徴である軽快な構造は、茶室の「侘び」の美学と比肩されることが多いが、その軽快性はうわべだけのことである。それらの構造の自然に対する関係（生態系に対する刻印、莫大なエネルギーを消費する材料や空間特性）で見れば、それらは重荷なのだ（§52も見よ）。そして、日本において、正統には人間の工作物を自然のそれに比肩させてくるはずの伝統を継承したものの多くが、同様の状態になってしまっているのである。

§29 空間の展開

空間の展開、あるいはマルティン・ハイデガーの言う空間化（*Räumung*）は、風土《エクメーネ》の展開のふたつの基本側面のひとつであり、§24で見た実存的場所性《コレジー》（*chorésie*）に相当する。もう一方は、祝祭、小説、速度などに見られる時間の展開だ。あらゆる人間の活動はその性質を有する。例えば、農業や絵画はそれぞれのやり方で外延を変容させる。ひとつの側面ではどちらかといえば技術的にであり、他の側面ではどちらかといえば象徴的にである。本論はここでとりわけ建築について論じている。それは（技術象徴的な）通態的形態であり、地球（*S*）の表面で世界（*P*）を結晶化させる。したがって建築は必然的にこれら両極の性質を有する。地球という極では、建築は主語、生命、そして材料に関わり、世界という極では、述語、霊魂、そして幻影に関わる。場合に応じ、それは一方の側にも他方の側にも傾く。

茶室の場合、尺度は領域一般に適用されるもの、つまり田園や都市における一般的な住まいに適用される一分の一というものではない。換言すると、地球の表面を生きる人体のそれではない。そこでは、人間は庭園や

［89］狭義には一三九二年から一四九三年まで、広義には一三三六年から一五七三年までの時代である。

［90］私はこの伝統について、拙著 BERQUE Augustin et SAUZET Maurice, *Le Sens de l'espace au Japon: Vivre, penser, bâtir*, Paris, Arguments, 2004 の§11で「省略しコード化する：真行草」と題して考察している。

［91］石田：前掲書、p. 83。

イメージに対するかのように、n分の一という別の尺度に投げこまれる。すなわち、象徴が大きな役割を果たすそれだ。ベルナール・ラシュスであればそれを〈脱計測（*démesurable*）〉と呼ぶだろうし、本書であれば一分の一の尺度（換言すると自己同一性の原理）の空間に生きながらもそこから逃避する能力とでも定義するものだ。したがって、この空間は顕微鏡にも望遠鏡にも無縁である。[92] このn分の一の尺度は都市における隠遁のそれであり、その仙境は世界の臍に藝術により再創造されたものなのである。そのやり方のいくつかを検証してみよう。

ひとつは不完全性[93]である。中村昌生によると、[94] 村田珠光（一四二三年～一五〇二年）は茶室建築におけるその創始者である。珠光は大徳寺（とりわけそこにある大仙院の石庭で有名な京都の僧院である）で一休[95]の弟子だった僧侶で、いまだ茶道という道の確立には至っていない点茶法における禅味の創始者であった。ここで問題とされている禅味とは、「世俗を離れた」[96]ものとして定義され、実際に隠遁を源流としている。[97] 将軍・足利義政の別邸である東山山荘で、珠光は東求堂という四畳半の間で初めて茶の湯を成しとげた。それは大名屋敷の他の部屋よりもよほど狭いものだが、以降の茶道における規範となっただけではなく、現代日本の住まいの平均的な部屋の標準的間取りにまでなっている。[98]

珠光が理想とした美学は、美術史家が数寄嗜好の萌芽を見出す中国の画家・徐熙《じょき》[99]の一幅の絵を宝蔵していたことに象徴されている。『鷺の図』というこの軸絵は、武野紹鴎《たけのじょうおう》（一五〇四年～一五五五年）、千利休（一五二二年～一五九一年）、古田織部（一五四四年～一六一五年）、小堀遠州（一五七九年～一六四七年）といった珠光の後継者である茶道の代々の家元にも珍重された。彼らは、おそらく本書が先に「曲言法」と記したものの好例をそこに見ていたのだ。画布の大半は空白で、鑑賞者が画面の中になにかを投影することに開かれているのである。換言すると、デッサンの主体（S）が簡素であるだけに、創造的述語の宇宙＝調和《コスモジュネーズ》の生成に開かれている。不完全性とは反対の、より完成されたデッサンでは、逆に画家により規定された主語に述語が隷属させられるはずである。

とはいえ、これが不完全性のもっとも明示的側面だとしても、その充分条件にはほど遠い。さらに、問題となっている作品が貧しさを豊かさに転換する必要がある。（ミース・ファン・デル・ローエが具現化した）建築分野での近代主義運動が掲げた「より少ないことはより多いこと（*less is more*）」という原理に対し、（ロバート・ヴェンチューリが具現化した）ポストモダニズムが投げかけた冷やかしは周知のとおりである。つまり、「より少ないことは退屈だ（*less is bore*）」。「より少ないこと」が、機械の純粋幾何学への還元とは逆に、生命の深遠さへの手

［92］これらは客体の外延を視覚的に変容させるが、主体により生きられたそれはそうはされない。この変容は少しも自己同一性の原理を脅かすことはない。それは、逆に自己同一性の原理の長女である近代科学により可能となった。ある知識人が顕微鏡や望遠鏡を前に夢を見ようとも、それは彼の勝手で、使っている器械にも観察している客体にもそれ自体として関係がない。明らかに主体により生きられた空間を変容させるために着想された茶室の建築については、まったく話が別である。

［93］この問題はすでに、拙著『風土の日本――自然と文化の通態』（篠田勝英訳、東京：ちくま学芸文庫、一九九二年）の§33「不完全性と母性」で類似的・補完的角度から論じており、ここではそれは再掲しない

［94］中村：前掲書、p. 152。

［95］一休宗純（一三九四年～一四八一年）は、臨済宗大徳寺派の有名な僧にして、詩人・書家でもあった。

［96］日本語で、フランス語大辞典として有名な『ロベール（*Robert*）』に相当する『広辞苑』での定義である。

［97］そしてその逆ではない。東アジアの尺度では、禅（中国語では*chan*と発音する）は隠遁の流れに対して後世のもので、さまざまな点でそれから派生したものである。さらに、石田：前掲書が強調するように、禅はまずは僧房で共同生活を送る修行僧たちの課業で、対して本論がここで論じる文化的特徴は孤独から生まれている。とはいえ、ここで見る茶道のように、ふたつの流れは日本文化の主流とでも呼べる点において合流している。なにもかも禅に帰着させるのは無理があるし、日本の美学をそこに帰着させるのはさらに無謀である（例えば、桂離宮の建築と、まったくもって「侘び」ではない日光東照宮のそれの対比がその証左である）。

［98］当時の日本の住まいでは畳の使用はいまだに例外的であった。この分野での茶道の影響は決定的なのであった。

［99］Xu Xi. 九五七年頃から九七五年頃に活躍した。［訳注：生没年は不詳で、一〇世紀半ばの南唐初期の画家。花鳥画で著名であった］

がかりを与えなければならない。機械はよく機能してもなにかを動機づけることはまったくしないのである。では、どのようにしてそれらの手がかりを準備するのか。

中村は「表現の深さ」[100]と述べるが、さらなる説明をまったくしてくれていない。日本の風土《ミリュー》の内部であればそれは何ごとかを語るのだろうが、国境を越えればさにあらずだ。問題なのは、ある特定の実存的風土《ミリュー》の動機《モチーフ》と手がかり《プリーズ》であることを理解しなければなるまい。[101]それは幾何学という抽象化の中ではうまくゆかず、風土《エクメーネ》という具体的生きざまの中で機能する。中村は待庵について「空間の緊張」が感じられるとするが、その論評にしたがって判断すると、[102]より少ないことのより多くのことへの変換を産みだすのは部分による組織性であるように見える。待庵では、「部分はそうした全体的な空間構成をささえる」[103]。しかし、部分による組織性もあまりに突きつめると、例えばユーゲント・シュティールのような逆効果を産みだしかねない。つまり、空間がしつこくなり、より少ないことがさらに少ないことになってしまう。ヨナがなんと言おうとも、鯨の胎内には鯨自身の生命を宿す場以外の余地はない。[104]あるいは、それらの形態の中で組織的に展開するのが、〈自分固有の実存〉である場合以外には、空間的余地はない。

したがって、適切で教養に裏うちされた手がかりをつうじ、茶室というn分の一の尺度の仙境は、一分の一の尺度の仙境の大空間に開かれなければならない。この大空間は同時に、§9で見た西方浄土などの想像力の向かう先の空間でもある。これは歴史の偶然性から派生するもので、建築技術上の問題にすぎない計算の必要性からではない。換言すると、風土《エクメーネ》の具体性の内部に、物理的空間、精神的空間、そして社会的空間の連鎖作用がなければならない。[105]さらに別の言い方をすれば、実存的な風土《ミリュー》を前提とする〈合成〉が必要なのだ。

実際、この条件下で待庵は空間の印象をあらわにするのだし、その生態象徴性についてもっと知っていれば、つまりもっと無知蒙昧でなければ、印象はより繊細なものとなろう。適切な嗜好を、予《あらかじ》め持ちあわせていなければならないのだ。謝霊運であれば賞（*shang*）と言うだろう……。このことは、ランボー[106]のあるページを見ても、識字可能か文盲かで賞味できることがまったく違うということである。後者にとっては、それはインクで汚れた紙の拡がりにすぎない。

「侘び」を「退屈な（*bore*）」ことではなく「より多い（*more*）」こととする外発的な規則とプロセスの中で具現化されたこの原理は、草薙正夫が試論『幽玄美の美学』で述べるように、〈実存的美学〉という概念に要約可能であろう。幽玄という言葉の翻訳は困難である。[107] 私は、かつてあえて「明示されないものの模糊たる魅力（attrait obscur de l'informulé）」としたことがある。[108] この概念は、偉大な能役者にして理論家であった世阿弥（一三六四年[109]～一四四三年）の美学に関連づけられることが慣例となっている。しかし、唐木順三は、藤原定家（一一

---

［100］中村：前掲書、p. 152。

［101］これら（風土的な《エクメナル》）〈動機《モチーフ》（*motif*）〉と風土論的な《メゾロジック》〈手がかり《プリーズ》（*prise*）〉の概念の詳細については、拙著『風土学序説』を見よ。

［102］中村：前掲書、p. 182 以降。

［103］中村：前掲書、p. 182。

［104］［訳注］ヨナとは旧約聖書の『ヨナ書』の主人公であるユダヤ人の予言者で、活動年代は紀元前八世紀頃と考えられている。『ヨナ書』には、大魚の腹の中で三日三晩を過ごした逸話が出てくる。

［105］ここでは、LEFEBVRE Henri, *La production de l'espace*, Paris, Anthropos, 1974（アンリ・ルフェーヴル（斎藤日出治訳）：『空間の生産』、東京：青木書店、二〇〇〇年）を基に、ルフェーヴルの三連合を援用している。

［106］［訳注］アルチュール・ランボー（一八五四年～一八九一年）は、フランスの象徴主義の代表的な詩人である。

［107］前掲の一九五四年刊行の『研究社新和英大辞典』第三版では、mystery, profundity, occultness, subtlety, abstruseness; the occult という訳を与えている。

［108］BERQUE Augustin, *Le Sauvage et l'artifice — les Japonais devant la nature*, Paris, Gallimard. 1986, p. 27及びベルク（篠田訳）：『風土の日本』p. 29。

［109］［訳注］世阿弥の生年は不詳で、一三六三年とする説もある。

六二年～一二四一年）のとりわけ有名な以下の歌の中にその表出を見出しうるとする。[110]

駒止めて　袖うち払ふ　かげもなし　佐野の渡りの　雪の夕暮れ

草薙は、一方でもっと時代の下った連歌師・心敬（一四〇六年～一四七五年）を引きあいに出している。[111] 心敬は、「言葉すくなくやせたる句」とか「言はぬ所に心をかけ、冷えさびたるかたをとれ」との明確な表現で連歌を定義したとされる。この美学では、幽玄は詩歌にあっては明示されないもの、絵画にあっては余白がふくむ余情により具現化する。換言すると、紙の上に白地のままで残されつつも、全体に意味＝おもむきと深みを与える部分である。

これらの概念は中国を起源とする。[112] しかし、日本では幽玄や侘びとなどとの関係のもとに独特の変化をとげている。それらの関係は複雑だし、いくつかの点では反原理的である。とはいえ、それらは草薙が「実存的美学[113]」と評するものに帰着可能であるように思われる。草薙はヤスパースをはじめとする西洋哲学に依拠しつつ、場合によっては哲学的な作品は、読者がそれを実存させ歴史化するもう半分を附加して初めて真実に到達するとする。[114] 風土的《エクメナル》な視座に立てば、問題となっている「もう半分」とは、あきらかに人間がかかわる風土性《メディアンス》の二面のうちのひとつ、すなわち人間の実存を内包する生態的・技術的・象徴的な風土《ミリュー》のことで、さらに換言すれば風物身体のことである。

実際、ヨーロッパで一七世紀に確立される機械論的で自己同一性の原理に則ったパラダイムとは逆の、真理についてのパラダイムが、日本では室町時代に樹立されたようだ。ヨーロッパのそれは、物事の実存的関係の外部で、客体の抽象化をつうじて真理を探究し、日本のそれは逆に、物事と生命との感覚的関係をつうじて真理を探究することとなる。本書が、それを〈生命そのもののパラダイム〉[115]と呼ぶのはそのためだ。この枠組みでは、心敬の述べたような原理は、物事（作品）がまぎれもなく**実存する**ために風物身体の活動が必要で、そこでは物事（作品）は客体の孤立的で内向的な完全性に囲いこまれず、その身体の内部に挟みこまれるということに帰着する。かくして物事（作品）は風物身体に生命を吹きこむ。対して客体は、あらゆる感情を個別的主体の内部に押しやり、それに麻酔をかけてしまう。

本書の視座に立てば、これらの原理に則り創造された作品群が惹きつける生物的奥行きは、（そこに鑑賞者がいる）風物身体の生命への依拠に他ならず、その遠景は物事が不完全であることで活気づけられているように見える。というのも、この不完全性はその抽象的局所《トポス》のそれに他ならないからだ。意図的な空間化（*Räumung*）をつうじ、それは抽象的局所《トポス》から溢れだし、**その外延に見られた貧しさは空間の豊かさに変換される**。

このような美学が、一般的な意味での近代性、とりわけ建築の近代運動において残響を響かせたのも理解できる。というのも、それは「より少ないことはより多いこと（*less is more*）」と主張できたからである。しかし、いくつかの特殊な有名作品でそれが偶然にも実現したことは別として、近代のメカニズムの中で、このような

［110］唐木順三：『日本人の心の歴史（上・下）』、東京：筑摩書房、一九七六年、上巻第一〇章。
［111］草薙：前掲書、pp. 140–141。
［112］中国語での発音は、余情は *yuqing*、余白は *yubai* である。
［113］草薙：前掲書、p. 126 以降。
［114］草薙は、JASPERS Karl, *Der philosophische Glaube*, R. Pier & Co. Verlag, Munich, 1948 を参照している。［訳注：近年の翻訳として、カール・ヤスパース（林田新二監訳）：『哲学的信仰』、理想社、一九九八年がある］
［115］BERQUE et SAUZET, *op. cit.*, p. 146 *sqq* を見よ。

原理は「より少ないことは退屈だ」ということに陥らざるをえなかった。抽象的局所《トポス》におかれた客体の工業的シリーズ化は、奥行きを産みだすどころか、感覚と知識の双方による理解（*aisthēsis*）のあらゆる可能性を切断しただけだった……。まったく対極的な結果なのだ。

他方で、京町家の小さな中庭である坪庭[116]は、中世末期の禅庭で開発された空間化の手法をシステム化することができた。

> 心底深く映じた自然の風光は、そのまま真理であり悟道の境地であった。それを造形化するには、必ずしも現実の山水に依存したり、広大な地面を得る必要はなく、象徴的な枯山水の手法こそふさわしかったはずである。[117]

「一切の形を否定したところに本当の自覚が成立する」[118]という、とりわけ禅に代表される仏教理念が伏流にある技術である。近代の客体が抽象的局所性に基づく形に決定的に囲いこまれ、具体的な実存的場所性《コレティック》に基づく形の形而下にあるのに対し、この否定は作品を形而上に押しあげる。これはヤスパースの言わんとした、真の作品は実存性において達成されるということに帰着する。

ここで論じている美学に動員される一連の概念は、風土性《メディアンス》、実存的場所性《コレジー》、風土的《エクメナル》な展開といった風土《エクメーネ》の理論のそれと大いに関係があることが、このようにしてわかる。客体の抽象的局所《トポス》の自己同一性に囲いこむため、物事から実存的場所《コーラ》を剥奪する近代の方策とは逆のそれである。この方策では、実際に空間は、中村が大仙院の石庭に擬《なぞら》えながら待庵について語るところの「緊張」により活性化され、これは宋炳の原理の趣き（おも「向き」＝〜への緊張）に他ならない。あるいはさらに久松の哲学的語彙に倣《なら》えば、「無を生かす」[119]ということだ。無とは抽象的局所《トポス》での形態の不在のことだが、実際には形態の抽象的局所《トポス》から溢れでる実存的場所《コーラ》の存在のことであり、それにより実存の生成《ゲネシス》が可能となる。

客体はこのことをなしえない。というのも、客体は逆の動きに自縛されており、近代の存在論的な抽象的局所《トポス》に動きを導いてしまうからである。あるいは、それができるとしたら、それはまさにこの抽象的局所《トポス》が、真の物事の実存を囲いこんでいないということだ。

真の物事の実存性、つまりそれが客体としての自己同一性である抽象的局所《トポス》から溢れ、実存的場所《コレティック》として展開することは、アテネの人びとがアクロポリスの麓《ふもと》の洞窟に自然をまるまる導きいれることを可能にしたことそのものである。禅庭がシステム化したのはそのことだし、一軒一軒の京町家の真ただ中において坪庭が再現したのもそのことである。

しかし、坪庭といえども[120]、そこの一木一石に人々は無限の自然味を感じるのであり、[……][121]。

---

[116]　坪の原義は建設された敷地や垣を巡らされた敷地で、そこに設えられる庭が坪庭になる。しかし、今日ではそれはむしろの一坪（三・三㎡）、つまり畳二畳分の面積の庭を思いおこさせる傾向がある（以下を参照のこと）。

[117]　中村昌生：『京の町家』、京都：河原書店、一九九四年、p. 126。

[118]　久松：前掲書、p. 31。

[119]　久松：前掲書、p. 19。

[120]　ベルク注：ここでは「坪」という言葉の二義性を活用したい。すなわち、敷地内部の面積に無差別の空間というそれと、畳二畳分（三・三㎡）の面積の空間というそれである。

[121]　中村：『京の町家』、p. 96。

§30
内と外

この風土《エクメーネ》の展開にはいくつかの条件が必要で、そのうちもっとも明白なのは、§27で見た宗旦を招いた大名のように、時空間を画一化しないことである。逆に、時間と空間は弁別されなければならない。近代の存在論による抽象的局所《トポス》（*TOM*）に依拠すると、あらゆることが主体の内部世界と客体の外部世界という二項対立に溶解してしまう。しかし、逆に物事の実存性に依拠すると、場と時は弁別されなければならない。いろいろな世界と同様に、それらはそれぞれ内と外を持ち、関係が外延と時間の流れの中で変化してゆく。

茶の湯の時空は、この点で好例である。それは決定的に「常」の外部に所在し、**常ならぬ**ものである。時間の中では、茶の湯の流れの祝祭的儀式性によってそのことが確認される。そこでは、おのおの所作がぴたりとはまり、完璧に機能することが追求される。というのも、平凡な生活の締まりのなさの対極として、この常ならぬものは時間も空間も失わず、時間の中の形としての所作が、空間の中の形としての所作に完璧に統合され、それら相互の体系の中で、ぴんと張りつめられるのである。「侘び」嗜好にあっては道具や家具も同様である。しかし、内と外の境界がもっとも明白なのは、一般的には茶室の露地と呼ばれる茶庭の空間性においてである。庭は囲まれているだけではなく、それ自体の内部に内露地と外露地の境界を内包している。露地という漢字は、文字どおりには「露にぬれた地面」である。この術語は仏教由来で、俗世の煩悩から解放された解脱の状態を意味する。それが隠喩によって茶室に隣接する庭に適用され、庭そのものをかかる状態の隠喩なり、少なくとも§28で前述したかかる状態へ導く過程の隠喩なりに転化させる。その過程は単線的にはゆかず、進み具合が内露地と外露地の区分により強調される。まず庭に入るのは後者をつうじてであり、その後、茶会を待つ待合で客人に見《まみ》える、頃あいを見はからって外露地を出、（内露地と外露地の間の）中門（「なかもん」または「ちゅうもん」）とか中潜《なかくぐ》り[122]とか呼ばれる内垣に設《しつら》えられた小さな門に至り、客石という大きな石で一段高くなった敷居をとおる。実際、主人が別の側から迎えにくる際に、客人はこの石の上で待っている。敷居を過ぎると、乗り越石に降りて茶室に向かう。このような禊《みそ》ぎの後、ようやく躙《にじ》り口から茶室に入る。躙り口とは至って小さな寸法のハッチのことで（伝統的には利休が生地の堺の港の船を見ながら思いついたと言われている[123]）、膝をつき頭を下げなければ茶室に入ることができない。

行く手を阻むこれらの関門は、浄土へ到達することもできる隠遁の難しさを象徴している。それはまた、俗世の社会的身分が露地を越えると無化されることも象徴している。身分の高きも低きも「躙り口」をとおらずに茶室に入ることができず、武士も茶室の外壁に設えられた刀掛けに刀を置いてこなければならない。

他にも数多くの生態象徴が、俗世（外《そと》）から浄土（内《うち》）への移行を区切っている。ここではもっとも示唆的なものだけを見ておこう。庭の入口から茶室に導く小径を形成する飛び石で、これらの平石群は隠者の廬に至る危険な山道の隠喩である。実際、仏教的含意は別として、隠者の廬は明らかに、形態にせよ周囲の庭園にせよ、山中での孤高の隠遁の隠喩である。そして、茶室にそのような起源や性質を想起させる名前（とりわけ「庵」）が附けられるのはそのためである[124]。

[122]　この「くぐる」というの茶の作法における重要語で、下をとおるとか、かがみながら渡るという意味である。

[123]　師匠である武野紹鴎（後述）と同様、利休も堺の豪商一家の出身であった。最近の論考によれば、躙り口は実際には朝鮮の民家建築を起源としているらしい（世地山澪子：『茶室の謎』、東京：創元社、二〇〇五年のとりわけ p. 31 以降を見よ）。

[124]　本書は、ここでの記述において「草庵式」という様式をとりわけ念頭においている。他にも書院式や禅院式の二様式があるものの、草庵式がもっとも特徴的であり、詳細に入らなければ、それは別の二様式を包含していると言える。

露地の外部は俗世である。先決的に、そして本質的に、それは都市だ。というのも、茶の湯の成立は都市が関わる歴史であり、「市中の山居」の原理の中でなされたものだからである。武野紹鴎（一五〇二年～一五五五年）は村田珠光の「佗茶」の後継者にしてその完成者で、利休の師匠にして堺の豪商であった。この大阪近郊の港湾都市は、封建権力への従属以前、中世にあってはヨーロッパの都市=市民体《シテ》に優るとも劣らない自治性を有していた[125]。それは稀有なことにも環濠すら擁していたのだ。したがって問題となっている「山居」は都市の中、つまり都城（bourg-*cheng*）の内部にある。

まとめれば、都市の真っ直中に仙境を象徴する茶庭を設えるということだ。このことは、アテネの真っ直中へ牧神パンを招来することや、中華帝国のパラダイムに則った幾何学的都市の城壁内部で、自然を象徴する不整形空間を有する中国の文人庭園が作動させたことと同等の反転の証左である。この関係は以下のように解釈できる。庭園の垣（⇕）は、仙境を、そして場合によっては農民の労働を見て見ぬふりをすることで、野生の自然に擬《なぞら》えられた田園（§19）から、都市を分断する垣（⇕）を無化させる。庭園はこのことによりそれ自体が仙境〈として〉位置づけられる。

外なる仙境（田園）
⇕
都市
⇕
内なる仙境（庭園）
⇕
都市
⇕
外なる仙境（田園）

このように庭園によって内（都市）をその真逆（内部にある外部、つまり内なる外）に反転させることは、石田によれば、自然現象から「寂び」の美学を産みだす最初の転換に引きつづき起きるものである。というのも、それまでは、それらの現象は隠者にとっては熟視の対象ではなく、逆だったからである。

美の心または美の感覚を採り入れることが、むしろ主であったのである。窓から月が射し込んでくる。いままではそれをわざと見まいとしていたのに、進んでその美を迎え入れようとする。いままでは空の雲の美しさに見いることなど、懈怠《けたい》の心として退けていたのに、今度は進んで見るようになる、そのようなことをいうのである。[126]

日本人の禁欲主義は、いつも西洋のテーバイド[127]の対極となってしまうとは限らなかった……。とはいえ、たしかに石田の主張は、古代末期、すなわち西行（一一一八年～一一九〇年）の生きた時代[128]の隠遁の態度に見られる一側面の把握にすぎず、平安朝をつうじ、隠遁の美学を中国から日本に伝達した明白な連続性は割愛してしまっている。事実、隠者はしばしば名家の出で、仏教すらそうであった漢文の教養により、白楽天などの古典を知悉しているのだ。あたかも聖アウグスティヌスが自身に固有な世界のそれを知悉しているかのように……。さらに、高僧は中国に留学するのが常であった。禅宗である曹洞宗の開祖である道元（一二〇〇年～一二五三年）の二三歳から二七歳がそれにあたる。

したがって、石田の言う転換にはすでに下地があったのだ。その転換は、西行が自然を直接的に経験する中でなしとげる前に、中国から日本の大地と和歌[129]の言葉に引きつがれた述語群を連接させつつ、文学や絵画の中でなされた。桑子敏雄の言う西行の作品の深奥にある意味＝おもむきとは、まさにこの連接の中にあるのだろ

[125] 一五六八年に織田信長により自治権を奪われた。
[126] 石田：前掲書、p. 90。
[127] ［訳注］テーバイドは古代エジプトの一地方で、五世紀以降、多くのキリスト教隠修士の隠遁先となった。
[128] 日本ではそれは一一八〇年に鎌倉幕府が開府することで終わるとされるのが通説である。
[129] 同じ詩歌でも、漢文によるそれを漢詩というのに対し、和文のそれは和歌と言う。

う。それは、日本の風土《ミリュー》に具体的に根を張った「空間と言語の思想[130]」を具現化していたと思われる。換言すると、日本の国土の述語化を始めたのが、中国起源の風景の美学に基づく術語をもちいた平安貴族の遊戯であるのならば、その美学に新たな価値を附加しながら自然化したのが西行であった。

　これらの新たな価値は、明らかに日本的隠遁主義の歴史をつうじて再発見可能な自然への愛という性質を持つ。今日までさまざまな形で受け継がれ、日本文学の大家の名前のいくつかが挙げられるこの伝統についての饗庭孝男の研究は、示唆的にも「自然への回帰[131]」というテーマが結びとなっている。芭蕉は自らの美学に関して以下の名言をものしているが、その成句ほどこの憧憬について言い得て妙なものはない。

　夷狄を出で、鳥獣を離れて、造化に順ひ、造化に帰れとなり。[132]

　本書はこれを「芭蕉の原理」と呼ぶが、それは外見とは逆説的に、自然（造化）と野生（夷狄[133]）の間にある対立を暗示している。その深奥にある意味＝おもむきは、最高次元にある文化であれば、自然と対立する代わりにそれと合一するというものである。しかし、ここではその表現の別の階梯にこだわってみたい。「夷狄」と「鳥獣」は、ここでは野暮な詩人や真面目だけが取り柄の鈍感な物書きに烙印《らくいん》を押す軽蔑の隠喩である。この連中は、自然を賞味しながら看取できる風流（中国語では *fengliu*）なエリートには属さない。彼らは落ちこぼれなのだ。彼らはたしかにあなたや私のように都市民を自称可能だが、野にして埜である野生の田園にいるのであり、江戸時代であればその美学によって「野に暮らす」、すなわち「野暮」という烙印を押されるだろう[134]。これは住まいのことではなく、生き様のことであった。哲学者・九鬼周造（一八八八年〜一九四一年）は、二〇世紀に江戸の遊郭での生き方を「野暮」と「いき（粋）」の対立のもとにまとめている[135]。「いき」を欠いた「野暮」は、つまるところ、がさつな存在である。彼には遊興の機微などは無縁である。問題とされているのは都市における遊興だから、このような人物が構造論的に「田舎っぺ」と言われるのも宜《むべ》なることとなる。実際、芭蕉の美学は遊郭以外の場所でも見られる。しかし、なすべきことを知る者と知らぬ者の対立については、まったく同じ構造が再現される。それは場合によっては、自然の占用者（大地を開墾し耕作するものの、美を賞味することはできない）という定義的に「外」なる者を、都市性をまとった幸せな少数（*happy few*）として自然を適切に（すなわち風景〈として〉）賞味し、それを労働によって変容させる必要性がないことから、それに「順ふ」ことのできる「内」なる者と対置する。

そして、都市民でありながら野暮な者が田舎っぺである一方、風流を知る幸せな少数は、旅路や隠棲先といった都市の外部でも都市性のもとに自然を解することができるのと同様に、都市の真っ直中でも、庭園や茶室において自然を表現できる。彼らはある種、大地の拘束からの離脱者なのだ。田園にいながら都市的であり、都市の真っ直中にいながら隠者なのである。野暮は逆に土地に縛られたままで、「居候」という〈がさつ者〉であ

［130］桑子敏雄：『西行の思想』、東京：NHK出版、一九九九年、p. 3。
［131］饗庭孝男：『日本の隠遁者たち』、東京：筑摩新書、二〇〇〇年、p. 184以降。この本では、能因法師（九八八年〜没年不詳）、西行（一一一八年〜一一九〇年）、鴨長明（一一五五年〜一二一六年）、吉田兼好（一二八三年頃〜一三五〇年頃）、松尾芭蕉（一六四四年〜一六九四年）、種田山頭火（一八八二年〜一九四〇年）といった詩人や作家についての論考が続く。
［132］今栄蔵（他）：『芭蕉入門』、東京：有斐閣新書、一九七九年、p. 111で引用されたものである。
［133］「夷狄」という術語は、「野生」を意味する普通名詞になる以前には、夷子《えびす》や蝦夷《えみし》とも呼ばれた東北地方の不服従の民を意味していた。
［134］野という漢字（中国語では*ye*）は、場合によって「の」（田園）と発音したり「や」（仙境）と発音したりする。形式的に言うと、「や」はより両義的である。
［135］九鬼周造：『「いき」の構造』、東京：岩波書店、一九三〇年。

る。都市に来たところで無駄で、靴底には畑の泥がついたままなのだ。換言すると、地球／世界（S/P）の間の対立において、「いき」はむしろ社交の側にあり、野暮はむしろ大地の側にある。

遙かに遠いパンの原理は、実際には双方向的である。すなわち、（庭園において）自然の神髄を表意できるのは都市だが、（隠遁により）自然の中に出で、それをそのものとして解できるのも、また都市なのである。つまり以下のとおりだ。

外にして〈外〉	↕	内にして〈外〉	⇕	外にして〈内〉	↕	内にして〈内〉
夷狄、鳥獣	↕	野暮な田舎っぺ	⇕	風流なエリート	↕	風流庭園

ここではすべてが二重の区分のもとでなされる。すなわち、「内／外」と「〈内〉／〈外〉」というそれで、ひとつ目の組みあわせは物理的に都市の内にいるか外にいるかを意味し、ふたつ目はしかるべき賞味をつうじて自然を看取できる人びとの世界に属しているか否かを意味している。上記の図式で見るように、ふたつの区分は一致することもあるが、常にそうであるとは限らない。そして「夷狄」と「鳥獣」が実際には野暮（物理的には都市内にいてもよい、すなわち同時に「内」にして「〈外〉」となる）を意味する隠喩であることを思いおこせば、問題は実際のところ誰が同時に「外」にして「〈外〉」なのかを知ることとなる。

答えは疑うべくもない。農民である。

§31 住まうことの本質

§29で述べた「実存的美学」や「生命そのもののパラダイム」は室町時代に確立された。それらの到達点のひとつが利休の待庵という二畳の茶室である。しかし、空間化（*Räumung*）がいかなるものであろうとも、誰が二畳の外延で生きてゆけようか。皆無である。そもそも、茶室は住まいではない。茶会に供されるだけである。それと本当の住まいのあいだには、類推的に考えて見ると、庭園を一般的な土地から弁別する、さらには風景画を一分の一の尺度の風景から弁別する差異が存在する。すなわち、象徴が物理に優っているのである。

しかし、茶室は家屋ではないものの、その象徴的機能の強さによってモデルとして利用可能だ。というのも、象徴は、それが喚起する物事よりも、したたかに旅をするからである。実際、後述するように、茶室は以降の日本の住まいの形態に深甚な影響を及ぼした。とはいえ、それをなしえたのは、孤立した形態としてではない。§29で前述のように、西洋近代のパラダイムとは逆に、深奥で人間の物事に対する実存的関係、つまり存在（être）の風土性《メディアンス》に依拠することとなる動きを有したパラダイムに挿入されることとなるからである。

このようにして風土性《メディアンス》に向けられた重点性の中で、中世末期に非常な流行をみせた詩歌のジャンルである連歌ほど明示的な事例はない。「鎖のように連なった詩」である連歌[136]の起源は、古代の詩歌で使われた掛詞《かけことば》由来

［136］その原理は、複数人が一堂に会し、次から次へと同一の詩の行句を紡ぐことである。

の言葉遊びにある。[137]南北朝（一三三六年～一三九二年）以前には、それは詩の分野ではそれほど目立たない楽しみ方であった。しかし、各句に対して少なくとも二名以上の詠み手[138]を必要とする詩であり、各人は一連の句において単語や題目の関係性の中で戯れながら連作をなすという「連《れん》」の原理が確立されている。やがて、南北朝時代に活躍した救済《ぐさい》[139]や二条良基[140]が立役者であった美学上の革命をつうじ、連鎖の質が真の詩的探求の対象となる。救済は隠者であり、良基は貴族であった。石田はそこに、「さび系の美の精神と幽玄美の精神との合流」[141]を見出している。かくして連歌は詩歌の支配的分野となった。その選好は室町時代に頂点をむかえ、心敬がその好例である。後に支配的分野は俳句になるが、それ自体が発句を形成していた連歌を起源としている。[142]

興味深いのは、連歌は個人の視座を共同の創造の中で組みあわせることを体系的に探求していることである。即座に思いつくのは、シュルレアリストによる「小紙片《プチ・パピエ》」[143]とそれとの比較である。深奥にある差異[144]を別とすると、共通点は個人作品が根を張る基底を探査することである。シュルレアリストにとっては、その基底とは無意識だった。救済には、明らかに同様の概念は存在していなかった。また、石田もその解説の中でこの無意識という術語は採用していない。それこそまさに、西洋近代に固有の個人的意識とそれ以外のものの間にある対立を拒絶する方策である。そこで問題になっているのは、むしろ「意識の底の意識」[145]である。石田によれば、救済が探求したのはそれで、「真の美の根源は、感情以前・意識以前の原感情、生命の動きがまだ感情にならない前の原感情のなかにあり［……］」ということなのである。

石田は一九六〇年代の作家であり、これ以上の解釈はしていない。しかし、もっと後の坂部恵は、隣接した問題に回帰しつつ「間主観性の深い場」と語ることとなる。[146]実際、ここで重要なのは深さと同時に個々の「人」の「間」にあり、人類という存在を「人間」[147]にする「あいだ」ということなのである。換言すると、風物身体でありその風土《ミリュー》[148]である。救済が連歌において看取していたのは、まさにこのことのように思われる。すなわち、個人的な創造行為が立脚する風土的《メディアル》な場を、あらゆる藝術の中でもっとも体系的に耕すその能力である。

ここでは、これ以上の深掘りはやめておこう。ここでは、救済が後句の詠み手である例を引いて満足しようではないか。

露もなみだもただ老の袖[149]

---

[137] このテーマについては、PIGEOT Jacqueline, Michiyuki-bun. Poétique de l'itinéraire dans la littérature du Japon ancien, Paris, Maisonneuve et Larose, 1982 を見よ。

[138] 長連歌と言われる種類に至っては、五十名や百名になるものもある。

[139] ［訳注］救済（一二八三年～一三七六年とする説があるも生没年は不詳）は、連歌を詠むにあたっての式目である「応安新式」を制定した。

[140] ［訳注］二条良基（一三二〇年～一三八八年）は、南北朝時代に北朝の関白を務めた公卿だが、連歌師としても著名であり、救済と共に撰した連歌集『菟玖波集』が有名である。

[141] 石田：前掲書、p. 231。

[142] ここでは長い歴史を簡潔化している。ここでは文学ではなく住まいを論じているので、文人諸賢の寛恕を乞いたい。

[143] ［訳注］『風土の日本』における篠田勝英の訳注を引用すると、「初期のシュルレアリストの行った言語遊戯。五枚の紙に名詞・形容詞・動詞・名詞・形容詞を書き、いったんバラバラにしてから組み合わせ、新しい文を作る。この遊戯は、最初の例 Le cadavre exquis boira le vin nouveau.「美味なる死体は新酒を飲む」にちなんで、「美味なる死体」cadavre exquis と呼ばれる」（同書 p. 411）。

[144] この点については、拙著『風土の日本』の pp. 354–355 で強調する機会があった。

[145] 石田：前掲書、p. 234。

[146] SAKABE Megumi, «La métaphore et le problème du sujet», in *Journal of the Faculty of Letters, The University of Tokyo, AEsthetics*, vol. V, 1980, pp. 85–91.

[147] この「人間」の解釈は、和辻哲郎の倫理学と風土学《メソロジー》の基礎にあるものである。

[148] ［訳注］milieu は分解すると、間（mi）の場（lieu）となり、人の間としての人間というここでの文脈に応答している。

[149] 伝統的な詩歌は袖と涙を結びつけている。というのも、涙を袖でふくからである。次行のススキ（学名は *Miscanthus sinensis*［ススキ属ススキ種］で、南米の大草原であるパンパなどでも見られる草）は、伝統的に秋の霧や憂愁を連想させる大きなイネ科の植物である。この

故郷の一むらすすき風吹きて

石田は以下のように解説する。

故郷に帰った想定でもあろうか。老父母か、旧《ふる》い知人か、とにかく老愁の涙を流しているのだ。しかし、救済の句は、それに触れないで、ただ一むらすすきに秋風の吹いている情景だけを捉える。人生には、故郷があり、故旧があり、老愁があり、涙がある。が、救済の句には、それら地上の一切を棄てた心境があり、そしてただ、すすきを吹く秋風だけを見ている。[150]

前句と後句の間には、一見してわかるように主体の自己同一性の視点では足を踏みだしえない飛躍がある。実際、ある主体から別のそれに移行がなされている（ひとまずのところ、小紙片《プチ・パピエ》と同様にである）。しかし、現実には、ふたつの句の主体はより深奥ではひとつの主体に属しており、真の基体（*hupokeimenon*）なのである。それは言明はされないが看取される。生きて感じられるのである。そして、それを上記二句のようなより明示的な表現に移送させるのが生命の動きであり、前句から後句への移行以上にそれを看取できる場は他になく、そこでは何も言われていないので、何もそれを塞ぐことができない。

より深いこの場は、日本人の生命風土《ミリュー》である。連歌はそれを体系的に探査したわけだが、後になると（近代の小紙片《プチ・パピエ》が到達できなかったのはこの後続性という点である[151]）、そのことでその言及方法はより暗示的に、より簡潔にできることとなる。これは、文学における俳句だけではなく、例えば建築や庭園といった文学以外でも言えることだ。そこでは極限にまで簡素化された方法により、そこに住まうことの本質に、つまりは自然との関係の本質にまで至ることが可能となる。この本質の把握は、深淵で生命を支える感受性（*aisthēsis*）に基づいているというその意味＝おもむきにおいて美的なものであり、それがまさに主体の自己同一性の原理に不可欠の分節化の忌避を可能とする。主体の自己同一性は、上位の述語付けの階梯に位置するのである。

この深淵なる感受性は、実際に主語の論理が分離する場を結びつける。§6で見た西行の歌では、このようにして「すま」という表現の両義性により、「住まい」が「住む」と「澄む」という二重の場に引きだされうるのである。風土《エクメーネ》の具体性においては、飛躍はなく連続的な場がある。例えば、家に「上がる」時には靴を脱ぎ、外仕事をした一日の終わりには熱い風呂[152]（湯は洗うだけではなく、純化し再生させるものである）[153]につかるなどの日常の茶飯事が即座に心に浮かぶ。江戸時代に日本の住まいに及んだ茶室の影響を挙げてもよい。すなわち、浄土の隠喩としての茶室が、世塵を払ってから入るという住まいの根本的次元を規定したのだ。これと同様の視座から、家に上がる前に靴を脱ぐ玄関[154]は、茶庭とある意味で同等になる……。とはいえ、それを領土や俗世の一分の一の尺度から脱計測（*démesurable*）の n 分の一の尺度への移行を可能とする装置と考えることもできる。あまりに狭い住まいも、こうすれば甘受できるのだ。というのも、隠喩をつうじた移送が役にたつのは、

テーマについては、拙著『風土の日本』、p. 46 以降を見よ。

[150] 石田：前掲書、p. 241。

[151] というのも、近代の存在論における抽象的局所《トポス》では、無意識は間主観性に至ることができないからである。したがって、ここで論じている美学は集団的な実存的場所《コーラ》に依拠しながら構築されたものだが、小紙片《プティ・パピエ》は無関係な抽象的局所《トポス》の馬鹿馬鹿しいコラージュを楽しむ遊興にとどまるのである。実存的場所《コーラ》という用語については、§48を見よ。

[152] 茶の湯にも「湯」が使われていることを失念すべきではない。

[153] このテーマについてさらに発展した議論は、拙著『風土の日本』§27「清らかさのなかに住む」を見よ。

[154] 玄関は、文字どおりには玄《くろ》い関《せき》で、秘儀や秘奥を意味する仏教用語を起源としている。

まさに自己同一性の殻から脱皮するためだからである。

同様に「すむ」は「済む」とも書け、動揺のあとの心静かな状態を意味することを追記しておこう。この意味＝おもむきは、上述のふたつのそれと完璧に調和している。その上、そのことで「住まうこと」の概念が隠遁の系譜にあることがさらに解りやすくなる。事実、隠遁は静寂や閑寂、さらには無頓着の境地に至ることを可能とする。石田は、この感情を上述の救済の句に見出している。世俗の喧噪を離れた隠遁がもたらすかくなる心の平穏は、住まうこととの本質となろう……。陶淵明が言っていたように、そこは「而無車馬喧[155]（而も車馬の喧《かまびす》しき無し）」なのだ。

本書はこのようなイメージに、現代の家族が都市から離れた郊外の戸建て住宅で探したものの遠き予兆を見出す誘惑にかられる。石田はさらに、本書では後に別の視点から回帰することとなる鴨長明（一一五五年～一二一六年）について同様の関連づけを行っている。

> 長明的隠遁は、生物的生命や人間的愉悦を中心とする点において、それらをすべて奪っていた普通の隠遁から、人間を奪還したものであった。［……］現代人のすべては、このような隠遁人であることを望んでいるといってもよい。できるだけ世間から煩わされないところで、自己と妻子との現実的生を愉しむ、これがもっとも現代人らしい生き方だからである。[156]

隠棲は平穏であるだけではなく、一時的なものでもある。粗朶《そだ》を編んだ陋屋は長もちしない。中国語の廬（*lu*）も庵（*an*）も日本語では「いおり」と読むが、この言葉は農作業のための仮屋を意味する「いほ」から派生したもので、「いへ（今日では「いえ」）」と読む「家」との基となるものである。古動詞である「廬《いほ》る」は、夜をしのぐための仮屋を建てるという意味である。[157]

ここでは隠遁、というか一般的に日本人の思考法の本質的テーマであり、とりわけ仏教により強調された「無常」というそれが触れられている。鴨長明は、『方丈記』[158]でそれについてもっとも驚くべき表現を与えている。全編をつうじてその感情により支配されたこの作品は、以下の有名な文章で始まる。

ゆく河の流れは絶えずして、しかも、もとの水にあらず。よどみに浮かぶうたかたは、かつ消え、かつ結びて、久しくとどまりたる例なし。世の中にある、人と栖と、またかくのごとし。[159]

長明が無常を観想したのにには正当な理由がある。彼は存命中に内乱で旧体制が崩壊するのに立ちあっていたのである。とはいえ、『方丈記』が描きだすモチーフは、この歴史的期間を超えて日本の住まいの理念を刻印し、今日にまで至る。その根本的原理のひとつが、おそらく無常なのだ。それは、説明に際してもっとも頻用され

［155］ *Er wu che ma xuan.*

［156］ 石田：前掲書、p. 179。この行《くだり》は重版からの引用であることを注記しておきたい（初版は一九六九年）。著者（一八九〇年〜一九八七年）は、この行を一九六〇年代に書いた。彼は郊外の栄光の時代に生きていたのである。本書の最後では、彼が引きあいに出している「現実的生」は、かなり幻想に彩られていることを証明したい。

［157］ 『岩波古語辞典』の記述による。

［158］ 一二一二年の随筆。方丈は「四角い棒」を意味し、現代の四畳半の間に相当する約六m^2の広さである。この表現はインドの説話を起源とし、仏教がそれをとりわけ禅寺の主管僧である住持の住まいを意味しながら伝達してきた。仏教以外では、同じ熟語でも東海の向こうで仙人たちが住む島々のひとつを意味している。おそらく隠遁主義により、これらふたつの源泉が俗界からの逃避という点で合致したのであろう。中野孝次は自著『すらすら読める方丈記』、東京：講談社、二〇〇三年、p. 201で、長明の廬の仮想再現図を提示している。

［159］ 中野：前掲書、p. 13より引用。

る技術的制約にとどまらず、強迫観念としてすら確認できる。とりわけ木材のもちが悪いと即断してしまうことで、もっと深奥にある理由が隠されてしまっている。適切に維持していけば、木造家屋は数世紀も維持可能なのだ。西洋のゴシックの大聖堂よりもよほど旧い法隆寺[160]はその証左である。日本の建物寿命は今昔変わらず短いが、それは住まいをこの「浮世」におけるあらゆるものと同様に無常の徴《しるし》として着想しているからである。そして、隠遁の遺産をつうじ、このことは存在の実存構造のもっとも深淵に触れることとなる。中世末期が予感していたこの風土性《メディアンス》は、あらゆる藝術分野で見られるのである。

［160］　火災後の八世紀に再建された。

第五章　茶室からファスト風土へ

§32 坪庭

ひとたび仙境に旅だってしまったら、いかにして都市に帰還するのか。もっとも確実なのは、都市を離れないことだ。すなわち、直接的方法であれ間接的方法であれ、庭園術を都市の真ただ中で実践するのである。上述のごとく、「市中の山居」の原理のようにである。そのための方法は数多くある。いくつかを詳述してみよう。

まず課題となるのは、国土、都市、庭園といった関係の尺度の問題だ。原則的には、国土は都市を包含し、都市は庭園を包含する。とはいえ、実際にはこの関係は変わりうる。例えば、私たちは都市の内部で庭園が増殖することを知っている。もっとも有名なのはアッバース一世（在位一五八八年～一六二九年）が、四分割された庭園という意味のチャハール・バーグ（*chahar bagh*）の平面形状に基づき整備させたエスファハーン[1]である。それまでは、都市内では私有住宅の中庭であるパティオ（*patio*）の尺度でしか庭園は存在していなかった……。逆に、庭園要素に縮小された都市があるのも周知のとおりで、エランクールのフランス・ミニチュア公園にはサン・トロペが縮小されている。[2] 後者の事例は、同時に国土としての庭園のそれでもあり、（一一七年から一三八年の間に建造された）イタリアのハドリアヌス帝の別荘や、中国で康熙帝（在位一六六一年～一七二二年）が帝国の領土を一望の下におさめるという原理にしたがい熱河（現在の承徳市）に整備させた避暑山荘がその好例だ。

ここではさらに一分の一の尺度（通常の国土、都市、庭園のそれ）と*n*分の一の尺度（国土〈としての〉庭園のそれなど）の間の関係の問題がくわわる。存命の成人の人間存在としての尺度にはほとんど変化がない一方、物事の方では、かかる原器に対して多少なりとも拡大や縮小が行われている。尺度を与えているのは人間存在の側なのだ。計測上の尺度だけではなく、実存的尺度も同様で、それが模造と現実を弁別する。精神は模造や目くらましに引っかかりかねないが、身体は生存可能なところと不可能なところを〈感じとる〉。身体は地球に対する関係である生態学的次元から離脱できない反面（人為的にそれを延長させれば話は別だが）、精神は機会さえあればそれを望むだけでよい。例えば、イメージをつうじるなどしてである。

これが問題に対するおおまかな基準点である。しかし、具体的風土《ミリュー》の偶発性の中では、それは多くの様相を呈する。それらあらゆる方法の共通原理は、象徴にせよ技術にせよ、人間存在は物事の自己同一性による抽象的局所《トポス》と自らの身体の限界をつねに超えるということだ。この原理は、§24で既述のように実存的場所性《コレージ》のそれである。それは人間の真実を主語／述語（*S/P*）の関係の中で通態的に構築する。地理学者・イーフー・トゥアン[3]（段義孚）が、日常の壁（言うなれば自己同一性の壁ということだ）の外への逃避を「逃避主義（*escapism*）」

と述べ、それにより人間が理想を成しとげたり再発見すると語るとき、彼はおそらくこの抽象的局所《トポス》からの溢れだしに類同した何かを把握していた。例えば、自然回帰（*back to nature*）という理想は、週末の散歩から新世界の植民地化までのさまざまな尺度といろいろなやり方で実践される。「旧いヨーロッパは都市であり、新世界は自然なのであった」[4]。壮大なヴィジョンではないか。そこに§39で述べる「アメリカの信条（*American creed*）」のお決まりのモチーフを見出すのは必至であろう。逆に、出不精、というか引きこもりの立場では、南宋時代のとある文士がこしらえた「素食」[5]が見出せよう[6]。

その文士の名を林洪と言い、『山家清供』の著者である。「山家」とは彼自身が自分に与えていた呼び名だ。彼の言う食を分析したフランソワーズ・サバンは（本論では彼女ほどには詳細に入るまい）、「彼の料理法や食材から考えるに、この隠退文士の家は、料理の才能を表現するのに不可欠の食材の供給地で、健啖家の集まる都市からほどほどの距離にあったはずである」[7]と述べ、そこで挙げられている山（*shan*）は、言語的な慣例にしたがったまでではないかとする。そして詩人・袁枚[8]を引きあいに出すが、この人物は「彼自身の表現によれば

［1］［訳注］現在のイランにある都市で、アッバース一世による遷都以降、大きく発展した。
［2］［訳注］フランス・ミニチュアはパリ近郊のエランクール市にあるテーマ・パークで、フランスの一一三の名所が三〇分の一の尺度で展示してある。サン・トロペは南仏のリゾート都市である。
［3］［訳注］イーフー・トゥアン（漢字表記では段義孚）（一九三〇年〜）は、中国生まれながらイギリスとアメリカで教育を受けた地理学者で、不都合な真実を直視し関係性を重視する人文主義地理学 humanistic geography）を提唱している。
［4］TUAN Ti-Fu, *Escapism*, Baltimore & Londres, The Johns Hopkins University Press, 1988.
［5］Su shi.
［6］SABBAN Françoise, «La diète parfaite d'un lettré retiré sous les Song du Sud», *Etudes chinoises*, vol. XVI (1997), 1, pp. 7–57.
［7］*ibidem*, p. 46.
［8］［訳注］袁枚《えんぼく》（一七一六年〜一七九七年）は、詩人であると同時に『随園食単』という料理法の著書がある文士である。

『入山』したことになっているが、実際は南京郊外で、随園という街の喧噪からほんのわずかな場所に所在する豪壮な地所に居を構えたのであった[9]。ジャン＝ジャック・ルソーがエルムノンヴィル[10]で、広い園地の中にあるのに「無人の地」に隠退したと強弁していたのと同様である……。

このことから、中国では山、すなわち仙境は単に一分の一の尺度で存在していたわけではないことが解る。それは*n*分の一の尺度で庭園にも見出せ、それ自体が山＝仙境として考えられうる。敷衍すると、都市は山、海、森などを含みうる。それは庭園から国土に至るあらゆる尺度に関係している。例えば、アントワンヌ・ピコンは、光の世紀[11]のエンジニアが近代的な意味での国土に対する都市計画や空間整備の道を開いたのは、公園のシステムを都市に投影させることを実践しながらだったことを示している[12]。このやり方は、アテネの洞窟に牧神パンを祀ることにまで遡及すると言える。あるいは、ペルシャ人の前例を思いを馳せてみると、「囲われた自然」（*pairie daeza* と言い、ギリシャ語の *paradeisos* を経由して現代語のパラダイス *paradis* になる[13]）、つまり彼らが当時すでに組織的に整備していた大規模庭園に遡る。なぜなら、どのような場所であれ、無限のものを囲いこむにはどうしたらよいのか。実存的場所性《コレジー》、すなわち**空間に置かれた外延を技術と象徴を同時につうじて変容させること**によってである。

ついでながら、かかる現象は自己同一性の原理では捉えきれないことを再確認しておこう。デカルトにとって、外延（*extensio*）は外延という最終点である[14]。近代物理学が（量子力学はちがうが）可能となったのはそれによる。しかし、ここでの物事は、外延（質有（*zhi you*））を持ちつつも趣霊（*qu ling*）に傾倒してゆく。これが§22で見たように、宋炳が認知した人間の現実の原理である。

それ自身が俗世から浄土への移行の隠喩である茶庭が、囲われた自然（*pairie daeza*）であることを停止することなく、京都の都市住居である町家において囲われたミクロな庭園である坪庭になったのはこのようにしてである。この「庭でない庭」[15]がどのように形成されたのか、さらに詳細に見てみたい。

　中村昌生は、古代（七～一二世紀）の邸宅様式である寝殿造りの建築にその源泉を見出している。それは、首都の貴顕の住宅で、渡り廊下により結びつけられた複数の建物を含むものだった。この配置にはいくつもの間《ま》があるが、それらはとりわけ通風のため、意図的に重視され活用されていた。建物群を結んでいた渡り廊下は、文字どおりには容器のことである壺[16]と呼ばれる空間を横断していた。これらは、建築空間に密接に参画する小さな庭園群である（主たる庭園は建物群の南側に拡がっていた）。それらは通風や日照のみならず、当時のエリー

［9］SABBAN, *op. cit.*

［10］［訳注］エルムノンヴィルにはルネ・ドゥ＝ジラルダン侯爵が一七世紀後半に整備させた英国式庭園があり、ルソーは死の直前の数週間をそこで過ごした。

［11］［訳注］フランスでは一八世紀を「光の世紀（siècle des lumières）」と別称することがある。この時期を啓蒙時代とも言うが、啓蒙とは「蒙《くら》きを啓《あき》らむ」ことで、理性の放つ光が真実を照射するという理念に支えられているからである。

［12］PICON Antoine, «Le territoire, ou le jardin de l'ingénieur», *Temps libre*, 9, 1984, pp. 57–64 及び PICON Antoine, *Architectes et ingénieurs au siècle des Lumières*, Marseille, Parenthèses, 1988.

［13］より真実味があるもののより詩情に欠けるもうひとつの語源として、ペルシャ語で「領主の囲い地」を示す *paridaiza* が *paradeisos* を派生させたとするものもある。

［14］とはいえ、デカルトは物質を外延と同等視していることを追記しておこう。このことで、次の文章で宋炳による「質有（*zhi you*）」との比較衡量が可能になる。

［15］中村昌生：『京の町家』、京都：河原書房、一九九四年、p. 95。以下の記述は、本質的に同書に依拠している。

［16］壺（中国語で *hu* と発音し、時代が下ったテクストでは坪という文字に置換される）という漢字の採用は、「壺の中の世界」を意味する中国語の表現である「壺中天」を共示する。後漢時代、市場の管理をしていた費長房は、壺公という薬売りの老人が、売り物の壺のひとつに消えてしまったのに気づいた。長房は老人にそこに同道したいと頼みこんだ。そこには宮殿やご馳走などの世界があった。壺には同時に瓢箪の意味がある。これらは、すべて不死の教義に代表される道教のコーパスに関係している（このテーマについては、STEIN Rolf, *Mondes en petit. Jardins en miniature et habitation dans la pensée religieuse d'Extrême-Orient*, Paris, Flammarion, 1987 を見よ）。つまりは、坪庭は壺公の壺の世界同様の小世界なのである。

トたちの生活様式に不可欠の自然に関わる節目ももたらす。彼らは、風流や雅び[17]といった、根本的基準が自然を参照する宮廷特有の優雅さの虜《とりこ》だったのだ。そこには、自然に近い状態に見えるように、李《すもも》、藤、あるいは桐といった樹木が植栽された。

この慣行はやがて寺院や町家に広がった[18]。前者の場合、大仙院が好例だが、その進化は何はさておき禅の石庭に至る。後者の場合、家元[19]の町田家に所蔵された屏風絵である洛中洛外図のような一種の首都のパノラマに、坪庭の最初期の事例を見出すことができる。当時は、より一般的には「敷地の内部」として「坪の内」として語られていた。この庭園形態は草庵様式の茶室の萌芽に関連し、山居之躰《さんきょのてい》や市中隠《しちゅうがくれ》に分類される。これらの「坪の内」は、一般的に「脇ノ坪ノ内」という。これは敷地内の建物と隣地のそれに挟まれた茶室へのアプローチの後半部分のことで、「露地」や「廊地」などとも言われる。茶室の前面には、それと母屋を分離し光井戸として供される間《ま》である「面坪ノ内」がある。これは同時に休憩場所でもあったが、茶の湯の初頭にあって装飾が切りつめられた。『珠光紹鷗時代之書』によれば「草木も石も砂も、作庭の素材はいっさい拒絶しなければならない[20]」。これは茶会の参加者を弛緩させないためである。しかし、そこには徐々に大きな石が持ちこまれるようになり、それはやがて茶庭では決まって見られることとなる。すなわち、蹲《つくばい》という身を清めるためつくばう（身を低くする）石などである。同時に茶庭に特有なこととして、それらへの定期的散水が慣行となる。そのことで、静寂と奥床しさの印象が与えられるのである。

江戸時代（一六〇〇年～一八六七年）になると、借地の割合が増加する一方で敷地は分割されてゆく。「親町[21]」と言われる街並みの家屋数が減る一方、「裏町」と言われるより小規模な家屋の数が増えてゆくのである。この変化はさまざまな種類の坪庭を産みだすこととなる。住まいの狭小化に対し、日照、換気、通風の面でその役割はさらに不可欠になる。裏町を居住可能にするのは、それらのおかげなのだ。中村はそこにパティオ型住居との類同性を見出している。そもそも、日本語の「庭」[22]は「中庭」と「庭園」双方を意味しうる。また、裏庭につながる路地は「通り庭」と呼ばれる。ここでの対象は庭園ではない。当時は、建設されていなかったり下足を脱がずにいる土地がある敷地の部分を、一般的に庭と名づけているのである。

　これらの庭は、必然的に小規模だ。中世末期以降、その中でも最大級のものが茶庭に進化しはじめた。当初は、通路という共通した機能だった。露地という表記法が後になって採用されるが、それは庭園化するこれらの露地を、同音ながら通路という意味のみに留まった路地や廊地から弁別するためである。とはいえ、露地とて茶室に向かうために強制される通路でありつづけた。他方、寝殿造りから受けついだ祝祭的用法により、主人は庭を通って主室である座敷に向かう。ここで呈される疑問は、敷地のより深奥にある茶室にゆくのに、なぜさらに特殊な露地が必要なのかということである。答えは、ここでは（俗世を離れるという）象徴的機能が重要だということだ。路地と露地というこれらふたつの類型間に区分が成立したのは、江戸時代中期のことであ

---

[17] その概念については、拙著オギュスタン・ベルク（篠田勝英訳）：『風土の日本』、東京：筑摩文庫、一九九二年、p. 237 以降を見よ。それは風流（中国語では *fengliu* と読む）に近い。事実、日本語で風流男と書いて「雅《みや》び男《お》」と読ませることもある。つまり、「雅の備わった男」と「風流の備わった男」が重なりあっているわけである。

[18] 町家は、しばしば一街区すべてに相当する巨大な囲い地の中に孤立していた寝殿造り様式の建物とは異なり、隣家と接して街路に対して連続して並んでいる。

[19] 家元とは伝統藝術（茶道や華道）の流派の本家のことである。

[20] 中村：前掲書、p. 110。

[21] 「親」という単語には、裏町に対する先行性の理念があるが、同時に社会的には上位性の理念がある（とりわけ借家人に対する大家のそれ）。本書フランス語版では、親町を「パトロンの界隈」と訳したのはそのためだ。

[22] 「庭」という漢字は中国語では *ting* であり、中庭を意味するのみである。庭園を意味するのは稀で、『新華字典』のようなポケット版の辞書には、かかる字義は収録されていない。

る。それ以降、茶庭がそれ特有の歴史に忠実でありつづけた一方、敷地内部の庭は真の坪庭に進化するが、それらは自らをミクロな庭園として確立するため、茶庭の技術のいくつかを享受することとなる。

実体的にせよ象徴的にせよ、通路としての露地や坪庭は食料生産機能とは無縁だ。これらは菜園ではない。それらの内で庭園に進化したものは自然を表象するが、その自然は食料供給とは無関係の都市性を刻印されたそれである。そして。その維持が必要なのは、藝術としてなのである。つまり、それらの機能は美的＝象徴的なもので、それは§30で既述のように、都市という世界の縁に仙境を具現化することなのだ［図12］。その本質を語るため、中村が採用している術語がその証左である。すなわち、数行で言えば、それは日本の美学の根本的理念のいくつかを選抜してまとめたものとなる。

京の町家のたたずまいをいっそう趣きあらしめているのもまた坪庭である。通りを歩いていても、門口の格子戸を透かして入口に向かう前庭や玄関前の中庭の風情が目に入ったり、高塀越しに坪庭の植木が仰ぎ見られたり、奥深い「ろーじ」の石畳に幽玄の気が漂うなど、坪庭は家並みにまで雰囲気を発散している。[23]

その雰囲気を看取し、さらにはそれを産みだすことは、教育レヴェルという点でも財力という点でも、誰にでもできることではない。それは幸せな少数（*happy few*）にのみ留保された自然の発露なのだ。この自然へと向かう機能と、現代の機械化された社会の現代都市の中で、大型の四輪駆動車が果たす機能とを比較衡量することは馬鹿げたことではなく、むしろ本書が課すもっとも重大な問題のひとつである。四駆にも世界の臍に仙境を具現化する役割が課されており、それはまた、大半の人々の財力を超えてしまうからこそ課されているわけだ。つまり、それは社会的弁別の記号でありつづけている。大きな差異はどこにあるのか。それについては

第七章で戻ることとしよう。

§33 数寄屋

坪庭がその固有の抽象的局所《トポス》から溢れでて、京都で伝統的家屋が連なる界隈にその雰囲気を感じさせているのは、町家そのものが、茶室の内部空間の整備とその庭園をつうじた自然の探求と不可分の歴史によって生成されているからである。町家そのものの中に、そして中国において大同の神話とともに始まり、詩歌をつうじ日本の風土《ミリュー》に挟みこまれたかくも長い歴史への固着の中に、かくなる探求の何かが感じられるのだ。

茶道が形をなし始めた時代に、「数寄」という単語は茶の湯、つまり茶会とほぼ同義だったことは§27で前述した。したがって、文字どおりには「数寄の家屋」となる数寄屋は、茶室そのものを意味することができた。今日でもその関係は明白だが、まとめるのが難しい問題でもある。[24] 武井豊治は、著書『古建築辞典』で数寄屋を以下の術語で定義している。[25]

［23］中村：前掲書、p. 97。
［24］以下は、拙稿 BERQUE Augustin, «Nostalgie du Lu-shan. Note sur les schèmes esthétiques de l'habitat nippon», *Poésie*, no 100, juin 2002, pp. 292–301 を部分的に再録したものである。
［25］武井豊治：『古建築辞典』、東京：理工学社、一九九四年、p. 128。「すきや」という見出し語に対し、数寄屋、透き屋、須貴屋の三種類の綴りが充てられている。

構造・手法が茶道に立脚して建てられた茶室の総称。書院式[26]と草庵式[27]に分け、それらの構想をとり入れた住宅を数寄屋造りという。

このような定義は、同時に一般的な住まいにも関わることが解ろうものだ。とはいえ、「構想」とはいったい何のことか。数寄屋を厳格に定義し、比較論的に数寄屋造りを定義するのが困難であることには、識者の多くが同意している。つまり、証明すべきは、それが厳密な意味で「構想」されていないということになろう。中川武監修の『数寄屋の森――和風空間の見方・考え方』がその証左である。[28]

さて、それでは〈数寄屋〉とはいったい何なのでしょうか。ある人は数寄屋を、その自然の風合いを生かした木素材を尊ぶ性質から、自然的なものへの憧憬、あるいは再現としています。全く逆の意見を述べる人もいます。権力、あるいは世俗からの脱却をめざして確立されたという侘び茶室から数寄屋へいたる成立の経緯を追いながら、その反世俗のためのモチーフとして「自然」的な意匠が選択されたに過ぎないのだから、実は作為的な美学の極みなのだ、としています。そこでわたしたちは、いずれの姿勢も〈数寄屋〉をあらわすには不充分だ［……］、なぜなら［数寄屋は］決して以上のような固定された対立項にはおさまらない動きをもつからなのです。［……］［数寄屋は］自然でありながら作為であり、自然だけでなければ作為だけでもない、［……］「作為」と「自然」とを簡単に対立させてしまうようなわたしたちの日頃の考え方が〈数寄屋〉を見えなくさせているのだ［……］。

そのうえ〈数寄屋〉は、ひとつのスタイルに収斂することを拒んでいるだけの単なる観念的な代物ではありません。〈数寄屋〉的思考が、常に具体的な素材、物質との絶え間ない往還において、その継続的な歴史を刻んできた

［……］。

つまり、伝統的なものにせよ現代のものにせよ、日本建築には数寄屋の何らかの影響を看取できない分野はほとんどないということだ。とはいえ、この傾向には歴史と起源がある。多くの識者が、それを極めて日本的なことととして捉える。例えば、出江寛は著書『数寄屋の美学』において、それを「風土から生まれた美意識」[29]としている。出江は、千利休の茶室にそれ固有の意味＝おもむきでの数寄屋の原点を見出しているが、それは、この著者が他の識者同様、利休は当初は「庶民の中から生まれた」[30]ものに触発され、それがやがて建築的傾向として確固たるものとなると考えているからである。かくして、「数寄屋の美学とは、庶民性の美学だった」[31]となる。例えば、茶室の隔壁に荒壁を使うことについて、出江は以下のように述べる。

［……］「待庵」の内壁の仕上げは、上塗りをせずに中塗りのままで止めてあるため、藁すさが壁面に表出している。これは田舎に行けば、牛小屋や馬小屋等に見られる。人間の居住する空間としては一般的には考えられないこ

［26］書院式の原型は、平安時代（八世紀〜一二世紀）の貴族の邸宅において書籍と勉強に充てられた部屋である。それは後世、とりわけ畳の使用によって日本の住まいに深い刻印を残す。このテーマについては、PEZEU-MASSABUAU Jacques, *La Maison japonaise*, Paris, Publications orientalistes de France, 1981 を見よ。

［27］既述のように、この術語は「茅（草）葺きの小屋（庵）」を意味している。

［28］中川武（監修）：『数寄屋の森 —— 和風空間の見方・考え方』、東京：丸善、一九九五年 pp. 7-8。

［29］出江寛：『数寄屋の美学 —— 待庵から金属の茶室へ』、東京：鹿島出版会、一九九六年、p. 12。

［30］出江：前掲書、p. 137。

［31］同上。

とではあるが、それを面白いと見抜いたところに、利休が天才的な美意識の持ち主であることがうかがえる。[32]

本来数寄屋には、実に普通の材料、いや、むしろ節も歪みもあることさらに悪い材料を使い、うまく構成して普通でない美しいものをつくる。これが数寄屋の美学であり、利休が「面白く（美しく）ない材料で、面白い（美しい）ものを創る」といったところの美学である。[33]

まとめれば、田舎のがさつさそのものが、直接的に数寄屋の田舎風の美学の源泉とされる……。対極的に取りちがえることはなかろう。出江が、数寄屋は庶民性とは無縁の豪華さに進化したと述べるのも事実である。正しいことだが、それで見通しについての誤りを正すことにはまったくならない。

というのも、巷間に見られるこの見方は、完全に神話的なものだからだ。それでは本書がここまで辿ってきた長い歴史が視野に入れられていない。この建築が開花したのは確かに日本的なことではある。しかし、それが「（日本の）風土《ミリュー》から生まれ」たとか、「庶民の中」にあったなどということにはならず、そのパラダイムは純粋に文学的でエリート的であり、平安朝経由で中国から来たものなのである。

とはいえ、より学殖豊かな歴史家には事欠かず、例えば宮上茂隆は、大手建設会社が配布している日本家屋についての本の中に一文をものし、そのおかげで本書は白楽天の道程を辿れたのだった。[34]しかし、日本の国境の向こう側を見ている人びとの中にも、最終的には反歴史的になってしまうのに、数寄屋の源泉を仏教という宗教的基盤の中に探すある種の傾向を見出すことができる。これは、日本人の自己同一性の関わるすべてにおいて執着される禅の過大評価と思われる。[35]前久夫の『茶室の見方図典』は、草庵に以下の定義を与えている。[36]

「草をもって座[37]を蔽う、これを庵[38]という」（『釈氏要覧[39]』）といわれているように、山間または田園の中の簡素な草茸屋根の建物をいう。また『南方録』[40]によれば、これを市中に写《ママ》して茶室に応用したのは、利休を最初とする。俗塵を払って清らかに侘び住まう庵[41]であり、そこで行われる茶湯も「侘び茶」と呼ばれた。そしてその性格や方式も草庵式茶湯、その建物を草庵式茶室と呼んだ。

この定義では、住まいという機能なのか祝祭に関わる機能なのか、どっちつかずの曖昧さがあると気付こう

---

［32］出江：前掲書、pp. 103–104。

［33］同上、pp. 137–138。

［34］宮上茂隆：「茶の湯の影響」、『住まいの文化史・日本人』、東京：ミサワホーム総合研究所、一九八三年。

［35］これは、とりわけ鈴木大拙（一八七〇年～一九六六年）の多くの著作により広められた神話である。この神話を解体した試論の内でも、山田奨治：『禅という名の日本丸』、東京：弘文堂、二〇〇五年を見よ。

［36］前久夫：『茶室のみかた図典』、東京：東京美術、一九八一年、p. 2。

［37］「座」（中国語では *zuo*）とは、原義的には（あぐらを組んで）「座る」ことを意味し、そこから（座っていた）「場」のことになり、さらにこのような場を包容する場所のこととなる。仏教では、とりわけ座禅を組んで瞑想する場所のことである。ちなみに、座禅と尻の下に脚を折りこむ日本固有の「座」（茶会の際にするような正座）と混同してはならない。

［38］この漢字（中国語の発音も同じ）は、陋屋や掘っ立て小屋と同義で「いおり」とも読む。日本語の熟語では（茅葺き屋根の小屋のことである草庵のように）「あん」と読まれ、これは仏教、茶の湯、飲食、保養、そして今日の高級郊外住宅地に至るまでの建築の語彙でしばしば見られるものである。

［39］「しゃくしようらん」は中国語の *Shizhi yaolan*（仏教解説）の日本語読みで、これは宋の僧侶・道誠により一〇一九年に編纂されたものである。

［40］『南方録』は、伝統的に利休の一番弟子によるものとされ、師の教えを書き留めた集成である。茶の湯の聖典とされるが、実際はもっと後世になってから編纂されたものである。

［41］ここでは、「侘び」だけではなく「住まう」が附加され熟語化されている。本書フランス語版では「清らかに」を「清浄な状態で（en pureté）」と訳した。住まうことの概念と清らかさのそれとの関係については§6を見よ。現代日本語では「侘び住まい」は慎ましい住居や隠居生活を意味し、そこから「侘び住まいする」とは、隠居して孤高の生活を営むこととなっている。

というものだ。事実、たしかに隠者はもともとは廬に住んではいたが、茶室は茶の湯の機能以外のものを擁したことはまったくない。既述のとおり、茶室は中国伝来の文学モデルを基に茶の湯のために構想されたが、それは長い間に『方丈記』のような日本語の名著をつうじて日本化された。『南坊録』という聖典はこの系統性を消しさり、茶室が田園由来の土着的源泉を有するとした神話の確立にすくなからず貢献した。しかし、茶の湯の歴史においては、茶会が住宅の一室で行われていた初動期と、専用の茶室建築とそれを取りまく茶庭を伴う成熟性への昇華を分ける本質的段階があるのが事実だ。それ以前は、文字どおりには「仕切り、垣根」となる「囲《かこい》」と語られていた。これは、茶の湯の空間を衝立《ついたて》で囲って部屋の他の部分から孤立させることから来た呼称である。この術語は、次に書院造り住宅においてそれ専用に計画された部屋に、やがて草庵様式の茶室と区分される書院造りの独立した東屋に適用された。茶室や数寄屋といったより専門的な術語に置換され、「囲」は時代遅れのものとなったのである。

§34　隠遁の柱（床柱）

吉田兼好（一二八三年頃〜一三五二年頃）は、おそらく長明に負けず劣らず日本の理想の住まいにその刻印を典型として残した、文学における隠遁の流行のもう一人の著名代表者である。建築に関する書籍では、例えばしばしば彼の『徒然草』の以下の有名な行《くだり》が引用されるが、同書はつれづれなるままの考えを集めたもので、ミシェル・ドゥ＝モンテーニュの『エセー』[42]と比肩されるものである。

家の作りやうは、夏をむねとすべし。冬はいかなる所にも住まる。暑き比わろき住居は堪え難き事なり。[43]

実際、日本家屋が冬向けよりも夏向けに構想されたことは、しばしば指摘されてきた。[44] ほとんどの周囲を開放可能とする耐力構造からして、それはおそらく熱帯地方から来た起源的影響の証左である。この開口特性は、内部空間と庭園空間を緊密に結びつける。両者の境界は、断絶ではなく曖昧さで特徴づけられる。この曖昧さは、縁側や単に縁と言われるプラットフォームで物質化される。縁という術語は、仏教に由来するもので関係性を象徴する。[45] その場合、それは俗世と庭園により具現化された仙境の間の関係のこととなる。この意味＝おもむきでは、家屋と仙境の真っ直中に設置された隠者の廬との間に相同性がある。[46] 実際、茶室建築は隠遁の隠喩で、それは京都の都市家屋である町家を筆頭に、日本家屋の建築に何がしかの影響をおよぼしたのだった。[47]

これらの影響の内でもっとも顕著なのは、畳の使用であるのは疑うべくもない。畳はもともと寝殿造りの貴顕の邸宅の床に置かれ、自由に移動可能なものである。それはたいていの場合あぐらをかいて座った筵《むしろ》を起源としている。[48] ある種の部屋に全面的に畳を敷きつめるようになるのは室町時代になってからだし、当初は二畳

---

[42]　［訳注］ミシェル・ドゥ＝モンテーニュ（一五三三年〜一五九二年）はフランス・ルネサンスの哲学者・モラリストで、『エセー』は一五八〇年に刊行された一〇七の随筆を所収したモラリスト文学の嚆矢とされる。

[43]　吉田兼好（西尾実・安良岡康作編）：『徒然草』、東京：岩波文庫、一九八五年、p. 102。

[44]　とりわけ、PEZEU-MASSABUAU, *op. cit.* を見よ。

[45]　「縁」については、拙著 BERQUE Augustin et SAUZET Maurice, *Le Sens de l'espace au Japon*, Paris, Arguments, 2004, §10を見よ。

[46]　ここでは、§16で引用したジル・チベルギアンの「庵にあっては、住居にとって根源的な内と外という極性は存在しない」との判断が思いおこされよう。

[47]　以下の一般事項は、基本的に中村：前掲書に依拠している。

[48]　畳という単語は、「たたむ」ことや「たたみこむ」ことを意味する動詞から来ている。つまり、そもそもは使用に際して広げ、収納に際

なり三畳なりの小部屋のみであった。以降、そのことで畳の形態と部屋のそれの間の関係が固定された。

この建築と畳の接続は、必然的に寸法に関わる問題を惹起する。それは地方ごとに解決がなされたものの、おおまかに言って京間と田舎間に区分可能だ。「間《ま》」という術語はこの基準寸法を指し、二本の柱の間の間隔を意味する。この間隔は「間《けん》」と呼ばれる寸法単位となる。間《けん》は今日では一・八メートルに固定されており、それは標準的な畳の長辺寸法である。とはいえ、この寸法は時代により、そして地方により大きく流動した。平安時代には間《けん》は一本の竿《さお》に相当する長さを意味し、約三メートルの丈《じょう》に届いていた。中世になるとその長さは七尺から八尺に減じられ、さらに短くなっていった。京間は六尺五寸（一・九七メートル）に設定されており、この長さは町割りの方法を基準としていると考える識者もある。[49] この寸法は書院造りが確立された室町時代中期に採用された。それは、厳密には二本の柱の軸間の長さで「真々」とか「心々」とか言われるものである。柱の太さ（一般的には四寸）を勘案し、京間の長さは六尺三寸（一・九一メートル）にされた。しかし、この真々のシステムでは、柱の太さによって畳の長さを変化させざるをえなかった。それが標準的長さを保持できるように——それはあらゆる建築平面に対して至便な具体的寸法を形成した——、京都では内法《うちのり》のシステムが採用された。それによると、長さは柱の軸間ではなく、その端部同士の間隔で計られる。これは真々のシステムによる「柱割り」に対し「畳割り」と呼ばれるものだ。

地方が有する建築技術上の独自性と組みあわせられながら、同様のプロセスが首都から拡がっていった。徳川家は、その首都である江戸では、真々のシステムと、京都に存在していたにもかかわらず田舎間と呼ばれた六尺の畳を採用した。これは、家康にしてみれば、関西中心で内法に忠実だった秀吉領に対し、自領を確認するための手段となる。かくして真々は東日本で、内法は西日本で支配的となる。ただ、両者ともにさまざまな例外を伴ってである。

室町時代にもどろう。当時は、書院造りの貴顕の邸宅では畳が部屋全体を覆い始めていた一方、庶民の町家では未普及であった。室町時代は同様式の茶会用の東屋と、さらには草庵式の茶室が出現した時代でもある。茶会はもともとは書院造り邸宅の囲《かこい》の中で行われていたが、堺の商人たちの下で、それが草庵式の茶室で催されるようになっても、畳は保持されたのだった。ただし、同地の町家にはまだ畳は敷かれなかった。おそらく、そこでは社会的対立を超越するという理想による茶道の精神が濃密であった。事実、貴顕たちは商人のもとで茶会を催すことに逡巡しなかった。そして、中村によれば、当初茶室に畳が敷かれたのは貴顕の参会に敬意を表すためであったという。「それは、貴人との交わりを意識し、田園的なもののなかに貴族性をも包摂しようと意図したからであろう」[50]。

本書としては、この解釈には留保をつけたい。というのも、茶室はそもそもからして「田園的」だったことはまったくなく、それ自体がエリート的な詩歌モデルに基づく支配階層の書院造りを起源としていたからである。貴族性を持たせる必要なぞなかったのだ。茶室がエリートの記号である畳をもって洗練されるのは、自然の成りゆきだったからである。かかる記号群の操作は、本書の意味するところでは、堺がまだ信長による屈辱的服従の強制（一五六八年）を受けていなかっただけに、より進取の気性に富んだ商人階級による社会的地位の

してたたむもののことである。たたまれた覆いというこの考え方から、積みおかれた覆いというそれが派生する。その場合の覆いとは筵のことである。筵が複数積みおかれると「厚畳《あつじょう》」を構成し、それがやがて大掃除の際に取りはずし可能ではあるものの、可動性はなくなる畳という単一の家具に進化する。

［49］京間は、四〇丈（三六丈の街区に四丈の街路）である町《ちょう》の六〇分の一だとされる。この碁盤の目のようなシステムは、平安朝がモデルとした唐の長安に源泉を有する。このモデルの移送については、拙著（宮原信・荒木亨訳）『都市の日本――所作から共同体へ』、東京：筑摩書房、一九九六年、第二章「〔モデル〕を移送する」を見よ。

［50］中村昌生：『茶室と露地』、東京：小学館、一九七二年、p. 159。

向上戦略を形成していたはずなのだった。あるいは、後になってであれば、この失政に対する美的な代償行為によるものなのである。[51]

ともあれ、茶室を見本に、江戸時代に町家にも畳が敷かれ始める。実際、庭園内に独立した廬であったり家屋内部の一室であったりはするが、自邸に茶の湯のための空間をもつことが散見されるようになる。京都の影響の下、日本のそこここで民家での畳の利用が広まったが、地方部では遅れがちではあった（明治時代になってもその動きは完遂しなかった）。この普及方法はさまざまである。町家そのものについてそれを詳細に分析した大場修は、それがいかに時として極めて異なる形態や用途に結びつけられたかを示している。京都で典型的な平入り式のファサードと、丹波地方や摂津地方で典型的な妻入り型のファサードというふたつの形式の組み合わされた町家が、京都から遠からぬ場所でも見られるのである。[52]

エリート住まいから庶民のそれへの移送と併行して、畳や茶そのものも日本家屋とそこでの立ち居ふるまいを特徴づけるさまざまな形に変化しており、これはやがて西欧の形や習俗との異種交配に至る。伝統家屋で主室に与えられる「座敷」という名称は、もともとまさにそこに「座《ざ》」として使われる畳を「敷く」ことから来ている。座敷は特権的空間であり、書院造りからその形態の多くを受けついでいる。とりわけ、装飾品を置く窪《くぼ》みである床の間はその好例である。伝統的書院では床の間の囲みは角柱で造られるが、茶室の影響の下、床柱[53]と言われる、角張っていないどころか究極には外皮を残したままの、自然なおもむきのある丸太が柱として徐々に使われるようになる。[54]

一般的には絵巻や書の掛け軸、そしてしばしば生け花で構成される床の間[55]の装飾と並んで、床柱はあらゆる家屋でもっとも頻繁に見られる建築要素である。茶室は隠遁という源泉から自然性を引きだしているが、この要素はその茶室から直接的にそれを引きだしている。それゆえ、本論ではそれを隠遁の柱と命名するのである。

それは、家屋に関わるあらゆる空間を象徴的に仙境に向かわせる。

茶室、そして京町家で使われ始めたこの部材は、徳川時代にあらゆる地方の民家で普及した後、畳と同様に西欧化より消滅の危機に瀕した時期はあったものの、今日まで郊外一戸建て住宅の「和室」と言われる日本間に残っている。

日本家屋の心臓部から中国西方の大空間までの「結廬[56]」の系譜は、かくして四輪駆動車や小庭も現代人が自然に対して惜しみなく注ぐ愛という証拠一式の中にあると短絡させてしまうのである。

---

〔51〕一五世紀の堺は封建権力に対して自立を獲得し、中国との通商により富も蓄積されていた。堺は戦国時代に自立を維持するが、織田信長は一五六八年に重い戦費負担を要求した。市は当初は拒絶したものの、結局譲歩せざるをえなかった。以降、堺は織田信長による直接的統治下におかれる。

〔52〕大場修：『近世近代町家建築史論』、東京：中央公論美術出版、二〇〇五年。

〔53〕床の間の構成部材の内、床脇《とこわき》という棚の隣にある柱のことである。

〔54〕書道をモデルとして、建築を含む日本の伝統藝術は、形式的なものから非形式的なものに向かう、真・行・草という三段階を区分している。「真」の建築では床柱は角材で表面は磨きあげられている。「行」の建築では製材はより簡便で、断面は丸いものになることもある。「草」の建築では床柱は至って自由なものとなり、樹種も極めて多様である（稀少な樹種も使われうる）。樹木の外皮が残されうるのは「草」の様式においてである。

〔55〕再確認しておくと、伝統的な日本家屋では、壁面にはまったく装飾が施されていない。床の間のそれは唯一のもので、そのこともあり強い存在感を醸しだしている。

〔56〕［訳注］§16で既述の、粗朶を編んでこしらえた陋屋のことである。

§35 田舎の味

畳の大きさが標準化されたかに見えるのは一六世紀中期で、紹鷗が死去した時代（一五五五年）である。これは、あらゆる状況証拠から見て茶会の影響によるもので、その至って精確な形態があらゆる部屋に同様の寸法体系を課したことによる。[57] 同じ世紀の中盤、紹鷗自身は「侘び」の証左として四畳半の間での田舎間の寸法を優位に置いていたものの、首都の茶室群では内法システムと対になって京間が圧倒的となり、そのこともあり、住まいに関しては田舎間が優位を占めていた地方でも京間が支配的になっていった。

茶室を介して茶の湯の作法により課された標準化は、住まいそのものにおいても畳を伴って広まってゆくこととなる。この影響は、そこに留まらなかった。爐を補う茶庭が坪庭のモデルとして供され、空間の不足から灯籠や渉り石などが記号として使われたのだ。このように、内と外とを問わず、数寄屋の形態は首都の家屋にさまざまに影響を及ぼし、そこからあらゆる地方で、徐々に、最初は都市において、そして後には田舎において、いろいろな重みで刻印を残しえたわけである。

その点に関し、町家そのものの都市性を強調しておかなければならない。それは、まさに都市〈まち〉の家屋〈や〉であり、虚構の砂漠に孤立する建設物ではない。この都市性は、形態と同様に商業や手工業を中心とした用途においても顕示される。その本質的器官は、「示すもの」を意味する「みせ（見せ・見世・店）」[58]、つまりは商店である。とはいえ、そこには見せるものと見せないものに挟まれた微妙な駆けひきがある。街路側では、格子という組みものが公私の間の透過性のある界面をなぞっている。客は、ひとたび店内に入ると、そこに縁側の媒介的役割が加わってくるのを見る。ここでは、上がり框《かまち》が、客が立ったままでいる土間の部分と、商人が正座して侍し内部空間につながっている（部屋の高さまで）床面の上げられた部分の間の媒介をするのである。本物の縁側でも同様だが、上がり框でもちょっとした話をするためにその端に腰掛けることができる。逆方向では、家の中から格子をとおして街路で何が起きているのかを常に見ることができる。対して、マシュラビーヤ[59]と同様、街路からより暗い家屋の内部をのぞくことはできない。商人にとって、街路とは戸口の角《かど》を意味する門《かど》で、半分自分のものである空間である。彼は、そこを見張り、掃き清め、涼気を呼びこむために打ち水をする。残りについては、街路は公共空間で広い場所を意味する広場となるが、伝統的にこの都市ではヨーロッパ的意味での広場には関心は払われなかった。祭事の行列のイメージのとおり、都市性が巡回し界隈群を結びつけるのはその場においてであり、歴史をつうじてそれらには町並み[60]という様相の一体性が附与された。今日、町並みの残っている部分の保存に努力が傾注されているが、それは少し前までは社会上や道徳上の一体性も表していた。

都市と家屋のこの相互浸透は、歴史の流れの中で「都市は大きな家屋であり、家屋は小さな都市である」というレオン・バッティスタ・アルベルティ[61]による原理との類同視が不合理とは思われない有機的構成体を産み

[57] 後世の岡倉天心は、この点について彼の古典的著作である一九〇六年の *The book of tea*（講談社インターナショナルが一九八九年に発行した版ではp. 29）でmoral geometryと語ることとなる。
[58] この術語は「見せ棚」の省略語である。「見せる」は示すこと、「たな」は棚や陳列台を意味する。
[59] ［訳注］マシュラビーヤ（英語表記でmashrabiya、仏語表記ではmoucharabieh）は、イスラム建築で家屋の街路面に設置されて通風を得つつもプライヴァシーを確保できる木製格子のことである。
[60] この術語は、伝統的都市構成の一体性を強く共示するもので、タウンスケープの訳語である都市景観との同等物ではない。
[61] ［訳注］アルベルティ（一四〇四年～一四七二年）は、初期ルネサンスの建築家にして理論家で、ここに引用される都市と家屋の関係はその『建築論』で述べられたものである。

だした。たしかに要素は大きく異なるが、尺度の役割は比較衡量が可能なのである。とはいえ、京都の場合、一般的な他の日本の都市と同様、外部（田園や国土）との関係は、西欧の場合は無論、中国都市とも異なる性質のものであることに直ちに気づかなければならない。市壁の不在は、常にその関係を移行性や曖昧さの徴候の下に置き、それはまさに縁側と塀の不在がそれを別の尺度で家屋と庭園の関係としたり、「みせ」の配置がそれを町家と門の関係にしたりするのとまったく同様である。日本文化の深淵にして一般的な傾向がそこにある。[62]

ここでは、図式をつうじて和辻哲郎が『風土』の中でこの点に関して日欧間にあるとした対立の構図を引きあいに出してみる。[63]

隣接空間との関係	日本	ヨーロッパ
部屋	開放	閉鎖
家	閉鎖	開放
都市	開放	閉鎖

和辻の言う家は、実際には家屋と庭園の総合体のことだし（庭園に対しては家屋は「閉鎖」されていないが、庭園は外部に対してそうである）、彼の想定する家屋は、京都の町家（その街路との相互浸透は上述のとおりだ）ではなく、故郷の播磨地域の農村の家屋で、そこでは実際に家屋と庭園の総合体が有刺帯の逆茂木《さかもぎ》という準城壁で囲まれていることもあった。

和辻が、家屋と庭園を一体として考えたことはまさに示唆的である。それは、それらの現象学的一体性の証左なのだ。そこには都市と田園、あるいは都市と自然の間の関係等の相同性がある。その関係は、中国でもヨーロッパでも同等物を見出しえない統合作用を証拠だてる。このことは、歴史的には日本では城壁は都市ではなく領主の城郭を囲んでいた事実に依拠している。そのことから、戦国時代（一四六七年～一五九〇年）以降、「城の足許にある都市」という意味の城下町という名前がそれに与えられた。[64]「じょう」は中国語で *cheng*、すなわち城市に充てられるものと同じ漢字で書かれる。ここで商人たちの界隈を囲んで守るのは郭《かく》（中国語では *guo* と発音）ではない。[65] 日本の軍師たちは逆に、それらを戦《いくさ》の際に敵の攻撃を弱体化させる緩衝地帯と捉える。したがって、都市はある種の外堀で、城の縁側となる。

この縁側都市は、とりわけ相対的に密度が低いなどのいくつかの点で、前世紀末のアメリカのエッジ・シティを予言している。[66] 一八五〇年頃のパリ（当時はチエールの城壁内）とパリ盆地の田園地帯の間には、密度にして

---

［62］テーマについては、拙著 BERQUE Augustin, *Les Raisons du paysages, de la Chine antique aux environnements de synthèse*, Pairs, Hazan, 1995 及び BERQUE et SAUZET, op. cit を見よ。

［63］和辻哲郎：『風土』、東京：岩波書店、一九三五年ならびにその点についての拙論 BERQUE et SAUZET, *op. cit*, §25: «Envelopper l'intérieur» を見よ。

［64］たしかにすべての都市が城下町というわけではなかったが、それは一六世紀から一七世紀にかけての急激な都市化時代のもっとも代表的なものではあった。当時、あらゆる大名が自身の城下町を有したのである。

［65］郭は「くるわ」とも読み、この漢字は日本において独自の意味を持つこととなる。すなわち遊郭のことで、それらは囲われていた。

［66］GARREAU Joel, *Edge city: life on the new frontier*, New York, Doubleday, 1991. エッジ・シティとは都市の縁側にある市街地を意味する。ガローがどこからこのイメージを引きだしたのかは不明だが、オランダ語の *randstad* と同義であることはたしかだ。この術語は、数十年前からオランダの北海沿岸で都市化された地帯を意味していた。［訳注：エッジ・シティには、郊外住宅地が肥大して業務や商業機能を有するに至ったものなど、さまざまな定義がある。共通しているのは、中心市街地の老朽化や治安の悪化を不安視する中産階級が、モー

一対五〇〇ほどの対比があった。江戸と関東の田園地帯の間ではそれは一対一五ほどである。[67] この対比の小ささは、とりわけ田園地帯が至って高密に人口を収容し、同様に至って多くの建設物があったことによっていた。実際、日本においては田は「作る」もので、単に畑のように「耕す」ものではない。かくして都市と田園の対比性は和らげられていた。

とはいえ、これらの定量的関係は、現象学に関わる関係よりも重要度は低かった。建築家・槇文彦[68]に率いられたグループは、東京においては図と地《じ》の関係は都市的というよりも田園的な種類のものであったことを示した（この意味で、街路は図ではなく地《じ》である。では図はと言えば、それは街路や庭園といった地《じ》の上で個別化された家屋で、これは田畑という地《じ》の上で農村の家屋がそうであるのと同様である）。世界最大の都市にとって興味深いことだ……。東京の「農村性」というこの逆説は、幕末に江戸に来た初期の西洋人たちがすでに記していたことである。彼らは横浜から来たわけだが、いつの時点で田園に別れ都市に入ったのかを区分するのに苦労した。東海道メガロポリスの誕生以前にしてかくなる具合だったのだ。

日本の街路は、図というよりも地《じ》だが、都市はと言うと、地《じ》の中で図として浮かびあがってくるわけではない。その点で、日本の都市は、市壁が議論の余地なく図となす西欧都市は無論、前近代の中国都市とも大きく異なっている。ここで図と言うのは、城のそれなのである。宗教的な建造物さえ植生（とりわけ神道の聖域では鎮守の森）の背後に身を隠し、ほとんど「図」となることがない。天に屹立する西欧の大聖堂の鐘楼や尖塔との共通性は皆無なのだ。

この〈都市の非図的性質〉は、藝術に関わる物事について§29で既述した非完全性の原理と比較できよう。多くの識者が、とりわけ東京について、常に未完成の「プロセス」を完成を見込める「形態」に対置して語っている。[69] さらに、草薙のような哲学者が「明示されないものの模糊たる魅力」である幽玄について書くことと、槇のような建築家が「奥性」について書くことの間には、数えきれないほどの類同性がある。「奥性」とは、日本の空間性が、固定された形態のあまりに単純な発現を避けるため、経路を複雑化することで自らに附与する場の深みである。草薙は不完全性により醸しだされる余情について語りながら、不完全性が自然の超越性に開いていることを認めている。[70] 槇は、至って神道的な宇宙論《コスモロジー》において、奥性を最終審級として山林の聖性のある深みに関連づけている。[71]

そこには、日本の都市のある種の外向性があり、それは世界を自らの宇宙（*mundus*）に向かわせる、換言すると世界（*orbis terrarum*）を都市（*urbs*）に向かわせるローマ的方法とは遠く離れ、逆に自らの基準点を周辺の山々に設定する。[72] つまり、直接的に仙境にということだ。例えば、江戸の街路が富士山や筑波山に向けられたのは、かくなる次第なのである。[73]

都市を周囲の地勢に応じて配置する慣行は、たしかに中国[74]でも風水（*fengshui*）の下で存在する（その原理は、

タリゼーションに支えられながら居住する低密な郊外という都市像である」

［67］BERQUE et SAUZET, *op. cit.*, §25を見よ。江戸では、武士が住んだ山の手は商人の住んだ下町よりもよほど低密であったことを附記しておこう。

［68］槇文彦（編著）：『見えがくれする都市 ── 江戸から東京へ』、東京：鹿島出版会、一九八〇年。

［69］瀬尾文章：『意味の環境論』、東京：彰国社、一九七六年はその一例である。

［70］草薙正夫：『幽玄美の美学』、東京：塙書房、一九七三年、p. 133 以降。

［71］槇：前掲書の随所でそう述べられている。

［72］このテーマについては、オギュスタン・ベルク（宮原信・荒木亨訳）：『都市の日本 ── 所作から共同体へ』、東京：筑摩書房、一九九六年の「とり囲む山々」（p. 159 以降）を見よ。

［73］同様に、規模としてはより小さいが距離の近い他の山岳基準点に向けられている。将軍の居城の櫓に向かれるものもあった。というのも、あまりに単純なシステムは日本では好まれないからである。

［74］さらに朝鮮でも *p'ungsu* との発音で同様であり、これらとりわけソウルの創設の基準となった。

とりわけ七九四年の平安京創設に際して日本でも適用されていた）。とはいえ、最大の違い[75]は、中国でも朝鮮でも都市は自律的で市壁により仙境に対峙しているのに、日本では山岳が都市性の一要素に転換される恒常的借景により、仙境は都市の真っ直中に招きよせられているということである……。あるいは、都市が自然要素に転換されているのだ。この傾向は歴史の黎明期から読みとれる。『古事記』には、東国の征服から帰国したものの、大和の国（奈良盆地）という故郷をふたたび見ることなく死ぬ、神話上の英雄・日本武尊《やまとたけるのみこと》の以下の有名な歌が所収されている。

大和は
国のまほろば
畳なづく
青垣
山隠れる
倭しうるはし

四行目の青垣とは奈良盆地を囲み、城壁としてそれを防御していた山々のことである。[76]ここではまだ都市は問題となっていない。しかし、有史の時代となり、今度は七九四年の平安京創設に関わる桓武天皇の勅令が明白に同じ理念を表現する。

此国山河襟帯、自然作城。因斯勝、可制新号。

此の国は山河襟帯《さんがきんたい》、自然《おのずから》に城を作《な》す。斯《こ》の勝《しょう》に因りて、新号を制《さだ》む可《べ》し。

この国は山河に囲まれていて、自然に城が作られている。この景勝に因《ちな》んで、新た名前を制定しよう。

つづいて、当時までこの地方の名前であった山背（山の背面）を、山城という新たな漢字で書きかえるのだが、それは「山の要塞」という意味の同音異義語であった[77]。

後世、多くの識者が山々は京都、さらに一般的に日本の都市の城壁であるということの概念を引きあいに出した。ここでは、したがって、別の場所であれば建設を必要とするもの、すなわち城を形成しているのは自然となる。このことは都市が自然的であり山々が都市的であることを同時に暗示する。そして、§14で既述のように、山岳と田園は都市に対して構造的に仙境として結びついているのだから、都市はある程度に田園的で、田園は都市的であるということになる。そう言ってしまえるものなのか。

日本の要塞の足許の都市、すなわち城下町は確かに西欧中世の田園を想起させる。しかし、かかる論法はあまりに西欧的なイメージに依拠しており、充分とは言えない。日本的イメージに拠るとなるとどうなるのか。そこで、一九〇七年にエベネザー・ハワードの有名な著作『Garden cities of to-morrow』の日本語訳が内務省で引きおこした以下の議論を読解してみよう[78]。

[75] もうひとつの大きな違いは、中国では東西南北の方位（それはその場の地勢よりも優先される）が、（古代の首都を除いて）日本においてよりも無比に決定的な役割を果たしたことがある。例えば、江戸では風水による都市構成が九〇度回転させられているが、これは中国では考えられないことだ。

[76] この意味については、上田篤・中村良夫・樋口忠彦（編）：『日本人はどのように国土をつくったか —— 地文学事始』、京都：学芸出版社、二〇〇五年、p. 52 以降の樋口の解説を見よ。

[77] このテーマについては、上田・中村・樋口：前掲書、p. 72 の進士五十八の解説を見よ。

[78] 本書の受容についてのさらに一般的解釈に関しては、拙稿 BERQUE Augustin, «Destin, au Japon, de la *garden city* howardienne», dans SACHS Ignacy (sous la direction de), *Quelles villes, pour quel développement*, Paris, Presses universitaires de France, 1996, pp. 147–162 を見よ。以下の論考は、拙稿 BERQUE Augustin, «A la recherche de la Source aux fleurs de pêcher», dans BERQUE Augustin, BONNIN Philippe et GHORRA-

> 「田園都市」「花園都市」の名は、絶えてわが邦《くに》に聞かざりしところなり。［しかし実際には］これを当年平安の旧帝都に見ずや、山紫水明《さんしすいめい》[79]もっとも天然の風光に富み、春は東山の桜狩り、人はさながら雲霞《うんか》[80]のうちを行くがごとく、秋は西山の紅葉二月の花よりも紅《くれない》にして、路《みち》行《い》く人の笻《つえ》を停めしむ。[81]

「田舎都市」や「農村都市」を意味する「田園都市」が、英語の *garden city* を和訳するに際して最終的に採用が決められた術語である。これは理由のないことではない。というのも、上述のテクストは、後に、平安京は「無名の田園都市」である一方で、近代の首都である東京や他の都市はそうであるとは言えないとするのである。「人家緑樹に隠見する東都の実景」[82]と題された詳論で、テクストは以下のようにつづく。

> しかり現に人口二百万を算するわが帝都すらも、大廈高屋《たいかこうおく》のあいだ、おのずから[83]天然の風物を配してその趣を新たならしむ。［……］。ましてやその他地方の都市にありては、山に倚《よ》り水に臨みて、[84]遠くこれを望めば、人家いずれも緑樹《りょくじゅ》のあいだに隠見《いんけん》し、たとえ戸毎《ここと》に農園を備えずとも、天然の光景よりこれをいえば、多くの都市はおのずから田園の趣味をおびざるなし。[85]

§36　虚構の現実

この「自ずからの田園趣味」は興味ぶかいものだ……。「自らの中から」、そして「その自然風景により」、日本の都市は自らを農村性に移送するある種の「趣《しゅ》」を有するということである。ただ、その場合、それが実際的傾向に関わることなのか、またはそれが附与する印象、すなわちそこに観察者が見出す「味《み》」に関わることなのか、判別できない。日本語で趣味と言う場合、通常は「私はかれこれのことを好む」「私はかれこれするのが好きだ」「私はかれこれを道楽でやっている」という意味＝おもむきで、人について言われるものである……。しかし、ここではむしろ両義的な中国語の趣味（*quwei*）の原義が優っている。すなわち、それは人と同様に物事にも関わる。つまるところ、それは通態的なのだ。したがって、日本の都市は通態的に田園を指向するのである。

当時、田畑の、あるいはむしろ田畝の永劫不変さを誇張することで、日露戦争後の社会不安を懐柔しようと努力していた内務省にとって、好都合な考え方である……。同書は「わが邦田園生活の精神」という同じ見出

GOBIN Cynthia (sous la direction de), *La Ville insoutenable. Les trois sources du mythe de la ville-campagne*, Paris, Belin, 2006 の一部の再掲である。

[79] 中国語の熟語（*shanzishuiming*）で、景勝と同義である。§26で既出の頼山陽（一七八〇年～一八三二年）は、宋明理学者、歴史家、そして漢詩の詩人で、明治維新に影響を与えた思想家のひとりだが、その名を京都の自分の草堂（中国語では *caotang* で、廬山の白楽天をモデルにしていた）に与えた。

[80] 「雲霞のうち」の「雲霞」は、開花した桜による雲とそれを愛でる群衆の双方である。

[81] 内務省地方局有志：『田園都市』、一九〇七年。本引用はその復刻版『田園都市と日本人』、東京：講談社学術文庫、一九八〇年、p. 346からのもの。おおよそ役人調で書かれてはいるが、その文章は中国語の表現に溢《あふ》れている。

[82] ここでの内務省有志は、武家階級の末裔で、武士が住み緑の多い山の手しか眼中にない。これは町人街である下町にはまったく当てはまらない。

[83] ここでは平仮名で書かれているが、漢字で「自ずから」とも書く。それは、自然に、自主的に、自分自身でという意味である。日本の都市全般、そしてとりわけ首都に関する言説で繰りかえされるモチーフとして、それが自然現象のように自ずから生成したというものもある。巨大開発にとって格好の隠れ蓑ではないか。

[84] 山と水ということは山水のことであり、つまりは風景の真ただ中でということである。

[85] 内務省地方局有志：前掲書（復刻版）、p. 347

しの三つの章で締めくくられる。それは、近代工業都市の悪徳を目の当たりにして、非西欧人であるわれわれ日本人に西欧的田園都市は不要で、われわれの田園の伝統的美徳の方がよほど有効であることを指導理念とする讃歌なのである。〔86〕

日本的な都市化の「性行（naturel）」に深く根ざした確信とも絡められ、〔87〕かかる先入観は政府をして真の都市政策に乗りだすことを長期にわたり無用なものとする。たしかに都市計画プランの公布などいくつかのアクションがあったが、それらは決して実現することがなかった。とはいえ、本論がここで関心を抱くのはこのことではない。〔88〕興味深いのは、むしろかかる言説において幻想に端を発するのは何で、現実に根づいているのは何かを知ることである。つまり、当時、すなわち西欧化以前の性質がまだ卓越していた時、日本の都市において、何が真正性をもって自然的だとされたのか。

朝鮮や中国、そして西欧では、仙境としての田園は伝統的に市壁の外部に排除されたものだった。対して、日本では神道の神社を囲む「宮の森」や「鎮守の森」は、都市内、さらにとりわけ首都の真ただ中でのその存在を保証していた。今日でも、東京の中心は巨大な聖なる森に占有されている。すなわち、八百万の神々の頂点である天皇の住まいを取りまくそれである。そして毎年天皇が農事に関わる祭祀を取りおこなう聖なる田畝があるのもこの同じ囲いの中である。したがって、ここでは都市のただ中に野、つまり仙境としての田園が陣取っている。〔89〕

皇居を取りまく森は明治時代に植栽されたものだが（だからといってその聖性が減じるわけではない）、鎮守の森は開墾されたことがまったくなく、かつて日本の平原を覆っていた原始的照葉樹林の片鱗を見せる。それらは、〈現在でも〉象徴的にだけではなく生態学的にも自然である。風景的にはその存在感は常に強い。しばしば都市間鉄道がそうであるように、少し持ちあがった視座から見れば、それらは「ブロッコリー状の」葉叢《はむら》を都市に撒きちらしており、これは専門家にとっては自然らしさと生物多様性の徴候である。これらは森であって、より少ない多様性ゆえに規模が大きくても同程度の二次的植生である林ではない。

この生態象徴は、都市よりも古いものの常にその組織の中に存在しており[90]、歴史は、さらに後世になって、その本来の自然性に、庭園や茶室のような象徴的であることが生態学的であることに優るもののそれを加えた。そこから、不連続性を生じさせないものの隠喩の頂点に至るまでのさまざまなあいまいさが、自然（nature）や

［86］これは違和感のあることではない。ジュール・メリーヌが日本語を知っていたら、きっと同じことを書いただろう。それに、今日テレヴィで私たちに語られる「本当の価値」（無論、田園を指向する）は何と言っているだろうか。［訳注：ジュール・メリーヌ（一八三八年～一九二五年）は、一八九二年に国内農業保護のための関税法を提案し成立させたフランスの政治家である］

［87］この考え方は、政治エリートや文人エリートにより二〇世紀（それがさらに遠い根源を有することが理解されることとなる）をつうじて競って運びつたえられたが、そのことで一九四五年以前であれば軍政、以降であれば工業政策の優先性の陰に都市を遠ざけることが正当化された。それは、逆にいかなる西欧国家においてもっともプロメテウス的になることとなり、実際に日本は惑星上でもっともコンクリートで塗りかためられた国になった。責任を取らされるのはいつも「自然」なのだ。それは、人々のそれで、結局のところ生物圏と対になってである（後述の§53を見よ）。［訳注：プロメテウスはギリシャ神話の神で人類に火を与えた。火は文明や技術を築く基ともなったが、同時に人類はそれを利用して武器を製造し戦争を行っている］

［88］高度経済成長期のこの問題については、拙著 BERQUE Augustin, *Le Japon, gestion de l'espace et changement social*, Paris, Flammarion, 1976 で分析されている。バブル経済期のそれについては、同『都市の日本』を見よ。

［89］「野」というこの文字（中国語では *ye* と読む）は、日本では野生の自然に関わる場合には「や」、田園に関わる場合には「の」と読まれることを再確認しておきたい。とはいえ、古文書では「の」が未開の空間を意味し、森林空間を意味しないことがある。それは開墾の結果消滅した空間の一種である。同じ文字が「や」と読まれる場合、（ある政党についての）反対党である野党、自由行動者である野人、（ある知識人にとって）自らの考えでという意味の在野、大志としての野心のような意味がある。

［90］日本文化における鎮守の森の位置づけについては、上田正昭（編著）：『探求「鎮守の森」――社叢学への招待』、東京：平凡社、二〇〇四年を見よ。多くの鎮守の森は憂慮される状態にある。それらは都市化によってさまざまに蚕食されているだけではなく、それによってエコシステム（地下水の循環など）も変容を受け、弱体化されているのである。数年前に設立された社叢学会は、文化的かつ生態学的な理由からそれらの勘案の推進を唱っている。

自然らしさ（naturel）の概念に与えられた。先に引いた内務省の言説が好例だが、日本の都市を自然らしさの徴候のもとに見る傾向を有するあらゆる種類の言説がそのことで力を得た。そして、このことは緑から政治経済にまで至ったのである。例えば、川添登にしてみれば、西欧では都市文化が上から人為的に押しつけられた「王子の気まぐれ」であるのに対し、日本の都市文化は「山並みの文化」、つまり山がちなその周辺と自然らしさを共有するのみならず、社会政治的にも同様に自然に民衆から、つまり下から湧きでたものとされる。[91] ここでは、ギリシャ都市や西欧中世の都市共同体などが発明した民主主義が軽視され、都市なき日本[92]での中国都市の帝都モデルや「城下町」などの専制的外観が見落とされている。徳川時代に江戸や大坂の町人街で刮目すべき文化の爛熟があったのは事実だが、それは世界史をひっくり返すには充分ではない。とはいえ、ここに見るように、それは日本人が自分自身について持つ見方の中で、自然らしさの神話の糸を太くするには充分である。

しかし、このように神話の中に飛びこむのは、この傾向の本当の基礎を破壊することにはならない。本書ではすでにその多くの側面を見てきた。ここではもう一例を引くが、無駄にはなるまい。つまり日本の都市の空間性である。中国では、文人庭園の意図的に不規則にされた形態は、帝都のパラダイムである直交的秩序に対置されている。一方は風景的な空間性であり、他方は宇宙論的《コスモロジック》な幾何学である。どちらがより自然らしいか、窮することなく判断できよう。双方ともに人為的で歴史的だし、超感覚的次元ではあるものの後者は前者に劣らず「自然」をモデルにしているにもかかわらずである（風景ではなく宇宙《コスモス》＝調和の全体原理ということだ）。ところが、日本、とりわけ江戸では、風景的空間性の痕跡を残すのは都市全体――あるいは少なくともその大部分――なのである。江戸においては、山の手の道路網はかつての農道をそのままなぞっており、それらは至ってピクチャレスクな自然の起伏に従ったものである。[93] そこに武家屋敷の豊かな緑陰がくわわっており、その呼び名こそなかったものの、平安京よりもよほど田園都市でありガーデン・シティなのだった。[94] そして、それはまた西欧に開国するに際して、日本人の自己同一性にとって、パラダイム的都市でもあった。

ここで論じている「城外の都市」の歴史において、このパラダイムは中国六朝時代のそれに優るとも劣らない興味ぶかい一階梯を表している。それは、たしかに六朝時代からとりわけ文学から建築までの経路をつうじ、多かれ少なかれ新陳代謝をさせたものの多くの側面を受けついでいる。上述のように、白楽天の廬は利休の茶室を生み出す発想の源であるが、その同等物を中国建築に見出すのは困難だろう。仙境〈として見る〉という同一の述語は、その風土《ミリュー》を変えることで（つまり、中国から日本に、文学から建築に移行することで）、日本の茶室という新たな実体を生み出したのである。それは中国的な隠遁と同じ名前を保持しつづけるが、別物なのだ。都市となってはますますそうであり、それは別の尺度でより複雑なものでもあるので、その風土《ミリュー》の特徴を有するのである。

とはいえ、工業化された西洋が侵入してくるまで、中国的パラダイムが明白に日本化されたこれらの実体化が、それを動機づけてきた虚構を破壊してしまうことはなかった。明治時代まで —— そして、後述するように、もっと後になっても —— 中国から輸入された〈として見る〉は、微動だにせずに文人階層を支配したのであり、

---

［91］川添登：『都市空間の文化』、東京：岩波書店、一九八五年。

［92］弥生時代（紀元前三世紀から紀元後三世紀）には環濠集落という要塞都市があったが、三世紀から六世紀の古墳時代には見られなくなってしまった。都市文明と文字の利用は中国モデルの導入とともに始まる。

［93］大なり小なりパリ盆地のユルポアのようなものである。実際、武蔵野台地はそこで海に対して開析しており、そのため極めて大きな地形の多様性が生じる。［訳注：ユルポアはパリ盆地南西にある地域である］

［94］下町の街路は直交していたが、方向は同一ではなかった。少なくとも方位を勘案するかぎり、アメリカのグリッド・パターンとは無縁のものだし、さらに平安京とも無関係である（逆に、街区内部の配置においては、京都の平安京や長安を経由した古代中国に遠く回帰する）。

それらは時代の変化ばかりか、日本の風土《ミリュー》への不適応という常にもっと顕著な証拠すら馬耳東風なのであった。逆に、（一八六八年以降の）現代の歴史学は、それと違って議論などしなくても日本的だとわかる事柄にしがみつくあまり、その存在を過小評価してしまった。とはいえ、中国の古典詩歌である漢詩が明治時代まで花を咲かせたのと同様に、中国起源の文人たちの〈として見る〉も、同じ時代まで、教養あるエリートたちが自らの環境について抱いた見方を規定しつづけた。

中国の古典的都市性の大家である大室幹雄は、かくして一九世紀前半の文人の一団――うちもっとも著名なのは朱子学者・斎藤拙堂（一七九七年〜一八六五年）である――を突きうごかしていた動機を歴史の中から発掘した。[95] これらの文人たちは、日常的に漢詩をものしていただけではなく、生活に中国式の〈として見る〉を詰めこみ、それはとりわけ保養や風景の享受に関わるものであった。大室は、実体領域と彼らが見ていると称したものの間の差を特記しながら、詩歌、絵画、庭園、そして建築により具現化された隠喩の世界が、どのようなプロセスで建設されたかを示している。その世界は、彼らの間では共有されたが、下々の者ども、とりわけ農民との関わりはほとんどなかった。とはいえ、大室は、彼らがこれらの隠喩にだまされていたわけではことを示す。というのも、彼らにとってそれらは遊び、つまりは生活の別の次元であり、真面目にやっていることと混同されてはならず、とはいえ本質的なことなのある。さらに、この遊びに参加しているのは彼らだけではなかった。彼らは生活の糧を求めて国中を駆けまわったが、それは金持ちたちの要望に応じてのことであった。これらの金持ちは、古典中国への暗示に満ちた世界に近づくため、自らの所有物を巧みにつくられた何らかの詩歌で高貴なものとすることを欲していたのだった。例えば、別荘や茶室を風流に則り優雅な手ぎわで命名することは、これらの文人たちの専売特許のひとつであった。江戸はその母港で、彼らは多くの絵師や詩人とさまざまなジャンル（俳諧、漢詩、歌）でこの「田舎わたらひ」について交流し、各々が特定の個人の注文のおかげで生計が立てられる領域をつくりだしていた。

したがって、たしかに彼らの参照源は想像領域にあったし、世間もそのように認知していたものの、そこにあるのは他に負けず劣らず実体的な生き方であった。その証拠に、絵師にして詩人であった大塚荷渓[96]のやや皮肉っぽい以下の詩文を挙げよう。そこでは硯《すずり》、庭園、そして領土といったさまざまな尺度に及ぶ中国的隠遁[97]についての月並みな詩句が、調子を変えて結ばれる。

近郭孱顔似仮山
一渓秋水映柴関
只言縮地人無奈
移在尋常硯几間

郭《かく》に近き孱顔《せんがん》は仮山《かざん》に似て
一渓の秋水　柴関《さいかん》を映《うつ》す
只《た》だ言う　縮地は人の奈《いかん》ともする無きことを
移して尋常の硯几《けんき》の間《かん》に在り

町ちかくに峙《そばだ》つ山並《やまなみ》はわたしの庭の築山と眺められ、
秋の谷川がわが山房の柴折戸《しおりど》を映して流れている、
人はみんないう、縮地の術―不死の仙人が大地を自在に縮めて空間を自在にあやつる秘術を、人間が使うことは不可能だと、
だがわたしは山並も渓流も（縮小して）わたしの書斎の机のうえに移したのだ

これについて大室は以下のように解題してみせる。

［95］大室幹雄：『月瀬幻影――近代日本風景批評史』、東京：中央公論新社、二〇〇二年。
［96］［訳注］大塚荷渓（一七七八年～一八四四年）は、江戸時代後期の商人にして文人で、江山水月社という詩社を運営していた。
［97］§16で見たように、第二行目に見られる「柴関」とは、廬の門や隠遁そのものを意味しているのが、その証左である。

［……］詩人が隠者になれず、またなる気もなかった［……］。しかしありふれた机や硯《すずり》に向かって文芸に遊ぶとき、彼は隠者に、それどころか神仙にもなれるのだと詩は歌っている。その幻術めいた心情の転換の秘訣は、ことばの作用、正確には引喩《アリュージョン》[98]の活用にあった[99]。

かくなる引喩《アリュージョン》を理解するには、今日では大室のような知識人でなければならない。しかし、当時はそのような能力は日本の文人の標準的教養の一部であった。これらはペリー提督の蒸気船が開国を強制する直前のことで、現代人には完全に時代おくれの虚構の中に凍結されたかのごとく映りかねない。しかし、引きつづき起きたこと、つまり世界の変化を捨象すれば、古代中国に対するこれらの引喩《アリュージョン》は、平安京で清少納言が廬山を見るために御簾を上げさせた所作と同様、現実離れした点は少しもない。逆もまたしかりだ。荷渓の時代は少納言のそれとは逆に、この文学的虚構は日本全土の極めて多くの建設物（庭園、茶屋、別荘など）で実体化されており、これは古代の高貴な遊びとはまったく異なる人口面や社会面の尺度を有する生き方においても同様である。このことは、しっかりと日本の現実の一部となっていたのであり、生々しいことであった。

しかし、工業化された西洋の侵入は、この現実をばらばらにしてしまうこととなる。

［98］ベルク注：隠喩は普通メタファーと同義だが、大室はわざわざそれに「アリュージョン」とのルビを振っている。
［99］大室：前掲書、pp. 70–71。

第六章　郊外への脱出

「彼は垣根を飛びこえ、
あらゆる自然が一個の庭園であることがわかった。」
ホレス・ウォルポール［1］

［1］ WALPOLE Horace, *The History of the Modern Taste in Gardening*, Introduction by John Dixon Hunt, New York City, Ursus Press, 1995, p. 46. この参照文を教示してくれたミッシェル・コナン（Michel CONAN）に感謝する。ウォルポール（一七一七年〜一七九七年）は、ここで英国の風景式庭園の設計家のひとりであるウィリアム・ケント（一六八五年〜一七四八年）について語っている。ウォルポールの著作『近代庭園術試論（*Essay on modern gardening*）』は、一七八五年に英仏二カ国語で出版された。ニヴェルネー公爵による仏訳本の書名は *Essai sur l'art des jardins modernes* であった。［訳注：ウォルポールはイギリスの政治家にして小説家で、別荘のストロベリー・ヒルをゴシック趣味に改築したことで英国におけるゴシック・リヴァイヴァルを決定的な流れとした。ケントは同国の造園家で建築家としても著名であった。ニヴェルネー公爵とはルイ＝ジュール・マンシーニ＝マザリーニ（一七一六年〜一七九八年）のことで、フランスの外交官にして詩人である］

§37 自然に飛びこむ

庭園の垣根を飛びこえたのはウイリアム・ケントだとすること、つまりハハー[2]はケントにより発明されたとすることで、ホレス・ウォルポールは歴史的視座からみると過ちを犯したようだ。[3]しかし、ここではそれはさして重要ではない。

ウォルポールの言わんとしたこと、つまり、概略すれば、イギリス風の風景式庭園の革新や、そのイギリス人発明者の天才性についての誇張にも、同様にさしたる重要性はない。上記の「彼は垣根を飛びこえ、あらゆる自然とは一個の庭園であることがわかった」との引用文で驚かされるのは、自然（*nature*）という単語の採用である。事実、当時の貴族の庭園は、原生林の真っ直中にあったかのごとく思いえがいてしまうが、実はそれはイギリスではだいぶ前からなくなっていたのであって、実際にはその周囲は田園だったのだ。イギリスの田園は、数十代の農民により、数千年にわたり手が入れられてきた。つまり、ウォルポールは農村（*country*）や田舎（*countryside*）を言うために、不当に自然という単語を使っているのだ。

ウォルポールが自然という言葉を括弧に入れて使っていたかのように、この「自然が一個の庭園である」の一文を読まないようにしたい。彼はモンスーン・アジアの田園を「庭園式農業」と評する近代地理学と同様に、ケントが突如として、それまで「自然」と捉えられてきたものが、実は多くの労働が投入されていわゆる「庭園」となる田園だったと気づいたと言いたいのではない。彼が言っているのはそういうことではなく、その絶対零度において言っているのである。彼にしてみれば、貴族の庭園の周囲にあるのは自然なのだ。そして自然が一個の庭園のようだとは、その見方が、一般的庭園に向けられる視線と同一のそれから生じているということである。つまり、農民（あるいは庭師）の汚れ仕事を外閉して、そこに風景しか見ない視線である。

謝霊運の原理にしたがって機能するこの視線は、中国同様の結果を産みだす。つまり、中国では郊外（*jiaowai*）の野生の空間と耕地が「野（*ye*）」に混同されるのと同様に、農村と自然の差異がなくなってしまうのだ。実際、先に引用した数行に隣接する部分で、彼のテクストは庭園を囲むものを意味するために、自然という単語と農村という単語を無差別に採用している。

それは文献学的問題にとどまらない。それは存在論的・社会的・政治的な問題であり、宇宙論的《コスモロジック》な問題でもある。後に強調するように、問題とされている労働は必然的にある特定の社会階層に関わるもので、その外閉は、下部にあるこの社会階層を上部にある別の階層が踏みつぶしている徴証である。とはいえ、より一般的な尺度、つまり人為としての労働が、それそのもので自然や自然らしさ（naturel）に対抗可能な風土的《エクメナル》な関係の尺度でも、問題は課される。自然は人間の関わるあらゆる制度に必須の基盤で、とりわけ美学的な視座から見ると、述語による仄《ほの》めかしをつうじて価値論的に特権化されている。[4] 有閑階級には、それがまさに労働の外閉をつう

［2］直訳すると「狼の跳躍」となる大堀とは異なり、垣根を廃し庭園と周囲の風景の眺望上の連続性を保証するため、庭園を囲んで配された連続的な堀のこと。

［3］「［……］ハハーの設置は至って古代から行われています。チェンバースは中国におけるその存在を記述していますし、マドレーヌ・ドゥ＝スキュデリーはさらに一世紀前に著書『クレリー』［一六五四年〜一六六〇年刊行］に連続したハハーのある庭園を記述しています。ウォルポールは建築家・ウィリアム・ケントによる垣根の廃止を一七二〇年ごろに位置づけています［……］。」ジャン＝ピエール・ル＝ダンテック（Jean-Pierre LE DANTEC）による二〇〇五年七月二〇日のこのメールに感謝する。［訳注：チェンバースはウィリアム・チェンバース（一七二三年〜一七九六年）のことで、イギリスにおけるシノワズリ（中国趣味）庭園の導入で有名な建築家にして造園家である。ドゥ＝スキュデリー（一六〇七年〜一七〇一年）はフランスの女流文人で、『クレリー（*Clélie*）』は彼女の代表的小説のひとつである］

［4］自然をそのものとして、擬人的な創造主の労働の産物とする特殊な宗教的見解を除いてである（それは、一週間働いた後、休暇を与え

じて**人為が自然らしく見える**という理想状態にまで特権化されているのだ。かくして、それは自らの固有の世界を据えつける。他の美に関わるあらゆる分野よりも、この理想は何より庭園術の方向性を決定づけてきた。とりわけ東アジアにおいてはそれが言え、そこではあらゆる庭園愛好家が計成の「雖由人作、苑自天開[5]（人の作によるといえども、苑は自ら天に開く）（人為によるものではあるものの、庭園はそのもので自然のように展開する）」との格言を暗記している。とはいえ、この理想は計成以前に数多くの言い回しで発現しており、彼はその発明者ではない。例えば、白楽天は、§26で見たように、廬山の自分の廬を記述するのに、庭園の附属物と周辺の自然への帰属物を弁別していない。そしてそこには垣根もなければハハーもない。廬はまさに直接的に風景の中に投げこまれている。

換言すると、ケントの飛びこえは、ジョージ一世治下以前の昔から、すでに中国で実現していた。とはいえ、その動機は同じだったのか。

ケントについて言えるのは、あるいは一般的に英国式庭園から言えるのは、垣根の飛びこえが明らかに自由という記号の下に置かれることである。先の引用文の少し前の部分で、ウォルポールのテクストはハハー（彼はそれを「堀状のフェンス（*sunk fence*）」と呼んでいる）の設置と共に、以下のように述べている。

［……］庭園そのものは、外部のより野生的な田園と調和すべく、上品ぶった規則性から解放されなければならなかった。

規則的庭園の幾何学的形態は、かくして解放されるべき足枷《あしかせ》となる。そしてそれは、庭園空間と周辺のそれとの結合により可能とされる。この庭園の解放は、それを所有する人間主体の解放の隠喩であり、竹林の七賢や一般的な中国の隠者による自由の探求と類同的なダイナミズムの中にある。中国では以下のごとしなのだ。

その生活には自然の意趣が充満しており、深山幽谷に遊んだり、渓辺池畔をめぐったりして、林中で対局し、月下で吹奏し、南畝に野菜を植え、東籬で酒を飲む。[6]

ジョージ王朝期[7]のイギリスでの垣根の撤廃は、城（*cheng*）の乗りこえに相当する。いずれの場合も、自由は周辺のより野性的な田園（*wilder country*）にある。謝霊運の原理を勘案すれば、自由は田園というこの「自然」の中にあり、換言すれば労働から解放された〈自然＝田園（nature-campagne）〉ということになる。

同様の相同性に倣《なら》えば、ウォルポールが使った垣根の飛びこえというイメージは、別の現象に関係づけられる。それは彼の時代にすでに予兆が見られ、とりわけ次世紀に展開した現象、つまり西欧都市がローマ帝政後期から填《は》められてきた市壁という首輪からの解放への予兆である。まずは当該市壁の取り壊しとその並木道に

なければならないほどの人間への擬《なぞら》えようなのだ）。実際、この場合には自然は内向的価値を有さないし、人為は逆に絶対化されている。この創造論は、この惑星上でもっとも汚染をまき散らしているのに、生活様式を変える努力も最もしていない国家・アメリカでとりわけ流行していることは興味ぶかい。［訳注：旧約聖書では、神が天地や人間を六日間でつくり、七日目に休んだとされる。この天地創造説に帰依するのが創造論である］

［5］ *Sui you ren zuo, yuan zi tian kai.*

［6］ 汪涌豪・兪灝敏（鈴木博訳）：『中国遊仙文化』、東京：青土社、二〇〇〇年、p. 74。隠者の生活の悦楽についてのこの記述は、仙人の生き方の概念を密接になぞったものだが、それは文学的な暗示、とりわけ陶淵明の有名な詩である『飲酒』（本書§16）への暗示によって含蓄に富んだものとされている。

［7］ ［訳注］一般的にはハノーヴァー朝と言い、一七一四年のジョージ一世の即位から一九一四年までつづいた。

よる置換により、そしてさらに後世になってからは（とりわけ二〇世紀に）現代の郊外スプロールにより表現される動きのことだ。

しかし、議論すべき他のことがあり、真に世界をひっくり返すまさにそのことである。中世には自由を探しに行くのは都市であった。「都市の空気は自由にする（*Stadtuft macht frei*）」[8]のである。ここに隠された主語は田舎の人びとで、彼らは領主の権限から解放されるため、擁壁で防御された都市共同体を創設したりそこに加わったりした。それはギリシャ＝ローマ時代の遺産であることにくわえ、ヨーロッパにおける民主主義の第二の起源となっている。市壁の内部にいる人びとは自由で、外部にいると奴隷のままとなる。これこそが、中世における都市《シ》＝市民体《テ》のスキームである。[9]ところが、一八世紀の「垣根の飛びこえ」が惹起したのは逆のことだ。つまり、当時、田園全土を支配する自由を得たのは、地主たち（*landlords*）の権力なのである。象徴的には風景的な視線によってであり、実際的には囲い込み《エンクロージャー》や入会《いりあい》[10]利用の廃止、つまり田園の人びとの権利や自由の制限によってである。産業革命が起きると、農民の排除がそれにつづき、彼らは都市へ移住してプロレタリア階層を形成することとなる。

ここではひとつのイメージを起点としたが、それはイメージの問題に留まらないことがわかろう。ここでの議論の目的は、庭園史と都市史の間に、より実体的な分節を布置することなのである。仮説は、それらは近親性のある現象だが、集団（都市）と個人（庭園）の間の干渉を伴う異なる尺度のものだというものである。同様に、それは史上初めてヨーロッパそのものだけではなく、東から西への運動に見られる相乗効果、つまり東アジアとヨーロッパの間の相乗効果だということである。アジアでは同等のことは、もっと後世になった明治時代にまったく別の条件下でしか実現しない。

§38 ザ・チャイニーズ・コネクション

この仮説は、オランダ人建築家・ヘイス・ヴァリス＝ドゥ＝ヴァリースによるジョヴァンニ＝バッティスタ・ピラネージ[11]（一七二〇年〜一七七八年）とウィリアム・チェンバース（一七二三年〜一七九六年）についての研究を端緒としている。ヴァリス＝ドゥ＝ヴァリースは両者の作品をつきあわせ、チェンバースの中国関連の著作[12]で誇張された中国趣味が、依然として潜在的ではあったものの、土着的な傾向を活性化するなり、触媒作用を及ぼすなりしたという考え方を提示している。そして彼は、その最初の徴候をピラネージに見出している。そこか

---

［8］ドイツの格言である。WEBER Max, *La Ville*, Paris, Aubier-Montaigne, 1982, p. 52 によると、この表現は、都市において一定の滞在期間を過ぎると、逃走中の農奴や奴隷はかつての主人に対して自由になると考えられたことを意味していた。

［9］このスキームはギリシャのポリス（*polis*）のそれとは異なる。ポリスは *astu* と呼ばれた市街地そのもののみならず、それを囲むと *chôra* と呼ばれた田園も含むものだった。

［10］［訳注］土地は近代所有権の下では個人や法人に一対一に帰属させられるが、村落等の共同体では構成員が総有して管理・利用するものがあり、それを入会《いりあい》と言う。原文の当該箇所は usages communaux で、直訳すると「共同利用」だが、囲い込みとの対比を明確にするため、さらに§49で実存的場所《コーラ》との並行的議論からと入会《いりあい》と訳す。なお、§48でも同様の議論がなされるが、慣習的に「入会《いりあい》の悲劇」とは言わず「共有地の悲劇」とされるため、そこでは無理に入会《いりあい》を使っていない。

［11］ピラネージは、とりわけ版画家として知られているが、同時に建築家にして考古学者であったことも失念すべきではない。『古代ローマのカンプス・マルティウス』（一七五七年刊行の五二葉）はその好例である。［訳注：カンプス・マルティウスとは古代ローマの市壁の外部に所在した軍神マルスを祀る広場で、その名のとおり練兵場などの用途に充てられていたが、やがて市壁内に収まりきれない公共建築が建設された］

［12］チェンバースは二度にわたり中国に滞在した（一七四三年から一七四五年と一七四八年から一七四九年）。その経験から、とりわけ『中国建築のデザイン』（一七五七年刊）を上梓した。

らヴァリス＝ドゥ＝ヴリースが、マンフレッド・タフーリ[13]の理論を発展させて「メトロポリスを前にした建築の敗北[14]」と評する現象が生起する。

> ピラネージは「全体における騒々しさと細部における秩序」という彼の有名な原理を確認するだけではなく、騒々しい都市からの逃避をも創造する。彼は個人建物を内部の範囲は限られるものの、多様に断片化させる一方で秩序も強化する。同時に都市を弛緩させるが、それは自然をそこに侵入させることによってである［……］。ある意味、『カンポ・マルティウス』はランドスタットという拡散領域的な都市を予言していた[15]。

ヴァリス＝ドゥ＝ヴリースは、この視座を最近の論考で詳述している[16]。『カンポ・マルティウス』では、建築形態は地《じ》から遊離している。それは拘束なき形象となり、近代都市と古典主義期の都市形態の乖離の予兆となっている。都市的形態＝構成とともに、都市の中心と境界も消滅する。消えてしまったのは、とりわけ規則性である。それについては、チェンバースとの類似性が指摘できる。というのも、中国式庭園についてチェンバースが引きあいに出すのは、とりわけ非規則性だからである。チェンバースにとってフランス式庭園の幾何学的形態は愚の骨頂で、イギリス式庭園（とりわけケントのそれ）は単なる田園とさしたる差異がなく味気ないものだった。対して中国式庭園の非規則性は、そのような袋小路への解決策とも映っているのである。チェンバースは、一七六〇年代にとりわけキュー庭園でその視座を実地適用することとなる。それはヨーロッパ全域で多大な成功を見ることとなる。

　つまるところ、そこには〈チャイニーズ・コネクション〉が見出せる。本書のヴァリス＝ドゥ＝ヴリースに対する理解が正しければ、チェンバースが広く知らしめた中国の事例は、ヨーロッパがすでに古典主義的都市形態を継承するパラダイムの探求のさなかであり、それが自分自身の内に見いだせるものであっただけに、より影響力を有したのであった。中国の事例をつうじて結晶化したこの傾向は決定的で、一八世紀に確立されたこの「コネクション」は、二〇世紀の都市スプロールの形態の源泉ともなるのである。

　本論ではこの仮説に賛同し、ピラネージとチェンバースの比較以外の点でそれを補完することを試行してみたい。

[13] TAFURI Manfredo, *La Sfera e il labirinto. Avanguardie e architettura da Piranesi agli anni '70*, Turin, Einaudi, 1980.（マンフレッド・タフーリ（八束はじめ・鵜沢隆・石田壽一訳）：『球と迷宮――ピラネージからアヴァンギャルドへ』、東京：PARCO出版、一九九二年）

[14] WALLIS DE VRIES Gijs, «The Chinese connection: Piranesi and Chambers» dans *idem* et NIJENHUIS Wim, ed., *The Global city and territory*, Eindhoven, Eindhoven University of technology, 2001, p. 12. ここでは「メトロポリス」は、アメリカで *metropolitanization*、つまり拡散的都市化と呼ばれる現象という意味で使われている。ヴァリス＝ドゥ＝ヴリースがこの傾向が建築に敵対すると考えるのは、住まいについてのアルベルティ的概念へ依拠の証左であることを特記しておこう。これは都市形態の建築的概念にだけではなく、キヴィタス（*civitas*）とポリス（*polis*）、すなわち道徳的・政治的概念（同郷人同士の結びつき）の伝統に帰属する。このテーマについては、拙著 BERQUE Augustin, *Les Raisons du paysage, de la Chine antique aux environnements de synthèse*, Paris, Hazan, 1995 で言及した。この意味＝方向性に則れば、タフーリやヴァリス＝ドゥ＝ヴリースといった建築家が「建築の敗北」と呼ぶものは、私のような地理学徒にしてみれば「都市《シ》＝市民《テ》体の敗北」となる。［訳注：上記のベルク氏の『*Les Raisons du paysage*（風景の理由）』は邦訳されていないものの、宮原信・荒木亨訳で刊行されている『都市の日本――所作から共同体へ』（筑摩書房、一九九六年）の p. 42 と p. 281 に、市民＝キヴィス（*civis*）の道徳的拠り所としてのキヴィタスと政治の場としてのポリスについての言及がある］

[15] DE VRIES, *op. cit.*, p. 17 et p. 20. 拡散領域的な都市（*territory city*）は、アンドレ・コルボの *ville territoire* という表現の翻訳で、本書がここで拡散的都市化、拡散都市、あるいは田園拡散都市と呼ぶもののことである。CORBOZ André, *Le Territoire comme palimpseste et autres essais*, Besançon, Editions de l'Imprimeur, 2001 (1992) を見よ。［訳注：つまりは日本語でも都市計画分野で横文字のまま頻用されるスプロール空間、すなわち無秩序に開発された郊外の都市・農地混在空間である］

[16] WALLIS DE VRIES Gijs, «La ville-labyrinthe. Gianbattista Piranesi (1720–1778) et le jardin anglo-chinois», dans BERQUE Augustin, BONNIN Philippe et GHORRA-GOBIN Cynthia (sous la direction de), *La Ville insoutenable. Les trois sources du mythe de la ville-campagne*, Paris, Belin, 2006, pp. 44–55.

中国式庭園について見ると、非規則性というテーマは新しいものではなかった。[17]中国本国でも、風景についてのパラダイムの確立を併行してそれが展開してきた。本書§10でも述べたとおり、陶淵明は家屋が整然とならぶさまを見ていたのに、後世の桃花源の絵画的表象はそれらが非規則的景勝の中にピクチャレスクに散布されたさまを示している。変局は五世紀と八世紀の間に起きたにちがいない。実際、§7で引用された陶淵明（三六五年〜四二七年）の「屋舎儼然[18]（立派な家屋が立ち並び）」という表現と、三世紀後に王維[19]（七〇一年〜七六一年）が自著『桃源行』[20]で用いることとなる「千家散花竹[21]（花や竹のあいだに散在する多くの家々）」というそれを比べてみればよい。この変化はフランス人にとっては「タンドルの地図」[22]（しかもハハーのある庭園が存在する国である）に相当する……。イエズス会士で中国の宮廷画家でもあったジャン＝ドゥニ・アティレ神父（一七〇二年〜一七六八年）が、完璧な明晰性の庭園、すなわち圓明園についての手紙の中で、熱狂をもって記述するほどにこの類《たぐ》いの風景を気に入ることとなるのは、おそらくそのためである。

別荘について見ると、それらは広大な敷地の中につくられており、そこには高さが二〇尺から五〇尺、六〇尺に至る小さな山が造作され、そのことで小さな谷が無数に形成されている。明水の流れる運河がこれらの谷の底を潤し、いくつかの場所で合流しては池や海を形成する。［……］山や丘はすべてが木々に覆われているが、それらの木々はここではよく見られる花の咲くものである。これはまさに地上の楽園なのだ。[23]

アティレ神父の記述はロージェ神父をいたく感動させたようで、ロージェ神父は著書『建築試論』の中で以下のように言及している。

この素晴らしい記述をなした人物がその甘美な館の本当の平面図を示してくれればよかったと思う。その平面こそがわれわれに良き現範《モデル》を与え、中国人の考えとわれわれの考えを巧みに混ぜ合わせて自然があらゆる優美と一体となって現われる庭園を生み出すに到ることは間違いない[24]。

アティレ神父の手紙はフランスで一七四三年に公刊され、一七四九年には英訳されている。それは古典主義期が終焉を迎え、ロマン主義的な感受性が萌芽しつつあったヨーロッパに大きな反響を及ぼした。それを読めば、ヴェルサイユの対称物としてのプチ・トリアノンについての議論を二〇年先取りしていることが解ろう。

すべてがこの原理に基づき展開する。すなわち、表象せんとするのは素朴で自然な田園であり、シンメトリーと

[17] このテーマについては、BALTRUSATIS Jurgis, «Jardins, pays d'illusion», dans *Jardins en France 1760–1820*, Paris, Caisse nationale des monuments historiques, 1978, pp. 6–20 を見よ。
[18] *Wu she yan ran.*
[19] 六九九年～七五九年とする説もある。
[20] *Tao yuan xing.*
[21] *Qian jia san hua zhu.* WANG Wei, *Paysages, miroirs du cœur*, Paris, Gallimard, 1990, p. 96.
[22] [訳注]「タンドルの地図（Carte du Tendre）」とは、ドゥ＝スキュデリーの『クレリー』に触発されて描かれたタンドルという仮想国の地図で、愛の階梯がピクチャレスクな表現で表象されている。
[23] ATTIRET Jean-Denis, «Les jardins chinois», *Lettres édifiantes et curieuses de Chine par des missionnaires jésuites, 1702–1706*, Paris, Garnier-Flammarion, 1979, p. 114. さらなる詳細については、WU Juanyu, «L'image de la Chine et son influence dans l'art des jardins paysagers au XVIIIe siècle», dans BERQUE, BONNIN et GHORRA-GOBIN (sous la direction de), *op. cit.*, pp. 302–315 を見よ。
[24] Abbé LAUGIER Marc-Antoine, *Essai sur l'architecture*, Paris, Duchesne, 1753, pp. 281–282.（マルク＝アントワーヌ・ロージェ（三宅理一訳）：『建築試論』、東京：中央公論美術出版、一九八六年、p. 205）

比例に関するあらゆる規則にしたがって厳しく統制された宮殿ではなく、ある種の孤高である。［……］すべては偶然にしたがい事後的に配置され、ある一片が他にしたがってなされることはないと［……］言えよう。[25]

とはいえ、ヴェルサイユについてだけではない。上述の原理は、都市形態やそれによる構成についての原理にも対置される。

〈孤高〉という単語の採用に注目したい。無論、ここでそれは遁世した孤独な隠居、つまりは隠遁という古典的意味を有している。それは都合よく解釈されていたのだった。というのも、実際、（康熙帝治下の一七〇七年から整備された）圓明園の美学は、それ自体が六朝下の隠遁思想の結果である文士庭園の末裔だからである。同様に、問題とされている田園が、「素朴で」かつ「自然な」ものであることにも注目したい。それは謝霊運の原理の普遍性の証左である。つまり、それは圓明園だけではなく、アティレ神父のヨーロッパ的感受性においても表現されている。魂はまさに自然＝田園、つまり「野（*ye*）」を渇望するが、それは農民でなければの話である。とはいえ、ヨーロッパの側では、かかる渇望がなされたのは、近代的個人が成立しつつあったからでもあった。それは、中世の都市共同体を創設した存在、さらに以前にはラテン社会のキヴィタス（*civitas*）を、もっと以前にはギリシャ社会でポリス（*polis*）を創設した存在とは異なるそれである。つまり、現代人が〈都市＝市民体《シテ》のスキーム〉を依拠させている存在とは異なるそれだ。個人主義の萌芽とともに亀裂が入り始めたのはまさにこのスキームで、そこから孤高という単語に別の意味がくわわる。その意味、つまり現代的意味は、とりわけ二〇世紀末期の都市スプロールという形態で表現される。すなわち、あたかもチェンバースのオブジェがキュー庭園において、そして王維の「千家」が花や竹の間においてそうなりえたように、それら孤高の形態は〈脱構成化されて〉風景の中に散布されるのである。

事実、非規則性は中国では都市性の真逆とされる。逆に、都市性には帝都のパラダイムである幾何学性が刻印される。その意味で、陶淵明の『桃花源記』はいまだに人間の住まいについての都市的ヴィジョンの証左だと言える。[26] とはいえ、彼以降、そしてすでに王維をして、このヴィジョンは隠遁のパラダイムから生まれた風景的ヴィジョンにより置換されてしまうのだった。

ヨーロッパ人が中国に探しにいったのは、この後者のパラダイムで、前者のそれではない。その嚆矢はウィリアム・テンプル（一六二八年〜一六九九年）で、著書『エピクロスの庭』（一六八五年）で導入した〈シャラワジ（*sharawadgi*）〉の概念をもってしてであった。[27] ユルギス・バルトルシャイチスによれば、この奇妙な術語には三つの定義が可能である。すなわち、「①中国語で *sa-ro-(k)wai-chi* と発音する『秩序がないことの魅力』」、「②日本語で *sorowandi* と発音する『非対称のデザイン』」、「③中国語で *san-lan-wai-chi* と発音する『秩序なく広範かつ散逸的に組みあわされた配置』」。[28] 本書は文献学的な調査を行ったわけではないが、この不思議なるシャラワジには、日本語の「揃わず」[29] という地域的な変版があることは認めよう。これは「完全な」「対になる」「平等な」「同一の」「シンメトリックな」という意味の「揃う」の否定形である。それを否定すること（つまり不平

---

［25］風景についての文章を集成した LE DANTEC Jean-Pierre, *Jardins et paysages*, Larousse, Textes essentiels, 1996, p. 64 で引用されたもの。

［26］これは少なくとも理想的な農地の秩序に関わる井田法（*jingtianfa*）のヴィジョンである。とはいえ、それは帝都の集権的な格子状パターンに派生している。しかも、陶淵明の文章からは、問題となっている住まいが集合住宅かそうでないかが不明である。

［27］［訳注］テンプルは、イギリスの外交官にして作家である。

［28］BALTRUSAITIS, *op. cit.*, p. 12.［訳注：ここでの中国語の発音がどのような漢字の綴りになるか、バルトルシャイチス論文やテンプルの原文を参照したが不明であった。諸説はあるが、一は「疏落有致」、三は「散落不斉」が発音としては近いと考えられる。その他にも「傻啦瓜嘰」「山林野趣」「洒落瑰琦」「灑落偉奇」などの候補がある］

［29］バルトルシャイチスが引きあいに出した *sorowandi* との術語は、*sorowazu* の地方形である。

等、不規則、不揃いの探求）は、まさに日本庭園に代表される東アジアの風景の美学で認められた原理である。[30]

かくのごとく、中国と一八世紀のヨーロッパの間に打ちたてられた相乗作用で、問題の核心となるのは尺度の変化である。すなわち、中国では庭園であったものが、ヨーロッパでは柵を跳びこえた地域の尺度に移行する。これは、手紙という形で伝えられた住まいのモデルに、建築家が使う平面図の尺度が入っていなかったということである。上述のように、ロージェは、アティレがその記述に平面図を添付しなかったことを嘆いている。この尺度の欠落のせいで、問題とされた住まいは過度に理想化され、それへの欲望が過剰に高められた。白楽天の廬が日本で住まいの触発源になったのもかくのごとくであり、というのも、それがイコンとして再現されるのではなく、生きた隠喩[31]として導入されてしまったからである。しかも、自分の目で中国の実態を見た者たちにしたところで、庭園と地域とを混同しがちだった。チェンバースはそれに該当し、中国的庭園を誇張したあとで以下のようにふるまう。

［チェンバースは］中国について、巻物の上でなすかのように、山岳、村落、道路、運河、河川、都市門を包含する広大な風景式庭園のイメージを提示する。そしてついには、「もし全ての土地所有者が趣味人ならば、世界はひとつの連続した庭園になりうる」という考えを中国人に帰すのである。[32]

これこそがヨーロッパで、そしてまずはイギリスで無碍にはされなかった格言である。このパラダイムは、次の世紀の早々には中国がモデルであることを停止してしまったことを勘案すると、かなり意図的に、そしてかなり急速に消化されたと言える。以降、中国モデルなしでもやり方はわかっていたわけだ。実際、ヨーロッパではこの特徴が見られ、その触発源の貢献を、自然なものとしながら早々に忘却する。一方、日本は数世紀にわたり明確なかたちで中国風の「見立て」を適用しつづけたが、[33]数十年で「中国依存症から中国恐怖症」[34]に移行した。それどころか、一八六〇年に中国の夏宮を荒らしまわり、この触発作用の物質的証拠を破壊することにすらなってしまう。その庭園である円明園に言及することは、一八世紀には大いに夢をかき立てることであったのにである。[35]たしかに、ヴィクトル・ユーゴのように文化と歴史に対するこの犯罪行為を糾弾するヨーロッパ人はいなくはなかったが、[36]工業化された西欧社会は、以降はシリーズ化した理想の住まいの生産方法を知ってしまう。実のところ、レシピは至って簡単なものである。つまり、**都市から住まいを引き離してしまえ**ばよい。

〔30〕この点について、§26で見た白楽天の詩の一節「拂窓斜竹不成行（窓をこするように斜めに生える竹は、正しく列をなさない）」が思いおこされる。その中の「不成行」は日本語で「揃わず（すなわちシャラワジ）」とも読める。
〔31〕この言い回しは、RICŒUR Paul, *La Métaphore vive*, Paris, Seuil, 1975（ポール・リクール（久米博訳）：『生きた隠喩』、東京：岩波書店、一九八六年）により人口に膾炙したものである。
〔32〕WALLIS DE VRIES, *op. cit.*, p. 47.
〔33〕日本人は、書き言葉（漢字）をつうじて常に中国の原典を理解できたことを失念すべきではない。二〇世紀まで、彼らには翻訳の必要性はなかった。対してヨーロッパ人は、中世にアラビア語を翻訳しなければならなかったように、常にそれを必要とした。翻訳はすでにある種の消化であり、モデルを自分なりのものとすることである。
〔34〕これはETEMBLE, *L'Europe chinoise*, Paris, Gallimard, 2 vol., 1988 et 1989 の第二巻の副題が特記するところのものである。ただ、残念なことに、この研究巨編には本書がここで取り組む問題について一片の言及もない。
〔35〕［訳注］円明園は一八世紀に整備されたが、一八六〇年に第二次アヘン戦争で英仏軍により破壊された。現在同地にありユネスコの世界文化遺産に登録されている頤和園は、一八八五年から再建されたものである。
〔36〕WANG Nora et al., *Victor Hugo et le sac du Palais d'été*, Paris, You-Feng, 2003 を見よ。

§39 甘美な館

ロージェ神父が圓明園についての記述で描写してみせた「甘美な館」は、プチ・トリアノンと完全に同じものので、つまるところは庭園の装置である。しかし、彼はそれを本物の家屋とみなす。彼はこのモデルの再生産を欲するが、平面図が手に入らない。どうでもいいことだ。というのも、ヨーロッパ人は、彼のように個々のケースから普遍的原理を導出できるのだから、その一般的理念は把握可能なのである。例えば、ヴァリス＝ドゥ＝ヴリースが明らかにしたように、かつての「全体と混乱と細部の秩序」を、現代郊外を言うために引きあいに出すこともできるのだ。

東洋の虚構という遠い過去を源泉とする形象が、ロージェ神父という光の世紀のヨーロッパ人に「甘美な館」と映ったのは、いかなる理由からであろうか。日本の浮世絵が印象主義を、黒人藝術が現代アートを触発することとなるのも、おそらく同じ理由である。つまり、特殊形態をつうじた普遍的感受性の共鳴ということだ。とはいえ、いかなる感受性なのか。そしてその普遍性をいかに判定するのか。

アングロ・サクソン人にとって（つまり万人に所与というわけではない）、現代郊外に普遍性を見る類推方法を探すのは難しいことではない。それらは、まずはアングロ・サクソン的な広大な世界、すなわち類語反復《トートロジー》の中で見出せよう。とはいえ、それは別の場所でも、そしてしばしば見出されるものでもある。例えば、（現在のメキシコのベリーズにある）マヤ文明の都市・カラコルについて研究をしたディアンヌとアーレンのフランク＝チェイス夫妻は、そこに今日のアメリカを思わせる社会空間構造があったことを明らかにした。つまり、中央に宮殿、その周囲に手工業と簡素な住まいのゾーン、そして豪華な住宅のゾーンというそれである。そのことから彼らは以下のように述べる。

古代マヤと現代の都市形態の発展パターンの類似性は驚くべきもので、過去においても同様の社会的動因が作用していたのかもしれないことを示唆する。[37]

したがって、マヤ人（少なくともカラコルのエリートたち）が、コロンブスによるアメリカ大陸発見以前の時代に、ジョージ王朝期のイギリスの地主や晋朝期の陶淵明がそうしたように、監獄の壁を飛びこえたと推論してみよう。[38]かくして、以下の問題を立てることができる。すなわち、都市の外部へ、自然＝田園の側に、この上流社会を吸い込んだのは何だったのか。

東アジアについては、本書はすでに多くの回答要素を蓄積してきた。とはいえ、その中で普遍性はどこにあるのか。

そこでは、もっとも深奥な部分で、土を耕す労働とは無縁の人びとにより田園が自然に擬《なぞら》えられる一方で、都市は反自然なものとして否定されているように見える。それは都市民や領主階層にあてはまる。かくなる仮定は、まずもって自然が理想化されていることを前提とするが、実はそれはあらゆる文明に言えることではない。とりわけ反ペラギウス主義[39]のキリスト教は、かなりの長期にわたってそれを人間の原罪とすることとなろ

［37］ *Asahi evening news*, 31. 12. 2000, p. 10 のインタヴューより。当時、両著者はオーランド市のセントラル・フロリダ大学で教鞭をとっていた。
［38］ 本書ではカイロ経由で回り道をすることを認めていただこう。そこでは俗語でカラコル（*karakol*）と言うと「ムショ」（刑務所）のことである。
［39］ ［訳注］五世紀頃に修道士ペラギウスが唱えたキリスト教の教義で、人間の自由意志は神から独立し、その恩恵を受けなくとも救いに至

う。

　至って一般的なもうひとつの仮説では、都市は個人の拘束の場として見られがちである。田園に赴き、生きることで乗りこえられる制約である。これは広く知れわたった物の見方だが、エリート階層を別にすれば、かなり近代的で都市民的なものだ。それが人口に膾炙するのは、一八世紀の個人主義の萌芽以降のことである。上述のように、中世には拘束するのは田園の側で、自由は都市の側にあった。国によってはこの状況は今日でもつづいており――それは小作農の貧しさと同期している――、工業時代に田園から都市への大量逃避を動機づけることとなる。

　この第二の仮説は、根本的には歴史的なもので限定的ではあるが、現代人にとっては風土的《エクメナル》な視点からとりわけ興味深い。実際、都市は、地球上にあってもっとも可視的であるだけではなく、もっとも事実的に人間存在の集合体を具現化する。それはソーシャル・キャピタルの具体形で、本質的に人間の風土的身体の生態象徴である。したがって、それは、近代の存在論的な抽象的局所《トポス》（*TOM*）が本質的に否定し外閉するものだ。この外閉についてはは§49で再検討しよう。とはいえ、この視角から、労働の場として以外は都市を否定することの、ありふれた動機のいくつかをより良く理解できる。「甘美な館」の場は、〈労働とは無関係の〉城外にある。北京城外で圓明園がそうだったし、裕福なローマ人にとっては、都市という娑婆の雑事（*negotium*）の場を否定することで、田園という閑暇（*otium*）の場をそうしたのと同様である。

　実際、理想の場、つまり甘美な館の場を、労働の臭いのするところに位置させることなど、いかにしてできようか。プリニウスは、すでに『書簡集』（I, 9）でこのテーマについてすべてを語っている。彼の甘美な館は郊外のヴィラ（*villa suburbana*）で、オスティア近郊で入手したものであり、浜辺の近くの景勝地にあり、彼の労働の場であったローマからもほどほどの距離にあった。

XVII milibus passuum ab urbe secessit, ut peractis quae agenda fuerint, salvo jam et composito die possis ibi manere.

都から一七マイルしか離れていないので、為し遂げる必要のある用を果し、その日の仕事を切り詰めたり残したりせず、晩にはそこに着いて泊まることができます。

この郊外住宅への言及で興味ぶかい点のひとつは、プリニウスがそこに生きることの真正性と閑暇の間に関係を打ちたてていることである（閑暇とはレジャーであり、「徒然なるままに」自分の好きなことをして過ごす時間で、同じ境遇の人びととの関係に左右され、したがって本質的に都市的な時間である仕事が強いる社会的義務の対極にある）。

O rectam sinceramque vitam, o dulce otium honestumque ac paene omni negotio pulchrius!

これこそ、誠に真実にして純粋な生活、芳醇にして高貴な、ほとんどあらゆる仕事より美しい閑暇。

ローマ文明下では、田園回帰というテーマと、生きることの真正性というそれとの結びつきは旧くからあっ

れるとしており、恩恵と自然を同一視しているとして異端視された。

〔40〕FLOBERT Annette, *La Ville et la campagne*, Paris, Ellipses, Civilisation latine par les textes, 1999, p. 66 よりの引用。〔訳注：邦訳は、國原吉之助（訳）：『プリニウス書簡集 —— ローマ帝国一貴紳の生活と信条』、東京：講談社学術文庫、一九九九年、p. 87 による。因みにベルク氏は FLOBERT の論考に従い、別荘の位置をオスティア近郊としているが、書簡のタイトルに登場する地名「ラウレントゥム」はそれからはやや離れる。國原が訳書 p. 105 に掲げた地図に拠れば、ローマから別荘に行くにはオスティア方面とは別の街道をゆく必要がある〕

〔41〕FLOBERT, *op. cit.*, p. 67 から引用。〔邦訳は、國原：前掲書、p. 33 による〕

た。その結びつきは、大地を直接的に相手とする労働を生きぬき、ここで引きあいに出したような保養の時間の中で再表明される[42]。中国でも同様だ。見てのとおり、陶淵明が鋤を手にするのは、必要に迫られてではなくて単に閑暇のためで、プリニウス同様、彼もまた生きることの真正性（真意）[43]を語りつづける。かくなる保養やマンダリン的隠遁の段階ともなると、労働はつまるところ、生きることの真正性に対して異次元にあるものとして否定されたり（ただし、本書にしてみればこれはありそうにない）、外閉されたりする（これは本書が首肯するところである）。いずれにせよ、エリートとてまずは腹を満たさなければならないのだから、大地との結びつきはあらゆる社会生活の可能性の基礎となるが、彼らはその定置をやめてしまったのである（むろん、奴隷や農奴を中間に置くことで間接的にではある）。プリニウスや陶淵明の属す閑暇階級にとって、以降はこの結びつきは文学が耕す場所の悦楽をつうじて維持される。つまり、それはむしろ〈表象〉に関わる事案となる。

したがって、それこそは大地に直に絡めとられた農民のそれとは別の尺度、または別の度合い、あるいは別の指示対象に基づく、生きることの真正性となる。それは、社会労働の分断をつうじてなされ、そのことで構造的には、集団的・共同体的というよりも、個人的、さらには独我的になることが惹起される。奥野健男は、田園で成人が生活する上で課される義務を知らずに、都会に移住してきた近代日本の多くの作家が理想化した「原風景」について、そのことを巧みに解題してみせた。

それ故、故郷は、地縁の厳しさ、すさまじさ、重さと直接関係なかった幼少年期のなつかしい追憶空間としてのみ描かれる。〝原風景〟の中には生活する人間がいない。ただむなしく美しくなつかしい風景だけである[44]。

したがって、ここで問題とされている風景は客観的には偽りである。しかし、それは逆に、根底においてより真正性に優るものとして生きられている。そして、そのことで追従者が出現する。文学にはその機能があるが、自然＝田園の中にそれぞれが生きることの真正性を見るべく、競争をさせられるのだ。「真の価値」のある場所というのがその言い回しで、これは今日の不動産屋のごとしである……。また、地方の住まいは、しばしば大地への関係性が直接的であった時代の形態を保持していることも再認識すべきである。したがって、それらの「真の価値」は、面積一平米あたりという金銭的抽象化に蹂躙された都市に対し、一度として完全に真正性を失ったことはない。いずれにせよ、それは歴史によって、ハイデガーの用語で地方を意味する〈方域[45]（*Gegend*）〉の具体的時間に関連づけられる……。そして、そこを起点にその形態の模倣という糸が手繰られるのだが、それがなされるのは少なくとも郊外においてとなる。

さらに遠くに行ってみよう。つまり、このように記憶に訴えかけ、懐古的で想像上にある側面は、人格が郊外ヴィラ（持ち家）という甘美な館に関係するのに必要ですらあったということである。過ぎ去った時へ言及することで、現在の個々人が物事の有為転変の中に投げこまれる。これは、より遠くに時間を遡るものであればなおさらだ。また、一方でロマン主義の予兆となる一八世紀の庭園の古代廃墟の流行やユベール・ロベールのその類《たぐ》いの絵画（彼は同時に庭園にも手をつけていた）、他方で本書§28で見た「寂び」や「あはれ」の美学

〔42〕このテーマについては、ANDRE Jean-Marie, *La Villégiature romaine*, Paris, PUF, 1993, p. 13 以降を見よ。
〔43〕*Zhen yi.*
〔44〕奥野健男：『文学における原風景 —— 原っぱ・洞窟の幻想』、東京：集英社、一九七二年、pp. 171–172。
〔45〕［訳注］ハイデッガーの現存在（Dasein）の空間性は世界内存在（In-der-Welt-sein）として了解されるが、そこから配慮（Besorgen）をある方域（Gegend。訳者により「方面」や「地方」と訳出されることもある）に向けることで存在者が近づいて来、場処（Platz）が見出されるようになる。

の間に、探求すべき何らかの結びつきがあるように見える。手法としては異なるが、物事をつうじた時間から逃避や、美学という方法によって看取される同一の具体性と言えはしないだろうか。「真の価値」とは、近代の存在論的な抽象的局所《トポス》（TOM）とは別の、物事をつうじてこのように具体的個人を大地の上にある基体に連接させるそれではないか。ペタン主義は、[46]「大地、それは嘘をつかない」と主張するに際して、そのことについて何がしかのことを知っていたはずである。たしかにそれは嘘はつかない。というのも、しゃべれないからだ。それに何がしかを語らせるためには、述語を与えてあげなければならない……。とはいえ、そのようなことになったら、誰が真正性をもって「言っている」と主張できようか。[47]

いずれにせよ、この探求には、プリニウスが郊外ヴィラの純粋な（＝真正な）生活（*sinceram vitam*）を対置する、都の喧噪（*inanem discursum*）や骨折り損の労苦（*ineptos labores*）は介在しない。[48]陶淵明が帰郷するために避けた「塵」[49]も同様で、それは自然＝田園である野（*ye*）を経由する。

至って後のこととはなるが、ヘンリー・デイヴィッド・ソローが一八五四年の著書『森の生活　ウォールデン』で主張するのもほぼ同様の理由である。したがって、ジル・チベルギアンが、彼についての解説で以下のごとく指摘しているのは驚くにはあたらない。

> 人が常に社会から解放されることを希求し、いつでも自然に少しでも近く接していたいと強く欲するという仮定は、ロマン主義的な郊外を産みだしたが、いかなる都市も産みだすことはなかった。[50]

それはいかなる都市も産みださなかったのみならず（それは郊外しか造らなかった）、都市を解体してしまった。

一八世紀の庭園オブジェは、この過程において、おそらく精神的形態と物質的形態の間の連接の役割を果たした。エキゾチズムとも対となり、遠い過去がそれらの本質的モチーフとなるが、それは自然の中で孤高にそこかしこに置かれた廃墟という形をとることとなろう。カンポ・マルティウスの廃墟とまったく同様に、かかるオブジェは「建築の敗北」、都市=市民体《シテ》のスキームの解体、つまるところ〈非都市性（*désurbanité*）〉を象徴する。換言すると、それは都市形態の統合性の解除であると同時に、それを生成させた共同体的な織物を解《ほぐ》してしまうことである。例えば、バルトルシャイチスの論考に載せられたニコラ・プッサンの『パトモス島の聖ヨハネのいる風景』に見出されるものは、非都市性の本質である。それは廃墟という砂漠と孤独への門により明示されている。本論では、田園趣味は文学的伝統（美学上の嗜好で、換言すれば謝霊運の賞（*shang*）である）

［46］［訳注］フィリップ・ペタン（一八五六年〜一九五一年）はフランスの軍人・政治家で、第二次世界大戦でフランスがドイツに降伏した際の対独協力の傀儡政権の主席を務めた。その理念はカトリシズムに基づき「自由・平等・博愛」ではなく「労働・家族・祖国」を標語とし「土地に帰れ」をスローガンとしていた。

［47］そこには論理的にみて全体的な不可能性がある。人間は地球〈について〉語ることはできるが、それを言いきることはできない（ウィトゲンシュタインの『論理哲学論考』、3–221であれば「［性質を抜きにして］対象を［単独で］言い表す（*aussprechen*）」と言うことだろう）。とはいえ、このような視点は論理的なものにすぎない。風土学的《エクメナル》な視点から見れば、地球は語り、そして人間の知らない間に人間自身自身に語りかけると認めざるをえない。というのも、地球はまずは人間という種に対する環世界（*Umwelt*）だからである。ある意味で、人間類が生物圏の進化のある段階を表明しているという限りにおいて、人間に対して「言い切る（*ausspricht*）」のは地球なのであるとさえ言えよう。［訳注：*aussprechen* についての訳文は、ウィトゲンシュタイン（野矢茂樹訳）：『論理哲学論考』、東京：岩波文庫、二〇〇三年、p. 27からの引用で、括弧は原文のママだが、原文にある傍点は割愛した］

［48］FLOBERT, *op. cit.*, p. 67からの引用。［訳注：訳文は國原：前掲書、p. 34による］

［49］*Chen.*

［50］TIBERGHIEN Gilles A., *Notes sur la nature, la cabane et quelques autres choses*, Ecole des arts décoratifs de Strasbourg, 2000, p. 64.

にのみ依拠するものではないとしているだけに、都市を去るための門は魅力的だ。プッサンはそこに、都市の父たるカインの呪い[51]、善き羊飼い[52]のテーマ、神秘の子羊[53]、飼い葉桶の幼キリストといった、聖書由来の道徳上の正当化をくわえているのである……[54]。かくして、異教徒の地にある田園も、福音書、さらには絶対性の内部に回収される[55]。キリスト教なくしては、アルカディアがこの心理学的な型を有することはなかっただろう。さらに言えることは、アルカディアなくしては、キリスト教は田園＝自然を理想化するのにたいそう苦労しただろうということである……[56]。

かくして、われらが甘美な館はキリスト教化された大地の上に建設される。もはやそれがすることと言えば、産業革命で産みだされた技術の享受だけとなろう。それは、例えばフランク・ロイド・ライトが『自伝』[57]で謳いあげるプレイリー・ハウス（草原住宅）のモチーフになる。それは自動車と個人主義に二重に支えられ、面積的には豊かなものの都市性についてはかなり貧相な、ブロードエーカー・シティなる都市とはいえない都市の外延にまき散らされている……。いずれにせよ、至ってアメリカ的なのだ。というのも、ここでは自然回帰（*back to nature*）は、ほぼアメリカン・ドリーム（あるいはアメリカの信条（*American creed*））の同義語だからである。こうなると、本論では§32で見たイーフー・トゥアン（段義孚）の成句を「都市は旧いヨーロッパだった」と反転してみたくもなる。まさに、もはやそうなりたくはないと思っていたのだから。

実際、私はフィラデルフィアでの討論会[58]の際、ある日の朝食で著名な地理学者であるブライアン・ジョー・ロブレー・ベリーと会話を交わしたのだが、それを以下のように要約できる。「新世界にいる私たち別人にとっ

［51］［訳注］旧約聖書によればカインはアダムとイヴの子で、弟のアベルを殺害した。神はそれを怒り、カインは金輪際作物を収穫できないこと、さらに永遠にさすらい人となる呪いを告げたという。

［52］［訳注］イエス・キリストの象徴的呼称および図像である。新約聖書ではキリストは「私は善き羊飼いである」と語ったとされ、そこから聖職者を羊飼いに、信徒を羊の群れに擬《なぞら》えることがある。

［53］［訳注］ベルギーのヘント市にある聖バーフ大聖堂が所蔵する『ヘントの祭壇画』は、別名を『神秘の子羊』という。人間の罪を贖うためイエスが生贄の役割を果たしたことから、キリスト教神学ではイエスは神の子羊とされる。上記祭壇画は多翼式で、そのひとつがこのモチーフに捧げられている。

［54］ついでながら、聖書によればカインは「エデンの東」に最初の都市であるエノックを建設する。したがって、西方の玄牝《げんぴん》に都市の対極を探しだすのは論理的なのだ。そして都市が東方に向かったことは、文明化のための光を照らす使命（*Aufklärung* 啓蒙）に着手するということである……しかし、それについて地理学の博士論文は書けまい。神学でも無理だろう。ぎりぎり譲歩して、風土学《メゾロジー》のそれである……とはいえ、言えるのは、少なくともパリやロンドンで、あるいは東京においてさえ、パラダイム化されているのは、田園は歴史的に西方に、その対極（労働）は東方に所在したということである。パリについては、このテーマについて、DESMARAIS Gaëtan, *La Morphogenèse de Paris, des origines à la révolution*, Paris, l'Harmattan, 1995 を参照するものとしたい。［訳注：原文では冒頭の「ところで」をフランス語ではなく英語で *By the way* と記述している。旧約聖書の一書であるイザヤ書第三七章の三四の一般的和訳は「彼［アッスリアの王］は来た道から帰り、この町に入ることはない、と神は言う」とされる。その現代英訳の多くは「来た道から」を «By the way that he came » としており、冒頭の *By the way* もそれを暗示していると考えられる。ただ、それを訳文に反射されるには限界があり、ここでは一般的に「ついでながら」としている。また、文中で「エデンの東」は括弧づけされているが、これは親の愛をめぐる兄弟間の葛藤を意味するカイン・コンプレックスを描いた小説や、さらにジェームス・ディーンの初演作として有名な映画作品を意識したものと考えられる］

［55］ギリシャ語で *katholikos* は「普遍的であること」を意味する。

［56］農民は長いあいだ異教徒であると見なされ、ラテン語の *paganus* はこれらふたつの意味（すなわち農民と異教徒という意味）を合わせもつことを失念すべきではない。

［57］WRIGHT Franck Lloyd, *Autobiographie*, Paris, les Editions de la passion, 1998 (1932)（フランク・ロイド・ライト（樋口清訳）：『自伝――ある藝術の形成』（一九八九年）及び『自伝――ある藝術の展開』（二〇〇〇年）、東京：中央公論美術出版）

［58］フィラデルフィア大学建築学科が二〇〇〇年一〇月一九～二一日に開催した『人間の住まいの構造と意味』についての討論会のことである。残念ながら同じタイトルで出版された論集（ATKINS Tony & RYKWERT Joseph, dir., *Structure and meaning in human setlements*, Philadelphie, University of Pennsylvania Museum of Architecture and Anthropology, 2005）には、ベリーの文章は所収されていない。以下では、ESCANDE Yolaine et SCHAEFFER Jean-Marie (sous la direction de), *L'Esthétique: Europe, Chine et ailleurs*, Paris, You-Feng, 2003, pp. 71-84 に所収された拙稿 BERQUE Augustin, «La cité naturelle, De l'ermitage paysager en Chine médiévale à l'*e-urbanization* post-fordienne» の一節の再掲である。

て、文化遺産とは都市《シ》＝市民体《テ》ではありません。それは自然なのです」。彼は前日に「アメリカの例外主義[59]と電子都市化（*e-urbanization*）の萌芽」と題した講演をしていた。ベリーにしてみれば、IT革命[60]は完全に「アメリカの信条」という意味＝方向に進行している。この信条はすでにヘクター・セント＝ジョン＝ドゥ＝クレヴクール[61]の『アメリカの農夫からの手紙』（一七八二年）で練られており、そこでは特にアメリカ的なこととして、以下の特徴の連合が挙げられている。すなわち、新奇なものへの嗜好、自然になるべく近接すること、新たなアメリカ人種を産みだす人種のるつぼ、そして運命論である。ベリーに言わせれば、このパラダイムが潜在的に惹起する住まいのスプロールは、重工業の産業革命期には手綱がしめられていて実現せず、むしろ集中化が必須だった。しかし、自動車が都心を解体して巨大都市化（*metropolitanization*）を引きおこし始めた。そのことで住まいの締めつけが外され、個人間の相互関係を勘案する形態が発達したが、それは次第にステレオタイプ化され[62]、かくして距離をおいた関係が推奨されるようになり、そのことで自動車の大衆利用にも支えられた空間消費が惹起される。また、サイバースペースは、それを具現化する電子都市化とともに、その傾向を著しく加速させる。かくして、旧くはセント＝ジョン＝ドゥ＝クレヴクールにより言及された論理に従い、それは都市を廃棄することでアメリカ的であることの本質を実現する。

　ベリーとこの理論を議論し、かかるパラダイムはヨーロッパでは大なり小なり都市《シ》＝市民体《テ》のスキームに反撃を受けたことを説明しながら、私は彼に、合衆国ではいかなる理念がそれに該当しえたのか、つまりは電子都市化という都市スプロールの最終版を呼びこんだのはいかなる理想だったのかを尋ねた。いくばくか考えた後（私たちは朝食の席にあったのだ）、ベリーは私に「自然だ」と答えた。それはまた私が彼に期待していたものそのものだった。これは彼、さらにはドゥ＝クレヴクールの本心であった[63]。

§40　隠喩から衛生主義へ

アメリカ人は、市壁外で生活する（北米大陸ではケベック以外に擁壁はほとんど見られないのだから、むろん隠喩の上でである）ことの欲動を「逃避主義（*escapism*）」と呼ぶ。たしかにそれが激化したのは新世界においてだが、

［59］LIPSET Seymour Martin, *American exceptionalism: a double-edged sword*, New York, W. W. Norton, 1996（シーモア・M・リプセット（上坂昇・金重紘訳）：『アメリカ例外論 ―― 日欧とも異質な超大国の論理とは』、東京：明石書店、一九九九年）で用いられ始めた表現である。リプセットにとって、アメリカの国家創設理念は自由、個人主義、ポピュリズム（大衆主義）およびレッセ・フェール（自由放任）である。それは個人的責任、孤高の率先垂範、主意主義を推進する。とはいえ、逆に粒子化、自己中心的行動（*self-serving behavior*）、そして公共財への軽蔑も惹起する。それらが絡みあい合衆国が造られるが、そこには「アメリカの例外」が潜伏し、あらゆる国家の中でも、もっとも反国家的で、もっとも法定主義的で、もっとも権利指向的な（*right-oriented*）なものとなる。

［60］情報技術の革新のことである。

［61］これはミッシェル＝ギヨーム＝ジャン・ドゥ＝クレヴクール（Michel-Guillaume-Jean DE CREVECŒUR）（一七三五年カン生まれ、一八一三年サルセルにて没）が、仕えていたモンカルムがケベックで降伏した後の一七五九年に、ニュー・ヨークに落ちついた際に選択した英名である。彼の波瀾万丈の人生の残りは、アメリカへの熱狂とフランスへの郷愁の間を揺れうごくこととなる。［訳注：ドゥ＝クレヴクールはフランス生まれのアメリカの著述家である。モンカルムとはル＝ジョゼフ・ドゥ＝モンカルム（Louis-Joséphe DE MONTCALM）（一七一二年〜一七五九年）なるフランスの軍人で、カナダの帰属を巡るイギリスとの戦争の指揮官だった。なお、上述のニュー・ヨークとは市名ではなく州名で、ドゥ＝クレヴクールが一七六五年に農場を購入して「アメリカの農夫」として落ちつく先である］

［62］ベリーはここではABU-LUGHOD Janet, *The City is dead, long live the city*, Berkeley, University of California CPDR Monographs, 12, 1968 の理論に依拠している。

［63］［訳注］訳出不能だが、ベルク氏の訳文に対する指摘では、ドゥ＝クレヴクールはCrévecœurと綴り、仏語の心（cœur）のそれを含むため、両者の同音部での韻を踏んだ文章である。

古代においてすでに明らかなことでもあった。ローマ人はそれを認識していたのである。ストラボン（紀元前六三年頃〜紀元後二三年頃）は、イタリアについての『地理書』第五巻で、アウグストゥス治下のローマ周辺への放射状道路網は、主に郊外の領地への連絡用であると記している。[64] つまり、ローマを囲む後光は田舎臭さよりは社交文化に彩られており、それはとりわけティブル、プラエネステおよびトゥスクルム方面で顕著だった（第五巻の三）。[65] 中世には貴族が、もっと後にはブルジョワ階層が、パリやその他の大都市周辺に同様の投資を行う。[66] この動きは、一三世紀以降、ペスト感染への恐怖から加速する。ジョヴァンニ・ボッカッチョの『デカメロン』のテーマは周知のとおりだ。それを構成する短編（一三四九年〜一三五一年）は、都市（フィレンツェ）を襲った伝染病の折に、田舎に逃げた上流階級の人びとの間で語られる対話形式をとっている。そしてアルベルティは、一四八五年の著書『建築論』で、「都市近郊に、まさに好きなことをしていられる休息の場を持った際に、喜ぶ姿を見せずにいられようか[67]」と書いている。

したがって、西欧の太陽の下では目新しいことは皆無である。とはいえ、その傾向は時を経ていくつかの決定的局面とともに強まっていく。一八世紀はそのひとつで、それまで交わることのなかった中国伝来の隠遁思想という源泉と、アルカディアという土着の源泉のふたつの流れが合流した。ロマン主義がアメリカで受容されたのは別の決定的局面である。というのも、そのことで現代の都市スプロールの第三の源流が噴出する腐食土壌を準備することとなったからだ。すなわち、自動車と甘美な館というカップルで、二〇世紀のフォーディズムにより、あらゆる金満国家でアメリカ発のその奔流が迸《ほとばし》りでることが可能となるのである。[68]

とはいえ、産業革命とともに、この逃避行における本性（nature）に変化が起きた。たしかに東洋にせよ西欧にせよ、それが三千年やそれ以上にわたって流れてきた神話に依拠している点は不変である。しかし、それはますます近代性に固有の技術・科学システムの機能に依存するようになっている。さらに、これらふたつの因子群の間で連接や結合がなされる。とはいえ、現代は、それでもやはり主観性の支配する時代や分野から、機械が人類にそれ固有の客体性に基づく動作規則を押しつけるそれに移行する過程にある。そこには人間存在の転落があり、その深さは測りしれない。そこでの測深探査こそ、本書後半の構成である。この存在論的問題は、不可分にも人間存在の生態学的基礎の問題でもある。事ここに到ったかくなる局面の象徴的形象がロス・アンジェルスであり、そこで戸建て住宅の九〇％が（各戸に芝生やプールなどが附属している）が数千平方キロメートルの砂漠に塗りたくられている。何はともあれ、それは水利資源の無駄づかいの権化なわけだが、これは現代文明のメカニズムが強制するシステムのもっとも可視的な部分にすぎない。

とはいえ、ここでは象徴の側面にさらに数ページを費やして、もっと西方の日本に戻りたい。郊外という術語が現代的な意味で生まれた瞬間に、象徴がいかに機能したかについての把握を試行しながらである。

本書は、これまでに茶室に代表される「廬」である山居のモチーフがいかに形成されたかを見てきた。残されているのは、このパラダイムがいかに頂点から転げおち、二〇世紀の日本の郊外にスプロールするほどになったかを理解することである。

日本でも、他の場と同様に貴顕の住宅は、現代郊外が増殖させる都市外への逃避行を予言していた。一六一五年から、当時は京都西方の田園地帯であった場所に建設された桂離宮はその好例である。そのことで、当時

［64］ANDRE, *op. cit.*, p. 5 sqq.
［65］［訳注］ティブルとプラエネステの各々の現在名は各々ティヴォリとパレストリーナで、トゥスクルムは現在は廃墟になっている。いずれもローマ時代には著名な別荘地だった。
［66］STEBE Jean-Marc, *La Crise des banlieues*, Paris, Presses universitaires de France, 1999, p. 10 sqq.
［67］STEBE, *op. cit.*, p. 11 での引用文である。
［68］このテーマについては、BERQUE, BONNIN et GHORRA-GOBIN (sous la direction de), *op. cit.* を見よ。

まで虚構の廬であったものが、一分の一の本当の住居に回帰させられる問題が惹起される。§34で見た隠遁の柱である床柱のような茶室の重要要素のいくつかを、一般の住まいの構造に接ぎ木することでなされた拡大作業のそれである。この改変の実験台は、江戸時代末期から明治期まで、金持ちの都市民がきまって大都市から遠からぬ風光明媚な地に建設させたヴィラや別荘、あるいは別所と呼ばれたものであった。

例えば、土屋和男は、一九世紀末期から第二次世界大戦までの間、保養地として好まれた興津（今日の静岡市清水地区）の別荘群を研究している[69]。それらの別荘群は完全に和風で建てられている。保養地になる以前には、興津は古くから名所として、詩歌に詠われ絵画に描かれてきた。それらの表象の中でもっとも有名なのは、興津周辺から見た富士山を描いた雪舟（一四二〇年～一五〇六年）の絵である。室町時代に描かれたこの風景画は名声を博し、江戸時代には多くの模写が造られた。その中に、江戸城の障壁画で、将軍が重臣を接見する際にその背に来るように位置が決められていたものがある。かくして件《くだん》の風景画は、とりわけ人目に付きやすい瞬間に、国内最強の人物に対してある意味で背景として供されていた。将軍自身はそれを目にすることはないが、その招待客は彼がこの風景画の前面に浮きあがるのを見ていた。

興津の別荘群からの眺望を分析した土屋は、いくつかの主要な別荘からは富士山を見ることができなかったと指摘している。というのも、それは別の山に隠されてしまっていたのだ。したがって、富士山を熟視することは、これらの別荘群の主要配置要因ではありえない。逆に、それらの別荘群は、富士山を背景として描いた雪舟の有名な風景画の視点場から、しかと見えたのであった。つまり、結論は、これらの別荘群はその所有者に風景を見世物として提供するためというよりも、藝術と権力により捧げられた件《くだん》の風景の一部を成すべく配置されたということだ。それらは、この風景の前景に見られることを選好しているのであり、これは少し前までの江戸城における将軍と同じだった。

これは、アラン・ロジェが意味するところの審美化（artialisation）の好例である。雪舟の筆がこの風景を高貴なものとしただけではなく、その表象領域に実体としての住まいを惹きつけた。n分の一の尺度から一分の一の尺度に移行したわけだが、それはn分の一の尺度で展開された場面に従ったものなのであった。

換言すると、これらの別荘群の所有者は、自身の表象を〈つうじて〉興津の物理的場所を生きただけではない。それでは普遍的な平々凡々にとどまる。実際には、彼らは、自分の別荘を、物理的な配置を犠牲にしても、自身の表象の〈内部に〉立地させたのであった。

この事例は、本書第八章で見ることに関わる。すなわち、述語世界（P）への一般的選好が、自身の実体的基礎（S）である地球に対して自律化し、さらには絶対化するということである。

ともあれ、その結果、興津の有名別荘群はそれ自身で他の住まいを呼びこんでしまい、その結果、東海道メガロポリスの郊外の波間に徐々に呑みこまれていく。雪舟の描いた風景はさらに、海岸線の人工物化（高速道路の通過や波打ち際の埋めたてなど）の波に曝された。そこでの美は集客機能を停止し、かつて昔話の冒頭で語れたように「いまはむかし」のこととなってしまった。いまはむかし、その風景があったとさ……。とはいえ、それはもはや一分の一の尺度の領域では見つからないのだとさ。

さらに、西欧と同様、知識階層の言説による「有毒都市」[70]の否定という衛生主義運動が、郊外への逃避行を大々的に支えた。ここでの論点はほぼ西欧と同一である。この言説は近代科学の産物で（この場合はとりわけ医

［69］　TSUCHIYA Kazuo, «Considérations sur l'effet de lieu d'Okitsu fondées sur la représentation du mont Fuji dans *Vue du Fuji, de Miho et du monastère Seiken-ji* (attribué à Sesshû)», dans BERQUE, BONNIN et GHORRA-GOBIN (sous la direction de), *op. cit.*, pp. 292–301.

［70］　フランスにおけるこのテーマについては、BARLES Sabine, *La Ville délétère: médecins et ingénieurs dans l'espace urbain, XVIIIe–XIXe siècles*, Seyssel, Champ Vallon, 1999 を見よ。

学）、さらに近代の工業化に広範に由来する要因群により惹起されている。したがって、日本は、若干の時間差をもって西欧ですでに発展させられたテーマの再利用をしたにすぎない。とはいえ、議論は日本固有の現実を反映している。以下では、樋口忠彦作成の選集から賛否双方の三事例を引いてみよう[71]。

最初のそれは郊外の弁護である。すなわち日本の社会主義の先駆者である片山潜の作品からの抜粋である。

［……］都市の中央は概して物資集散の焦點となり、其部分は特に種々なる必要より人類の集合するもの夥多く、人家愈々稠密にして、實に立錐の地もなきに至るは固より其處なり、然れども人類生息の理に於ては、其集密程人命を短縮するものは非ず、誠に天理に反するものなり、此に於て富豪巨商は、商工業の店舗取引の場は勿論、此處を根據とす可きも、自身は既に紅塵萬丈車馬輻輳の境を脱して、遠く居を市外にトして住す、残留するものは唯貧民勞働者のみにして、市街は愈々不潔となる、表面より觀れは地代は高く、商工業繁盛し、往來織るが如く、如何にも人生の樂境の如しと雖ども、其實は焦熱地獄と擇ふ所なし［……］[72]。

つまり、片山は、貧民労働者も空気がきれいで風景も心地よい郊外に住めるように公共交通システムの開発を推奨しているのである。

当時は近代郊外現象の最初期にあたる。片山の本が出版された一八九六年当時、東京はまだ明治以前の人口規模（一四〇万人）に匹敵できていなかった[73]。そうなるのは次年のことだが、加速度的な勢いをもってしてであった。人口二〇〇万人に到達するのは一九一〇年のことである。

かくして郊外は無秩序に、全体的な見とおしも特別な空間整備もなく発展し始める。田園的生活環境は、§41で後述する、当時文学が附与していた牧歌的表象を裏切りながら早々に崩壊する。同時に批判が現れるが、幸田露伴（一八六七年〜一九四七年）が一八九九年に出版した作品『一国の首都』はその好例である。[74]

然るに都市の繁栄するに従つて、水の氾濫するが如くに人家は歳ゝ月ゝ郊外の菜畦《さいけい》麦隴《ばくろう》を埋め、林野蕭散《しょうさん》の状態変じて屋廂《おくしょう》相望み、鶏犬の声[75]緩《ゆる》やかに聞こえしところも新聞売りの鈴の音忙《せ》はしきに至れば、名は郊外といふといえども実は既に都内と同じく、飲用水も足らざらんとする勢を示し、下水も自然にのみ任せ置く時は堪へがたき不潔の状を呈し、警察上衛生上の注意及び施設も市内同様緻密にならざるを得ざるの状を存するに至るべし。是《かく》の如き事実の結果は［……］都民をして郊外に遠ざからしむる因となり［……］。

都は都たるに適する各般の施設経営を有せしむべし［……］。

都はその実質をして豊富堅厚ならしむべき也、都外はその自然と人間との関係をして適度に保たしむべき也。

---

［71］HIGUCHI Tadahiko, «La croissance de la banlieue à Tokyo: histoire d'un débat», dans BERQUE, BONNIN et GHORRA-GOBIN (sous la direction de), *op. cit.*, pp. 326–336.

［72］片山潜：『鉄道新論』、東京：博文館、一八九六年、附録 pp. 3–4（復刻版は、東京：学陽書房、一九九二年）。片山はアメリカに滞在したことがあり、その視点は日本の都市の現実と同様に少なからずその経験に基づいていると考えられる。［訳注：訳者はベルク氏が参照した樋口論文にも当たってみたが、片山の原文を一部入れかえて記述がなされていた。これは以下で引用する幸田露伴や幸徳秋水の文章でも同様である。ここではベルク＝樋口論文とは完全に同一にならないものの、いずれも原文をそのまま、必要に応じてベルク＝樋口論文での割愛部分を復活させつつ引用する］

［73］明治維新は、大名に隔年で江戸への居住（さらに彼らが領地に戻る際には人質として家族をそこに残すこと）を課していた参勤交代の仕組みを打倒し、劇的な人口減少を惹起した。後述するように、歴史的にみて産業革命以前に世界最大級だった都市のひとつであったそれが、かつてと同程度に人口を回復するには三〇年を要する。

［74］幸田露伴：『一国の首都』（復刻版）、東京：岩波文庫、一九九三年（原著は一八九九年）、pp. 76–77。

［75］ベルク注：ここでは、§11で引用した『老子』第八〇章に由来する田園的安寧についての古典的モチーフを見てとれる。

幸田は、とりわけ都市と郊外との間に明確な境界線を設定しようとするが、それは後者を「郊外らしい状態」に維持するためであった。この興味深い表現では、近代日本では都市近郊を意味する郊外という単語は、いまだに古典中国語の共示内容、すなわち§14で見た市壁の外部の自然＝田園というそれを帯びている。

幸田の提案が聞き入れられることはなかった。§42で見るような、私企業により部分的に秩序だてられたいくつかの分譲地を除き、東京都市圏は長期にわたりマスタープランや郊外に適した社会基盤もなく拡大をつづけた。一般的に、そのプロセスは伝統的な田園地帯を都市化の先端部分が吸収することで進行したが、そのことで田園は不備の多い、というか非衛生的な住宅地に転換させられた。幸徳秋水（一八七一年～一九一一年）は日本の社会主義の初期の代表的思想家だが、一九〇八年に『経済新聞』紙上で発表した「郊外生活」と題された小論でその現象を明らかにしている[76]。

［……］大久保柏木も我が初めて移りし程は、春は麥《むぎ》畑に雲雀《ひばり》揚り、秋は柿の梢に百舌《もず》鳴きて長閑《のどか》に住みなされしが、此頃は俗悪なる貸家軒を並べて雑閙漸《ざつどうようや》く加はり、排水の設備なき新開地は、家々より流す下水道路に溢れて、臭氣近づく可らず［……］。

つまり、彼は田園のもう少し遠いところに転居したわけだが、そこはかつてのようであった。

然るに此地の今日猶ほ蟇六龜篠《ひきろくかめざさ》[77]の昔しを想はしむる静かさは、電車の未だ通じ來らざるが爲めなり、我等の宅より江戸川の電車終點まで二十丁もあるべし、是れ此地の爲めに幸か不幸かは知らざれど、我等の爲めには難有し、電車が一たび音羽より大塚に通ずる時は、大久保柏木と同じく熱閙《ねつどう》の巷となりて、我等の生存競争の劣敗者は又た何処にか逃出さねばならぬべし。
遮莫《さもあらばあれ》、今の我が郊外生活は、平穏なり、閑静なり、古雅なり、質朴なり、文明を知らず、流行を趁《お》はざる郊外生活なり、我は我が清福を欣ぶ。

引用文の第二節にあるように、幸徳秋水は隠遁の伝統に由来する一連の紋切り型、つまりもう少し先で彼がこの仮住まいを泡沫《うたかた》と比較しながら詳述する暗示法を用いていることに気がつこう。[78] イメージは、§31で前述の『方丈記』の有名な序文に直接的に由来している。実際、当時出回った郊外についての多くイメージは、いまだに文化階層には明確な形象たりえていた隠遁の伝統文学に由来している。以下では、その明示的形象の実例を示すが、それは西欧では同程度になるのが想定できないほどのものである。

§41 田園の憂鬱

樋口忠彦は著書『郊外の風景 —— 江戸から東京へ』[79]で、明治（一八六八年〜一九一二年）・大正（一九一二年〜

[76] 幸徳秋水：『幸徳秋水全集』第六巻、東京：明治文献、一九六八年、pp. 471–472。
[77] ［訳注］両者は『南総里見八犬伝』登場する夫婦で、大塚家の家督を奪って武蔵大塚村の村長になる。武蔵大塚村は現在の埼玉県入間郡に所在したもので、東京の大塚と異なるが、幸徳は引用外の文中で『八犬伝』に言及しつつその田園性の類似性を暗示している。
[78] ［訳注］樋口論文ではベルク氏がここに記す通りに「泡沫」が引き合いに出されているが、幸徳の「郊外生活」の引用源にはそのような表現は出てこない。
[79] 樋口忠彦：『郊外の風景 —— 江戸から東京へ』、東京：教育出版、二〇〇〇年。

一九二五年）期の文学が、当時の日本人の気晴らしの仕方や、さらには住まいに対して及ぼした余波を明らかにしている。[80] それまでは、名所[81]巡りが市民の遠出や観光旅行の主要な動機であった。近郊の田園地帯の風景はその対象外だった。それはまだ審美化されていなかったのである。明治時代に西欧の影響下でなされたのが、まさにこの審美化だった。この点がもっとも顕著な作品は、詩人・小説家の国木田独歩（一八七一年〜一九〇八年）による『武蔵野』（一九〇一年）であった。この作品は、東京西方近郊の武蔵野の田園地帯を逍遙しながら偶然発見した風景的モチーフについての随筆集である。この都市近郊の田園地帯は、伝統的名所としては特定のものが少数認められるだけだったが、独歩[82]はその慎ましい魅力の発見者となったのである。彼はとりわけ雑木林の美を発見したが、それは農民の日常世界の一部である「雑多な森」のことで、こう言ってよければ、文学や藝術は伝統的に目を向けたことなどなかった。人は名所から名所へと動き、その間にあるものは、少なくとも風景としては一顧だにしなかったのだ。[83]

独歩は日本の自然主義の先駆者のひとりで、彼はその影響の下、田園そのものに目を向ける。花鳥風月[84]というステレオタイプから解放されると、田園は思いもよらない美的資本を露《あら》わにした。それは、もはや名所という特殊性を帯びた場所ではなく、一般にいう田園にして自ら魅力をあらわにする田舎らしさそのものであった。樋口が指摘するように、独歩は文中で場所に名前をつけることがほとんどない。彼が述べるのは本質的に田園逍遙の悦楽で、かくして同一の風景的オーラを武蔵野台地（さらにはその先のあらゆる潜在的な田園地帯）の全土の後光としてしまう。そしてそれは、二〇世紀の中産階級の居住願望を喚起することとなる。

文学は、このように近郊田園地帯を甘美な館の場とするのに必要な審美化を施すが、それは単に西欧伝来の自然主義やその他の美学上の教養に基づくものではなかった。これらの新たな述語群は、より旧い他のそれに挟《はさ》みこまれたのである。至って旧いものだが、常に影響力のあるものだ。これは『武蔵野』という事例が連想させる、おそらくもっとも顕著な作品である『田園の憂鬱』[85]の隠されたテーマである。それは自伝に近い内容をもつ（だからこそ本論にとって興味深い）。詩人・佐藤春夫（一八九二年～一九六四年）は、同書を大正三年（一九一九年）に出版した当時、二七歳だった。著者略歴からは以下のことがわかる。[86]

大正四年、十二月、無名の一女優E・Yと同棲《どうせい》。

大正五年四月。「ひとりの女と二匹の犬と一匹の猫とチウブばかりになった絵の具と十冊の書物と二枚の着物と」を持って、この詩人は神奈川県都築《つづき》郡中里村鉄《くろがね》と云う所に移っていった。ここに於て、『田園の憂鬱《ゆううつ》』の一部『病める薔薇《そうび》』が、長い模索《もさく》と彷徨《ほうこう》の果《はて》に、ためらいがちに書きはじめられる。

---

[80] 以下の論考は、拙稿 BERQUE Augustin, «Le lieu du paysage de *Triste campagne ou la rose malade*, de Satô Haruo», dans *Ebisu. Etudes japonaises*, no 28, printemps-été 2002, pp. 9–23 及び BERQUE Augustin, «De *la Source aux fleurs de pêcher* à la *Rose malade*, ou l'inauthenticité», dans GRIOLET Pascal et LUCKEN Michael (sous la direction de), *Japon pluriel 5. Actes du cinquième colloque de la Société française des études japonaises*, Arles, Philippe Picquier, 2004, pp. 244–258 の要点を再掲したものである。

[81] 字義どおりには、伝統的に「改めて名をつけられた場所」のことである。

[82] 独歩とは文字どおりには「独りで歩く者」ということで、国木田哲夫の号である。

[83] とはいえ、この類《たぐ》のふるまいは、日本だけではなく社交界に出入りするような東アジアの旅人、とりわけ中国人にとっては依然としてありがちなことである。観光バスの運転手である知人に言わせると、中国人観光客は二箇所の撮影ポイントの間に、車窓から風景ではなく、（中国のヴィデオを映した）カーテレヴィを見る方を好む唯一の国民であった。

[84] 花鳥風月とは知覚や所作に関わるコードで、日本的風土の歴史の中で、これこれの季節にはかれこれの花、鳥、風、そして月、つまりは自然現象を組みあわせることを課し、時節や場所を織り上げてきた。例えば、かれこれの名所には、これこれの花を愛でたり、これこれの鳥の歌声を聞くために、一年の内でもこれこれの季節にしか行かないといった具合にである。俳句はこれらのコードの強化に大いに貢献した。

[85] 佐藤春夫：『田園の憂鬱　或いは病める薔薇《そうび》』改版、東京：新潮文庫、一九五一年（原著は一九一九年）

[86] 以下は、『田園の憂鬱』の p. 175 に記された檀一雄の解説の一部である。

詳細は作品そのものの中で語られる。もっとも、主人公である「彼」[87]は、そこでは大したことは何もできないことが露《あら》わになる。

本作品のもっとも明示的なモチーフは、最終章[88]の中心テーマである「病める薔薇」である。向こうに丘の見える庭園の片隅で、華奢な薔薇の木に遅れて咲いたこの薔薇は、虫に喰われている。最後の数ページで、「彼」は「声」（それは幻聴である）を耳にするが、それは何度となく彼の手を止めさせ、不意に「おお、薔薇、汝病めり」と叫びかける。これはウィリアム・ブレイクの詩である「*The Sick Rose*」の最初の行の日本語訳である。[89]それは「彼」のしていることに干渉してくるが、これはおそらく何よりも西欧文化が日本近代の自己同一性に対して及ぼす干渉を象徴している。とはいえ、テクストが結ばれるのがこの執拗な暗示をもってしてではあっても、全体を支配しているのは別の隠れたコーパスで、それは時として明示されるものの（つまり「彼」に意識的に利用される）、本質的にはそうではない（つまり「彼」の無意識に属するもので、さらに中国の古典詩について教育を受けていない全ての読者を素どおりしてしまう）。

明示的なのは、例えば「彼」が薔薇があらゆる薔薇の木の中でも最も美しく咲いているのを見る時である。妻にこの薔薇について話ながら、彼はこう言う。[90]

　そうだよ。一茎独秀当庭心《いっけいひとりひいでていしんにあたる》——奴さ。

つまり、日本語で儲《ちょ》光《こう》羲《ぎ》（七〇六年〜七六三年）[91]の「薔薇詩」[92]の一節を読み下しながらである。あるいはさらに、物語の冒頭という読者に重要な手がかりが与えられる場所で、[93]都市を去った後の腰の落ちつけどころとなる農家の前に到着した「彼」が、陶淵明の「帰去来辞」[94]の一節を引きあいに出す。

彼はその土橋を渡ろうともせずに、「三径就荒《さんけいこうについて》」[95]と口吟《くちずさ》みたいこの家を、思いやり深そうにしばらく眺めた。

この一節は、文字どおりに庭の小径が雑草に侵犯されていることを意味するだけではない。淵明にしてから、すでに隠遁の伝統のさらなる上流に、王莽《おうもう》[96]（在位紀元後九年〜二五年）のクーデターに際して身を引いた文人・

---

［87］当該主人公は佐藤の文中では名前を与えられることがなく、日本の近代文学でしばしば見られるように、単に「彼」と記されるのみである。この「彼」の用法については、私の解説文であるBERQUE Augustin, «Le poème dit par un autre poète», dans *Poésie*, no 100, juin 2002を見よ。

［88］佐藤：前掲書、pp. 152–156。漢字の「薔薇」は口語的には「ばら」と読まれ、「そうび」という読み方は死語であることを記しておこう。それは主人公の文人としてのものの見方を表している。

［89］この詩を教示してくれた荒木亨に感謝する。原文は以下の通り。「O Rose thou art sick./The invisible worm,/That flies in the night/In the howling storm:/Has found out thy bed/Of crimson joy:/And his dark secret love/Does thy life destroy.」［訳注：松島正一（編）：『対訳ブレイク詩集』、東京：岩波文庫、二〇〇四年、pp. 107–109による翻訳は以下のとおり：「おお薔薇《ばら》よ、おまえは病んでいる。／夜にまぎれて飛ぶ／眼に見えない虫が／荒れ狂う嵐のなかで／深紅の歓喜の／おまえの寝床を見つけた。／そして彼の暗いひそかな愛が／おまえの生命《いのち》を滅ぼす。」］

［90］佐藤：前掲書、p. 155。

［91］［訳注］唐代の詩人で、王維や孟浩然と並びいわゆる田園詩派の有力詩人のひとりとされる。陶淵明の詩は彼の模範であった。なお、生没年をそれぞれ七〇七年と七六〇年とする説もある。

［92］*Qianguei si.*

［93］佐藤：前掲書、p. 17。

［94］*Gui qu lai xi.*

［95］*San jing jiu huang*、すなわち「三本の小径が打ちられている」の日本語読みである。問題となっている詩で、陶淵明は、都市での栄達を捨てて故郷への戻ったことを謳いあげている。

［96］［訳注］王莽（紀元前四五年〜紀元後二三年）は、前漢の皇帝・平帝を毒殺して帝位を簒奪し、国号を新とした。後に劉秀（後漢の光武帝）に攻められ敗死した。なお、一般的には治世は八年から二三年までとされる。

蒋詡《しょうく》[97]を位置づけている。ここでは、件《くだん》の詩句は、田園に隠棲した「彼」が、陶淵明の隠遁の隠喩を身をもって実践することを、読者に看取させるべく始められているのである。

この引用文は、明確に陶淵明の作品を参照する唯一のものだが、それが現れる時点でそれらの関係を連想してしまうのは早とちりというものだ。読者がかかる道に導かれるのは、文章の展開に応じてひとつひとつなされる暗示によってとなる。さらに、これらの別の暗示は、すべて風景についての記述の中に埋めこまれた間接的で非明示的なものである。「彼」はあいまいな予感を越えてゆくことは決してない。彼がそれを明らかにするのは物語のまさに冒頭で、たおやかな日差しの下、農夫に案内されて妻と二匹の犬と一緒に、借りることを決めた家へ歩いていく場面においてである。[98]

「いい家のような予覚がある」
「ええ私もそう思うの」
その草屋根を見つめながら歩いた。この家ならば、何日《いっ》か遠い以前にでも、夢にであるか、幻にであるか、それとも疾走する汽車の窓からででもあったか、何かで一度見たことがあるようにも彼は思った。

白居易にとっての廬山がそうであったように、この農家は彼に既視感を与えるが、読者は後にその理由を知ることとなろう。「彼」がそこに移り住んだ時、それは貧農が維持が怠った末に空き家にされていた。とはいえ、実際にはそれは正統な農家ではない。それは、そもそもは金持ちの隠居が、都会から連れてきた若い妾と一緒に老年を送るつもりで建てたものだった（とはいえ、彼女は後に若いツバメと一緒に出奔してしまう）。

それから自分の家の離れ座敷をとり外して、彼の屋敷からはすぐ下に当るところへ、それを建て直した。冬には朝から夕方まで日が当るような方角を考えて、四間の長さをつづく縁があった。玄関の三畳を抜けて、六畳の茶の間[99]には炉を切らせた。黒柿《くろがき》の床柱[100]と、座敷の欄間[101]に嵌込《はめこ》んだ麻の葉つなぎの桟のある障子[102]の細工の細かさは、村人の目をそば立たせた。さすがはうちの山から一本択りに択《え》って伐《き》り出した柱だ、目ざわりな節一つない、と大工はその中古の柱を愛撫《あいぶ》しながら自分のもののように褒めた。そうして農家の神々《こうごう》しいほど広い土間[103]のある、太い棟や梁《はり》の真黒く煤《すす》けた台所とは変って、その家には、板をしきつめた台所に、白足袋[104]を穿《は》いて、ぞろぞろの衣服の裾《すそ》を引曳《ひきず》った女が、そこで立働くようになった[105]。

［97］蒋詡は庭に三本の小径を設え、各々に松、菊、竹を植えた［図9］。爾来、「三径（*san jing*）」は隠者の庭園の同義語となった。さらなる詳細については、JACOB Paul, *Tao Yuanming. Œuvres complètes*, Paris, Gallimard, 1990, p. 346, note. 20を見よ。また、引きあいに出されている詩の仏訳は、p. 190以降に掲載されている。［訳注：蒋詡（紀元前六九年～同一七年）は、王莽の乱の後も出仕を求められたが病気を理由に固辞し、漢王朝への忠誠を貫いた］

［98］佐藤：前掲書、p. 6。

［99］茶の間は、文字どおりには茶を飲むためのサロンである。伝統的な日本家屋では、この部屋はとりわけ西欧家屋の食堂に相当する機能を有しているが、完全に相当するわけではない。というのも、家具が異なり（特に椅子がない）、そのこともあって利用方法はより変化に富んでいる。同じ単語によって「女中部屋」や茶会のための部屋のような別の受けとり方も可能である。用法によって、つねに同じ種類の部屋を指すわけではなくなる。

［100］§34を見よ。

［101］透かし彫りのある帯状装飾のこと。次の注も見よ。

［102］障子は透光紙を貼った可動式の枠材で、部屋の縁側の辺の開口部に設置され、さらにその上部に欄間が置かれることもある。

［103］土間とは、床の張られていない土がむきだしになった部屋のことである。ただ、ここで話題にされている台所は、床が張られるなり畳が敷かれるなりした嵩上げ部分がある可能性がある。

［104］足袋とは、足指が別々になる白綿の靴下のことである。

［105］佐藤：前掲書、pp. 22–23。

このような建築は§33で見た数寄屋の直系に当たり、つまりは隠遁の封土＝動性《ムーヴァンス》の中にある。そのデザインや装飾はヴィラに由来し、農事目的の家屋のそれではない。この甘美な館が彼に語りかけてくるのは、それが農業ではなく文学に由来するからなのは明々白々だ。とはいえ、その前史とまったく同様に、「彼」はそのことを知らない。彼としては、本当の農家で田園そのものを生きているつもりになっている。同様に、彼は引っ越しが終わると、大地に関わる労働者よろしく熱心に庭の草むしりを始める。彼はかかる類《たぐ》いの手慰みにはすぐに飽きてしまうが、少なくともある方向への眺望を発見することにはなる。


　ここに一つの丘があった。

　彼の家の縁側から見るとき、庭の松の枝と桜の枝とは互に両方から突き出して交り合って、そこに穹窿形《きゅうりゅうけい》の空間が出来て、その樹《き》と樹との枝と葉とが形作るアアチ形の曲線は、生垣の頭の真直ぐな直線で下から受け支えられていた。言わばそれらが緑の枠をつくっていた。額縁であった。そうしてその額縁の空間のずっと底から、その丘は、程遠くの方に見えるのであった。

　彼は、何時《いつ》初めてこの丘を見出したのであろう？　とにかく、この丘が彼の目をひいた。そうして彼がこの丘を非常に好きになっていた。長い陰気なこのごろの雨の日の毎日毎日に、彼の沈んだ心の窓《まど》である彼の瞳を、人生の憂悶《ゆうもん》からそむけて外側の方へ向ける度毎《ごと》に、彼の瞳に映って来るのはその丘であった。

　その丘は、わけても、彼の庭の樹樹の枝と葉とが形作ったあの穹窿形の額縁を通して見る時に、自《おの》ずと一つの別天地のような趣があった。ちょうどいいくらいに程遠くで、そうして現実よりは夢幻的で、夢幻よりは現実的で、その上雨の濃淡によって、或《あ》る時にはそれが彼の方へ稍《やや》近づいて、或る時にはずっと遠退《とおの》いて感じられた。或る時には擦りガラスを透して見るようにほのかであった。〔106〕

「彼」は、絵のように額で縁どられたこの別天地を観察して多くの時間を過ごす。彼はそこに母性的な懐を見だしているのだ。「その丘はどこか女の脇腹《わきばら》の感じに似ていた[107]」。


「何をそんなに見つめていらっしゃるの？」

彼の妻が彼に尋ねる。

「うん。あの丘だよ。あの丘なのだがね」

「あれがどうしたの？」

「どうもしない……綺麗《きれい》じゃないか。何とも言えない……[108]」


この「何とも言えない」は、§16で見た陶淵明の詩『飲酒』其の五を想起させるもっとも直接的な暗示文で、実際ほとんど引用と言える。その最後の一節「弁ぜんと欲して已《すで》に言を忘る（それを説明しようとしたとたん、言葉などもう忘れてしまった）」が思いおこされるのだ。その瞬間から、暗示が相互に突きあわされ、丘が廬山に他ならないことが明らかになる。「彼」はそこで草屋根を見つめている[109]。白居易の山居のある場所なのだから当然だ……。丘は彼に「フェアリイ・ランド[110]」を想起させる。古典的なことよ。というのも、廬山は洞天福

［106］同上、pp. 86–87。

［107］同上、p. 87。

［108］同上、p. 89。

［109］同上、p. 88。

［110］*Fairyland.* 同上、p. 92。

地[111]、すなわち仙人の国として知られているからだ……。また、『飲酒』の第七行で廬山の「気」が夕日に向かって蒸散していくのと同様に、丘にある草屋根からは夕餉の支度の煙が立ちのぼる。[112] また、同第八行で陶淵明は飛ぶ鳥を見るが、「彼」もそれを見ている。とはいえ、「彼」の場合それは吉兆ではない。「丘の雑木林の上には烏《からす》が群れていた[113]」……最後に、廬山を前に「真意[114]」を悟った陶淵明に倣《なら》い、「彼」も丘を前に「超越的な心持[115]」を感じとる……。

憐れむべき超越性ではある……。というのも、この夕日を見たあと、常に深い悩みに取り憑かれている「彼」は、憂いの中に落ちこんでゆくのである。たしかに彼が見ているのは同じ丘なのだが、それは不吉なものに変わってしまう。

その丘が、今日又一倍彼の目を牽《ひ》きつける。

「俺は、仕舞いには彼此で首を縊《くく》りはしないか？　彼此では、何かが俺を招いている。[116]」

佐藤は、「彼」においでおいでをして「招く[117]」ものについて述べていない。そこで、本書が彼に代わって答えてみたい。それは「彼」、つまり東アジアの一文人の風物身体だ。このモチーフにより、白楽天は廬山を見るなりそれを好きにさせられた。「彼」とその丘も同様である。たしかに、丘はその故郷の廬山ではなく「見立て」に過ぎない。「彼」の問題は、この「見立て」を制御できないことで、彼がそれを弄《もてあそ》ぶのではなく、彼がそのおもちゃになってしまっているのだ。しまいには、そのせいで実際に首は縊《くく》らないまでも、その病める薔薇に憑かれたこの他所で自分を見失ってしまう。テクストの最後の数語が言うように、「何処まででも、何処まででも……[118]」。

§42　分譲地、電車からマイカーへ

おそらく「彼」はやや特異な人物である。同時代の郊外居住者の大半は、彼が憑かれたような「見立て」[図11]など念頭にはなかった。同様に、「彼」は実在の人物ではなく、パラダイム的なものにすぎない。中国の遺産と西欧の舶来品、換言すると廬山と病める薔薇の間で引き裂かれる日本の自己同一性という形象を使い、佐藤はひとつの寓話を描いたのだ。

ただ、この寓話は単に隠喩的というだけではない。それは、いくつかのイメージを使いながら、近代日本の大衆にとっての理想の住まいの現実を述べている。そして、それはそうなる理由を例示をつうじてまとめてみせる。本質的には、それは後に建築として実体化する文学的形象である。したがって、「彼」という半狂人ともいえる詩人は、現実から遠く離れてしまっているわけではない。彼の真正的とは言えない大地への帰還は、

[111] *Dongtian fudi.*
[112] 佐藤：前掲書、p. 93。
[113] 同上、p. 91。
[114] *Zhen yi.*
[115] 同上、p. 92。
[116] 同上、p. 163。
[117] この漢字は、§17で見た隠者の公務復帰への督促である「招隠（*zhaoyin*）」に用いられるものと同じである。
[118] 「で」が繰り返し用いられているのは場所の概念を強調するためで、自分がいる場所「で」、彼は幻想にとり憑かれるのである。

概念の物事への、述語の位格の実体への転換、つまりは人間の風土《ミリュー》における述語（*P*）の主語（*S*）への実体化の歴史を具現化している。彼の場合（佐藤自身の場合）は、そうはゆくまい。おそらく文学を知りすぎていたためではないか。しかし、自らの甘美な館を建設するべく大まじめで郊外に出て行った数百万人の日本人にとっては、それはうまくいった。おそらく彼らが文学をよく知らなかったためではないか。

明治維新（一八六八年）以降、西欧文明モデルを決然として輸入してきた日本は、西欧世界での郊外発展を支配したユートピアなるものに大々的に依存していた。フランス語では utopie とされる単語は、日本語でもそのまま「ユートピア」と記されて流行した。それは二〇年ほど前からは、日本的接尾辞である「-ピア（-*pia*）」を有する形さえ生みだした。それはおそらく「顕著な場所」を意味させるべく、ほとんど何にでも附加可能なものである。顕著というからには何らかの理由があり、一般的には不動産開発について見るべきものがあることだが、それからかけ離れた用法もありうる。例えば、日本ではラーメンピアと命名された場末の食堂でラーメン（これはそもそも単純で安価なものだ）を食べることができるが、これは「麺類の王国にて」程度のものだ。

このユートピアというテーマは、二〇世紀の「郊外住宅地」[119]の発展に密接に結びついている。前述のとおり、ユートピアは時代の流れに応じて意味論的かつ語彙上での解体を受けてきたが、数多《あまた》の分譲事業の最初期には、さまざまなジャンルのユートピアが堂々と存在してきた。例えば、二〇〇四年の時点で大阪都心から半径五〇キロメートル以内に一六四〇万人の人口を数えた関西都市圏の発展史について、角野幸博はテーマに応じた郊外ユートピアを大きく三類形に区分している。[121] まずは「開発コンセプトとしての健康」である。大阪（阪）・神戸（神）の接続線沿いに開発軸を定めた私鉄の阪神電鉄は、このコンセプトを活用した。同社は、例えば明治四一年（一九〇八年）に『市外居住のすすめ』と題された小冊子を発行している。そこでは衛生主義思想に基づく議論が密に展開されている。死亡率や発病率などの比較により、郊外住宅の有利さが示されている。一四名もの医師が執筆陣に入っている。統括の高田兼吉は、脅迫に近い調子で擁護論を締めくくっている。

其利、其害が自分の一身にのみ止まらず子孫にまで及ぶことを明にして、市内熱閙《ねっとう》の巷に居住することが如何にも恐ろしくなりました。[122]

まさに、これこそが、阪神電鉄が同時に自社路線沿いで展開した分譲地にしかるべき妥当性を附与した言い分である。[123] 大正三年（一九一四年）から二年間、同社は『郊外生活』という月刊誌すら刊行した。それは、庭い

---

[119] 詳細な事例については、記念碑的著作とも言える片木篤・藤谷陽悦・角野幸博（編）：『近代日本の郊外住宅地』、東京：鹿島出版会、二〇〇〇年、さらには山口廣：『郊外住宅地の系譜 —— 東京の田園ユートピア』、東京：鹿島出版会、一九八七年を見よ。

[120] 『日本国勢図会 2005–2006』、p. 56によれば、東京は三二一〇万人、名古屋は八八〇万人である。同心円ゾーン別の人口配分（単位：%）は以下の通りである。

	東京	大阪	名古屋
0から10キロメートル	10.6	25.2	24.3
10から20キロメートル	27.6	23.6	25.1
20から30キロメートル	22.2	16.7	19.6
30から40キロメートル	24.1	19.0	22.0
40から50キロメートル	15.4	15.5	8.2

[121] 角野幸博：『郊外の二〇世紀 —— テーマを追い求めた住宅地』、京都：学芸出版社、二〇〇〇年、p. 42以降。

[122] 同上、p. 42で引用されたもの。

[123] 私鉄各社による不動産開発（分譲事業や商業施設建設など）は、二〇世紀前半をつうじて関西の郊外の成長の特権的手法であった。他の

じり、名勝地巡り、健康的で近代的な生活様式といった具合に、桃源郷のようなものであった……。

このテーマに則って実現した分譲地で、もっとも著名なのは浜甲子園健康住宅地で、一九二九年から阪神電鉄との契約の下、大林組が神戸近郊に整備した。「浜」という名前が示すとおり、本分譲地と附属施設は海への近接性がセールス・ポイントになっていた。今日では海は密集市街地の背後に後退してしまったし、海水浴も一九六五年から汚染を理由に禁止されている（とはいえ一箇所の浜辺は保全されていて、今日ではウインドサーフィンの名所である）。分譲の核として本当のスポーツ施設を創設することが関心にあった。その中でも有名な甲子園球場が今日まで残っており、ここでは毎年高校野球選手権大会が開催されている。住居は衛生住宅の設計競技に附された。勝者は大林組で、プロジェクトの主軸に換気を置いたものだった。販売用に作成されたパンフレットは、自然環境の質や分譲地の快適性を誇らしげに示しているが、甲子園で健康のためにとりわけよいのは、「オゾンの酸化作用による空気の清澄さ[124]」とされている。

角野が導きだした第二のテーマは、ヴァカンスや余暇の地、つまりはリゾートというそれである。この保養のモチーフは、現代郊外の多くの高級住宅地の源泉である。いくつかの事例では、本当の遊園地が整備されることもあった。一九〇八年に開所し、とりわけ大瀑布が有名だった西宮の香櫨園はその好例である。香櫨園という地名は、その漢字の字面だけでは、ひとつの単語としてユートピア的な印象を与えてはいる。しかし、実際には、単に大阪の砂糖商人とブローカーという、ふたりの開発出資者の各々の家名の最初の一字を組みあわせたものにすぎない。阪神電鉄は近隣に同名の駅を開設した。遊園地は二年後にサミエル商会に買収され、外国人向け分譲地として整備された。この分譲事業は至って *leafy*（「葉のこんもりとした」、つまり上質な）もので、今日では西宮の高級住宅地のひとつとなっている。

鉄道会社が賭けをうった第三のテーマは、倶楽部というそれである。つまり、物質的というより、むしろ社会的な組織法である。買い手の関心を、さまざまな活動（伝統藝術、講演会、コンサート、討論会、室内ゲームなど）の保証や、社会施設（保育所、幼稚園、診療所、公衆浴場、会議室など）の整備をつうじて引こうとした。生活協同組合（生協）の源泉は、一九二〇年代のこの地にある。

角野は、これらの諸投資が、今日の阪神間の郊外が持つ肯定的印象の形成に少なからず貢献したことを示している。とりわけ六甲山麓の芦屋（「葦の小屋」を意味する地名）は、全国的にも「高級住宅地」の代名詞となっている。この遺産は直接的に地価に反映され、すでに市街化が進んでしまっているものの、これらの地域はエリート以外には高嶺の花になってしまった。大阪の住民に尋ねた以下のふたつの質問への回答に見られる差はその証左である。[125]

もっともお気に入りの鉄道路線はどれですか？

神戸方面行きの阪急電車	三七・一％
京都方面行きの阪急電車	二二・四％
宝塚方面行きの阪急電車	二〇・二％
京阪本線	一一・二％
神戸方面行きの　ＪＲ	九・四％

［124］大規模事業者は不動産ディヴェロッパー、土地所有者組合、さらには従業員の居住を目的とした慈善大企業家などであった。角野：前掲書、二〇〇〇年、p. 39 以降を見よ。

［125］角野：前掲書、p. 106 で引用されたもの。

角野：前掲書、p. 56 の表による。調査が実施されたのは一九九八年である。さらに一〇年前の調査では、神戸方面行きの阪急電車のスコアは四八・三％とさらに高かった。しかし、一九九五年の阪神・淡路大震災の影響でこの選好は減退している。

将来どの路線沿いにマイホームを持ちたいですか？[126]

JR 学研都市線	一八・二%
南海高野線	一五・一%
近鉄奈良線	一四・九%
近鉄南大阪線	一三・三%
南海本線	一三・一%

この差は大いなるジレンマだ。つまり、選好されているのは、大阪の北部や北西部にあって神戸や京都に向かう路線（すなわちその沿線沿いの郊外）なのに、マイホームを購入予定なのは（購入可能なのは）、南部や南東部の郊外のみなのである。

こちら側では、人びとは、大阪、京都、奈良の府県境に建設され、各々の府県名の主要な漢字で造語されて「けいはんな」と命名された「学研都市」のことを考えるようにしている。もっとも、この自称「都市」の都市性の唯一の要素は、名高い三歴史都市を暗示させるこれら三文字でしかない。それ以外では、ちらほらとした分譲住宅地に加え、森や田畑の間にまき散らされた都市施設群があるだけである。これらの緑陰が不充分であるかとでも言うように、中心（かかる単語は適切だろうか）には広大で美しい「けいはんな記念公園」すら存在している。それは「自然との調和」を象徴するため、植林された丘陵地に整備された。

全体を分節するのは道路だけで、それらは何にも増して優先性を有している。基礎研究から生産までのロジスティクス回路が最大限に凝縮されたこのテクノポリスを統合するのは、実際、道路なのだ。逆に、住まいについては、当地に二年前に転居してきた某企業の社長の井上氏は、「まちが窮屈じゃない」と喜んでいる。[127] 最初の分譲から約二〇年待たなければならなかったが、都市の心臓はその頃から鼓動を始めた。つまり、二〇〇五年一一月三日にショッピング・センターであるユーストアが開店したのである。その規模ときたら、五万一〇〇〇平方メートルの商業床に一五九〇台分の駐車場、さらには食料品からフィットネス・クラブや医療モールまで、何でもありなのである。[128] そうだ、けいはんなでは苦労知らずなのだ。

ここには本質的に別の時代の郊外がある。つまり、都市スプロールのそれであり、そこでは甘美な館は田園生活のため必然的に一家に二台以上のマイカーを所有している。

〔126〕マイホームとは英語の *my home* から来た和製英語である。この単語は庭付き一戸建ての持ち家を共示するもので、一九五〇年代からの郊外への都市スプロールの本質的要因となる。逆に江戸時代から戦前までは、大都市の住居は大半が貸家で、角野：前掲書、p. 36 によれば、その比率は大阪で九〇％、神戸で八七％、東京で七七％、横浜で五二％などであった。

〔127〕『京都新聞』、二〇〇五年一〇月四日朝刊、p. 24。

〔128〕『京都新聞』、二〇〇五年一〇月二一日朝刊、p. 11 に掲載された詳細による。〔訳注：五万一〇〇〇平方メートルという規模はユーストア精華台店を核としたユータウンけいはんなのもので、現在は運営会社の吸収合併によりアピタタウンけいはんなとなっている〕

幕間劇――見立て

以下のイメージは「見立て」の原理をよく示すそれである。見立ては東アジア、とりわけの美学の歴史をみる上で至って重要なものである。これは風土的《エクメナル》な〈として（en-tant-que）〉の刮目すべき顕示法であり、換言すると、人間のあらゆる現実の源泉にあり、大地を世界に展開する述語化のことだ（それ以前に、あらゆる生命体の環世界（*Umwelt*）のそれである）。§19で見たように、その関係は $r = S/P$（現実＝主語／述語）（Pとして捉えられたS、またはPと見なされたS）という定式に要約可能である。

これらのイメージは本書のテクストに関係するもので、そのうちのいくつかの行《くだり》では図の説明文へのリンクが示されている。とはいえ、それらの説明文は正確に図像のそれになっているわけではない。それらはむしろ、上述の定式の抽象性の背後に隠された具体性を、イメージなりの方法で感じてもらうための迂回路なのである。迂回の大きさは最初のいくつかのイメージでより強く感じられようが、それらは実体験不可能な時空間（古代中国）に関わるものである。しかし、他のものは現在も私たちの眼下に、現代世界のほぼどこにでもある現実に関係している。

さらに、論じられている原理の実現はつねに歴史的なことではあるが、それ自体は時間を超越している（そしてそれ以前に進化的なものである）[1]。

［1］風土《エクメーネ》の存在論的階梯にある歴史と、生物圏の存在論的階梯である進化を包摂する統合論理については、拙著 BERQUE Augustin, *Poétique de la Terre. Histoire naturelle et histoire humaine, essai de mésologie*（地球の創造力-進化と歴史の環世界論）, Parsi, Belin, 2014 を見よ。

図 1　（招隠詩の）山水の清音として見立てる……ボレゴ砂漠の風のせせらぎ　ⓒ Francine Adam

図 2　玄牝之門（玄い牝の門）として見立てる……セクサワの谷への入口　ⓒ Francine Adam

図３　（武陵の漁師の）川の遡及として見立てる……チゲミ・イギズ附近のアシフ・イセクサワン
ⓒ Francine Adam

図4　洞窟から出て桃源郷の豁然開朗（からりと開《ひら》けて）として見立てる……田染荘《たしぶのしょう》の中世からの水田　©延藤安弘

［訳注：田染荘は現在の大分県豊後高田市にある宇佐神宮の荘園で、現代になってもコンクリート用水路などの整備を選択しなかったため平安時代や鎌倉時代の水田がそのままの位置で残っている］

図 5　桃花源の阡陌交通（道は縦横に通じ）として見立てる……田染荘の畦道《あぜみち》　ⓒ延藤安弘

図 6　秦人の歓迎として見立てる……ジニット（ララ・アジザ）の人びとの歓迎ぶり　ⓒ Nadir Boumaza

図7　不死探求の地として見立てる……セクサワへの帰路　ⓒ Francine Adam

図8　七賢の竹林として見立てる……木村東吾の広島での作品『Sanctuary of age』
ⓒ Augustin Berque

図 9　蒋《しょう》詡《く》の三径のひとつとして見立てる……京都の布袋竹《ほていちく》の小径
ⓒ Augustin Berque

図 10　清貧を称揚するものとして見立てる……米子の石原女史宅の床の間。そこには顔淵の教えである「一箪食一瓢飲」との書が掛けられている　ⓒ Augustin Berque

図11 『飲酒』其の五の南山として見立てる……夕日の中の泉ヶ岳　ⓒ千葉政継

図 12　〈囲われた自然 (pairie daeza)〉として見立てる……米子・中村家の坪庭　ⓒ Augustin Berque

図 13　白楽天の山居の石の階段として見立てる……出雲の独楽庵のそれ　ⓒ Augustin Berque

［訳注：現在出雲市にある独楽庵は復元されたものだが、もともとは千利休が豊臣秀吉の許しを得て長柄の橋杭を利用して宇治田原に二畳壁間で造作した茶室が原型である］

図 14　人間的な住まいとして見立てる……京都かどこかのサイボーグの家　ⓒ Francine Adam

図15　3乗に自然らしいものとして見立てる……京都かどこかの4×4×4（$=4^3=$ 4×4自動車が4台）の家　ⓒ Francine Adam

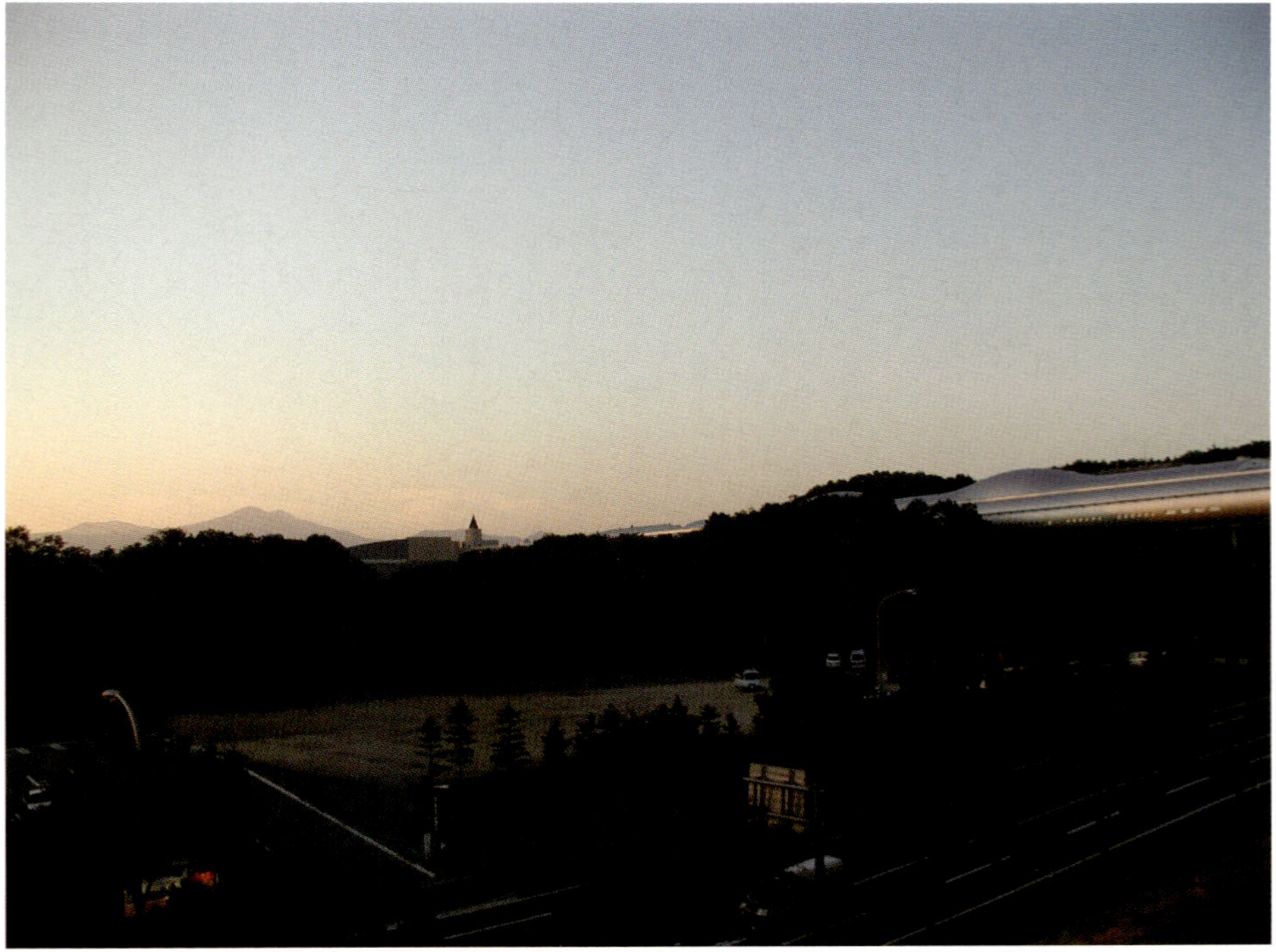

図 16　宇宙船 Lucy in the sky として見立てる……原広司による宮城県図書館　ⓒ千葉政継

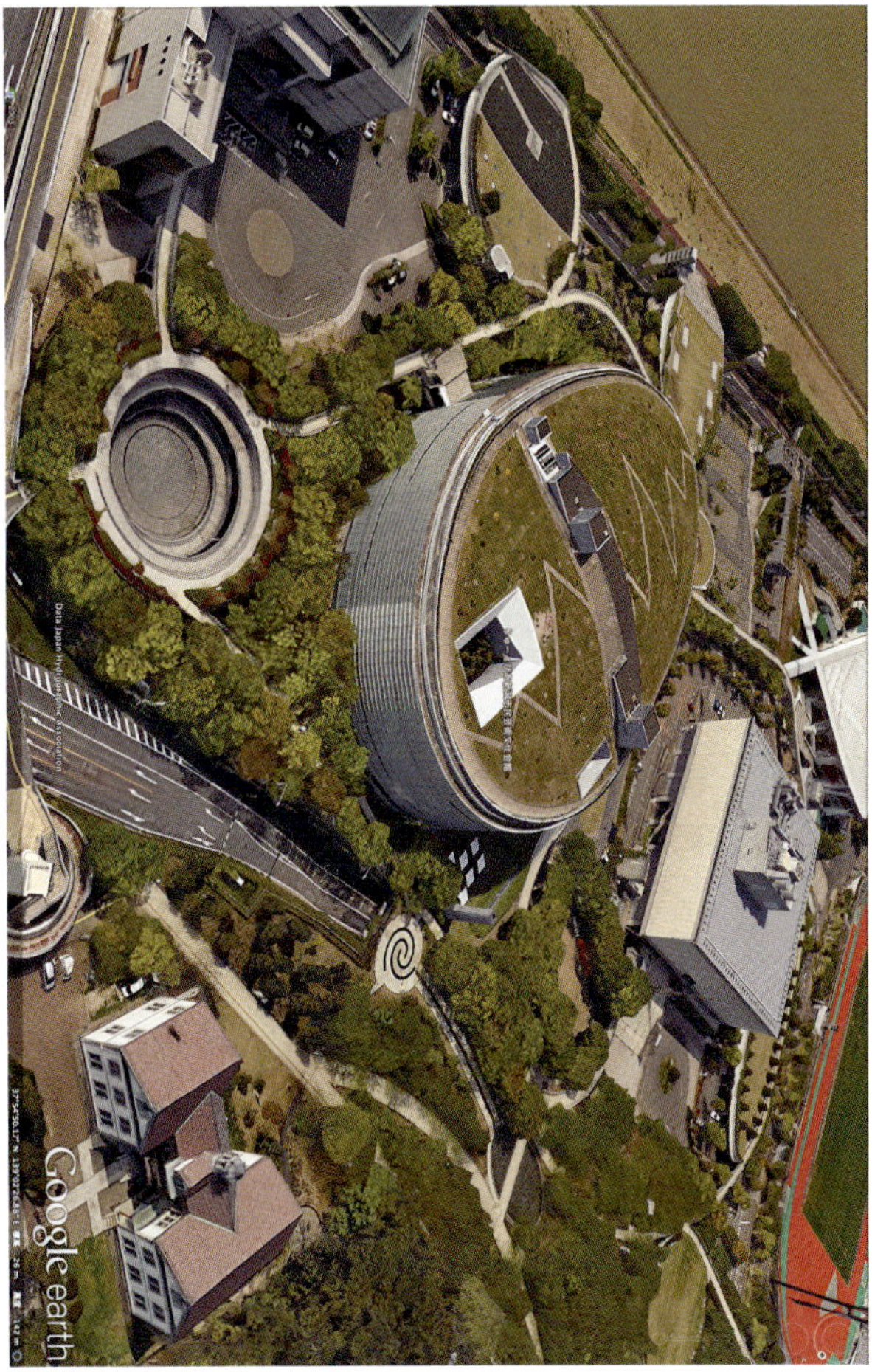

図17　述語世界の絶対化として見立てる……長谷川逸子のりゅーとぴあ新潟市民芸術文化会館
ⓒ Google earth

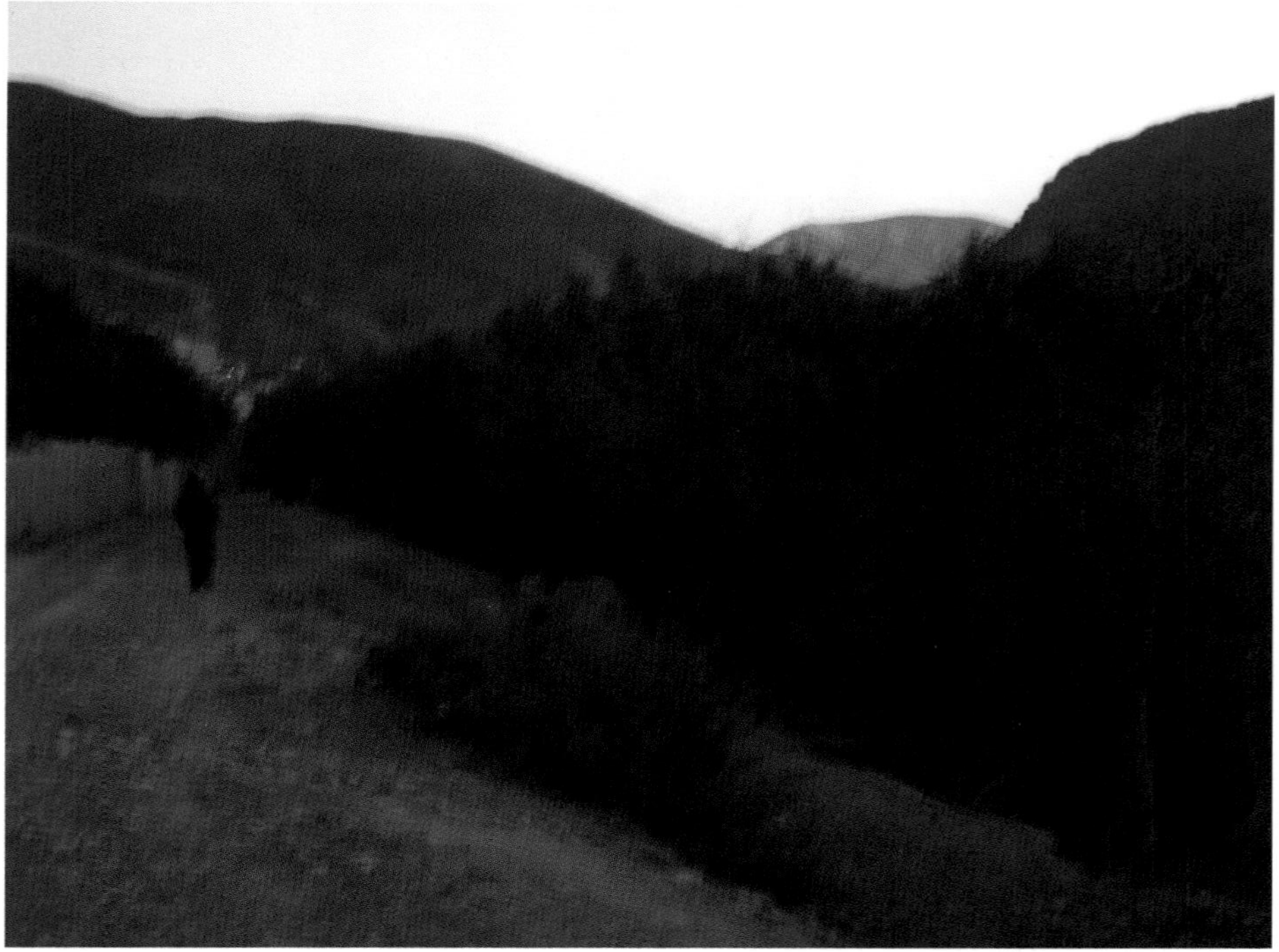

図 18　死への存在として見立てる……イミンタヌートの夕暮れ　ⓒ Francine Adam

［訳注：イミンタヌートはモロッコ王国のマラケシュ＝テンシフト＝エル・ハオウズ地方にあるシシャワ地域最大の都市である。面積約 30 平方キロメートル、人口約 1 万 7 千人］

図19　生への存在として見立てる……イミンタヌートの朝　ⓒ Francine Adam

図 20　荘周が雕陵《ちょうりょう》で見たカササギの入った栗林として見立てる……モールパの森
ⓒ Francine　Adam
［訳注：モールパはパリ近郊イヴリーヌ県にある郊外都市である。］

第三部　地球／世界

第七章　田園拡散都市の機械学

§43 イントゥ・ザ・ネイチャー

当時勤務していた大学の計らいで、私と家内は仙台近郊の泉パークタウンに住んだことがある。そこは中産階級向けの郊外で、各住戸は道路側に少なくとも二台分の自動車ガレージを持つのが当然の分譲地だった。同様に当然だったのは、各所有者が自分なりに〈自動車の入口〉と〈人間の入口〉の関係を決めていたことだ。とはいえ、一般的規則は、前者は後者の縁側、すなわち外界との結界を構成するものだった。それは防御区域、あるいはフィルターで、誰にも邪魔されない自動車のコクピットを通して、公共空間の不気味さ（*das Unheimliche*）[1]の中に屋内空間の繭《まゆ》を延長することを可能にする。かかる延長が明々白々なのは、例えばホンダ

［1］　不気味である（*unheimlich*）とは、原則として「家（*Heim*）」にいる「ような（*-lich*）」気が「しない（*un-*）」ということである。それは今

のミニバン、ステップワゴンの最新モデルである。その二列目シートから後方は、あたかも住宅の部屋のようにフローリングが張られ、コマーシャルも「ようこそ、もうひとつのリビングルームへ」と謳っているのだ。[2]
この装置が良好に機能することは、一九九九年六月に証拠だてられた。隣の泉ヶ岳[3]から一頭の熊が降りてきて、二〜三日の間、地域を震撼させたのである。[4]人びとは自動車以外では外出せず、とりわけ好まれたのが四駆であった。熊は誰も襲わなかった。彼は、家の戸も車のドアも開けることができなかった。とはいえ、彼は自然に対する人間の関係の意味＝方向を取りちがえていた。彼はこの郊外に来るべきではなかった。この郊外の緑の外延は、彼にとっては逆に自分の生まれ故郷の森に対する郊外に見えただろうし、三菱が多くの四駆と同様にこの住宅地を造成し、以下の文言でそれを紹介していたにしてもである。

自然美と日常生活機能が調和する都市・泉パークタウンでは、あらゆる生活環境にアメニティがにじみでています。[5]

実際には、熊たちが生態学的な意味で「自然美／日常生活」という快い関係に入りこむ余地はない。というのも、それを打ちたてるのは、四駆があってこそだからである。
そのことが解ったのは、もう少し経ってからのことである。ある日、泉パークタウンの家々の前を通った折りに、正面ガレージに駐められた巨大なトヨタ・ランドクルーザーを見かけたのだが、それが仙境であることの証拠として、外側に出っ張った緊急用タイヤのカバーに大文字で *INTO THE NATURE* というスローガンが書かれていたのだ。「自然の中に前進」。このスローガンだと、英文法に準拠すると「自然」（無冠詞の nature）という意味よりも、*the nature of*…（……の性質）という範列が生成してしまうが、それで暗示したかったのは何か。[6] げに不可思議だ。ひょっとして玄牝《げんぴん》の性質のことか。とはいえ、私は別の日に回答を得た。今度は同じランドクルーザーが、この家から遠からぬスーパーマーケット、キャラウェイ（Caraway ―― 自動車（car）だけが連れて行ってくれる人里離れたところ（away）を予感させる名前[7]）の駐車場に駐まっていた。スーパーマーケットから出てきたうら若き女性は、小さな食料品袋を手に四駆に乗った。私の心の中ですべてが氷解した。そうだ。ランドクルーザーV6 4000[8]は、熊から逃げるためだけに使われるのではなかった。というか、そんなことは滅多にはない。ランドクルーザーは、**そもそもそれが広大な自然の中であるかのように**、買物に行くことを可能にするものなのだ。このことこそが、一戸建ての購入時に三菱が約束した自然と日常生活との同盟

日、変容した公共空間に対してかなり良く当てはまると思われる。この概念については、FREUD Sigmund, *Das Umheimliche, und andere texte* (*L'Unheimlich, et autres textes*), Paris, Gallimard, 2001 (1919), p. 50 を見よ。*Umheimlich* の仏訳 *inquiétante étrangeté* はマリー・ボナパルト（Marie BONAPARTE）が提案したものである。［訳注：「不気味な」との和訳は、新宮一成（他編訳）：『フロイト全集』、第一七巻、東京：岩波書店、二〇〇六年、p. 375 の訳注に依拠した］

［2］［訳注］ステップワゴンのコマーシャルで「ようこそ……」とのコピーが使われていたのは二〇〇七年頃のモデルまでで、フローリングも現行モデルでは採用されていない。

［3］泉ヶ岳（標高一一七二メートル）は、仙台に連なる山々のひとつである。同岳はその西方で泉パークタウンの境界を形成している。

［4］この逸話については、拙著（中山元訳）『風土学序説 ―― 文化をふたたび自然に、自然をふたたび文化に』、東京：筑摩書房、二〇〇二年、pp. 421-422 でより詳細に述べた。詳報については、一九九九年六月八日の『河北新報』八ページを見よ。

［5］三菱地所：『泉パークタウン施設ガイド』、仙台：三菱地所株式会社、二〇〇〇年、p. 1。

［6］［訳注］「自然の中へ」という意味を持たせたいのであれば、定冠詞抜きで *INTO NATURE* とすべきであろう。定冠詞を附帯させると「何の性質の中に前進したいのか」という範列的疑問に陥る。

［7］というのも、英語で *caraway* と言うと、ヒメウイキョウという意味になってしまうことを知らないことが前提になっているからである。

［8］V6 4000 は、V型六気筒、排気量 4000cc の意味である。

にお墨付きを与えているのである……。[9]

証拠がある。ランドクルーザーの広告は *Power to be free* と銘打たれ、このキャッチコピーが示唆するとおり、新型プラドの最新広告[10]は、エンジンが最大出力一八三kWを五二〇〇回転／分で発生させ、最大トルクは三八〇N・m[11]となる「魂を解放する力」を有することを認めている。イラストでは、紙面を突きやぶった四駆が超高層ビルの都会から台地や砂丘のある砂漠に直接走り入れている。不気味なものの退場だ。とはいえ、当然、解放効果は逆に自身の魂の重みに反比例することを念頭におかなければならない。

解放を待つ魂ということでは私も同様で、その晩、長い間、太陽が泉ヶ岳の裏手に沈むのを見ていた［図11］。

§44 サイボーグの即位

これは極東でのできごとだ。とはいえ、泉パークタウンは三分の二がアメリカ的地名だし、*Power to be free* は一〇〇％英語で、トヨタは今日ゼネラル・モーターズを抜いて世界一の自動車メーカーである（そして、その三分の一はアメリカ国内で生産されている）。自然に夢中になった人々がランドクルーザー（あるいはランドローヴァーなど）を乗りまわすのが、タクラマカン砂漠の奥地であろうが、キャラウェイと同様に都市にあるブロードウェイであろうが、彼らはそこで同じ空間にいる。すなわち、つまるところグローバリゼーションの空間だ。本書も残り三分の一となったが、このあたりで東アジアへの闖入を止め、かかる空間に留まってみたい。そこで見ることは、これ以降、日本のみならずフランスでもカリフォルニアでも同じように起きていることなのである。

「そもそもそれが広大な自然の中であるかのように」という文章を前述した。しかれども、いかなる「自然」なのか。四駆所有者のほんのひと握りの少数派にとっては、それはまさに平原であり、サバンナであり、ステップであり、はたまた砂漠だろう。というのも、そこでは実際に四駆の方が四ドアセダンや英国車のミニよりも巧みに走行でき、必須だからである。つまり、適材適所ということだ（それゆえに、通ならば、四駆とセダンとミニという各種の三台が必要なのである）。しかし、大多数は都市の住人で、「自然」なのは四駆そのものなのだ。都市のただ中に仙境を具現化するそれは「市中の山車《さんしゃ》」[12]で、あたかも§27で見たように、かつて「市中の山居」を有したのと同様なのである。

アメリカでは、これらの器具はトラックとして分類され、自動車に課される厳しい公害防止規制を免除されている。そのことでピック・アップ・トラックが八気筒の巨大エンジンを積み、田舎っぺの四ドアセダンに時代遅れとも言えるパワーを与える。それもこれも、五番街の赤信号でこの野獣を吠えさせ、六番街まで急発進するためである[13]。


［9］あるいは、より精確を期せばその敷地購入時ということになる。この類《たぐ》いの分譲では、ディヴェロッパーは画地やその枠組みだけを販売し、購入者が思うがままに家屋を建てる。

［10］『京都新聞』、二〇〇五年八月二六日朝刊、p. 4に掲載されたものである。

［11］Nはニュートンという単位系の記号で、一キログラムの質量を持つ物体に一メートル毎秒毎秒の加速度を生じさせる力のことである。

［12］この機械仕掛けの「さんしゃ」と、同じ漢字ではあるものの祭礼時の人力車であり伝統的に「だんじり」や「だし」などと発音される山車を弁別しておきたい（例えば、岸和田のだんじり祭りは、元禄時代から九月中旬に収穫を祝うものである）。［訳注：「だんじり」は漢字で楽車と書くこともある］

［13］BOUCHER Christophe, «Bobomobile», *Le Nouvel Observateur*, no 1901, 12–18 avril 2001, p. 106（著者注：Bobomobile とは金持ちボヘミアン（bobo: bourgeois-bohèmes）が買う四駆のこと）

この運動は苦行だ[14]。つまり、本書がサイボーグと命名するところの存在（なぜそうなのかは後述する）による隠者の苦行で、同様に、かかる存在がなぜサン・タントワンヌのように自らに苦行を課すのかは後述する。

> ランドローヴァー・ディフェンダー・クルー・キャブは［写真では背面の荷台に薪を積んでおり］、二列の粗野な座席と手回しハンドル式の窓ガラスが備わっているが、［その］操作性はほとんどゼロである[15]。

この運動の最初の動機づけは、単なる換喩[16]に端緒が、というか、より精確を期せばある提喩に端緒がある。すなわち、自然の〈中に〉行く四駆であり、したがってそれは自然と〈ともに行く〉もので、だからそれは自然〈なのである〉。これは「言葉は神とともにあった。言葉は神であった（*Verbum erat* apud *Deum, et Deus* erat *Verbum*）[17]」のごとく、言葉が神に同化されるのと同じ論法だ。かくして私の四駆は、サン・ジェルマン大通りにて、私がしかるべき方法で自然を称揚可能なことを見せつける[18]。私はうってつけの賞（*shang*）としかるべき趣味の持ち主なのだ。これは実際に広告が利用しているゼンマイなのである。

> あなたは自然が好き。そのことを自然に対して証明してみませんか。七シート新型パジェロ

……この合い言葉は、高級四駆モデル、三菱パジェロ 3.5 V6 GDI の紹介イメージにおいて、おそらくカナダのオーロラと湖の風景を地《じ》とした夜明けの空の中に綴られている[19]。それはまさにパリジャンという客層が必要な金持ちボヘミアン四駆だ。スモークの窓ガラスからは誰も内部をうかがい知れないが、困りはしない。というのも、サイボーグは自動車そのもの〈なのであり〉、つまりは自動車がサイボーグだからである［図14］。

そこでは外発的自然（環境）についての単なる提喩以上の何かが問題とされている。問題となっているのはサイボーグの〈内発的〉自然で、つまりは彼の存在論的構造やその自己同一性そのものである。そこで、ここではそのことに関連し、本書が「サイボーグ」という単語を採用した理由の詳述から始めよう。すでに数年前から、管見の限りサイボーグの概念を拡散都市のそれに結びつけた最初の人物、アントワンヌ・ピコンにより助走が積み重ねられてきた。[20]この段階では、かれこれの住まいのユーザーは機械をたくさん使うことを強調するといった具合に、むしろイメージが問題とされていた。しかし、この関連づけは魅力的で、私は、以降、風土論的《メゾロジック》な（存在論的＝地理学的な）視点からそれを掘りさげる作業をしている。それは実際、人類の風土性《メディアンス》の進化を明らかにしてくれる。

[14] Ascèse（苦行）は、運動を意味するギリシャ語 *askēsis* から来ている。

[15] 上述の BOUCHER の記事に添えられた写真の説明文。

[16] ［訳注］換喩とは概念の近接性や隣接性を用いて、語句の意味を拡張運用する比喩の一種であり、例えば「白バイに捕まる」とは「警察官に捕まる」の換喩である。また、後出の提喩とは隠喩の一種で、上位概念を下位概念、あるいはその逆に置換して言い換えることで、例えば「手が足りない」とは「人手（すなわち労働力）が足りない」の提喩である。本論に即すと、ランドローヴァーが換喩され「自然の〈中に〉行く四駆」となり、さらに提喩され「四駆（という下位概念）は、自然（という上位概念）〈なのである〉」ということであろう。

[17] ［訳注］ヨハネ福音書の冒頭の文章で、さらに本文の先に「はじめに言葉ありき（In principio erat Verbum）」という文章が来る。なお、本文中のラテン語のイタリック体はベルク氏の原文通りである。

[18] ［訳注］サン・ジェルマン大通りは、パリのセーヌ左岸にあり高級服飾店等の連なる界隈を擁する。同時に並木道として緑陰の深さでも知られ、まさに都市のただ中の自然と言える。

[19] この広告は、何はさておき『科学と未来（*Sciences et avenir, novembre*）』誌、二〇〇三年一一月、p. 15 で見ることができる。［訳注：3.5 V6 GDI とは、排気量 3500cc、V型六気筒、ガソリン直噴エンジン（GDI: Gasoline Direct Injection）のことである］

[20] PICON Antoine, *La Ville territoire des cyborgs*, Besançon, les Editions de l'Imprimeur, 1998.

サイボーグが、ある航空宇宙雑誌の何ページかに出自を持つことは決して失念しないようにしたい。[21] それは、星にかけられた単なる願いでも夢想でもない。そうではなく、人間の風土《ミリュー》から離脱する技術プロジェクトの特注品なのである。その名付け親として、マンフレッド・クラインズ（ちなみに彼はスキャナーの父のひとりでもある）は、かつてそのことを『サイボーグ・ハンドブック』で告白したことがあった。

新しいコンセプト、つまり環境の制約から思うがままの範囲まで、自分自身を解放できる人のコンセプトを持つのはよいことだと考えていました。そこで私はこのサイボーグという新語を造ったわけです。［……］メイン・アイデアは、地球上で進化しながら人間を従属させてきた制約なしに、宇宙の別の場所で存在する身体的自由を彼に与えることで、それから解放されるというものでした。[22]

したがって、サイボーグはもはや地球を必要としない一個の存在である。すなわち、それはこの生態学地位の壁を越えてしまったのだ。一方、それは機械なしに済ますことができない。それには機械が支配する世界が必要である。その産みの親は楽観的実証主義者であり、彼の精神の中ではそれらの機械は単なる人工補綴《ほてつ》にすぎず、それらの持ち主、さらには宿主の本質に危害を及ぼすことがない。しかし、風土性《メディアンス》（人間存在の構造契機）の視点から見ると、かくなる具合にはゆかない。すなわち、サイボーグは**機械が支配する世界により機械化された存在である**。そしてこの存在論はＳＦ（空想科学）に由来してはいない。それは、すでに人間に由来しているのだ。つまり、**ますます機械化された人間の風物身体により、人間の存在構造はますます機械的になりつつある**。

したがって、人間の存在自体にも影響を及ぼすこの進化は、アンドレ・ルロワ＝グーランが想定したものを超えてしまう。

ホモ・サピエンスの場合、技術はもはや脳細胞の進歩に結びついたものではなく、完全に外化され、いわば技術自体が生命をもっているかにみえる[23]。

……「自体が生命をもっている」とは言うが、実際には人間が手にする技術的道具類はそれ自体では生を宿してないのだから、人間の生にすがって初めて生きることができる。ただ、「自体が生命をもっている」ことは同時に、人間にますます非生物であるそれらの規則を押しつけてくるということだ。というのも、それらは人間の風土性《メディアンス》の一部を密接に構成しているからである。かくして、若き日のヘーゲルが天才的にも金銭について予感していたように、人間存在は以下のものに徐々に侵犯される。

das sich in sich bewegende Leben des Toten
自ら自体として動いている死んでいるものの生命[24]

［21］CLYNES Manfred et KLINE Nathan, «Cyborgs and space», *Astronautics*, sept. 1960, pp. 26–47 et pp. 74–75.
［22］クラインズが自身とクラインの一九六〇年の論考に関して語ったもの。HABLES-GRAY Chris (dir), *The Cyborg handbook*, New York et Londres, Routledge, 1995, p. 47.
［23］LEROI-GOURHAN André, *Le Geste et la parole*, Paris, Albin Michel, 1964, vol. I, p. 197（アンドレ・ルロワ＝グーラン（荒木亨訳）：『身ぶりと言葉』、東京：新潮社、一九七三年、p. 145）［訳注：荒木は訳文中の「外化」に対し［客観化、物質化、具体化］との補記をしている］
［24］Fragment 22 de la *Jenenser Realphilosophie*（この参照文を教示してくれたミッシェル・ティボン＝コルニオヨ（Michel TIBON-CORNILLOT）に感謝する）

……§8で見た、かつてヘシオドスが記した「ひとりでに［溢れるほどの豊かな稔りを］もたらす大地(aroura automatê)」からはほど遠いものの、同じ人類の夢に起源を有している。すなわち、肉体的労働からの逃避というそれだ。

本書に言わせれば、言葉が喚起するだけのイメージを超える一連の事例の助けを借り、ここで示したかったのはこのことである。つまり、近代性の黄昏にあってまさに人類の真実となってしまったことなのである。

§45
風景と非都市性

風土学的《メゾロジック》な視点からは、サイボーグは今日では一般的となった人類の風土性《メディアンス》の一形象である。とはいえ、それは何はさておき〈自動車／郊外一戸建て住宅〉という組みあわせの一形象だ。「郊外の」という単語は、拡散都市と解釈したい。それは文字どおり都市近郊の郊外から、世界の末端にある森の奥に隔離された別荘群にもあてはまる。

この住まいは、広大な空間消費と同時に自動車の大量使用を伴う生活類型を特徴づける。そこでは自動車だけが、日常的移動から季節的往来まで、さまざまなリズムに応じてなされることの物理的統合を可能にする。[25]

しかしながら、富裕国であれば最貧層を除き誰でもアクセス可能なこの住まいは、まずもってジル・リチョットが自らの都市形態理論[26]の術語集で命名する「選民ノマド」の専有物である。換言すると、住居をそれまでにない形で選択し、後になって流行として滑りこませることのできるエリートたちの専有物だ。これらのエリートにとって、複数居住はお約束である。パリの某知識人がマラケシュにも豪邸を構えることなどがそれだ。中間層は先例に追従する。彼らはフランスでの二地域居住[27]を指向する。それはモータリゼーションを前提とする。サイボーグの住まいは、実際に機械という代理人をつうじてのみしか、そのようには、つまり居住可能にはならない。機械は住まいの増床部分を占領し［図14］、必然的にサイボーグの風土性《メディアンス》の拡大部分を占拠する。本書が「オートモービルのシステム」[28]を語るのに際し、この*automobile*という単語を文字通りに解釈しなければならないのはそのためである。つまり、それは単に自動車が構成するシステムではなく、本当に「自律的に動く」システムということで、ヘーゲルが「自ら自体として動いている（*sich in sich bewegend*）」と言いえたような、自身から発する自然な動きである。これは、そこで問われているのが人間存在自身の拡大しつつある「半身」だからであり、それは死んでいるものの生命（*Leben des Toten*）の増長のため、人間の生活を消尽してしまうものなのだ。この消尽は、地球という惑星上の道路で毎年発生していると推計されるおよそ一五〇万人の死者という生物学的な死に留まらない。というのも、システムとしてこの死は存在論的でもあるからだ。つまり、それは人間存在の非生物方向への退化なのである。

この退化はサイボーグの無理解とともに始まる。サイボーグは、その機甲が人類を死に追いやっていること

［25］アメリカ、カナダ、そしてオーストラリアの大空間では、自動車どころか個人用飛行機がすでに大々的に必要とされている。

［26］この「都市形態理論（TFU: Théorie de la Forme Urbaine）」については、RITCHOT Gilles et FELTZ Claude, *Forme urbaine et pratique sociale*, Montréal/Louvain-la-Neuve, Le Préambule/CIACO, 1985 所収の小論に譲ろう。また、その応用編として、DESMARAIS Gaëtan, *La Morphogenèse de Paris, des origines à la révolution*, Paris, L'Harmattan, 1995 がある。

［27］このテーマについては、DUBOST Françoise (dir.), *L'autre maison. La «résidence secondaire», refuge des générations*, Paris, Autrement, 1998 を見よ。

［28］このシステムについては、DUPUY Gabriel, *La Dépendance automobile*, Paris, Anthropos-Economica, 1999 を見よ。デュピュイの議論は、それが存在論の立場からほど遠いだけに、さらに説得力を有することとなろう。

の直視を望まないだけではなく――死者数は一五〇万人だが、そこには身体に障害の残った人や孤児となった人の数は含まれていない――、人類を前よりもさらに激しくこのような機械住宅に誘導した神話を実体化する。昔、ヨーロッパが牧歌の神話に侵略されたのは[29]、当初は文学や絵画においてのみだったが、やがてそれは庭園や郊外によって、そして最終的には拡散都市によってとなった。文明の効力により記号の実体化が起きたのである。つまり、もともとは夢でしかなかったこと、換言すると「ひとりでに［溢れるほどの豊かな稔りを］もたらす大地」の夢の漸進的実体化である。

この記号の実体化は、謝霊運の原理で見たが、農事労働とそれに携わる者の外閉に仲介されていた。そのおかげで、都市民は労働の介在なしに自然と直接的に接触する自分を見出すことができた。彼らは、農民よりもよほどしっかりと、自然の本質に対して密接な手がかりを有していることを看取していた。農民は、閑暇（*otium*）のみが許容する自由で瞑想的な悦楽に対し、大地に対して生産という変容関係を有し、そこに拘束されているからである。サイボーグの住まいが実現するのは、拡散都市というこの理想である。それは「自然」、つまりは野（*ye*）という自然＝田園を拡散するものだ。慣用フランス語では、それは「風景」と自称する。事実、フランス旅行クラブやミシュラン・ガイドの歴史が証明するように、風景は自動車と手を携えてきた。つまり、サイボーグが自分の一戸建てを所在させることを希求するのは、何よりもまず風景の中となる。本書に言わせれば、それは「永遠の観光客生活」に誘うことだが、この麗句はまさに風景意匠家であるブリジット・ナヴィネルから借用した[30]。ただ、「永遠の観光客生活」との響きはやや空々しいものなので、サイボーグはむしろ「ノマド」[31]という自称を選好する。実際、サイボーグとしては、そのことで自分の金持ちボヘミアン四駆をヒトコブラクダ[32]に擬《なぞら》えることが可能になる。それは、大衆に踏みかためられた道を辿ることを強いられない競走馬である。

中国式庭園の事例が授粉したイギリスの自然＝田園は、この進化において先駆的役割を担った。この傾向はアメリカの反都市主義により補強された。今日、それらを訪問する「大陸からの」ヨーロッパ人は、例えばアメリカ的意識の初心が再現されたコロニアル・ウィリアムズバーグ[33]に都市性を看取することはほとんどなかろ

［29］これは一六世紀に起きていたことである。この現象については、*Don Quichotte de la Manche*, Paris, Garnier-Flammarion, 1969 (*Don Quijote de la Mancha*, 1605), vol. I, p. 30 以降のルイ・ウルティア（Louis URRUTIA）による序文を見よ。『ドン・キホーテ』の著者・ミゲル・デ＝セルヴァンテス（Miguel de CERVANTES）は、それから二〇年前の一五八五年に自作の牧歌小説『ラ・ガラテーア』も執筆していた。『ドン・キホーテ』自体にも、牧歌小説に類するエピソードがいくつか含まれている。オノレ・デュルフェ（Honoré d'URFE）は小説『アストレ』を一六〇七年から一六二八年に出版する。東洋趣味が高じて青磁を買うのであれば、それを意味する仏語 *céladon* は、この牧歌小説から来ていることを思い出したい（登場人物のうちの一人の名前で、そのような色のリボンを身につけている）。ウルティアに言わせれば、「騎士道物語の影響は受けているものの、牧歌小説はそれらに取ってかわるのにもっとも有力な文学分野であった」（同上）。セルヴァンテスはその時代の変化を示している。

［30］NAVINER Brigitte, *Routes et paysage de la lavande. Essai d'économie politique du paysage*, thèse de doctorat, Paris, Ecole des Hautes Etudes en Sciences Sociales, 2002, vol. III, p. 553. ここでは回り道をしてみたい。ナヴィネルは実際、「一年を都市民の夢の中で生き、この風景の中に生きる幸せについての――象徴的な――証拠類からなる書籍、絵画、作品群を供与する芸術家たち」について語っている（p. 553）。ここで引きあいに出されている著者の中には、例えば *A year in Provence*, Londres, Hamilton, 1989 で驚異的成功を収めたピーター・メイル（Peter MAYLE）がいる。メイル自身、そこでは「永遠のヴァカンス客」と自己紹介している（p. 554 での引用）。ナヴィネルはさらに「［これらの作品の］公然の目的はまさにそこにある。つまり、各人が読書の時間や、ちょっとした経験をつうじて著者たちが好例である永遠の旅行生活を生きることができるようにすることである」（p. 554）としている。フランスにおける拡散都市の発展は、風景を生きることについて、凡人が読書やイメージで満足するしかないという段階を大幅に超えたことを意味する。［訳注：メイルの著作は、池中耿訳で『南仏プロヴァンスの一二ヶ月』、東京：河出書房新社、一九九三年として日本でも出版されている］

［31］ATTALI Jacques, *L'Homme nomade*, Paris, Fayard, 2003. また、RADKOWSKI Georges-Hubert (de), *Anthropologie de l'habiter. Vers le nomadisme*, Paris, Presses universitaires de France, 2002 の副題が「ノマド主義に向かって」であることも失念できまい。

［32］フランス語でヒトコブラクダを意味する dromadaire は、ギリシャ語で走ることを意味する *dromos* から来ている。最初の金持ちボヘミアン四駆のひとつは、まさにシトロエン社製のメハリであった。［訳注：フランス語の méhari は疾走用ヒトコブラクダのこと］

［33］［訳注］コロニアル・ウィリアムズバーグ（Colonial Williamsburg）は、米国ヴァージニア州ウィリアムズバーグにある歴史地区で、建物群が保存や復元により独立以前のものしか存在しない。のみならず、それらの歴史博物館の職員は、話し方から服装まで徹底して一八

う。換言すると、それは平原に散在する村落にしか見えない。古いケベックは、それとは逆の都城（*bourg-cheng*）という「大陸的な」形態のシンボルマークだが、コロニアル・ウィリアムズバーグはそれと大きく異なり、すでに田園拡散都市なのである。近代アメリカ人は、ウィリアムズバーグをおそらく自分自身の郊外の理想にしたがって大々的に組みかえた。ミドル・プランテーション[34]と呼ばれた時代から、白人の、アングロ・サクソンの、そしてプロテスタントの今日の美観地区の芽吹きの瞬間に至るまで、この郷土の住まいには、田園詩の風景という記号の強力な実体化が表現されている。この欲動は、自動車より前を走っていたが、それにより著しく増幅された（§39）。

かかる風景にあっては、家屋と都市が単一組織を形成するアルベルティ的手法での都市構成は問題とされない[35]。ここでは逆に、各々の家屋は孤立し、自身に固有の存在を生きている。また、道路網とともに一体感を感じさせる要素は、その土台となっている緑の絨毯である。すなわち、反都市の象徴でさえあるアメリカ的芝生（*American lawn*）で、同時にアメリカ的生き方のシンボルマークである[36]。旧世界の都城に固有の、壁の連続性の対極にあるこの配置構成は、オートモービルのシステムの発展により生成された〈ロードサイド都市[37]〉の展開にうってつけだった。爾来、都市は建築化を忌避し、それを個々の建物の問題にすぎなくする。そこには、§30で見た文人庭園とのある種の親近性がある。そこでの秩序は、都市とは逆のものが課されていたのであった。それは、一八世紀のヨーロッパで蓄積していった「建築の敗北」（§38）の明白な帰結にも、そしてディディエ・ラロックが「ピラネージは建築［という実体の］廃墟群ではなく、建築［という概念の］崩落跡を表現したのだ[38]」とまで書いてしまうことにもつうじている。

拡散都市に固有のこの非都市性は、現代のあらゆる生活分野に危害を及ぼしている。たしかに、この傾向は否定的なものだけではない。私は少し前に、至って肯定的に現代が「造景の時代[39]」に入ったことを予想していた。これは、ピエール・ドナデューが「風景意匠家の社会[40]」と述べることをつうじ、彼なりの手法でそうしたのと同様である。かかる社会は、「市民なりのやり方で自発的に国土を形成するのと同時に［……］、自身で失われた社会的結びつきの探求に乗りだす[41]」。かくのごとく、私が〈風景的動機づけ[42]〉と呼ぶものの意味を拡張す

世紀を演じている。

[34] オラニエ公ウィレム（ウィリアム三世、在位一六八九年～一七〇二年）の栄誉を讃え改称されたウィリアムズバーグの旧名である。

[35] それは逆に、DELFANTE Charles, *Grande histoire de la ville, de la Mésopotamie aux Etats-Unis*, Paris, Colin, 1997, p. 8 の以下の数行に見られる：「市壁の連続性は都市《シ》＝市民体《テ》の象徴で［……］都市構成の結果は舞台計画として着想されたかのように見え［……］幾何学が実用構造の背面に消えさるので、それは道順として解釈され［……］それは作者不詳の修辞で、歴史の再認識が現れる偶然的有機体構成論となる」。

[36] TEYSSOT Georges (dir.), *The American lawn*, New York, Princeton Architectural Press, 1999. 対照的に、第二帝政下のフランス初の公園都市ヴェジネ (Vésinet) では、垣根の連続性が義務づけられていた。そのことで、そこが田園ではなく、まさしく都市であることを強調していたのであった。このテーマについては、VIDAL Roland, *La Construction paysagère d'une identité territoriale. Imaginaire et réalité dans une station balnéaire des Côtes-d'Armor: Sable-d'or-les-Pins*, thèse de doctorat en sciences de l'environnement, ENGREF-ENSP, 2003, p. 158 を見よ。

[37] ロードサイド都市（*ville routière*）という術語は、LE GAL Yan, «La marche, antidote à l'excès automobile», *Urbanisme*, sept. -oct. 2000, no 314, pp. 34–39 からの借用である。ル＝ガルは「つまりは自動車交通よりも人の移動を優先させることだ」(p. 39) と述べ、歩いて移動するのは住民の側という原理から出発して、例えば宅配の発展など、既存サーヴィスの最適化による〈エコモビリティ〉を推奨している。しかし、サイボーグの住まいの一般的傾向はその反対である。

[38] LAROQUE Didier, *Le Discours de Piranèse. L'ornement sublime et le suspens de l'architecture*, Paris, Editions de la Passion, 1999, 4e de couverture.

[39] BERQUE Augustin, «La transition paysagère, ou Société à pays, à paysage, à *shanshui*, à paysagement», *L'Espace géographique*, 1989, XVIII, no 1, pp. 18–20。さらなる詳細については、拙稿 «La transition paysagère comme hypothèse de projection pour l'avenir de la nature», dans ROGER Alain et GUERY François (dir.), *Maîtres et protecteurs de la nature*, Seyssel, Champ Vallon, 1991, pp. 217–237。［訳注：邦文では、オギュスタン・ベルク（篠田勝英訳）：『日本の風景・西欧の景観 —— そして造景の時代』、東京：講談社現代新書、一九九〇年、p. 171 以降で「造景」論が展開されている］

[40] DONADIEU Pierre, *La Société paysagiste*, Arles, Actes Sud/ENSP, 2002.

[41] *ibidem*, p. 140.

[42] これは、私が以下のごとく定義するものである。すなわち、「社会生活において風景を媒介するもの。ここでの『動機づけ』は、『行動

ることで、（*urbs* や *astu* ではなく、*civitas* や *polis* の意味＝おもむきでの）現代の都市＝市民体《シテ》が、その領域のあらゆるところで、風景という形をとることの明示を目論めるかもしれない。これは実際、ジャン・ヴィアールやベルトラン・エルヴィウなどの社会学者が打ちだす仮説である。[43]

国立統計・経済研究所（INSEE）のセンサスによれば、閑暇が舵取りをする現代の都市＝市民体《シテ》では、食料品店は減る一方だが、花屋は増える一方だというのは当然になる。[44] 前者はどちらかというとサイボーグの胃袋に関わる事案だが、ガソリンスタンドと同様にますます彼に車を転がす口実を与えるハイパーマーケットに吸収されている（§43）。[45] 他方、後者は美学に関わってくるが、それは〈環境の風景への通態〉[46]とともに増殖している。

そこには藝術の発展との相同性がある。繰りかえすまでもなく、風景は藝術から誕生した。カトリーヌ・ミレーは、現代藝術の出現を一九六〇年台としてその定義を探求しているが、そこに「日常生活の藝術化」を見出している。[47] アンディ・ウォーホルの作品はその証左だ。[48]「為美（*wei mei*）」のための適切な「賞（*shang*）」や、謝霊運や利休の時代の農民のような平民が実用性しか見出せない物事に対し、悦に入れることが必要である。そこで、われらが閑暇階級を信用してしまおう。それはどの時代であれ、そのために課されたこと、つまり他者の労働の外閉のやり遂げ方を知っているのだ。ミレーは、例えば、ベルトラン・ラヴィエの作品について以下のように述べている。

したがって、彼は私たちに、オブジェ［コンバイン］をひとつのイメージとして見ることを強要する。彼は、農業用品カタログの中の写真の視点や画面構成にしたがった［……］象徴次元の中で、それを再度ひっくり返すのである。[49]

……そうすると「藝術とはいまだにひとつの象徴的活動である」[50]ことに束の間の疑義が生まれてしまうわけだが、ミレーは私たちに、そう、そのとおりですと太鼓判を押してくれる。実際、件《くだん》のコンバイン（あるいはパーキングなど）は、風景の見方の鍵を有する者にとってのみ藝術作品となりうる。

とはいえ、ひとたびこの賞（*shang*）が俗習となったら、サイボーグはもはや船長という高みに安んじること

する理由』という原義を維持しつつ、さらに同時に時間的次元（『あるメロディーのモチーフ』）かつ空間的次元（『プリントされた布のモチーフ』）の概念であるという三つ巴の意味＝おもむきを有することを当てこんでいる。〈刻印＝母型（empreinte-matrice）〉として、風景はこれらの三つ巴の意味＝おもむきを持つ。換言すると、それは人間の行動を提示するのみならず、それがある意味＝おもむきを持って自らの姿を提示するように導引する』。BERQUE Augustin (dir.), *La Mouvance. Du jardin au territoire, cinquante mots pour le paysage*, Paris, Editions de la Villette, 1999 の「風景的動機づけ（motivation paysagère）」の項（p. 76）を見よ。

［43］HERVIEU Bertrand et VIARD Jean, *Au bonheur des campagnes*, La Tour d'Aigues, Editions de l'Aube, 2001 (1996). 実際、本書第二版の序文で、著者たちは、「発明された田園、つまり村と風景を見世物とする田園、文化財、庭園、庭いじり、［……］私たちの農村文化財を演出した田園」、さらには「私たちの夢や欲求に対して多大な整備能力を附与する、生活場所の選択の柔軟性」(p. I, II, III) と述べている。

［44］二〇〇二年二月二八日の『リベラシオン（*Libération*）』紙二一面で報道された調査統計。三〇年間で、食料品店は六分の一となり、パン屋はほぼ増減がなく、花屋は五九〇〇店から九九〇〇店に増加した。

［45］アンドリュー・フェーンベルグ（Andrew FEENBERG）が私に語ってくれたことだが、ある晩、近所の煙草屋まで煙草を買いに徒歩で出かけた時のことである。彼はパトロール中の警官にこう言って呼びとめられた。「もしもし、あなたの車はどこですか」。実際、足（自動車）もなくサン・ディエゴで夜間に外出するのは異常なことである。

［46］このテーマについては、拙著 BERQUE Augustin, *Les Raisons du paysage, de la Chine antique aux environnements de synthèse*, Paris, Hazan, 1995 で展開した。

［47］MILLET Catherine, *L'Art contemporain*, Paris, Flammarion, 1997, p. 20.

［48］［訳注］ウォーホル（一九二八年～一九八七年）は、作品のモチーフとして大衆的なものを選択することが多く、女優マリリン・モンローの写真をシルクスクリーンで色違いにして大量生産した作品はその典型である。

［49］MILLET, *op. cit.*, p. 110.

［50］*ibidem*, p. 92.

はできない。その附属器具類の操縦ではなくて服従を甘受させられ、「選民ノマド」ではなく「束縛ノマド」になってしまう。そして、好むと好まざるとは無関係に、その依存症に心身ともに病むことになる。これは、風景においてのみならず、統計学上でも見られる。例えば、アメリカでは都市スプロールと肥満の相関関係が指摘されている。[51] 理由は単純だ。街では歩くのに、エッジ・シティでは自動車以外では移動しないからである。実際、拡散都市では街路に、というかもっと精確には幹線道路には人出は見られない。つまるところ、自宅にいるか車中にいるかなのだ。

まずは市壁外で表明されたこの論理は、都市内に逆流してその形態の破壊を惹起している。それはある日、ジョルジュ・ポンピドゥーの聡明なる口蓋をつうじ、「パリを自動車に適応させなければならない」との命令を発したのだった。この合言葉は後に否定されたが、それはそれが大雑把に過ぎたからだった。それは、二地域居住には同時に古典的都市と古典的田園、そしてそれら二極を最小の時間でつなぐ方法が必要であることを勘案していなかった。換言すると、金持ちボヘミアン四駆がドア・ツー・ドアで移動できなければならなかった。結合要素がまさに機械であることを認めない限り、これは統合困難である。つまりは、機械は遅かれ早かれ何らかの方法で自分の論理を押しつけてくる。

例えば、日本では、露地という都市性の隠れ家とでも言えるところを、消防車が進入不可能なのだから、拡幅すべきだと長きにわたり論難してきた。換言すると、それらを消し去ってしまえということだ。正論ゆえに、はぐらかせないではないか。とはいえ、露地の幅員に合わせた機械システムを考案できれば良く、逆ではないという考えを漉しだすことで済んだのだが……。しかし、かくして神楽坂[52]のような歴史都市の最高にかわいらしい界隈のいくつかを保存できたとしても、圧倒的多くの場合、都市はオートモービルのシステムにより根底から構造を変えられてしまった。中小規模の都市は、固有の動態性をかろうじて維持している大都市以上に影響をこうむった。人口が五〇万人以下のほとんどの都市で、オートモービルのシステムに統合された郊外大規模店舗のために、中心市街地の個人商店が滅失してゆく傾向が見られた。論理は単純だ。遠隔地であるほど地価が安く、売り上げと地代の間の関係を好転させ、もっとオートモービルが必要になる、などなどのそれである。そして、他の場所と同様に、アメリカは一九八〇年代に日本に対して競争原理と規制緩和を押しつけたので、スプロールに対する歯止めはほとんどなくなってしまった[53]。そこで生まれたのが〈ファスト風土[54]〉の風景で、日本の居住可能領域のほとんどがそれになってしまった。つまり、フランスでは〈都市の入口[55]〉に相当するが、

［51］SUI Daniel Z., «Musings on the fat city: are obesity and urban form linked?», *Urban Geography*, 2003, 24, 1, pp. 75-84.

［52］懐具合のよいフランスからの「国外脱出組」が愛玩する東京の一界隈である。とはいえ、たしかに神楽坂は穴場的性格を維持しつつも、巨大マンション（二〇階建てとか三〇階建てのもの）に徐々に侵食されている。それは、既存都市組織と尺度上の関係をまったく持たず、さらに界隈の生活に対し完全に閉鎖的な垂直的住宅アジールとしての機能を強制している。したがって、思いもかけない制度改正があれば別だが、それは解体に向かう運命にある（次注を見よ）。［訳注：「住宅アジール」に関しては、本章の注69を見よ］

［53］とはいえ、それは日本型資本主義にも、その利益を保証する政治体制にも好都合ではある。例えば、政府は二〇〇〇年に規制緩和のために一九六八年の都市計画法を改正したが。これは市町村間での大規模商業施設の誘致合戦の可能性を導入するものであった。見渡す限り何もない田園にそれが立地すると、（中心市街地の商店を破滅させることで）都市と（拡散都市を際限なくスプロールさせることで）田園が同時に破壊されることが証明されているにも関わらずである。日本の国土は、相対的に狭隘性の極致と見られなくもないが、逆にこの傾向への対応について、ヨーロッパに対してのみならず米国に対しても遅れをとっている。つまるところ、国レヴェルでの規制がないため、市町村、あるいは都道府県レヴェルで導入された制限は、この「焼き畑商業」（移動型の焼き畑農業をもじったもの）に常に振りまわされかねないのだ。換言すると、規制されれば際限なく規制のない隣接自治体に移転するだけの話で、それ以上のことを求められることはない。これらの問題については、矢作弘：『大型店とまちづくり —— 規制進むアメリカ、模索する日本』、東京：岩波新書、二〇〇五年を見よ。

［54］社会学者の三浦展が、著書『ファスト風土化する日本 —— 郊外化とその病理』、東京：洋泉社、二〇〇四年で使用した呼称である。注記すると、日本語では英語の *food* は「フード」と発音される。つまり「風土」を意味する単語の同音語となるわけである。

［55］［訳注］比較的凝縮性のある都市形態を現代まで保持してきたフランスの歴史的都市には、かつての都市門の近傍地帯を都市の入口（entrée de villes）と呼ぶことがある。ただ、今日その単語が発語される場合、むしろその近辺、さらにはそこを越えてのスプロール、さ

日本のそれは大都市圏の尺度でスプロールしてしまったものである。

§46 拡散都市の脱宇宙《アコスミー》＝脱調和性[56]

大雑把には、フード＝風土がマクドナルドになり、風土《ミリュー》が場所にあらざるもの（非リュー[57]）になるとでも翻案できよう。これはまさにサイボーグの住まいに起きていることだ。この住まいの購入や消費は迅速になされ、まったく同じものやほとんど同じものを、地球上のあらゆるところで見つけることができる。これはサイボーグの生活ジャンルである「無頭人のメガプロセス[58]」の利点であり、つまりは機械法則にしか従属せず、場所がどこであろうと同一の通行可能状態を保証するものである。

しかし、人間性という視点から見ると、そこから帰結する住まいはある欠点を呈する。すなわち、それにはもはや所在地がなく、あるのは測地学上の位置（幾何学上の場所）だけになる傾向があるのだ。これはすでに一九六〇年代に、ジョルジュ＝ユベール・ドゥ＝ラドコウスキーが予感していたことである。

> 場は定住民の財産で、彼らの排他的「所有地」である。彼らの所在地の外部では、それは偽造通貨に変容する。［……］場は存在者の保護のために〈前置〉されている。存在者の守護者として、場は存在者を受け入れ、守る。また、匿《かくま》い、保守し、あるいは差しだす。［……］場は、その存在が根を下ろす大地にしてその存在が汲みだされる土地で、存在者の存在の〈基盤〉である。［……］ノマドである私たちは外に出た状態で生活を送っている。私たちは戸外におり、走路上にいる。［……］ノマドは、既存のものに結合された場に住むことがない。それは分離の徴候の下に、

外延の徴候の下に生きる。すなわち、本質的外界性であり、純粋な排除能力である。[59]もはや偽の場でしかないのだから、ラドコウスキーの言う「ノマド」の住まいには、所在地も方向性も基盤もない。繰りかえすと、同じくこれらの理由から、そこにあるのは「建築の終焉」[60]である。

本書としては、かかる進化はサイボーグの住まいを〈非宇宙=非調和させる《デコスミゼ》〉という考え方を強調したい。例えば、かつて都城の門であったものと、オートモービルのシステムの中で現代の都市の入口となったものを考えてみよう。§13で見たような、かつて内外の移行に際して世界の存在が懸架していたところには、もはや「自ら自体として動いている死んでいるものの生命」[61]、つまりは機械が規定する形態をとった未決区域

らには景観の破壊の機微を伴う。

[56] [訳注] 本書では、コスモス（cosmos）を宇宙=調和、コスミック（cosmique）を宇宙=調和的などと訳してきた。対して *acosmie* は *cosmos* に否定の接頭辞 *a-* を附した名詞で、後に見られる *décosmiser* も同様に否定の接頭辞 *dé-* を附した動詞である。ここでは、*acosmie* を脱宇宙=脱調和と、*décosmiser* を非宇宙=非調和させると訳し、それぞれの形容詞等への変形もそれを基軸とするものとする。

[57] [訳注] 仏語で風土は *milieu*（ミリュー）、場所にあらざるものは *non lieu*（ノン・リュー）と綴り、前者の和音と後者の和仏混合音はそれぞれミリューと非リューで韻を踏んでいる。

[58] アンドレ・タギエフ（André TAGUIEFF）のインタヴュー記事（*Urabnisme*, sept. -oct. 2000, no 414, p. 21）の単語を借用したものである。そこでは近代性や進歩が論じられているが、本書ではそれをサイボーグの世界の非都市性に引きつけて使わせてもらう。[訳注：訳文では、ジョルジュ・バタイユの著書の翻訳に倣い、mégaprocessus acéphale の acéphale を「無頭人の」と訳した]

[59] RADKOWSKI, *op. cit.*, 2002, pp. 151, 152, 153, 157. 本書の初版発行は一九六三年である。

[60] *ibidem*, p. 140 *sqq*.

[61] たしかに、この「未決区域」は少し前までの「縁側」と類同的に考えられるかも知れない。また、今日の東京の街路における自動車交通を、かつての江戸の河川や水路における水の流れに擬《なぞら》える、同様の考え方による論考を読んだことがある。これらふたつの論考は、本書に言わせれば性懲りのない捏造だ。それらは、機械システムの機能による必然的効果と、生命と象徴の偶発性を混同している。それは少しも同じものではないことは後述する。

があるのみで、内も外もない。内外の境界の廃止は、〈脱宇宙＝脱調和性《アコスミー》〉を生じさせる。つまり、かつての都市創設の儀式が象徴的に逆に示していたことで、さらには「ある体系Sの無矛盾性を言明する命題pは、pそのものがSに帰属するものとして措定することはできない」とするクルト・ゲーデルの定理[62]が数学的かつ論理学的に証明したことである。換言すると、ある世界は外界との関係なくしてはそれそのもの、つまり宇宙＝調和的《コスミック》なものになりえないということで、つまりは風土《エクメーネ》は仙境を、都市は田園を必要とするということである。これらのものが存在していた時代のあり様は、すでに§30で見た。しかし、拡散都市の中でそれはまさに消えうせるのである。

拡散都市の脱宇宙＝脱調和性《アコスミー》は、象徴的であるだけではない。それは生態学的でもあることは後述する。というのも、次章で論ずるように、問題となる生活様式が堪え難く持続不可能なものだからだ。それは社会学的にも、エミール・デュルケームが論難した〈アノミー〉の系譜にある。[63]彼は、その原因として、近代科学批評が旧き道徳の基礎を、それに置換するものの提案なしに破壊した事実の中に見出していた。[64]つまり、社会労働の分業から生まれた有機的連帯は、機械的連帯[65]に固有の共同意識から生まれた旧い道徳に置換すべき、自前の道徳を有していない。まして、いわんやサイボーグについてをやだ。その「自ら自体としての動き」に関わる部分は、完全に無意識で、したがって、何であれ道徳には無縁なのである。デュルケームにとっては、以下のごとしなのだ。

> かつて、共同意識が果たしてきた役割を、より十分に果たすようになるのは、まさに分業なのである。[66]

ここではいまだに人間の労働が問題であった。しかし、労働の本質を構成するのが機械になれば、意識に対する関係は無化されてしまう。コンピューターの二進法言語のように電流が流れるか否かであり、何も意味するものがない。機能するか否か、それがすべてだ。

このように本質やガソリン[67]により無道徳状態にある（アノミックな）サイボーグは、逆に市場原理に従属する。というのも、それらは本質的に一切の道徳を引きうけず、いわんや責任を負うこともない「匿名主語」（フランス語で *on*、ドイツ語で *das Man*）を具現化させるからである。かつては共通の都市＝市民体《シテ》であったサイボーグ

---

［62］ここで引用する文章は、クルト・ゲーデルの不完全性と決定不能性の定理を、GAUTHIER Jean-François, *L'Univers existe-t-il?*, Arles, Actes Sud, 1994, p. 146 が簡易な書式としたものである。［訳注：ゲーデル（一九〇六年〜一九七八年）は「数学は自己の無矛盾性を証明できない」とする不完全性定理の研究で知られる数学者・論理学者で、同定理は近代の理性の限界を示したものとして哲学等の分野にも影響を与えた］

［63］［訳注］デュルケーム（一八五八年〜一九一七年）は、個人の外にあって個人を拘束する社会的事実を対象とした方法論的集団主義による社会学の確立で知られる。アノミー（anomie）とはその提示理論のひとつで、社会規範の弛緩や崩壊による欲求や価値の攪乱状態を指している。

［64］DURKHEIM Emile, *De la Division du travail social*, Paris, Presses universitaires de France, 1998 (1893), p. 406:「要するに、われわれの第一の義務は、われわれ自身のためにひとつの道徳を現実につくることである」（エミール・デュルケーム（田原音和訳）：『社会分業論』、東京：青木書店、一九七一年、pp. 391–391）。私たちはそこから進んでいない。これは、この基盤に関わる問題に風土的《エクメナル》な光を照射して再考しながら、拙著『風土としての地球』（三宅京子訳、東京：筑摩書房、一九九四年）で試行をしたことである。

［65］誤解されることがしばしばだが、デュルケームにとっての「機械的」とは、近代機械主義とは無縁で、逆である。つまり、それは、社会的分業がほとんど進行せず、皆がほぼ同一の労働をしている社会に適用され、かくしてそれらの労働が「機械的に」相互加算され、共同意識の基盤を造る。やがて社会的分業がそれぞれの労働の間に「有機的に」補完性を生じさせるが、それは共同意識の弱体化や、さらには消滅を惹起する。そこからアノミーの危険性が出てくる。

［66］DURKHEIM, *op. cit.*, p. 148.（デュルケーム：前掲書、p. 168）

［67］仏語の essence は、「本質」という意味と「燃料」というそれを同時に持つ。つまり、サイボーグは本質的かつそのエネルギー源からして無道徳なのだ。

都市が、今日ではかくして逆に差別発生器として機能する。例えば、パリ市第二〇区は、二〇〇〇年から二〇〇四年の四年間で地価が一〇〇％上昇した[68]。そこに、さらに物理的防御壁を加える住宅アジール（バリオス・セラドスやゲイティッド・コミュニティなど）[69]については、何も言う必要がなかろう。

無論、サイボーグが差別を発明したわけではない。しかし、サイボーグはそれを量産し機械化するので、結局それを道徳意識の領域から抽出してしまう。かくしてサイボーグは独特な（*sui generis*）連帯を実現する。そこではエンジンの連接棒はあるべき場所にあり、金持ちは金持ちとともにあり、貧乏人はいるべき場所にいなければならない（というのも、彼らは制約があってはじめてノマドたりえるからである）。まとめれば、〈有機械的連帯[70]〉である。

§47　資本主義とサイボーグ科学

レイモンド・ウィリアムズは、その大著『田舎と都会』を、「都会と田舎」と題した章で締めくくっているが、そこで彼は以下のことを示している。

田舎や都市の観念が、特定の内容と歴史をもっていることは明らかであるが、しかし同時に、全般的過程の抽出と同定の形式となる場合があることもまた明らかである。資本主義とか官僚機構とか権力集中とかの意味でしばしば「都会」という言葉が使われてきた。一方、すでに見てきたように「田舎」という言葉はさまざまな意味を担ってきた。自立性から貧困にいたる一切のものを、活発な想像力から意識の解放にいたる一切のものを意味してきたのである。[71]

そのことから彼は以下を歯に衣着せず後述する。

とどのつまり、現に少数資本家階級の行使している権力――それがどんな形態をとっているかにかかわりなく――こそ、われわれの当面する最大の敵であって、これらにたいしては説得するだけではだめで、これを打倒し、これに取って代わらねばならないことがわかってくる。〔……〕歴史をこのようにとらえるわたしである。是が非でも人間性を擁護しなければならず、そのためには資本主義に抵抗するしかないと確信していることは言うまでもあるまい。[72]

この理論の説明については、著作そのものを参照していただくとしよう。本書としてはここで、人間世界の

[68]　［訳注］パリ市第二〇区は、白人以外、キリスト教徒以外の人々の多く住む界隈で、住民の平均収入は他の区のそれと比較すると最低水準にある。つまり、そこで賃金上昇以上の地価高騰が起きれば、転居を強いられる人々が多く発生する。ただ、地下鉄やバス等の公共交通網は高密で、郊外サイボーグ都市の自動車依存度の水準にはない。

[69]　［訳注］いずれも主に治安上の理由から、住民が自分達以外の出入りに制限を課すべくフェンス等で囲み、警備員等を配置した地区のことである。バリオス・セラドス（*barrios cerrados* は直訳すると「閉鎖された地区」）はアルゼンチンのブエノスアイレスの事例が有名で、ゲイティッド・コミュニティ（*gated community* は直訳すると「門が閉じられた共同体」）は主に北米に多数存在する。

[70]　ここで言う solidarité cyborganique は、cyborg と organique の合成語による表現で、「有機の連帯」と「機械の連帯」の二重の意味を有する。

[71]　WILLIAMS Raymond, *The Country and the city*, Oxford, Oxford University Press, 1973, p. 291.（レイモンド・ウィリアムズ（山本和平・増田秀男・小川雅魚訳）：『田舎と都会』、東京：晶文社、一九八五年、p. 385）

[72]　*ibidem*, p. 301 et p. 302.（同上、p. 397 及び p. 398）

サイボーグ化（cyborgaison）に対抗する〈人間的擁護（human defense）〉なるものがあるのならば、非難すべきは現代の社会経済システムの原理そのもので、換言するとまさに資本主義そのものであることを提起したい。この場合、本書にしてみれば、サイボーグは教唆を与えてくれる一形象に過ぎない。

サイボーグが、市場の匿名主語と結びつきを有するのは先刻垣間見たとおりである。換言すると、アダム・スミスが以下のものとしてそこに見出していた（しかしながら）「見えざる手」との結びつきだ。

　慈悲深い神が人類の幸福が最大化される宇宙を統治するためのメカニズムとして「の見えざる手」[73]。

そして、それは実際、現代自由世界の最高位の権力となった。かつては複数あった専制主義に対し、それはそれ固有の単一絶対主義を置換した。この〈市場絶対主義〉は、〈機械絶対主義〉である。というのも、それは定義からして人間の手による意識的介入を排除するからだ。つまり、これがサイボーグ支配を確固たるものにする無責任体制である。次章ではその論理的基盤が何であるかと、それが近代性の機械論的選択肢とどの点で似かよっているかを見ることとしたい。今後、本書が上述の体制を〈市場機械論〉と形容することを可能にする結びつきである。

機械主義と絶対主義の間のクラッチ連接を推論するのに、何人《なんぴと》たりとも想像力は必要ない。それは〈歴史と風土《エクメーネ》の偶発性の対極にある〉〈必然性〉に他ならず、その影響の下に物理法則に支配された機械が機能している。問題となっている体制が、物理学や化学のひそみに倣《なら》い、経済部門でノーベル賞を受賞せんとしたのはそのためだ。人間存在の術語で根拠づけしようとすれば考えられないことではある……。〈経済学（*économie*）〉という科学は、「家屋（*oikos*）」の法則（*nomoi*）を記述するためのもののはずだが、もはや人間存在のようなものの法則は対象としない。[74] それが対象とするのはもっと信頼性の高いサイボーグの機械群で、その理由はそれが計測可能で、つまりは予測可能だからである。それ以外は外部性として捨象される。

この分野は風土的《メディアル》なそれとは言い難いので、当該学問の史家・フィリップ・ミロウスキーを引用するに如くはあるまい。[75] 実際、人間の居住域である風土《エクメーネ》の理解のためには、逆に、それをいかに機械室などというものにしてしまったのかを見ることが有用である。事実、サイボーグとは、風物身体から解放された存在であるという定義を当てはめるだけで充分だったのだ。かくして誕生可能となったのが〈サイボーグ科学〉で、つまりは精確性をようやく獲得した経済学なのであった。

G&S[76] はかくして、ダブル・オークション[77] への参加のため、彼らが「無知能作用者」と呼ぶものをでっち上げた。

---

[73] JOYCE Helen, Adam Smith and the invisible hand, URL: http://plus.maths.org/content/adam-smith-and-invisible-hand, mars 2001, p. 2.

[74] ［訳注］オギュスタン・ベルク（篠田勝英訳）：『地球と存在の哲学 —— 環境倫理を越えて』、東京：筑摩書房、一九九六年、p. 9 以降でも指摘されているが、ギリシャ語で住まいや居住を意味するオイコス（*oikos*）は、エコノミーだけではなくエコロジーの語源でもあり、本書にとっては何より、風土＝エクメーネのそれでもあることを念頭に置きたい。

[75] MIROWSKI Philip, *Machine dreams. Economics becomes a Cyborg science*, Cambridge, Cambridge University Press, 2002.［訳注：ミロウスキーは米国ノートル・ダム大学教授で、経済学史家である。物理学と経済学の類似性を敷衍し、軍事理論やサイボーグ科学と経済学との類同性を指摘する論考を発表している］

[76] ベルク注：つまり「サイボーグ科学」の極点にいるダナンジェイ・ゴッド（Dhananjay GODE）とシャム・サンダー（Shyam SUNDER）の二代表である。ミロウスキーは「ゴッドとサンダーはロボショッピングに行く」と題した行《くだり》で彼らの理論を批判している（MIROWSKI, *op. cit.*, p. 551 *sqq*）。［訳注：ゴッドはニューヨーク大学経営大学院特任准教授。サンダーはエール大学教授で、邦訳書としては『会計とコントロールの理論 —— 契約理論に基づく会計学入門』（山地秀俊等訳、東京：勁草書房、一九九八年）等がある］

[77] ［訳注］売り手と買い手の双方が値段を提示する形式の競売で、証券市場はその好例である。

議論を簡易にするため、本書ではそれを「ゾイド」[78]と呼ぼう。これらの作用者は、その作用の主体性（*agency*）を奪われたもので、単なるソフトウェアの一片なのだ。人工生命（ALife）[79]としてのその唯一の目的は、市場実験で使われるソフトウェアに、通常は人間主体が発するメッセージを提出することだった。ゾイドが彼だけにしか真似のできない方法でしているのは、無記名で不特定の「商品」の単一セットを巡る入札価格や応札価格の提示である（どうせ他にゾイドが買いたいものなどないのではないだろうか）。［……］最低競売価格と原価配分を最優先で突きあわせるのはスミス[80]以降の標準的実験手順なのだから、少なくともその点において、ゾイドたちは実験経済学においては人間主体と対称的なものとして扱われる。[81]

この実験科学を〈機械経済学《メカノミー》（*mécanomie*）〉と呼ぼう。そのことでその理想を裏切ることにはなるまい。というのも、ミロウスキーが示すように[82]、第二次世界大戦後のその主たる発展はエンジニアや物理学者に大々的に依拠しており、体系的にそのモデルとされたのも機械工学、さらに熱力学、そして近年になり分子生物学と神経画像学が融合したサイバネティクス[83]だからで、すべてがサイボーグの存在に精確に適合しているからである。機械経済学《メカノミー》のもうひとつの特徴は、自身の歴史への無関心である（ミロウスキーの業績のようなものは例外に属する）。とはいえ、逆に、歴史とは社会的尺度における個人的尺度での反省と意識であることからしてみれば、驚くにはあたるまい。それら二案件は風物身体[84]を措定するのに、サイボーグはそれを外部経済として外閉してしまい、それらに拘束されないからである。

この風物身体の外閉については、§49で詳細に検討する。とはいえ、ここではそれが〈私益の最大化のため費用を風物化する〉という資本主義の基本原則と相同的であることを指摘しておきたい。〈風物化する（*médialiser*）〉とは、風土《ミリュー》の中に投げかえすという意味だ。すなわち、社会化する（社会の中に投げ返す）と同時に、環境の中に投げかえすことである。例えば、トヨタ式システムでは、在庫（その費用は会社負担である）の削減原則は、適時出荷（*just in time* な発送）のための道路網（その費用は自治体負担で、同時に環境にものしかかる）の頻用と同義である。このようなシステムが必要とする「苦行」（誤植に非ず）[85]の大部分は、かかりうる全費用の

[78]　［訳注］ゾイド（zoid）とは、無知能作用者（Zero-Intelligence agents）をもじり、さらにおそらく「空っぽの（void）」という単語も流用した造語である。また、前出の「無頭人」や「匿名主語」との類似性も念頭に置きたい。

[79]　ベルク注：ミロウスキーはここで、人工知能（AI: *artifical intelligence*）をもじった言葉遊びをしている。

[80]　ベルク注：ここでのスミスはヴァーノン・スミスのことで、サイボーグ科学におけるもうひとりの突出した代表者であり、とりわけその種子となった以下の論考、SMITH Vernon, «Microeconomic systems as an experimental science», *American economic review*, 1982, 72, pp. 923–955 の著者である。［訳注：ヴァーノン・スミスは米国チャップマン大学教授で、社会現象である経済を実験室の中で再現できるかのようにモデル化して経済理論の検証を可能にしたことで、二〇〇二年にノーベル経済学賞を受賞している］

[81]　MIROWSKI, *op. cit.*, p. 553.

[82]　とりわけ、MALLORQUIN Carlos, «Descifrando la "economía de los sueños"», *El País*, 137, août 2002, pp. 39–53 でのインタヴューにおいて。メキシコでの湯治のためにこの総合雑誌の購入を薦めてくれたカルメン・イカズリアガ（Carmen ICAZURIAGA）に感謝する。そこで私は少なくともミロウスキーを発見することとなった。

[83]　二〇〇八年一月一五日の『ル・モンド（*Le Monde*）』紙に掲載された「神経経済学」についての記事を見よ。

[84]　ここではこの理論の展開を再掲できない（このテーマについては、拙著（中山元訳）：『風土学序説 ── 文化をふたたび自然に、自然をふたたび文化に』、東京：筑摩書房、二〇〇二年の中でもとりわけ第 42 節「自己を述語化する主体」を見よ）。最低限、反省と意識は象徴体系を措定し、つまりはそれらの体系が構成する風物身体を措定するとだけ言っておこう。

[85]　クリスチャン・オーマン（Christian HOHMANN）によるリーン生産方式についてのポータル・サイト（http://chohmann. free. fr）で、二〇〇五年九月四日にアップされた論考を見よ。その一ページには「トヨタ式システムはリーン生産方式の象徴である。［……］リーン（LEAN 脂肪の落ちた）とは苦行礼賛の別名である。ギリシャ人にとって苦行とは、アスリートがパフォーマンス向上のために自身に課した運動と特別な食事法を意味していた」との記述がある。この「脂肪の落ちた工業（*lean manufacturing*）」は、利潤追求という点では苦行指向とは言えず、さらにそれがまさに利用するソーシャル・キャピタルや環境の保全への参画に対しても苦行をする気はない。［訳注：オーマンは民間経営コンサルタントで上記サイトで生産方式の最適化に関する論考を発表している。リーン生産方式（*lean manufacturing* または *lean enterprise*）とは、トヨタを代表とする日本の自動車工業の生産方式における無駄の排除を理論化した生産管理

風物化で成立している。そしてトヨタの天才性は、つねにそれを他者よりも多めに、しかも迅速に行ってきたことにある。換言すると、トヨタは競合各社に比べてより資本主義的なのだ。この差が世界のどこでも同一な原則に基づくシステムにおいて、同社を一頭地抜きんでさせる。とりわけ雇用がそうで、「柔軟性」の麗句の下にますます非正規雇用（*just in time* な雇い人）を支配的なものとさせている。

例えば、以下のフランソワ・アシェールのように、それを言い立てるだけでは不充分だ。

［……］大企業が実施するさらなるアウトソーシング［……］。生産やサーヴィスは企業から飛びだし、空間的文脈において新たな経済的重要性を附与している。［……］企業活動はますますその社外で行われ、実質的に都市や国土を生産空間に変容させる。[86]

というのも、それを理想的に捉えるかかる言いようでは、上述のアウトソーシングの根本的動機に対して目をつぶることになるからである。都市や国土はそこで単に「生産空間」に変容させられるだけではない。それらはより広範な動き、つまり資本主義に基づく利益の根源である費用の風物化のただ中にあってそうなるのだ。市場メカニズムの収支計算がそれらを一元的に外閉しなければ、この動きはまったく異なる形象を取るはずである。例えば、フランス経済の乳房とも言えるアグロインダストリー（農業資源を原資とした工業）方式は効率性がご自慢だが、それは露骨な低価格化を可能にする外部経済の捨象から生まれた張り子の虎なのだ。その費用は本当は莫大で、堪え難く持続不可能なものである。アメリカというこの生産方式の王者の地では、そのことは一九六〇年と二〇〇〇年の間に耕作に適した土壌の半分を喪失するという形をとっており、それは土壌回復速度の一七倍の速さでの浸食プロセスということになる。[87]

この事例は、資本主義が捕食経済（*Raubwirtschaft*）であることを明示している。それは天然資源のみならず、社会の犠牲の上でも捕食的であることを明記しておこう。例えば、以下のごとき計算が成立する。

> ［……］一キログラムのトマトの利鞘は今日では一から四で、ハイパーマーケット第一世代が消費者のためにそぎ落とした一〇から一二の仲買が存在していた一九四九年と同様である。これは、おそらく大規模流通業をもってしても商品循環に関しての目一杯の数字だが、その過程では農業システム、近隣商業、輸入戦略、そしてもちろんのこと生活様式という一切合切を引っくりかえしてしまうものだった。[88]

したがって、この場合は、小作農や個人商店の排除、土壌や風景の荒廃といった風土《ミリュー》の捕食は、ここで論じられている利鞘を寡占事業者の手許に集中させるという唯一の「肯定的」効果を有することとなる。同様に、費用の風物化は、資本主義が機能する風土《ミリュー》の毀損だけではないことが解る。それは、さらには生態学的だけではなく社会的にも未来を見捨てるのだ。かかるシステムは、その原則からして未来永劫まで堪えられるものでも持続可能なものでもない。実際、資本主義の本質と問題の核心は重合するしかない。それについ

手法のひとつである］

［86］ASCHER François, *Les Nouveaux principes de l'urbanisme. La fin des villes n'est pas à l'ordre du jour*, La Tour d'Aigues, L'Aube, 2001, p. 45.

［87］*Courrier international*, no 686–687, 24 décembre 2003–7 janvier 2004, p. 53 が *The Ecologist* 誌を引用しつつ示したもの。

［88］MANGIN David, *La Ville franchisée. Formes et structures de la ville contemporaine*, Paris, Editions de la Villette, 2004, p. 141.［訳注：鳥海基樹：「古いヨーロッパ・フランスは抵抗する」、三浦展（編著）：『下流同盟 —— 格差社会とファスト風土』、東京：朝日新書、二〇〇六年一二月、pp. 195–234 は本書の抄録である］

て、サミール・アマンは以下に記すのだ。

［……］資本主義は、その組織形態がいかなるものであれ［環境の］脅威に応答不可能である。その理由は単純だ。「将来の減価償却」という概念が表現する通り、資本主義は（数年を最長とする）短期的計算の合理性に基づくもので、対してここで考察中の問題を真剣に勘案することは、（半永久的とも言える）至って長期的な合理化の施行を暗示するからである。[89]

半永久的だって。おやまあ。二〇〇四年時点の平均寿命は、女性で日本人の八五・六歳、男性でアイスランドの七八・八歳を超えることがないのだから、これは問題だ……。[90] とはいえ、解決策があるのを後述しよう。

［89］ AMIN Samir, *Au delà du capitalisme sénile*, Paris, Presses universitaires de France, 2002, p. 99.［訳注：アミン（一九三一年〜）はマルクス経済学に基づき、先進国と途上国の関係を中心と周縁に置き直し後者の従属を論じた経済学者である。邦訳文献も複数ある］

［90］『京都新聞』、二〇〇五年七月二三日朝刊、p. 2。

第八章　無基底の世界

§48　抽象的局所《トポス》と脱宇宙《アコスミー》＝脱調和性

風土《エクメーネ》理論の支柱のひとつは、アリストテレスの言う抽象的局所《トポス》（*topos*）とプラトンの言う実存的場所《コーラ》（*chôra*）の弁別にある。前者は物事の外枠にして精確に定義される場で、それを占用し、それを越えることができない（というのも、そうなると物事は別の形態を取り、したがって別の物事になってしまうからである）。しかし、物事は、その自身は変わらずに他所に移り、その局所を変えることができる。逆に、後者は定義されない場所で、物事を包含するが、そこに参画しもする。それは逆説的に、物事の刻印であると同時に母型である。[1]

［1］　さらなる理論展開については、拙著（中山元訳）：『風土学序説――文化をふたたび自然に、自然をふたたび文化に』、東京：筑摩書房、二〇〇二年の第一章を見よ。とはいえ、アリストテレスによる「場所（*topos*）」の定義を再掲しておくと、「したがって、包むものの第

抽象的局所《トポス》は、アリストテレスの主語の同一性の論理（*lgS*）に結びつくもので、個別化された実体の論理で、「動物身体＝個人」[2]の同一性を示すべく私が命名した近代存在論的な抽象的局所（topos ontologique moderne[3]。以下*TOM*と略す）の遙かなる原点である。このことは、抽象的局所《トポス》においてオブジェに還元された物事にもあてはまるが、換言すると、風土《ミリュー》（それらの物事の実存的場所《コーラ》のことで、人間のそれ、つまり人間の風物身体でもある）から抽象された物事にも言えるということである。

この論理が近代科学の基礎となった。相関的に、それは近代性を産出して支配している。二元論はその一表現だし、個人主義も同様である。共同体《ゲマインシャフト》から社会《ゲゼルシャフト》への移行もそれに由来するが、そこには囲い込み《エンクロージャー》の潮流の中で、共有地（零細農家の実存的場所《コーラ》）の私有囲い地（大地主の抽象的局所《トポス》）[4]への変容、さらには同業組合（職人たちの実存的場所《コーラ》）の廃止をつうじ、抽象的局所《トポス》の不均衡にもかかわらず工場労働者を「雇用主」にたった独りで相対させることにしたル＝シャプリエ法（一七九一年六月一四日）が附帯している。[5]それは近代建築という孤高のオブジェを成立させたが、そのことで都市構成の終焉、さらに論者によっては建築自体の終焉とするものに署名がなされたのだった。実際、原則として、それはある物事が別のそれの性質を共有することを不可能にする。つまり、Aは非Aとはなりえない。ある建物はそれ自体であり、それで終わりとなる。

近代都市計画には、この主語の同一性の論理（*lgS*）についての格好の痕跡が残っている。つまり、ゾーニング制度をつうじ、もともとは多機能空間であった都市を、単一かつ同一機能が支配する空間の集合体に解体する傾向を有したというものだ。[6]そうすることで、近代都市計画は交通量の指数関数的増加を引き起こした。以降、交通が主要機能となった。その主務は、解体されてしまったものの弥縫である。今日、都市計画家は道路を引くことから仕事を始める……。換言すると、サイボーグの住まいでは、オートモービルが最優先なのだ。近代のゾーニング制度の生態学的なコストが充分に論じられることは決してなかろう。それは交通を〈義務化する〉

し、その結果、天然資源を浪費するにも関わらずである。同制度は理論的にいささか問題視されてはいるが、各々の機能の詳細面では、実際にはこれまで同様の推進力が作用しつづけている。例えば、住居系ゾーンは、

一の不動の限界、これが場所である」(*to tou periechontos peras akinêton prôton*) となる(『自然学』212a20)。場所は不動 (*akinêtos*) だが、物事はそうではなく、それらは分離可能である。この概念は、近代のオブジェが場所に無関心であることの遠い原点である。逆に、実存的場所《コーラ》は、物事から分離可能ではない。[翻訳は、アリストテレス(出隆・岩崎允胤訳):『自然学』、東京:岩波書店、一九六八年、p. 138。なお、出・岩崎は、「包むものの第一に対し、[すなわち包まれているものに最も近い]」と補記している」

［2］風土《エクメーネ》理論では、対照的に一人物はふたつの「半身 (*medietates*)」を含むことを思い起こしたい。すなわち、動物身体(その抽象的局所《トポス》)と風物身体(その実存的場所《コーラ》)であり、かかる風土性《メディアンス》はその存在を構成するということである。

［3］この *TOM* は頭字語に過ぎないものの、明白な形で「切断する(フランス語で couper)」を意味する印欧語根の *tem* や *tom* に比較することができよう。問題となっている「切断 (coupure)」は、人間の風物身体から動物身体を分離するということである。

［4］ガスコーニュ地方の荒れ地が大地主の所有林になったのは同様の動きにおいてである。その経緯については、DUPUY François, *Le Pin de la discorde: les rapports de métayage dans la Grande Lande*, Paris, Maison des sciences de l'Homme, 1996 を見よ。私たちの自由主義世界では、一般に「共有地の悲劇」(*tragedy of the commons*。一九六八年に『サイエンス』誌(162、pp. 1243–1248)で発表されたギャレット・ハーディン (Garret HARDIN) の論考のタイトル)として知られることは、「便益が個別的資源利用者に対して増加するのに、費用が広範に社会に拡散している状態」と定義される (*Global footprint network 2003–2004*, http://www.footprintnetwork.org/gfn_php?content_glossary による)。したがって、この論点は私有という所有形態に使われるが、§47で見たように、その定義は実際には本質的に資本主義に適用される。つまり、問題となっている理論武装のやり方は、時代錯誤的にも方法論的個人主義に帰属するものだが、対して伝統的共同体は入会《いりあい》方式という独自の解決手法を有していたのであった。一般的に、日本であろうとヨーロッパであろうと、共有地は、資本主義の発展に併行した私有権の拡張が、それを必要面積以下に減少させない限り、過剰利用されることはなかった。[訳注:ハーディン(一九一五年〜二〇〇三年)は米国の生態学者で、「共有地(またはコモンズ)の悲劇」により資源の管理と倫理の問題提起で知られる。なお、Global footprint network のサイトにはもはや「共有地の悲劇」の説明箇所は存在しない(二〇一六年二月二日アクセス)]

［5］[訳注] フランス革命期の政治家・イザック・ル＝シャプリエ(一七五四年〜一七九四年)の提案した法律で、封建的職業組合(ギルド)が自由競争を萎縮させ経済発展を阻害するとの理由から、労働者の団結を禁止した。

［6］[訳注] ゾーニングとは、例えば工場と住宅の混在を避けるために、各々にゾーンを割り振り土地利用を純化するための制度で、静穏な住環境の保証などの肯定的側面がある一方で、混在に由来する面白味やダイナミズムを奪ってしまうなどの否定的側面もある。

社会的画一性を指向するユニットに、以前よりさらに過剰に分解されている（「マンモス団地」[7]やゲイティッド・コミュニティ等）。都市を解体するこの傾向は、社会という視点にせよ形態という視点にせよ、本書が〈非都市性（*désurbanité*）[8]〉と呼ぶものである。

とはいえ、実態としては、主語の同一性の論理（*lgS*）は、西田幾多郎のいう述語の同一性の論理（*lgP*）というアンチテーゼ的論理と絶えず結合する。述語の同一性の論理（*lgP*）は逆に、なることや変わることを許容する。Aは非Aになり、ある建物は別のそれの性質を有し、双方で（単なる付け足しではない）総合体を形成し、人間の動物身体は、人間存在であると同時に他の物事（とりわけ他者の実存）の存在でもある風物身体から延長される……。

風土《エクメーネ》理論は、この主語の同一性の論理（*lgS*）の述語の同一性の論理（*lgP*）との結合に立脚する。例えば風土性《メディアンス》は、人間存在（*lgS/lgP*）と風土《エクメーネ》の存在（*lgP/lgS*）とを統一する（*lgS/lgP*）／（*lgP/lgS*）と記されよう[9]。近代性の根本的動向は逆に、この述語の同一性の論理（*lgP*）の排除である。これが科学の理想だ。とはいえ、現実（*r* ＝ *S/P*）にはそれは不可能である。というのも、そんなことをしたら人間存在そのものである述語審級の廃止に等しくなってしまうからである。かくして、純粋科学の抽象的領域以外では、近代が企てたことは常に科学万能主義[10]に道を踏みはずす。つまり、**無視しているはずの述語の同一性の論理（*lgP*）にますます囚われた幻想**である。

この道の踏みはずしや幻想を越えることが、風土学《メゾロジー》の企てだ。後述するように、論点は理論以上のものである。つまり、事実として、近代の企ては**人間という種の生活風土《ミリュー》の破壊**に他ならないというものだ。というのも、それは究極には、**人間存在の立ち位置のない論理に接ぎ木された世界の見方の具体的翻案結果**だからである。

＊＊＊＊＊

主語の同一性の論理（*lgS*）の述語の同一性の論理（*lgP*）との結合から、〈実存的場所性《コレジー》（*chorésie*）〉が継起する。それは地球における人間という存在の実存的展開[11]で、その産物が風土《エクメーネ》である。そこでは〈脱計測（*démensuration*）〉が見られる。つまり、そこでは計測可能な抽象的局所《トポス》が、存在することを止めはしないものの、計り知れない

［7］［訳注］この文脈での cité は、共同体的意味の都市＝市民体《シテ》ではなく、大都市郊外で非白人や非キリスト教徒の人々などの多く住む巨大集合住宅群を意味するため、「マンモス団地」と訳す。例えば、アラブ系の姓というだけで就職できないなど、社会的に疎外された人々が多く暮らすことなど、現代の cité はフランスでは重大な社会問題である。

［8］BERQUE Augustin, «Unsustainability in human settlements. General argument and personal project: Research on the history of disurbanity. Hypotheses and first data», dans WALLIS DE VRIES Gijs and NIJENHUIS Wim (dir), *The Global city and the territory*, Eindhoven, Eindhoven University of technology, 2001, pp. 33–41.

［9］拙著：『風土学序説』、p. 429。

［10］科学と科学万能主義の間には境界がないが、科学そのものが実践することに広範に足を踏みいれる未決ゾーンがあり、それはとりわけ人類に関わることである。*Courrier international*, no 776, 15–21 septembre 2005, p. 67（*The Economist* 誌の記事を再掲したもの）の記事を基に、最近の事例を引用しよう。それはプラハ・カレル大学でヤン・ハヴリツェック（Jan HAVLICEK）博士の指揮下で遂行された実験である。仮説は、女性が見せる性的行動は、威圧的なオスによる受精機会の最大化、さらには（子供が自分のものではないのに騙された）物静かなオスによる養育機会の最大化の論理に応答しているとするものである。実験は、性格により分類された男性の汗を綿布に染みこませ、それを同様に（男性の）パートナーの有無および月経周期の段階で分類された女性に嗅がせることで構成されている。明らかになったのは、多産でパートナーのいる女性は、威圧的男性の臭いにもっとも魅力を感じやすいということである。以上、証明完了。「研究グループが示したように、これはまさに現実において起きていることである」。「まさに」「示した」そして「現実において」という表現に注目したい（たしかに、これらはジャーナリストのペンによるもので、研究者自身による直接的なものではないが、普遍的精神性を翻案したものである）。実際には、それは純粋な生理学的次元で実施された実験を現実に対して強引に一般化したもので、人間関係の現実が、匿名の綿布の端切れをくんくんと嗅ぐことで成立しているかのようになってしまう。以下の通り、方法の瑕疵は明白である。一．具体的現実（つまり動物身体と風物身体の統合された風土性《メディアンス》）から動物身体を切りぬくことから始めている。二．この切りぬきに対して実験を行っている。三．そこで得られた結果を具体的現実に一般化してしまっている。この二重の改竄は、科学的と言われる多くの行為の科学万能主義のみならず、近代性の根本的な存在論的不義、つまり *TOM* に立脚する風物身体の外閉（§49）を明らかにしている。

［11］換言すると、動物身体の抽象的局所《トポス》を越えた、風物身体の生態学的・技術的・象徴的拡張である。

実存的場所《コーラ》になる。かくして、人間の技術的・象徴的システムは、その動物身体がほとんど不変であるのに、風土的《メディアル》な到達範囲の拡張を止めない。とはいえ、*TOM* はこの総合体を、個々別々の抽象的局所《トポス》の寄せあつめに執拗に解体する。

ディディエ・ラロックが建築について指摘したように、[12]かくしてあらゆる〈所在（*situation*）〉が単なる〈位置（*position*）〉に還元される。相関的に、市民体における建築〈装飾〉の宇宙=調和生成的《コスモジェネティック》な役割が消し去られる。つまり、それはもはや附帯現象にすぎず、その存在理由は、（客体に所属する）計測可能な機能と（主観性に関係する）計り知れない象徴性との間の近代における分断の中で消しさられる。併行して、客体としての環境から取り外し可能な絵画[13]（とりわけ風景）が、近代美学[14]の舞台の前面に出てくる。つまり、建築という〈そこにあること（*présence*）〉に対し、絵画という〈代わりにあるもの（*représentation*）〉が置換する。とはいえ、絵画はやはり住まいという囲い地を必要としていた。自然=田園という都市の「出口」[15]を愛好する現代の〈インスタレーション〉では、それはもはや当てはまらない。都市は退場せよ、となるのだ。

抽象的局所《トポス》（または位置）の寄せ集めに還元された環境では、併行して、パンの洞窟の原理の象徴的効果が見られなくなる。今後は、自然に行くにはその抽象的局所《トポス》そのものに行かなければならない。実際、現代の観光の役割はこのようなもので、田園拡散都市への二地域居住や多地域居住のそれもしかりだ。また、とりわけ、これらの夢に代替するランドローヴァーの役割も同様である。[16]

たしかに、客体の抽象的局所《トポス》へ身体を伴って探検すること（それには時間がかかる）が象徴による物事の領有に取って代わってしまうと、即座に世界を一体として見ることが実態として不可能になる。つまり、神にあらざれば寿命には限界があるのだから、あらゆる抽象的局所《トポス》に行くことはできないし、とりわけ同時にそこに行くことはできない。近代の企てによる〈抽象的局所性《トピシテ》〉への要求（つまり、客体を純粋な抽象的局所《トポス》で、適時に、あらゆる実存的場所性《コレジー》を捨象して把握すること）は、必然的に非宇宙＝非調和の惹起《デコスミザシオン》（*décosmisation*）に行きつく。オブジェに還元された物事は、もはや総合体という形を取れない。そしてそれらは意味＝おもむきを喪失する。というのも、それらは原則的に人間存在から疎外されてしまうからである。同時に、そこからは田園拡散都市について§46で既述したアノミーや脱宇宙＝脱調和性《アコスミー》が生じる。とはいえ、その被害は、オートモービルのシステム単体の影響よりもさらに甚大だ。当該システムは、原則的に近代の方策の現局面での技術的表現にすぎない。

＊＊＊＊＊

ヴィレム・フルッサーは、その写真試論[17]において、写真は人類による探求行為に対し、文字利用（それは結

---

［12］LAROQUE Didier, *Le temple. L'ordre de la Terre et du Ciel*, Paris, Bayard, 2002, p. 116.

［13］ルネサンス期に、フレスコ画に対して絵画が飛躍したのは、その意味で決定的なことである。フレスコ画はいまだに環境から取り外すことができないのだ。

［14］ここでいう近代とは、一九世紀の最後の三分の一のことで、いわゆる近代藝術の到来以前という、古典的近代という意味においてである。

［15］CHARBONNEAUX Anne-Marie et HILLAIRE Norbert (dir.), *Œuvre et lieu*, Paris, Flammarion, 2002 を見よ。

［16］本書としては、以下のことを繰りかえす魅力には抗いがたい。つまり、英語の *rove*（放浪する）と仏語の *rêver*（夢を見るという意味だが、語源学的には「放浪する」ということ）は、おそらく同一の語源（いずれの場合でもそれは不確かではある）を有し、つまり、ランドローヴァー（つまり放浪すること）は夢見る機械であるということである。これは一般に金持ちボヘミアン四駆にも同様だ。問題は、夢見る機械は、パンの洞窟のような夢や象徴よりも、よほど多くのエネルギーや天然資源を消費することである。

［17］FLUSSER Vilém, *Pour une philosophie de la photo*, Paris, Circé, 1993.（ヴィレム・フルッサー（深川雅文・室井尚訳）：『写真の哲学のために――テクノロジーとヴィジュアルカルチャー』、東京：勁草書房、一九九九年）

果として歴史なるものをもたらした）に続く第二の人類学的不連続点を刻んだと考察している。というのも、それは、代わりにあるものというよりも刻印だからである。そこには、画趣や意趣といった意図性が欠落している。したがって、写真は人間を、それを越えた何ものかの仲介役とする。つまり、それは自動印刷される現象で、人間の思考ではない。

機微をもたせる必要はあるが、本書にしてみれば、この理論は徹底的に正しい。本書の意味＝方向性では、写真は、そのものでは人間世界の基盤を造る述語づけに対して無縁なのである。それは機械的で、つまるところ述語の同一性の論理（*lgP*）ではなく主語の同一性の論理（*lgS*）を表現する限りにおいて、人間世界に対する視野を狭める。それがオブジェそのものではなくイメージに留まるとしても、オブジェをイメージに変換するメカニズムは、いかなる時点においても隠喩《メタファー》ではなく反復に依拠している。AはAに留まる。というのも、写真には生命も象徴も間に入らず、物理学と化学だけに媒介されるためである。換言すると、人間はそこでは、画趣が関わりを有する風土《エクメーネ》に及ばない、地球という惑星の存在論的段階にいるのだ（敷衍すれば（*mutatis mutandis*）、惑星に対して風土《エクメーネ》とは、写真に対して画趣であるものと言えよう）。もちろん、写真家や鑑賞者はいる。しかし、彼らはプロセスそのものの外部にある。それはオブジェを扱い、際限なくまったく同様に再現可能である。

この類《たぐ》いのプロセスが、今日の世界で増殖している。世界の機能はますますそれらにより決定されることになっている。もっとも顕著なのは情報処理分野で、その二進法言語（oui か non、つまりAか非A）は、Aと非Aが必然的に人間存在という第三項で述語づけされる人間世界の物事の三進制とは、根本的に異質なものである。マルティン・ハイデガーはすでに、この二進法言語が最終的にもたらす存在論的災厄に対して警戒を促していた[18]。実際にそれでは世界の詩（主にして述なる*S/P*）が不可能になる。というのも、この言語は以下のごとしだからだ。

［……二進法言語は］いたるところで記号の一義性とそれらの連鎖を要求する。詩が原則としてプログラムになりえないのはそのためである。[19]

人間世界はまさに主語（*S*）の述語（*P*）への昇華から生じ、それは、それらの〈として（en-tant-que）〉による風土《エクメーネ》の詩である。他方、述語の同一性の論理（*lgP*）の廃止は、あらゆる物事（*S/P*）を主語（*S*）の同一性かその否定か（つまりAか非Aか）に連れ去り、そこには宇宙＝調和的《コスミック》な意味での後退がある。つまり、最終的には定義的に混沌に至る反宇宙＝反調和《アナコスミズム》状態（*anacosmisme*）への退嬰である。これは風土《エクメーネ》を惑星に、通態的状態を客体支配に還元することだ。そこにパンの洞窟の原理や陶淵明の隠遁行為と、「自然の中に」四駆を走らせることとの差異が潜んでいる。後者は何はさておき機械の支配案件で、風土《エクメーネ》の基台にして条件である生態圏の破壊である。

死んでいるのに世界を侵略するもののオートモービル機能を、本書では〈カラクリ（*Appareil*）〉と呼ぼう。[20] ハ

［18］ HEIDEGGER Martin, *Langue de tradition et langue technique*, Bruxelles, Lebeer-Hossmann, 1990 (*Überlieferte Sprache und technische Sprache*, 1989). この文書を教示してくれたチエリー・パコ（Thierry PAQUOT）に感謝する。

［19］ *ibidem*, p. 40.

［20］ ここで述べるカラクリとハイデガーによる〈集-立〉は、比較衡量が可能かも知れない。しかし、私自身は〈集-立（*Gestell*）〉について熟考したことはまったくないし、カラクリのアイデアはむしろ通過する自動車を見ることに由来していると言わざるをえない。［訳注：「集-立」という訳語は、マルティン・ハイデガー（関口浩訳）：『技術への問い』、東京：平凡社、二〇〇九年、p. 31 以降に依拠している。ハイデガーはそこで、「集-立とは、現実的なものを用立てというしかたで用象とし開蔵するよう人間を調達する、すなわち挑発する、あの立てることを収集するものを意味する。集-立は、開蔵のしかたを意味する」と説明している（p. 32）。他方、appareil とは主に機器や

イデガーが「世界が世界する（*die Welt weltet*）」と言ったように、本書は**カラクリがカラクリをする**（*l'Appareil appareille*）と言いたい。それは複数の存在を同化してしまう。換言すると、複数の存在を固有の機構に還元してしまう。それは人間に同じことの反復を課し（これはピストン式機関や大量生産性の原理である）、自律性や自己参照性を増加させる固有のカラクリ仕掛けが発展しているという点で、人間を機械と近似させる。

今日、具体的には、カラクリが課すのは、ルネサンス以降、以下とともに近代性が理論的に準備をしていたものである。

　［……］アリストテレス以来、精確であることには到達不可能と考えられてきた月下の世界の、新プラトン主義の数学による征服[21]

この宇宙=普遍的《ユニヴァーサル》な「数学[22]」は至って有用だが、それが通用しない分野がつねにあるし、将来もそれがあるだろうことは慰めにはなるまい。実際、無意識を好例とするそのような分野は、それらを*TOM*の城壁に囲いこみ、閉じこめる動きの中に絡めとられている。それらは主観性に還元されてしまっているのだ。この囲いこみにより、人間の環世界《ミリュー》の具体的で肉体的な現実、換言すれば*TOM*の城壁の外部で風物身体に帰属するものは、想像界に送りかえされ、その時点で激しい欠乏状態に陥る。

言語活動《ランガージュ》は去勢の原因である。言語活動への歩み寄りは、人体を去勢されたものとして確立することで完成する。換言すると、完全な有機体性から切断され、自分自身に対して距離を置かされた、急進的なあまり既成事実化された喪失の主体として確立される[23]。

……まったく逆に、言語活動《ランガージュ》は、本質的には人間の外在を風物身体に受肉させることであるにも関わらずである。

かくのごとく、*TOM*は、世界をよりよく解体する（非宇宙＝非調和させる《デコスミゼ》）ために、それを引っくりかえす。とはいえ、実際には人間を風土《ミリュー》に結びつけてくれる無意識が*TOM*に押しこめられてしまうと、曖昧とはいえ知覚されていた人間存在の構造契機である風土性《メディアンス》は去勢状態に反転させられてしまう。そして、風土《ミリュー》はカラクリの客体指向性の中に還元される。

この傾向は、ソシュール的構造主義以降、物事からの記号《シーニュ》の分離に邁進し、物事をオブジェに還元してしまった、とりわけジャック・デリダを好例とする哲学的潮流の中で強化される。[24] 記号表現《シニフィアン》が「浮遊する」ことにな

器具を意味するが、その物的存在に加え、それら全般の集合性、さらには人間の手の及ばない自律的機能性を含意させるべく、ここでは「カラクリ」と訳した］

[21] BACHELET Bernard, *L'Espace*, Paris, Presses Universitaires de France, Que-sais-je? no 3293, 1998, p. 83.［訳注：アリストテレスは地球を中心に置き、その外部に月、太陽、そして惑星が回転しているとする天動説をとっていた。「月下の世界」とは、すなわち地球のことになる。また、新プラトン主義（ネオプラトニズム）はプラトンの思想そのものというより、そのイデア論を継承し、あらゆる物事の原点にイデアがあるとするものである］

[22]［訳注］原文では数学（*mathêsis*）のみがラテン語で記されているが、*Mathesis universalis*とした場合、さらに具体的にルネ・デカルト（一五九六年〜一六五〇年）やゴットフリート・ライプニッツ（一六四六年〜一七一六年）が基礎を構築した数学に立脚した純粋科学となる。

[23] STILLEMANS Jean, «L'architecture dénoue le réel: l'office de la géométrie», dans PAQUOT Thierry et YOUNES Chris (dir), *Géométrie, mesure du monde. Philosophie, architecture, urbain*, Paris, La Découverte, 2005, p. 133.

[24]［訳注］ソシュールとは無論フェルディナン・ドゥ＝ソシュール（一八五七年〜一九一三年）のことで、言語の考察にあたり、ラング／パロール（＝言語の社会的側面／言語の個人的側面）やシニフィアン／シニフィエ（＝記号表現／記号内容）等の二分法的概念の下に記号論を基礎づけた。構造主義はそれを基盤に、あらゆる現象の背景に構造が潜んでいると措定し、それを抽出することで現象を理解し

ると、実際に、もはや可能態としての宇宙＝調和性《コスミシテ》はない。つまり、物事は客体指向性の中に塩漬けにされ、自分の言ったことを永久に意味作用の圏域外から撤回することになる。そうなると、もはやあるのはオブジェに対する記号学的円環の恣意的布置のみで、そもそもオブジェ自体が物事の意味＝おもむきを虚脱させられる。実際には、生命はそのもっとも原始的段階から、ある意味＝おもむきに向けた物事の述語づけを開始したにも関わらずである。この視点から見れば、デリダ的な考え方は市場メカニズムの目的的同盟者となろう。本書では、広告の機能についての事例を後述する（§53）。

§49　風物身体の外閉

かくして、人間の風物身体は、近代存在論的な抽象的局所（*TOM*）の構築により、存在論的に人間に対して異質なオブジェの寄せ集めに変換されしまった。相関して、それにより人間存在は、純粋に個別的で主観的な観念的存在物に変えられてしまった。この動きは、本書が〈風物身体の外閉〉と呼ぶものである。つまり、風物身体は *TOM* の城壁の外（*foris*）に投げだされ、自身の中に閉塞させられる（*clausus*）。

さきほど *TOM* と都城（bourg-*cheng*）との類似を指摘したが、それはたしかに隠喩といえばそれまでである。しかし、それは実質的な類同性を隠してもいる。実際、風土《エクメーネ》の事実（*S/P*）では、都城は単なるオブジェ（*P*）ではない。それは物事（*S/P*）であり、とりわけ城壁に代表されるその形態は、住民たちに入会《いりあい》的存在を通態的に表現していた。相関して、都城を田園拡散都市の中に溶解させるプロセスは、この入会《いりあい》的存在が、各々の自

ら *TOM* の中に囚われた個別的存在群のばらまき状態に変換されることに対応している。その帰結である建築的形態については、後に検証することとしよう（§52）。とはいえ、ここでは田園拡散都市への都城の浸出は、風土学的《メゾロジック》な（存在論的＝地理学的な）現象として、*TOM* の城壁の象徴的建立という存在論的な落ち目を有することを特記しておきたい。したがって、近代性が件《くだん》の建立の契機となることと同様に、本書としては、その袋小路から抜けだすには、私たちが自らの風物身体の外閉を止めることが要請されると主張する。換言すると、*TOM* の城壁の外部にある、人間の外在そのものである自らの存在の「半身」を取りもどすということである。

　これは目的である。とはいえ、理由説明を続けよう。

　前述のとおり（§48）、*TOM* の支配は脱宇宙《アコスミー》＝脱調和を生じさせる。これは本質的に、風物身体に対する個別的主体の放棄により、それがオブジェに変質させられた世界の中で立ち位置を見つけることの邪魔をするからである。人間存在によるあらゆる述語づけを拒絶するオブジェの宇宙は、意味＝おもむきを持たない。かくして原理的に、風物身体の外閉は非宇宙《デコスミー》＝非調和を生成させる。

　とはいえ、それがすべてではない。それが証拠に、人間は確固として存在しているではないか。**この外閉は人間の風土性《メディアンス》を廃絶するどころか、現実にはそれを発展させるだけなのである。**それは、人間の動物身体と風物身体の相互依存性を日々増加させるカラクリの発達の名においてなされている。このことは、人類の技術システムの継続的拡張（これは明白なものだ）という事実によってのみならず、（それに比べて明白さは低いが）これ

ようとする方法論と概略できよう。ジャック・デリダ（一九三〇年～二〇〇四年）はむしろポスト構造主義の系譜に名を連ねることが多い。上述の二分法的方法論を乗りこえ、対象の解体後に残る要素を再構築すること、さらにはそこに潜む矛盾した形而上学を暴きだす脱構築の考え方が引きあいに出されることが多い。いずれにせよ、本書の以下の記述のように、現象はどれも解体可能であると考える点で、述語の論理にも意義を見出すベルク風土論《メゾロジー》とは相容れないと言えよう。

らのシステムが象徴システムの介在をつうじて人間の動物身体に影響を及ぼすからでもある。例えば、コンピュータの二進法言語は、意味を生成させるため、つまりはそれを作動させる意義のあるものとするため、必然的に自然言語の隠喩を通過しなければならない。そうでなければ、それは「自ら自体として動いている（*sich in sich bewegend*）」ことにすらならない。それは完全に不活性なものになってしまう。さらには、それは存在すらしなくなってしまう。つまり、〈人間存在なるものによって〉それが構築されることが決してなくなってしまう。

たしかに、このことによって、人間の世界が決して純粋には機械的にならないことが保証される。[25] とはいえ、同時に、**それは増大する非真正性により人間存在を刻印する**。実際、一方にある常により顕著な風土性《メディアンス》の現実と、他方にあり同様に常により顕著な人間の風物身体の外閉の間には、矛盾がある。

この矛盾はどこから来ているのか。技術革新が、人間の動物身体の独立性を高めているという幻想をもたらしていること、そしてそれに応じて*TOM*を肥大させていることからだ。その意のままになる機械が高める力が、個々人に、自分は常にもっと自由なのだと信じこませる。高められた同じ力によって、彼は常よりさらに自らの風物身体に依拠するにも関わらずである。これはサイボーグの〈構造的な非真正性〉である。個人主義者になればなるほど、実際にはますます自らの風土《ミリュー》に従属する。[26] つまり、前よりもさらに激しく自らを隠す従属である。

四駆はこの非真正性を映しだす。さらに、サッチャー＝レーガン＝中曽根時代以降、先進国で、その売れ行きが爆発的なものになったことを決して軽視すべきではない。[27] 実際、その原理はソーシャル・キャピタルの主たる表現である道路などなくてもよく、つまりは自然の中で個々人が望むがままの場所へ自由に行けると信じこませることだった。完全な虚構だ。逆に、他より大型、高価で、そして燃費の悪い機械である四駆は、走行する風土《ミリュー》、換言すれば社会労働と生態系の機能により依存している。その風土学《メゾロジー》的現実（*S/P*）は、かくしてそのイメージ（*P*）の対極となる。つまり、サイボーグが〈風物労働の外閉（forclusion du travail médial）〉をさらに推しすすめることによってのみ乗りこえ可能な矛盾である。

〈風物労働〉とは、風物身体において、すなわち個々人の存在に必要な生態学的＝技術的＝象徴的な風土《ミリュー》においてなされる労働である。[28] *TOM* は、従前の概念にも増してそれを密閉して外閉する。とはいえ、謝霊運の原理（§15）とともに見たように、その外閉には遠い原点がある。実際、それらは社会労働の分業に本質的に属する。つまり、そのプロセスの端緒は社会労働の外閉である。対して、人類の生活方式の環境的費用が真に外閉されたのは、機械が大々的に人間による労働に置きかわる瞬間、換言すれば産業革命からにすぎない。

ふたつの大きな流れが政治経済と社会科学に描きこまれたのは、まさにこの時代からである。一方は（例え

［25］　とはいえ、一人の最高支配者を除くと、カラクリへの完全従属という人類にとっての恐怖を退けることもできない。また、世界がこの方向に進化していないと否定することもできない。

［26］　以下に簡単な比較により看取させられることを挙げてみよう。誰がもっとも自由か、グリーンランドに（ヨーロッパ人として）初めて足を踏みいれた赤毛のエイリークか、月に人類の第一歩を記したニール・アームストロングかという問いである。サイボーグにしてみれば、回答は疑うまでもなく、より遠くに行ったことからアームストロングである。他方、風土論的《メゾロジックマン》には逆になる。ついでに、風土《ミリュー》は（生態学の対象である）環境ではなく、人間の外延に対する生態学的＝技術的＝象徴的関係であることを再掲しておきたい。［訳注：赤毛のエイリークとはエイリーク・ソルヴァルズソン（九五〇年頃〜一〇〇三年頃）で、グリーンランド入植のための探検は「赤毛のエイリークのサガ」として知られる。アームストロング（一九三〇年〜二〇一二年）はアメリカ人宇宙飛行士で、一九六九年七月二一日に人類で初めて月面に降り立った］

［27］　［訳注］ロナルド・レーガン（一九一一年〜二〇〇四年）、マーガレット・サッチャー（一九二五年〜二〇一三年）、中曽根康弘（一九一八年〜）は、一九八〇年代にそれぞれ米国大統領、英国首相、日本国首相となり、市場原理重視の経済政策をとった。日本に限っても、中曽根政権の都市計画規制緩和政策は都心部での不動産価格の高騰と、それに伴う郊外部での乱開発を招き、レジャー・ブームにも乗って四駆の普及に拍車がかかった。

［28］　拙稿 BERQUE Augustin, «La forclusion du travail médial», dans *L'Espace géographique*, XXXIV (2005), no 1, pp. 81–90 を見よ。

ばハーバート・スペンサー[29]のように）*TOM* に、他方は（デュルケームが好例だが）逆に社会的存在に力点を置いた。*TOM* の支配に対する反応として、風土学《メゾロジー》は明らかに後者の側に傾倒している。そしてそれは、和辻哲郎以降のことなのである。最近、ベルナール・ステヴァンスは、彼の倫理について述べながら、以下のように書いていた。

> 人間は既成の個人ではないし、後にその同胞たちとの関係に入ったわけでもない。それは、人間関係の網目の中で定義される、立ちどころに社会的な存在なのだ。人の人間性を定めるのは、原子のような個人性というよりも人々の間の空間なのである。[30]

これはまさに、すでにデュルケームがスペンサーのような「功利主義者」に対する批判の中で主張していたことである。

> 彼らは、原初に孤立し独立した諸個人があり、ついで、諸個人は協同するためにのみ関係に入りうるのだ、と想定する。諸個人を切り離している空隙をとびこして、彼らが相互に結合しあう理由はといえば、ほかの理由がないからである。だが、このひろく流布された理論は、真の想像を無から得ることをあてにしている。[31]

「空隙」との表現に気がつこう。空隙とは、まさにふたつの *TOM* を相互分離させるものなのである。しかし、現実には、それは逆に関係する両者に共通する風物身体である。とりわけ、そこでなされるのは労働である。理論的視座からは、この事実の外閉は、今日〈方法論的個人主義〉と呼ばれることを導出した。この〈方法論的個人主義〉は、個人を単独で絶対性の前に立たせ、かくして個人を社会から抽象した宗教改革以降と言ってよかろうが、とりわけアングロ・サクソン世界で潜在的有効性を保っている。この〈方法論的個人主義〉は、社会に政治化された経済の開始を刻みこんだが、それはマルクスが『ロビンソン物語』と語るほどなのであった。

リカードにも彼のロビンソン物語がないわけではない。「彼は原始漁夫と原始猟師を、ただちに商品所有者にして魚と野獣と交換させる、これらの交換価値に対象化されている労働時間に比例して。このおり、彼は、原始漁夫と原始猟師とが、彼らの労働要具の計算のために、一八一七年ロンドンの取引所で行われるような減価計算表を利用するという、時代錯誤に陥っている。［……］」[32]

方法論的個人主義は、*TOM*から生まれ、それを社会労働の分業の原点に措定する近代の虚構であることを、

［29］［訳注］スペンサー（一八二〇年〜一九〇三年）は、社会を有機体に擬えて、そのシステムを構造と機能から分析した。換言すると、社会を客体として捉えたわけで、そこから*TOM*重視という文脈が導かれる。

［30］STEVENS Bernard, «Présentation» et traduction de «La signification de l'éthique en tant qu'étude de l'être humain» [de Watsuji Tetsurô], *Philosophie*, no 79, septembre 2003, p. 4.［訳注：人間《にんげん》という熟語が人《ひと》の間《あいだ》という構成になっていることを示している］

［31］DURKHEIM Emile, *De la Division du travail social*, Paris, Presses universitaires de France, 1998 (1893), p. 263.（エミール・デュルケーム（田原音和訳）：『社会分業論』、東京：青木書店、一九七一年、p. 268）

［32］MARX Karl, *Le Capital*, Livre. T, sections I à IV, Paris, Flammarion, coll. Champs, 1985 (1867), p. 368.（マルクス（エンゲルス編・向坂逸郎訳）：『資本論（一）』、東京：岩波文庫、一九六九年、p. 139）［訳注：デヴィッド・リカード（一七七二年〜一八二三年）は、イギリスの経済学者で、人間の労働が商品価値を決めるという労働価値説を唱えた。マルクスの言うリカードの『ロビンソン物語』とは、孤立した個人が労働価値を決定するという思考法と考えられる］

これ以上にうまく看取させられまい。本当は逆に、*TOM*はその結果であるのにだ。

ただ、この『ロビンソン物語』は効率的ではある。風物労働の外閉は、その分だけ*TOM*の負債を軽減させる、つまりその負債額を風土に負わせる《メディアリゼ》ゆえに、効率的なのだ。方法論的個人主義は、事実上、**私益の最大化のために費用を風土に負わせる《メディアリゼ》**という上述の資本主義（§47）の基本原理についての理論的隠喩に他ならない。換言すると、風物労働の費用の外閉は、その分だけ*TOM*の収益を増大させるのだ。この理論について、ついでに言えば、すくなくとも一八世紀以降、それを最大の定常性と決定力[33]をもって適用したアングロ・サクソン世界が、以降、その覇権を地球全体に及ぼしたことも説明してくれる。

周知のことだし、本書でも以降で詳述するが、かかる論理は永久に継続可能なわけではない。その限界は生態学的視点から明白である。とはいえ、政治的及び社会的（そしてつまりは同様に軍事的）な視点からは、その前途は洋々だ。というのも、それは*TOM*から生じたもので、*TOM*が人間存在の新たな形象に場所を譲らないかぎり、支配を続けるからである。

この「人間存在の新たな形象」との表現は、定義的に本書が主張する風土性《メディアンス》の視座を詳述する契機ではあるが、だからと言って、人間の集団的部分のための個人的部分を無視することになるわけではない。人間は、〈あるいは〉個人的か、〈あるいは〉集団的かということではない。人間は、通態的にそれら双方なのだ。本書は*TOM*を論難するものの、前世紀に集団の（とはいえ、実際には特権階級の寡頭政治の）の推定利益のために個人を犠牲にした全体主義を同じくらい論難する。

カラクリが機能するために、*TOM*が前提とされ強化されるのも同様である。機械がそれ自体では、人間の形象が個人的なものであれ集団的なものであれ、風土的《メディアル》なものであれ何であれ、その役にたてないというわけでない。そうではなく、機械は、その枠組みにあっては、*TOM*を選好して供用されるということなのだ。例えば、フォード式モデルは、動物身体と個人用機械の組みあわせをシステム化したが、それは風物身体の外閉に基づいている。それは（例えば道路、エネルギー網、生態系といった）ソーシャル・キャピタルに依存しているが、（例えばバスや電車といった）ソーシャル・キャピタルの集団的利用から、（例えば自動車のような）個人的機械の利用によるその受益への舵を切っている。ここでは、単なる物体施設へと還元され風物身体は、その社会的次元から抽象され、*TOM*にがんじがらめにされているのである。

一般的にいうところの技術についても同様である。たしかに、現代人は金持ちボヘミアン四駆だけではなく、新幹線やA380も生産可能である[34]。とはいえ、ソーシャル・キャピタルの集団的利用のあるこれらの分野においてさえ、資本主義原理に応答しないことの切りすてが支配的傾向なのである。すなわち、風物身体の外閉ということだ。そこから公共サーヴィスが総体として苦悶することが惹起される。つまり、その本質は実際、*TOM*とは両立不可能である[35]。

---

[33] それがいかほどだったかと言えば、近年、以下の刮目すべき知的妄想を産みだすほどなのだ。すなわち、実際には方法論的個人主義の原理と手法にあわせてこの概念を再解釈した、ソーシャル・キャピタルの賛美という妄想である。ここでは、PUTNAM Robert, *Bowling alone: Collapse and revival of American community*, New York, Simon and Schuster 2000（ロバート・パットナム（柴内康文訳）：『孤独なボウリング ── 米国コミュニティの崩壊と再生』、東京：柏書房、二〇〇六年）のことを言っている。同書で論じられているソーシャル・キャピタルとは、「方法論的個人主義に根ざした概念」とさえ記述できたのだった（PERRET Bernard, *De la Société comme monde commun*, Paris, Desclée de Brouwer, 2002, p. 30）。本書としては、ソーシャル・キャピタルを、本書が風物身体と呼ぶものに極めて近い何かと考える。したがって、この概念は、本書の精神に照らせば、方法論的個人主義の見解に対するアンチテーゼである。

[34] ［訳注］TGV（Train à Grande Vitesse）を直訳すれば高速列車だが、邦文での通りの良さを目論んで新幹線と訳出している。A380 はエコノミー座席だけにすれば約八〇〇人を運べるエアバス社の大型旅客機である。

[35] この論旨に対し、近代性は公共サーヴィスをその前の時代よりもはるかに発達させたとの反論があろう。本書としては、以下の三点を

ソーシャル・キャピタルや公共サーヴィスなどの概念にまつわる価値や議論は、*TOM*の支配は絶対的ではなく、単に支配的であることを示している。それは生態学的な面以外でも敗北を喫することがある。ここ数年でのそのもっとも顕著な失敗は、*TOM*を永久化する試みである（というか、「あった」という過去形になることを願いたい）人間のクローン作成の禁止である。ただ、*TOM*は手練手管に長けているはたしかだ。例えば、情報技術によるスーパープログラムの中に、「人間」を不死とすべくその精神を転記することを夢見る者たちもいる[36]……。現代世界は、サイボーグに決定的に取り憑かれているのである。

§50　オブジェの物神化

物神（仏語の*fétiche*は、ポルトガル語で魔法や呪いを意味する*feitiço*、ラテン語で模造を意味する*factitius*から来ている）は、まずは魔力の割りあてられた物と定義される。本書はここでは、本来は商品に適用される〈物神化（*fétichisation*）〉というマルクス的概念に啓発を受けてみたい。それは、現実にその価値をつくりだしている社会関係を隠蔽することで、それに誤って本質的価値をあたえることである。風土的《エクメナル》な視点では、風物身体（人間が物事に対して有している実存的結びつき）の外閉は、それに由来するオブジェに対し、実際には人間存在に固有の述語づけから引きだした価値を誤ってあたえることとなる。それは、主語（*S*）に述語（*P*）が授与している価値をあたえることで、（通態的な）物事（*S/P*）を（客観的だと自称する）主語（*S*）として考える。かくして、科学主義という一般的概念操作とは逆に、（主語（*S*）だと自称する）近代のオブジェは本質的に物神なのである。

オブジェ自身のためにオブジェのシステムを発展させることで（これはカラクリの「自ら自体として動いている」という論理である）、近代性はそれが基となって物事をつくりだす関係性を隠蔽する。[37] それは物事を、それらの風土《ミリユー》（人間の風物身体）である実存的織物から抽象し、計測可能な物的環境に、つまりデカルトのいう〈外延（*extensio*）〉に還元する。それは原則として中立的だが、常に人間存在の実存を暗示しているのだから、実際にはそうなることは決してない。つまり、これらのシステムは、自身が物神化されている。そうなると、それらのシステムは〈比例〉の問題にすぎなくなる。つまり、それらを具体的実存ではなく、それら自身に抽象的に参照させることであり、前者に対して、システムが先行するというより自らを押しつけるのである。かくして、近代性はそのようなシステムに本質的価値を負わせることで、もはや尺度とは無関係にそれらを発展させる。[38] したがって〈スケール・アウト〉がお約束となる。というのも、それは自称「客観的」だからだ（しかし実

回答としたい。一．それは部分的には増大していた人間の風土性《メディアンス》（あるいは、デュルケームの術語に基づけば、人間の増大する有機的連帯）に派生している。二．それは資本主義に対する社会批判、さらには社会主義的批判の効果である。三．資本主義は、現代の局面にあっては、以前の局面では甘受を強いられていたことの免責手段を発見している。

[36] このテーマについては、WERTHEIM Margaret, *The Pearly gates of cyberspace: a history of space from Dante to the internet*, Sydney, Doubleday, 1999 を見よ。

[37] ここでは拙稿 BERQUE Augustin, «L'Habitat insoutenable. Recherche sur l'histoire de la désurbanité», dans *L'Espace géographique*, XXXI (2002), pp. 241–251 の諸要素を再掲する。視点、方法論、そしてオブジェの尺度の相違はあるが、本書では、あえて BAUDRILLARD Jean, *Le Système des objets*, Paris, Gallimard, coll. Tel, 1968（ジャン・ボードリヤール（宇波彰訳）：『物の体系 ── 記号の消費』、東京：法政大学出版会、一九八〇年）の結論の複数部分にしたがってみたい。そこで、家屋の尺度で言われていることは、時代を問わずおおむね本書がここで示す都市や地域の尺度に転置可能なのである。つまり、近代性の総体的論理の格好の証左たる事案ということだ。

[38] ヴィオレ＝ル＝デュクが予見していた〈尺度〉と〈比例〉の相違については、BOUDON Philippe, *Sur l'espace architectural. Essai d'épistémologie de l'architecture*, Paris, Dunod, 1971（フィリップ・ブドン（中村貴志訳）：『建築空間 ── 尺度について』、東京：鹿島出版会、一九七八年）から *idem* (dir.), *De l'architecture à l'épistémologie. La question de l'échelle*, Paris, Presses universitaires de France, 1991 に至るフィリッ

際には単に客体指向的なだけだ[39]。ロス・アンジェルスの高速道路はその好例である。機械システム（自動車交通）に比例して機械的に発達したそれらは、自動車をもたない個人に対しても環境に対してもスケール・アウトなのだ[40]。このシステムは物神化されており、自身のために自身を発達させる、つまりは「自ら自体として動いている」。

隠喩を弾きだす比例は、自己同一性の論理に帰属する。すなわち、比例（*logS*）があるためには同一システムに留まらなければならず、対して尺度（*logP*）があるためには別のシステムに自己開放する必要があるということである。ところで、市場メカニズムは、可能なかぎりの同一反復という、比例の考え方の下に機能する傾向がある。これがテーラー主義（同一課業の反復）[41]やフォーディズム[42]（耐久消費財の大量の個人消費）を産みだしたものである。前者では、物神化されたオブジェ（機械システム）が、部分的に機械化された人間存在に明確に勝利している。後者では、同一反復により（T型フォードという自動車の）大量生産が可能になり、それで賃金が上がるには上がるが、この増給は欲得抜きなのではなく、大量購入を介した大量生産のためである。すなわち、因果関係があべこべなのだが、同じシステムの物神化に帰属していなくもない。

悪くないじゃないか、それは生活水準を改善するのだから。それへの回答は、尺度の考え方、つまり階調を変えなければあたえられない。この場合、かかるシステムの無限定の発展は、最終的には、一方でこれ以上の超過が不可能な生態学的限界に行きあたり、他方で本書が後に概述する（§51）存在論的秩序の堕落を即座に惹起するからである。しかし、人間がこのシステム（*logS*）に自閉してしまうと、たしかに自制をするいかなる理由もなくなる。

自制しないこと、これはまさに、動作以外に「生命」――死んでいるものの生命――を持たないカラクリがなさんとしていることである。これは、成長のない、つまり経済的ではない経済を着想できないグローバル・

システムである機械経済学《メカノミー》の根本原理である。したがって、物神化されたシステムである。尺度も意味＝方向も埒外で、脱宇宙＝脱調和《アコスミー》（どこに行くのか、なぜそこに行くのかを知らない）の中に、そして増大する格差を冷笑する態度の中に、見えざる手によって自分自身をねじ曲げてしまうことである。一方で局地的窮乏が見られ、他方で過剰が見られる。二台の自動車（少なくとも）、二地域居住（場合によってはさらに）、複数のテレヴィ（壁式から持ち運び可能なものまで）などなど。換言すれば、各々が各々に対し負けず劣らず「オートモービルな」（自ら自体として動いている）オブジェのシステムである。カラクリは内省的存在ではなく（そのためにはそれが人間である必要がある）、以前よりもさらに激しく動きつづける。

このような〈動き（*Bewegung*）〉は、政治空間としてはどのようなものになるのか。古代の都市＝市民体《シテ》では、共通の存在の場とは本質的に〈公共圏〉（*ager publicus*）で、〈公共の物事〉（*res publica*）であった。現代は、それに

プ・ブドンの諸研究が明らかにしている。ひと言で言えば、尺度は必然的に具体的実存を参照するが、比例は完全に抽象的なシステムの中で展開可能である。尺度という考え方では、具体的に、梁のスパンを二倍にすれば、（部材の強度を勘案して）断面も倍以上にしなければならない。しかし、比例という考え方では、抽象的に、梁の長さを二倍にしたら、断面も同様に二倍にする。前者は建築に関わり、後者は幾何学に関わる。［訳注：ヴィオレ＝ル＝デュク（Viollet-le-Duc）（一八一四年～一八七九年）は、ゴシック建築の構造合理主義的解釈と理論で知られる。比例と尺度の議論については、ベルク氏の『風土学序説』第十三節「尺度と比例」を参照のこと］

［39］〈客観的である（*objectif*）〉とは、現実（*S/P*）を反射しているということである。〈客体指向的である（*objectal*）〉とは、現実を犠牲にして誤ってオブジェ（*S*）に還元されているということだ。

［40］というのも、それらはスプロールを助長し、天然資源、とりわけこの砂漠地帯での水の浪費を惹起するからである。

［41］［訳注］フレデリック・テーラー（一八五六年～一九一五年）が考案した、課業管理や作業の標準化を原理とした労働者管理手法で、科学的管理法とも呼ばれる。

［42］［訳注］米国のフォード自動車が科学的管理法を応用して開発した生産方式であるというのみならず、生産型に応じて賃金も上昇する生産性インデックス賃金の導入とそれによる従業員の労働意欲の高揚、さらには購買力拡大まで見据えたモデルである。後述のT型フォードは、まさにこのコンセプトの好例である。

端を発する共和政体（république）を、公共空間とともに保持している。その本質的なものが街路だ。ところが、カラクリの発達はそれを私設コクピットの基盤に変態させ、その動きのために拡散都市が街路を自動車専用道に変容させる。自動車専用道はカラクリのために規格が決められ、それにより占用される。すなわち、これがサイボーグの都市《シ》＝市民体《テ》における〈公共の物事〉である。

先立つものはイメージにすぎない。とはいえ、イメージの利用は人間の言語活動の原理である（物事はそこで単語になり、主語（*S*）は述語（*P*）になる）。イメージは、サイボーグの都市《シ》＝市民体《テ》では技術システムの必要性が人間の自由に対し、そしてオブジェの抽象的局所《トポス》が存在の実存的場所《コーラ》――まずは他者のそれ――に対し、優位に立つ傾向があることを明らかにしてきた。というのも、世界で勝利し、必然的にそれを支配するのは、機械的に最強のものだからである。したがって、物神化されたオブジェが自らのために統治するこの政治経済は、〈物神の道徳〉でもある。

物神の道徳は、着想容易ではない……。まずは、非真正性がそこを統治していると言えよう。一方で前述の理由（§49）からであり、他方で工業による流れ作業的性格（機械による同一反復）は、人間の手と（もはやここでは単なるオブジェにすぎない）生産物との間の直接的関係、つまり真正性のある関係を破壊してしまうからである。つまり、カラクリにおいては複製があるのみで、（機械による）成作の作成（フランス語の faire-faire）が、作成すること（フランス語の faire、ギリシャ語の *poiein*）[43]に置換してしまったのである。したがって、これらのオブジェはそのものとして物神化されており、もはや「世界の制作」[44]にすぎないことと、詩に非ざることという二重の意味で非真正的である。

同様に、物神の道徳によって技術的問題が、その基盤を構成し、しかも原因である人間的問題、つまりそれらの前兆を扱う問題から分離される。[45] これは例えば遺伝子を組みかえたコメについてであり、ピーター・M・

ロセットがスタンレイ・ウォラックに宛てた批判の中で的確に指弾したものである。[46]

ヴィタミンA欠乏症は、問題として最高位に捉えられてはおらず、むしろ前兆や警鐘として考えられている。それは私たちに、貧困や、コメの単作に向けたさまざまな収穫システムからの農業の改変に附随する、より広範な食糧不均衡を警告している［……］。貧困、おかしなダイエット法、そして拡大するコメの単作を放置する一方で、健康やエコロジーに関わる潜在的危険性のため、ベータ・カロチンをコメに注入する魔球的解決法は、幸福に対するいかなる持続的貢献もしないだろう［……］。遺伝子工学よりも、もっと多量でもっと健康的な食料を育てる、よりよい方法がある。[47]

至って風土的《エクメナル》なことだ。実際、物神化の道徳は魔球的解決法に自足し、そこではカラクリの欠点についての深い悔悟が課されるはずである。しかし、機械経済学《メカノミー》においては、欠点もなければ悔悟もない……。機能不全があるだけだ。

同様に、物神の道徳は、同類であるということ（ボードレールが私たちに「偽善の讀者、── わが同類、── わ

[43]［訳注］*poiein* はポエム（詩）やポイエーシス（実用的制作）等の語源である。

[44] かつての「世界の詩」（§24）への暗示である。制作する（fabriquer）の意味のひとつは「あらゆる部品から発明する」であることを再確認しておきたい。例えば、「アリバイを制作する」というのは好例である。

[45] ここでとりわけ問題としているのは、拙著『風土学序説』第29節で批判した記号の物神化である。

[46] 二〇〇〇年一〇月一六日の『フィラデルフィア・インクワイアラー紙』に掲載された記事の中で、ウォラックはヴィタミンA不足による失明に対処するために、コメにヴィタミンAを混入させることを薦めていた。

[47] 二〇〇〇年一〇月一九日の『フィラデルフィア・インクワイアラー紙』の読者投稿。ロセットは当時、カリフォルニア州オークランドのフード・ファースト食料・開発政策研究所（www.foodfirst.org）の共同代表だった。

が兄弟よ」[48]と述べる意味においてであり、すなわち別の人間、他者のことである）を無視する。物神の道徳はそれを、同じもので置換する。かくして、テレプレゼンスや（より格好良い）e－プレゼンスの中では、あなたは自身の同類のものに会うことはない。他人の分身の抽象的局所《トポス》に自分の抽象的局所《トポス》をこすりつけているのは、あなた自身の分身にすぎない。これらの条件においては、共感の生じる危険性、つまりTOMが変質を受けることの危険性はない。各々が各々のそれに留まる。

同様に……と行きたいところだが、本書は道徳論ではないのだから、端折ってしまいたい。目を向けなければならないのは、カラクリが物神の背後に隠蔽しているもの、すなわちこの装置とTOMとの結びつきである。ジルベール・シモンドンは、技術は常に個性化の源泉であるとの説を主張した。[49]たしかにそうだが、§49で既述のとおり、それは逆に技術が拡張することを止めなかった風物身体の外閉という対価をもってしてである。自由という幻想を振りまくことで、この排除行為はカラクリの背後に隠蔽され、逆にTOMを価値づける。むろん、TOMは実体のある建設物ではないのだから、機械的にということではまったくなく、象徴的にである。したがって、実際にはこの物神世界をTOMの中に折りたたむことで、[50]TOMの方では外閉の手の届かないところにいるつもりでも（なぜなら、主体がオブジェに相対しているからである）、それによりTOMまでもが物神化される。また、相関的に、オブジェを風物身体の外部へ抽出することで絶対化しながら、[51]外閉はその代わりに主観性に無限の価値をあたえる。この意味＝方向性では、〈わたし（moi, je）〉を個人主義的に賞賛することが、この物神の道徳と類似の行為となる。

ひと言で言えば、個人をその風土性《メディアンス》から抽象することは、それを物神化することである。そして、またの名をTOMというこの物神は、拡散都市の第一要因である。都市を構成せんとすることの終焉は、まずはTOM

が他者とともに構成せんとしないことに起因している。なぜなら、そのことは*TOM*の基礎をなす主語の同一性の論理（*lgS*）と矛盾してしまうからである。本書では、後に都市形態を題材にそれらを詳述する（§52）。それはカラクリの機械経済学《メカノミー》と対になって進む。すなわち、風物身体は外閉され、技術システムはその空間を純粋に物質的な世界に展開する。その世界は、象徴の効果である内面化によってではなく、（技術と同様に）自身も遠心的な物質のネットワークによって統合されている。内面化は、入会《いりあい》的社会（*lgP*）の産物である都市構成を維持していた。しかし、上述の外閉は、まさに逆の意味＝方向に作用する。実際、*TOM*は入会的社会をもたず、そもそもそれはオブジェ群として外閉されているのである。

カラクリの物質的ネットワークの中でもっとも顕著なのは、おそらくウェブ（インターネット）である。そこでは情報は光速で移動し、象徴の瞬間的特性をまねる。他のネットワーク（例えば高速道路網）では、物神の抽象的局所《トポス》に行くには時間を要する。しかし、ウェブではそれを手許に引きよせるのにクリックをするだけでよい。かくして、それは実際には物事の二進法言語（*lgS*）への還元を進めているのに、物神は象徴性の様相を獲得する（*lgP*）。それは〈わたし〉に自分が万物の中心にいるかのような幻想を抱かせる。たしかに、風物身体

---

[48]　［訳注］邦訳は、シャルル・ボオドレール（鈴木信太郎訳）：『悪の華』、東京：岩波書店、一九六一年、p. 22による。

[49]　SIMONDON Gilbert, *Du Mode d'existence des objets techniques*, Paris, Aubier, 1958.［訳注：シモンドン（一九二四年〜一九八九年）は、生物の中での人間の位置づけや技術の哲学的考察で知られる。個性化（individuation）とは同一種の生物の中で個体が他から自己を区分するプロセスで、個別化（individualisation）に比較して自己実現（self-actualization）に近い概念と考えられる］

[50]　通態の中では、技術による身体の宇宙＝調和化《コスミザシオン》には、象徴による世界の身体化が対応している。この点については、拙著『風土学序説』を見よ。ここで言う身体化とは、ニューロン（神経単位）を媒介物とする表象を含むもので、医学分野においてよりも広範な意味を有する。

[51]　オブジェが物事に固有の相対性から引きはがされて、それ自体で純粋なものの絶対性を獲得するという意味においてである。

の通態性によって実際にそうではあるものの、ウェブには中心がない。つまり、カラクリにあってはオブジェはそれぞれの抽象的局所《トポス》の内部に留まるのだから、そこでの物事のテレプレゼンスはまやかしである。そこから〈サイバー神話〉が生まれる。すなわち、クリック行為はオブジェの抽象的局所《トポス》へ身体移動させる努力を廃止するわけだが、*TOM*とオブジェというふたつの物神がヴァーチャルに合致する中で、この抽象的局所《トポス》は擬制的に廃止される。それらふたつは、ハイデガーが言う完全な「隔てるゆえに隔ての無さが取り去られること（*Entfernung*）[52]」をまねている。つまり、*TOM*と*TOM*が取っ組みあっているのだ。したがって、もはや象徴は不要で、あらゆることが主語の同一性の論理（*lgS*）よって処理可能となる。

さらに、技術により*TOM*をますます高速にオブジェの真の抽象的局所《トポス》に移動させることが可能になるため、§48で既述のように、牧神パンの洞窟の原理は時代にそぐわなくなる。四駆で〈自然の中に〈*INTO THE NATURE*〉〉に行ける時代にあって、自然を象徴的に表象して何になろう。

これらふたつのプロセスの組みあわせは、他所のない世界、またはここと漸近線的に対になるまったくの他所がほとんどない世界を産みだす傾向がある。かかる世界（とはいえ、まだ手の届くところにはない）は、絶対的に非詩的な世界であろう。何よりも郷愁が切りすてられるのだから……。唯一の偉大なる物神としての自分自身と完全に対となった、純粋な真正ならざることの大同（*Datong*）なのである。

§51　消費する身体

モーリス・メルロー＝ポンティ[53]以降、人間の身体性は、その動物身体の外枠に限定されないことが知られている。風土性《メディアンス》の視点から見れば、それは人間の風物身体を囲む、人間世界の端部にまでに伸展する。したがって、無限の多様性をもつ風物身体の織りあげ方は、数多《あまた》のやり方で人の自己同一性を規定する。そこから推定的に自己を抽象する*TOM*のそれと、自らの領域にある、例えばムルング・クル（*murrung-kurr*。ゴムの木に帰るまでの間、生きている時には自分自身で自分自身に生気を与える精霊）が住んでいた赤ゴムの木のような、具体的細部に明確に自らを同化させるクカチャ人のそれの間には、深い溝がある。[54]

事実、風物身体の外閉（§49）は、動物身体内部での身体性の退縮を意味し、それは定義的に個別的なものである。したがって、動物身体は、環境のような他者に対するあらゆる人間関係の初源的参照物になる。§49で見たように、例えば、フォード式モデルは動物身体と機械の組みあわせをシステム化する。それは本質的に個別主義的で、風物身体、とりわけソーシャル・キャピタルの犠牲の上に展開する。

この風物身体の外閉は、消すことのできない存在欠如を惹起する。実際、*TOM*が自らを切り離した通態的な風土《ミリュー》の欠如は、主観性の無制限の解放で埋めあわせ不可能である。というのも、風土《ミリュー》が具体的で感覚的ある

[52] *Entfernung*は、距離や隔たりを意味する。そこにハイフンを附加することで、ハイデガーはこの単語をして真逆を言わせんとした。すなわち、隔たりの廃止であり、つまりは「隔てるゆえに隔ての無さが取り去られること（dé-loignement）」である。しかし、風土《エクメーネ》の理論においてそれが可能となるのは、物事の通態性に相当することに立脚する場合のみである［訳注：*Entfernung*は『存在と時間』に出てくる概念で、邦訳にあたって、細谷貞雄（ちくま学芸文庫、一九九四年）は「開離」、熊野純彦（岩波文庫、二〇一三年）は「隔てるゆえに隔ての無さが取り去られること」、高田珠樹（作品社、二〇一三年）は「阻＝遠」等としている。ここでは長くはなるが、ベルク氏の意図にもっとも近い熊野の訳を採用した］

[53] MERLEAU-PONTY Maurice, *Phénoménologie de la perception*, Paris, Gallimard, 1945.（モーリス・メルロー＝ポンティ（中島盛夫訳）：『知覚の現象学』、東京：法政大学出版会、二〇〇九年）

[54] この存在論については、POIRIER Sylvie, *Les Jardins du nomade. Cosmologie, territoire et personne dans le désert occidental australien*, Münster, LIT Verlag, 1996を見よ。［訳注：クカチャ族（Kukatja）はオーストラリアのアボリジニーの部族のひとつである］

のに対し、主観性は抽象的だからである。したがって、*TOM*は自らの世界を形成するこれらのオブジェをできるだけ多く所有することで、この欠如の埋めあわせをすべく仕向けられる。かくしてそれは、無意識にも自分で外閉した自身の風土性《メディアンス》の隠蔽を試みる。これが、風土《エクメーネ》の視点で見れば、**存在を動物身体の中に限定することは、それを本質的に消費者にしてしまう**という近代的消費の初源的動因である[55]。

このことは同時に、消費に不可欠のエンジンである広告が、ますますシステマティックに*TOM*の動物性に訴えかけるようになったことの深い理由でもある。パリの街路で今日では良くあるポスターも、少し前であればポルノグラフィーのようだとか、少なくとも強迫的だと判断されたはずだ。つまり、それは人格のある人間ではなく、かくなる存在のあそこを狙っている。あそことは、ボクシングの時であればベルトの下に囲いこまれる、例の抽象的局所《トポス》である。したがって、ますます広範に目にすることになっているのは、*TOM*の本質的属性であるヌード性である。とりわけそれとわかるのが、デズモンド・モリスの「裸の猿」[56]のヌード性だ。それは、動物でさえ白らの身体を保護できるという延長された表現型の中から、可能な限りの精査をしてあらわされたものである[57]。

かかる形態は、人類により生産され検討されたものなのだから、必然的に動物的というよりも人間的な意味=おもむきに述語づけられている。それを望む人間が、将来的に望まれそうにそれらを解釈するのである。本書が単に指摘するのは裸体の組織的利用で、実際の気候にあっては、たいがいの場合、より延長された表現型となるのである。象徴や、さらには記号以前のこととして、それは潜在的に「ほらヌードだよ、お買い得だよ！」という信号になりがちなのである。この種の換喩が、イワン・パヴロフにより犬の存在論的階梯で示されたのは周知のとおりだ。人間について言えば、そこには人間という存在の劣化や低下がある。

さらなる上品さをもって、ボードリヤールもそれらの現象に退化を見出している。

われわれは、イメージのなかにある世界を除去する機能、挫折の機能を維持しなくてはならない。それだけがわれわれに、イメージのなかでは除去されている現実原則が、それにもかかわらずイメージのなかで欲求のたえまない抑圧としてどのように効果的に現れているか（イメージの見世物化・閉鎖・欺瞞、そして最終的には、物に向かっ

［55］ジャン・ボードリヤールは、精神分析という道筋をたどってだが、同様の結論に達していた（BAUDRILLARD Jean, *Le Système des objets*, Paris, Gallimard, coll. «Tel», 1968, p. 283 の作品の最終数行）：「観念性を持つものとしての物／記号は、それぞれ等しい価値を持ち、無限に増加できる。それらの物／記号は、不在の現実をつねに満たすためにはそうでなければならない。消費が抑えがたいのは、結局それがひとの欠如に依存しているからである」（ジャン・ボードリヤール（宇波彰訳）：『物の体系 —— 記号の消費』、東京：法政大学出版局、一九八〇年、p. 252。傍点部は原著ではイタリック体）。さらに、ボードリヤールの分析は明晰ではあるものの、それは存在欠如の起源である存在論的方策（*TOM* のそれ）の内部に完全に取りこまれたままである。「消費される物になるためには、物は記号にならなくてはならない」（ボードリヤール：前掲書、p. 246。下線部は訳文では傍点が添えられた箇所）と結論づけることは、人々が消費するのは物事（*S/P*）であってオブジェ（*S*）ではないことを予見させる。ただ、それは *TOM* により、*S*（オブジェ）と *P*（記号）との二元論的反転しか行わないように仕向けられてのことであり、あたかも物事は人々の頭の中においてのみ流通するかのごとくである。現実から想像へのこの反転は、近代の神話に立脚し、それは現実（*S/P*）を主語（*S*）に還元する（論理学者の主語Sが物理学者の対象に相当することに注意しなければならない）。

［56］MORRIS Desmond, *Le Singe nu*, Paris, Grasset, 1967 (*The Naked ape*, 1967).（デズモンド・モリス（日高敏隆訳）：『裸の猿』、東京：角川出版、一九九九年）［訳注：モリス（一九二八年〜）は英国の動物学者だが、人間は動物の頂点にあるわけでもなければ、類人猿から脱皮的に進化をとげたわけではないという、近代人間観の見直しで著名である］

［57］延長された表現型とは、例えば、シロアリにとってのシロアリの巣、ミツバチにとってのミツバチの巣、人間にとっての身を覆うもの（habit）や雨露のしのぐところ（habitation）などである。DAWKINS Richard, *The Extended phenotype. The long reach of the gene*, Oxford University Press, 1982（リチャード・ドーキンス（日高敏隆・遠藤知二・遠藤彰訳）：『延長された表現型 —— 自然淘汰の単位としての遺伝子』、東京：紀伊國屋書店、一九八七年）を見よ。本書はここでは、修辞学的にちょっとしたスリップをしてみたい。つまり、衣服（vêtement）や住まい（habitat）は文化的なもので、延長された表現型として生来ものではないことは明らかということだ。［訳注：ドーキンス（一九四一年〜）は、生物は遺伝子に利用される乗り物に過ぎないという視点を提示し、社会生物学の確立に貢献したことで知られる］

てのイメージの退行的で取るに足らない移行）を理解させる。[58]

たしかにそうだが、風土的《エクメナル》な視点からそれに附言しなければならないのは、広告は世俗の論理（*lgP*）をそのもっとも原始的な核の部分に還元してしまうことである。実際、セックスとは、生命が他者との結合により主体（*S*）の自己同一性を超えることである。それは、風土《エクメーネ》の出現にずいぶんと先立つ生物圏を統べる欲動である。というのも、それは生命による性衝動の発明を起源とするからである。それを広告の本質的モチーフにすることは、風土《エクメーネ》を生物圏に還元することなのだ。その点で、広告は現実（*S/P*）を、最終的には地球という惑星の化学や物理学に限定された単純要素に還元する近代の企てに全面的に参画する。問題となっている退化とは、単に心理学的なものではなく、宇宙論的《コスモロジック》なものなのである。

さらに、ボードリヤールにとっての「機能的」オブジェとは、「第二次機能」を獲得することで「記号の普遍的体系のなかでの、運動・結合・計算の要素になる」[59]ために第一次機能を超えることが思い起こされる。この意味＝おもむきにおいて、例えば、四駆は都市の真っ直中で（§44）「自然」を喚起するが、それは基本的にその第一次機能ではない。今日、さらに極論して、以下のように述べることも可能であろう。すなわち、カラクリが常態的に加速することで、この記号体系は信号システムに還元される傾向にあり、そこではサイボーグの行動は、是か非か、入力か出力か、買いか捨てかという電動機械の二進法的性質に近づくということだ。広告は、欲動を原始に退行させることで、象徴を記号に、そして記号を信号に還元することを担っている。[60]

ともあれ、*TOM*の視点からすると、存在の動物化は定義的に解放を指向する。例によって『ル・モンド』紙で、カトリーヌ・ミエが他者の身体との肉体関係を記述した書籍に「自由な女性の自分自身への視線」と題した賛辞を贈るフィリップ・ソレルスは、まさにその好例である。[61]これは実際、乗りこえ困難な野卑の地平だ。

すなわち、抽象的局所《トポス》どうしの擦りあいである。その向こうでは、擦過傷を負わなければならない[62]……。さしあたり、動物身体は、一時的に歴史により消滅させられていた実践方法の再発見という、社交儀礼にかかわる多く道程をつうじ、その物神化をつづける。それらさまざまな目印づけの方法（ピアスなど）は、それまでは文明の進化がそれらを風物身体（アクセサリーなど）に託すことで体外に出す傾向にあったものだ。ここでもまた、社交界で展開していたものを動物身体に逆流させることで、宇宙《コスミック》＝調和的な意味での退化が見られる[63]。

フィリップ・Sやカトリーヌ・Mは、まさに社交界の人士ではないかと反論があろう。また、実際、自身の

---

［58］BAUDRILLARD, *op. cit.*, pp. 247–248.（ボードリヤール：前掲書、p. 219。傍点部は原著ではイタリック体）［訳注：本書の訳文の協議の中で、ベルク氏はこの宇波訳に対し、「維持しなければならない」は「忘れてはならない」、「欺瞞」に対し「幻滅」を充てるべきだと示唆したが、前後の文脈との連続性から宇波訳のままとした］

［59］BAUDRILLARD, *op. cit.*, p. 89.（ボードリヤール：前掲書、p. 76）

［60］この論理（広告自体のそれ）と、消費者の反応を弁別しよう。後者はより偶発的ではあるが、後述するように、同一の方向（その中でカラクリが加速するそれ）に導かれている。

［61］『ル・モンド』紙、二〇〇一年四月七日、p. 27; MILLET Catherine, *La Vie sexuelle de Catherine M.*, Paris, Seuil, 2001.（カトリーヌ・ミエ（高橋利絵子訳）：『カトリーヌ・Mの正直な告白』、東京：早川書房、二〇〇一年）［訳注：ソレルス（一九三六年〜）はフランスでポスト構造主義を普及させた『テル・ケル』の編集者として知られる批評家で、ミエ（一九四八年〜）は知識人でありながらセックスを赤裸々に語る著作で知られる］

［62］アラン・シュピオのような法学者が、「完全な解放に向けて、すなわち解体された人間」（SUPIOT Alain, *Homo juridicus. Essai sur la fonction du droit*, Paris, Seuil, 2005, p. 68）との成句で把握した地平である。［訳注：シュピオ（一九四九年〜）は、労働は商品ではなく人に属するとの考え方を基軸とする労働法学者である］

［63］ダイエットの代わりに脂肪吸引をすることや、トレーニングの代わりに偽性筋肥大をさせることなど、従前であれば世界内存在（être-au-monde）が引き受けていた事柄を、美容外科が置換する傾向の中で見られるのは、それと同じ流れである。クローン作成の存在論もまた、動物身体の物神化というこの傾向に属している。

セックス関係を審美化したり売り物にしたりできるのは、都会に出てきたばかりの田舎っぺではない。それには〈賞（*shang*）〉が必要なのだ。件《くだん》の場合、風物身体なしで済ませる遊戯に身を投じるためには、かえって充分に拡張された風物身体を有さなければならない。そうしないと、上手に隠れすぎた隠者と同様に、世界はかかる隠遁行為にまったく気づかなくなってしまう[64]……。さらに、この動向は *TOM* の隆起の一般的なそれと併行段階にある。動物身体には構造的消費傾向があり、それを賞揚すれば売り上げにつながる。広告について見たばかりだが、商人組織は動物身体を高揚させるのである。*TOM* が風物身体から解放されればされるほど、その存在欠如はひどくなり、より多くを消費する。

同様に、*TOM* は、その自由への新たな道（ジャン＝ポール・サルトルであればそうは言わなかったはずだが）[65]、すなわち消費する自由への道をたえず発明する。さらに正確には、製品をザッピングするそれで、これは消費についての道徳証書は問われないためである。*TOM* が消費しながら構築するのはそれ自体なので、その証書は *TOM* にとって絶対的である。すなわち、*TOM* は、それをつうじて自身を真正なものとする。したがって、広告は真正性への暗示に満ちあふれる。真正性は *TOM* そのものと同様に、実体的で抽象的局所《トピック》の性質を有するものである（つまり、通態的ではない）。すなわち、例えば「本当の」水と言ったとき、それはボトルの中に見つけられるのであり、毎度そこに飲みに行かなければならない、かくかくしかじかの風土《ミリュー》（ハイデガー流に言えば地方（*Gegend*））に嵌め込まれた泉で見つけられるものではない。それに、今日誰が泉の水を飲む危険を冒すだろうか。

逆に、風土《ミリュー》は見世物として消費される。それは観光、不動産販売、そして一般的な意味での風景の機能である。大地に関わる労働の本質的部分は機械によりなされるのだから、それはほとんどすべての人々に対し、謝霊運の原理（§15）に基づき供される。そして、謝霊運があちこちを散策したのと同様に、〈庭いじりのようなこと以外では）自らの手で大地に対する労働をすること[66]を免除されている*TOM*の動物身体は、そこでへとへとになるまであらゆる種類の肉体運動をすることができる。それは田舎風だが田舎っぺではない。遊興であり、強いられるわけではない。つまるところ、閑暇（*otium*）である。

この遊興性は、カラクリの安全弁を形成している。それはカラクリの仕組みの一部となっているのである。ますます自由で個人対応の進む外見のもと、遊興がますます商品性を高めているのはそのためである。実際、それは、カラクリにおいて、ただでは済まない社会労働の分業から生じる。しかも、労働が機械の中にますます外閉され抽象化されることで、物事の美学的＝快楽主義的次元の消費は、謝霊運の原理の領域を拡張する一方になる。フォード主義の枠組みの中では、この目に見えない消費（とはいえ貨幣換算は可能だ）は、目に見える一連の他の消費（四駆によるガソリン消費など）を惹起する。そして風物労働の外閉により、それらは地球という惑星の資源の過剰消費に向かう。

これは最暴愚《さいぼうぐ》[67]とでも言えようが、不可避なことである。というのも、それが*TOM*の存在論的構造の内部に

[64]　本書では、隠修士（§8）についてすでにこの術語と出会っている。ここではそれに、より特殊的に、実存的場所性《コレージー》（主語の同一性の論理（*lgS*）と述語の同一性の論理（*lgP*）の組みあわせによる風土《エクメーネ》の展開）の反転という意味＝おもむきを附与しよう。*TOM*について見れば、砂漠の師父たちの動機づけとは逆に、動物身体、つまり少し前であれば厭世的で反肉体的な絶対であったものを置換する物神が、そこでは崇高なる参照源となる。

[65]　［訳注］サルトルは『自由への道（*Les chemins de la liberté*）』と題された連作小説を一九四五年と一九四九年に出版している。

[66]　新たな形態の観光が極東ロシアで出現している。日本人旅行者が、人手不足の地元野菜栽培農家で大地に対する労働の研修をするのである。誰もが満足する。日本人の客たちはこの本当の物事への回帰に雀躍し、地元農家は給料を払う必要がないばかり、逆に旅行者が金を払ってくれるのだ。

[67]　［訳注］原文では*cyborgie*で、これはサイボーグ（*cyborg*）と乱痴気騒ぎ（*orgie*）を合成した造語である。ここでは前者の和音に後者の意味を併せた造語を充てた。

組みこまれているからだ。その存在欠如が導くのは、必然的にそこである。それが生態学的にどのように結果するかは後述しよう（§53）。

§52　ルーシー・イン・ザ・スカイを構築する

近代存在論的な抽象的局所（*TOM*）の延長された表現型の中でもっとも明示的なのは、言うまでもなく自動車付き戸建て住宅である。本書はその系譜を詳述したが、そこには東洋と西洋、ギリシャ＝ローマ的な田園と中国風の山水への隠遁が組みあわさっている。ここでは、それについて屋上屋は架さない。単に、「甘美な館」の探求は、一九世紀と二〇世紀の郊外拡張のみならず、現代の拡散都市の主因ともなることを再確認しておこう。

本書としては、ここではむしろその現象のより直接性の低い次元を探査してみたい。すなわち、一般に建築や都市の形態に象徴的に表現されるそれである（風土《エクメーネ》においては、あらゆる建設物は人間存在の象徴的形態で、そこに含まれるのが風物身体であることは明らかだ）。先に（§48）、*TOM*の隆起は、形態学が「都市構成」と呼ぶものの崩壊と相関的であるとの考えの下書きを示した。これは定義困難な術語だ。近似的に、それは個別的形態（建物のそれ）の一般的なそれ（都市のそれ）への参画で、したがって感覚的一体性を獲得すると言っておこう。逆に、建物群の個別化は、この一体性を分解してしまう。すなわち、都市はもはや互いに無関係な形態の加算にすぎなくなる。それはもはや調和ではなく、不協和象（*cacophénie*）[68]である。

この現象は共通形態についての現実否定と忘却を伴っているが、そこに新たな嗜好を認める言い訳を見いだす向きもあった。一九八〇年代に、形をなさない東京のスプロールが、世界一の都市において、かつて有したことのない〈独特の（*sui generis*）〉（そしてパラダイム的でさえある）美の発明に逸《はや》る「カオス」賛美世代を煽《あお》ったのは、そのようにしてである。[69] 同様に、かつての世代がアルプスなどを審美化したように、アラン・ロジェの美学理論が、ある人びとの間に、しまいには駐車場までも審美化することになる考え方を産みだしたのはかくなる具合なのだ。個人的には、私はこれらの見方の双方を否定する。それが偽りであり、不正直であるという二重の点においてである。というのも、それらは矛盾したことにかつての構成の趣味を相伴させているし、またそれを見世物として、そして商品として消費しているからである。都市形態の〈脱構成[70]（*décomposition*）〉の擁護は、本書に言わせれば*TOM*生来の矛盾を明示している。それは、一方で動物身体の独立性に相当する個別的形態の独立性を主張し、他方で往時の構成という自分自身で外閉した風物身体の現実の表現を弄《もてあそ》んでいるのである。

つまり、本書に言わせれば、都市構成は——大都市圏から村落までのいかなる尺度にあろうとも——人間の風土性《メディアンス》という存在論的構造を明示する。*TOM*が目を閉ざしているのはまさにこのことで、それはかくして都市の共通形態を崩壊させる。それはそこに、自身以外に参照源をもたないカラクリのオブジェ指向のシステムを代置する。例えば、クレーン軌道の「合理性」（実際には還元主義）がそうであり、それは地球という惑星

[68] *cacophénie* とは、ギリシャ語の外観（*phainein*）と悪い（*kakos*）の組みあわせで、音響学で言う不協和音（*cacophonie*）の視覚版である。
[69] この問題については、拙著（宮原信・荒木亨訳）：『都市の日本——所作から共同体へ』、東京：筑摩書房、一九九三年を見よ。
[70] ［訳注］バブル経済期の日本では、ジャック・デリダの脱構築（déconstruction）を「デコン」と称して自分勝手に解釈し、既存の都市構成への参画を否定した珍妙な形態の建築が多く建てられた（その批判は、オギュスタン・ベルク（篠田勝英訳）：『都市のコスモロジー——日・米・欧都市比較』、東京：講談社現代新書、一九九三年、p. 207 以降で展開の通りである）。ここでは、それらの建築が濫用した脱構築に倣い、本来であれば崩壊などと訳すべき décomposition を脱構成と訳した。

の外延を通って、構成についての配慮をまったくしない、数千キロメートルの長さの、豆腐を横倒しにしたような画一的箱形建物を生産してしまう。

これはもっとも大雑把に見ても機械的なことである。ただ、そのプロセスもまた巧妙になりえ、さらにはその原則の定義づけを試行可能であることを排除しない。これは、本書がここで風土性《メディアンス》と都市構成を対照しつつ行っていることである。シャルル・デルファントは、さまざまな時代や文化を横断しながら、この問題の解題を例示的に探査している。[71] しかし、この探求は、本書に言わせれば存在論的基盤を欠くため、都市構成についての明快な定義には到達できずじまいである。ともあれ、それが示したのは、都市構成と社会・政治システムとの深い相関と、とりわけ資本主義の発展と都市民による私的所有権の強調に附随するその崩壊である。

> 以降、都市構成が深刻な衰退に直面し、都市形態が凝固したことは至って当然である。換言すると、土地資産所得が、都市の上に都市を建設するというあらゆる考え方を実質的に禁止している。一九世紀までの都市《シ》＝市民体《テ》は羊皮紙だった。産業革命後のそれは、石化した塊にすぎなくなる。そこになんらかの手出しができるのは、既得権を侵害しないという条件つきなのである。資本主義ブルジョワジーが覇権をにぎり、その組織上の効率性が、形態上の威厳と同様に、歴史を忘却し利潤以外の目的をもたない解決法を提案することで、都市文化を貧しいものとする。[72]

これは社会が自作自演する表象が正当化することである。

社会システムの立脚点とすることで個人による利己主義を高貴なものとするアダム・スミスから、経済学を精密科学とすることを試行するデヴィッド・リカードまで、すべてが成長を自然主義と哲学的功利主義の光明のもとに見ている[73]。

実際、利潤に対して有用なオブジェという近代的本質において、都市はそれ以降、中世には有していた有機体性からは乖離したものとなってしまう。

> 都市構成は有機体の本質をもち、時間の中で都市のデザインを規定する。それは持続的かつ永続的で、良かれ悪しかれ、着想後になされた介入に対しても敏感でありつづけるべきものである。それは人間を超越した本質で、類型学的な処方には満足しない。［……］たしかに、中世の街づくりは自発的で匿名的ではあるが、それは「共同体精神」に支配された［……］思考法に下支えされている。［……］［そこには］私たちには解決できない問題［がある］[74]。

実際、本問題は私たちには解決不可能である。というのも、*TOM*の術語集では、動物身体-風物身体とい

［71］DELFANTE Charles, *Grande histoire de la ville, de la Mésopotamie aux Etats-Unis*, Paris, Colin, 1997.［訳注：デルファント（一九二六年〜二〇一二年）は、主にリヨン地域で高度成長期の再開発を指揮した都市計画家で、高層ビルの林立するパール・デュー地区の開発が知られている］

［72］*idem*, p. 236.［訳注：「羊皮紙」はフランスの都市史学でしばしば使われる例えである。それは植物繊維による紙と異なり、従前に書かれていたテクストを薄く剥ぎ取ることで新たな紙面が生まれるが、そこに旧文の痕跡がほのかに残る。都市開発もまったくの更地はないとする隠喩である］

［73］*idem*, p. 232.

［74］*idem*, p. 97 et p. 98.

う風土性《メディアンス》を下支えしていたものを理解できないからである……。それが可能なのは、問題を神秘的領域、つまり「人間を超越した」[75]領域に委ねた場合だけだ。とはいえ、バーナード・ルドルフスキーが少し前に、青天の霹靂として「建築家なしの建築」と命名したものの中には「人間を超越した」点はない[76]。まったくの逆である。すなわち、それは本当に人間的なのだ（あえて言葉にはしなかったが、当時誰もがそれを漠然と感じていた）[77]。つまり、それは風土的《エクメナル》なものだ。人間の住まいであり、存在の半分を外閉した抽象ではない。

　この「建築家なしの」をしっかりと理解したい。それは、かかる建築を建築家が理解できないことを意味しない。それは*TOM*を前提とする建築方策とは無縁ということで、然り、模造品としてでもないかぎり、それは完全に手からこぼれ落ちる。そして、数年後になってポストモダニズムとともに世界に押しよせているのは、ほぼこの模造品である。表面的反応であり、そこには実際には近代主義の根本的傾向、つまり*TOM*に派生する風土《ミリュー》への無関心を頂点とした戯画以上のものは見出せない。どこにでも何でも造ってしまうポストモダニズムの形だけの遊戯は、実際には、近代主義をどこにでも同じものを造ることに導いた方向への、さらなる一歩にすぎない。この遊びは西欧では飽きられてしまったが、それは今日中国に襲いかかっているケーキのような建築に主人面をして居座っており、それは機能主義者たちにより、用途地域制度の原理に基づく都市空間の無差別な組織化のため、ル・コルビュジェを典拠とすることと併行するものでもある。

　何にもまして、鉄とガラスの平行六面体は都市構成の終焉を象徴している。それは何かとともに構成することがなく、抽象的局所《トポス》に自らの幾何学を課す。そしてそのガラス壁面は、鏡のように外界を外部に撥ねかえすもので、風物身体の外閉の表現ですらある。ル・コルビュジェのファンたちが、かかる形態と荒々しいまでに対称をなすロンシャンの教会堂の感覚的曲線に落胆させられたことが思いおこされる[78]。巨匠は自己否定してしまったのか。まさか。至って論理的にも、彼は以降は地球上で通用しないこと、すなわち抽象的幾何学以外の何かを、神に託してしまったのだ……。とまれ、かつてギリシャで幾何学が神殿の形態を神格化するようになった際に起きたことと逆の操作である。そして、近代人による「靴箱」のシリーズ化により、必然とされた操作なのであった……。

拙著『風土学序説』では、これらの幾何学的形態は、その本質において、感覚世界、つまり月下にある人間世界への、プラトン的パラダイムの化粧貼りだったことを示さんとした。当該パラダイムを形成するそれらのイデアやエイドスは、時間と空間の外部に君臨し、感覚世界とのあらゆる妥協から捨象されている。それらは尺度と無関係に超越的で、絶対的存在と同様に自分自身に対してしか照応しない。とはいえ、地球上でいかにして絶対を表現するのか。たしかに幾何学によってであろうが、それでは充分ではない。感覚世界では、それを感覚＝意味に訴求させる象徴が必要である。事実、人間の感覚＝意味にとって、超越性がもっとも近くで看取させるものは天空である。したがって、建築は地球に対する天空のようなものでなければならない。照明の必要性を超えて（それには窓で充分であろう）、とりわけガラスが役立つのはその点においてである。すなわち、天空（ガラスの壁面）による地球（壁）の置換という点だ。この原理をもっとも明確に表現することになるのは、

［75］　supra-humainとは、デルファントが「人間を超越した」という意味で理解していると思われる術語で、その点でTOMのイデオロギーの枠内にある。実際、その枠組みの中では、TOMを超えるものは神秘主義的にしかなりえない。

［76］　RUDOFSKY Bernard, *Architecture sans architectes*, Paris, Chêne, 1977 (*Architecture without architects*, 1964)（バーナード・ルドルフスキー（渡辺武信訳）:『建築家なしの建築』、東京：鹿島出版会、一九八四年）

［77］　私は、同書がフランスで知られ始めた時期に国立美術大学校の助手だったが、それが同僚の建築家たちを追いつめた動揺を覚えている。動揺のあまり、心底ではそれについて話したくもないというものであった。

［78］　［訳注］ル・コルビュジェ（一八八七年〜一九六五年）は近代建築の代表的開拓者で、初期の作品は合理性を追求し幾何学的形態で構成されていたが、ロンシャンの教会堂はカニの甲羅をイメージした曲線で描かれ、作風の変化が顕著であった。

疑いもなくフランク・ゲーリーである。

> 建物はひとつの彫刻的オブジェで〔……〕、空間的なコンテナであり、光と空気を伴う空間である。[79]

実際、数語ですべてが言い尽くされている。（敷地と構成をなすのではなく）自身のために彫刻された建物は、（有機完結体の一要素ではなく）ひとつの「オブジェ」で、自らを天空として自己規定する。すなわち、「光と空気を伴う空間」で、それは「空間的なコンテナ」なのだから、その中にいかようにも他のオブジェを設置できる。

たしかに、天空の中空性とオブジェの密実さの間には二律背反が残されている。とはいえ、隈研吾のように、オブジェ自体の解体を自己目的化すれば、それは消し去られる。[80]

> 大地の上に、細かい粒子が漂っているような「状態」をつくりたいと思っている。〔……〕曖昧で、頼りない「状態」をつくりたいのである。〔……〕この「状態」にもっとも近いものは、虹という現象である。虹が魅力的なのは、虹というオブジェクトがどこにも存在していないことである。〔……〕建築というオブジェクトから脱するためには、フレームを拡大して都市的に考えなければいけない、と主張する人びともいる。しかし、僕は都市という言葉を信じない。都市という言葉ほど甘く、かつ危険な言葉はない。なぜなら都市的に考えることは、建築という粒子を、メタレベルに立って統制することを指しているからである。〔……〕オブジェクトを回避し、メタレベル（都市）による統制をも回避しようとしたとき、ふたつの分裂が僕を襲うこととなった。ひとつの分裂は、部分と全体の分裂である。〔……〕しかし、オブジェクトと都市を否定したときに何が起きるのか。まず僕は十分に小さい粒子をつくる。〔……〕もうひとつの分裂は、物質と意識の分裂である。オブジェクトとは、物質と意識とをわかりやすく、

架橋する形式であった。［……］その形式を否定したとき、物質と意識とは、糸が切れた凧のようにそれぞれ自由である。物質も、ドラッグも、幻覚も、デジタル情報も、すべて意識に対しては対等であり、真実である。

つまるところ、建築は『ルーシー・イン・ザ・スカイ・ウィズ・ダイヤモンズ』にならなければならない[81]……。隈のような建築家はとても持て囃《はや》されているが、そのような考え方が、あらゆる建築家を彼と一緒に中空に誘わないのもたしかである。例えば、望月照彦のように、いまだに地上に残って都市性を語る面々もいる[82]……。とはいえ、建築はその一般的進化において、まさに「都市を避ける」、さらにはオブジェになることを避ける傾向にあることを再確認しなければならない。オブジェは、絶対的独立性とまではいかないまでも、宇宙船のそれは獲得している。「都市でもなく、オブジェでさえなく」の事例としては、ジャン・ヌーヴェルのパリのカルチエ財団ビルを挙げることができよう。それは鳥がガラス壁面に衝突してしまうほど透明で、石造の周囲に対して空隙を開いている。宇宙船としては、原広司の仙台の県立図書館を挙げることができよう［図16］。たしかに、見た限り宇宙船の隠喩は陳腐ではある。しかし、イメージの背後に見なければならないのは、

［79］　二〇〇〇年一二月二四日の『朝日イブニングニュース』に掲載された、自身のパナマのワールド・アクアリウム計画についてのインタヴューより。［訳注：ゲーリー（一九二九年～）は、複雑な曲面を多用する建築を得意とする建築家である。これらの非幾何学的形態の建築は、近代主義の教義に反旗を翻した脱構築主義建築とも言われる］

［80］　隈研吾：「オブジェクトの解体、都市の回避」、『The Japan Architect』、第三八号（特集・隈研吾）、二〇〇〇年、pp. 58–59。

［81］　［訳注］*Lucy in the sky with diamonds* はビートルズの楽曲で、ダイヤモンドを持ち空中に浮遊するルーシーなる女の子が歌われている。本書の文脈に照応させれば、風土から切断され浮遊するオブジェ的建築の隠喩と言え、後述の基而上主義の概念を導出することとなる。

［82］　望月照彦：『街の文化学 ―― マチノロジー』、東京：創世記、一九七七年。都市的なるものは、共生、さらには混在により形成されることを示した先駆的文献である。

それが受胎している関係性である。すなわち、宇宙船の周囲の環境は天体間の空隙だが、かかる建築は自らの周囲に潜在的に空隙を生じさせるというそれだ。都市構成とはまったく逆なのである……。[83]

　浮遊したり天体の間に漂ったりすることを欲するこの建築と、天まで昇りたいという世界と同じくらいに古い夢とを区別することに意を払いたい。屋根、クーポラ、階段、尖塔などの伝統的形態が上昇の努力を強調し、その創意工夫により宇宙＝調和的《コスミック》な秩序を確認することができたのと同じだけ、近代の技術により許容された幾何学は、宇宙論的《コスモロジック》な秩序の第一条件である重力を否定する。重力は、宇宙《ユニヴァース》が存在し、物質が存在し、地球上に上下が存在することを生成させる……。逆に、モンパルナス・タワーのような平行六面体は等方的で、つまりはプラトン的形態のように超越的である。それは周囲に対して異質であるのみならず、自然のもっとも基礎的な法則に至るまで象徴的に無視してしまう。おそらくこのことが、それがかくも破壊的であり、大きさを持たない理由である。[84]というのも、大きさがあるためには、尺度がなければならないからである……。そして、当該建築には尺度がない。それが有するのは比例だけである。

　とはいえ、根源的には、なぜこの尺度の喪失が見られるのか。そして、幾何学を超えて、それは何を意味しているのか。

§53　世界の絶対化

　長谷川逸子の作品が道を示してくれよう。彼女が新潟に建築した複合文化施設「りゅーとぴあ」である［図17］。この建物はガラスを隔壁とした巨大な楕円形をしていて、屋上は土と植物が被っている。したがって、天空と地球の関係は逆転している。すなわち、ここでは天空の上に地球がある。くわえて、生態学的影響がないわけがない。空中で成育する習慣のない植物は、新潟で冬季に、ましてや高い場所ではしばしば暴力的に吹く風に苦しむ。楕円形はさらにガラス面の背後に、まるで器官のようなさまざまな二次的建物を囲んでいる。各々の間は内部街路で循環する。りゅーとぴあは、かくしてあたかも都市のごときものである。それは自身で、注意深く構成された固有の外部を内包している。では新潟はと見てみれば、それは構成もなく周囲にスプロールしている。

りゅーとぴあがかくして象徴するのは、明らかに都市を必要としない当該建築の自己完結性だけではなく、それが反転させる自然法則に対するその独立性である。実際、屋上緑化を施すことで、建築家は逆にその自然への愛を示したかった。しかし、天地逆転という力強い象徴の割りに、この緑のベレー帽は滑稽な物神にすぎない。ここでは宇宙＝調和《コスミック》的な隠喩が、尻と頭を逆転して置かれている。その隠喩とは、天空（*kosmos*）に空隙、文化、世界、そして述語（*P*）を同化させ、地球には基底、実体（物質 *substantia* や基質 *hypostasis* といった下支えするもの）、自然、主語（*S*）（基体を意味するラテン語 *subjectum* やギリシャ語 *hupokeimenon* といった下に横たわって

［83］原のこの作品は、実際、至って巧妙に敷地に順応させられている。そこは、都市がその周縁空間で崩壊している典型的事例なのである。宇宙船はその非都市性の本質を表現しており、自分の居場所（つまり森）にぴたりと収まっていると言える。これは逆に、ラスパイユ大通りの都市性に対しての一撃であるカルチエ財団ビルについては言えないことである。［訳注：ヌーヴェル（一九四五年～）はフランスの建築家で、ファサードにガラスを多用してその透明感を表現する作品が多い。原（一九三六年～）も、集落調査や様相論を基盤としつつも、ガラスやコンクリートによる透明感のある建築作品で知られる］

［84］本書では、grandeur という単語を、感覚的大きさと道徳的偉大さ同時にふたつの意味で採用している。世界にはこの種の高層ビルよりも遙かに小さいものの、それらが欠いている偉大さの印象を与える無数の建物がある。実際、これらの高層ビルの高さは抽象的である。すなわち、人体の能力とは無関係に機械システムに応じて着想されており、バベルの塔やピラミッド、さらにはエッフェル塔は言うに及ばす、田舎のちっぽけな鐘楼が体現してみせる英雄的努力をまったく表明していないのである。

いるもの）を同化させる。まとめれば、風土《エクメーネ》の現実（述語（*P*）〈としての〉主語（*S*））では、天空を支えるのは地球である。ふたつのセットの関係を反転させることは、世界がもはや基底を有さないことを意味する。それは孤立し、自身から自然を産みだして頭に被ることにすらなる。

この宇宙論的《コスモロジック》な反転は、りゅーとぴあの建築家があきらかに望まなかったことである。それは人間世界の基而上主義、つまり地球という世界の基盤をなすものなしにやり過ごせるふりをすることを、よりはっきりと示しているだけだ。

基而上主義とは、「土台とは縁を切りました」[85]というポストモダン的イデオロギーであるのみならず、何よりも生態学的基底を実際に破壊する現代の生活方式でもあり、それはあたかも、もはやその基底が不要であるかのごときものである。前者については後述しよう。後者はあらゆるイデオロギーから独立した現実だ。すなわち、それは人間世界が消費するものと、自然資本の枯渇なしに供給可能なものである地球という惑星の生物生産力の間の関係の現状だ。この関係はさまざまな手法で計測されるが、もっとも雄弁なのは〈エコロジカル・フットプリント〉と呼ばれるものである。これは人間活動の生態系上の負荷を地球上の面積単位で表すことから構成されており、つまり、（例えば、最終的に一トンの石炭を生産するのに、どれだけの面積の森林が必要かといった具合に）利用された資源の生産のみならず、（例えば一トンの石炭の燃焼で生じた炭酸ガスの固定のためにどれだけの面積の森林が必要かといった具合に）惹起された汚染の吸収のための面積のことでもある。[86]相関してグローバル・ヘクタール（gha）の概念が採用されるが、これは一定の人口が地球の生物生産力に対して必要とするものを翻案したものである。かくして世界自然保護基金（WWF）[87]の『生きている地球レポート2004』は、世紀の折り返し地点において、地球上で人間ひとりあたりが利用可能な生物生産力は1.8 ghaであるのに対し、その平均フットプリントは2.2 ghaであることを示している。[88]このことは、私たちの現在の生活方式を持続的に維持するためには、さらに四分の一の惑星が必要だということだ。

この世界平均は、強い偏在性を覆い隠している。富裕国のフットプリントは、gha にしてアメリカが九・五、オーストラリアが七・七、西ヨーロッパや日本で四から五と桁外れだ。中国のそれは一・五だったが、そのフットプリントは急速に増大している。皆がアメリカのような方式で生きるとすると、この暮らし向きの持続的維持のために現時点ですでに地球があと五個必要になる……。

これらの数値が示しているのは、下支えする惑星が供給可能なものを上回る消費をしていること、つまりはその自然資本を浪費する社会の自殺的不条理である。この不条理は、明らかに際限なく継続可能ではない。遅かれ早かれ、それは深刻な欠乏状態を、さらには大惨事を惹起する。例えば、今日すでに「石油ピーク」[89]、換

[85] 拙著『風土学序説』でも詳述したが、これは建築大学校のある教官の口から漏れたものを、実際に私が耳にしたもので、それが私に「基而上主義」という術語を着想させた。［訳注：上記の発言は『風土学序説』の p. 397 に掲載されている。基而上主義（*métabasisme*）という表現はベルク氏の造語で、同書 p. 325 でベルク氏の解説に訳者の中山元氏が解題を寄せるように、無基底（base がないこと）に対し形而上学（métaphysique）という単語を解題利用したものである。］

[86] さらなる詳細は、WACKERNAGEL Mathis et REES William, *Notre Empreinte écologique*, Montréal, Ecosocieté, 1999 (*Our Ecological footprint*, 1996)（マティース・ワケナゲル、ウィリアム・リース（池田真里・和田喜彦訳）：『エコロジカル・フットプリント—地球環境持続のための実践プランニング・ツール』、東京：合同出版、二〇〇四年）を参照のこと。最近のデータについては www.footprintnetwork.org/gfn_sub.php?content=glossary を見よ。以下の統計については、www.epa.vic.gov.au/Eco-Footprint/ に掲載されているオーストラリアのドキュメントも参考にした。

[87] World Wide Fund for Nature.

[88] これらの数値は計算方法により異なってくる。ワケナゲルとリースは、平均フットプリントを 2.85 gha とし、地球の生物生産力を三分一超過しているとしている。

[89] この問題については、*Courrier international*, 764, 23-29 juin 2005, dossier pp. 34-39 を見よ。二〇〇五年の石油価格の高騰は、ハリケーン・カトリーナの影響もあってさらに深刻化したが、不可避の前兆を示しもした。すなわち、同年九月、アメリカではゼネラル・モーターズの売り上げ減少が前年比二四・一％、フォードのそれが同二〇・一％となったのに対し、日本のメーカーは、より大衆向けのモデル

言すると、それ以降は生産が著しく低下する期日を迎えているとする専門家もいる。実際、農業から金融資本主義まで、現代文明は石油技術の人質なのだ。しばらくの間は、副次的なものを除き、他のいかなる技術もそれを凌駕することはできまい。かくして始まりそうな「長期緊急事態」の時代を語りつつ、ジェームズ＝ハワード・クンストラーは以下のように記す[90]。

したがって、私たちの生活方式は長期緊急事態により修正を余儀なくされる。アメリカは、私たちの社会が二〇世紀に行った不幸な選択の帰結として、微妙な特殊状況に直面している。疑いもなく最悪なのは、私たちの都市を老衰させ、それらを郊外で置換することで、それは二次的影響としてアメリカで最良農地の大部分の浪費を伴う。［……］モビリティの終焉だ。私たちの日常生活は奥底から、そして強力に地域に根ざすものとなろう。［……］農業はまさにキイワードだ。［……］二一世紀の繁栄地域は、生産的後背地を享受するそれとなろう。

この黙示録的調子は至ってアメリカ的だ。というのも、ひっくり返るのは、まさにこの〈アメリカ的生活方式〉だからである。とはいえ、アメリカは国土資源を有している。しかし、自身の国土のまったくの分不相応[91]を忘れてそのシステムに一心不乱に身を委ねてきた日本のような国は、さらに困難な局面に直面するだろう。

ここではこれらの予測の詳細には立ち入らない。エコロジカル・フットプリントという雄弁な指標により、人間世界が地球の資力をはるかに上回る生き方をしていることを示せば充分だろう。本書はむしろ、〈地球／世界〉の関係そのものにおいて、近代性がかくも堪え難く持続不可能な方策に行きついた論理を探査してみたい。

本書が基而上主義を語ることは、「無基底[92]」というポストモダニズム的イデオロギーの拒絶に由来するが、現実にはその概念はもっと古い。実際、西田幾多郎の哲学にはそれがほとんど文字どおりに見られる。西田は「無基底」を語るが、それは精確を期せば「土台の無い、地《じ》の無い」ことを意味する表現である。西田にとって無基底とは、絶対無〈としての〉述語世界である。それは、それそのものとして存在の源泉にあり、その存在は自身による無の否定の産物に他ならない。この世界＝述語＝無は「自己形成的に自己自身を形成する」[93]。こう言ってよければ、西田はこれらの基底に立った上で、あらゆる物事は「無基底的に自己自身を限定する」[94]とまで書くこととなる。

により売り上げを伸ばしたのである（ニッサンのそれはプラス一六・四％だった）。全体ではマイナス七・六％であった。もっとも影響を受けた車種はもっとも燃料大食漢と言えるもの、つまりスポーツ・ユーティリティ・ヴィークル（SUV）で、マイナス一七・八％である（『京都新聞』、二〇〇五年一〇月五日夕刊、p. 6）。

[90] KUNSTLER James Howard, *The Long emergency*, New York, Grove/Atlantic, 2005（*Courrier international*, 764, 23–29 juin 2005, p. 35 で引用されたもの）

[91] 日本の国土は、もはや国家の食糧需要の四〇％を供給するのみである。たしかに、王政盛期のイギリスはさらに下を行っていた。しかし、当時のイギリスは世界全体の資源を支配していた。逆に、日本は完全に市場依存で、それはエネルギーや水の不足次第では転倒することとなろう。「長期緊急事態」の時代にあっては、皆自分のことしか考えない。すでにグローバリゼーションを過去のイデオロギーの戸棚にしまい込む、かくなる面々もいるのである。

[92] SUPIOT Alain, *Homo juridicus. Essai sur la fonction du droit*, Paris, Seuil, 2005 は、別の視点からそれについての事例をいくつか挙げている：「西欧諸国で流行している要求が、その証拠を数多く提供してくれる。例えば、性差の破棄、子供を『女性にとって最悪の敵』と見なしての母性の『非制度化』、（抑圧された少数者と見なされる）子供の『特別な地位』の廃止、契約による親子関係の置換、そして至って明確に、また根源的に至って論理的に、馬鹿になるための権利の要求などがそれである」（p. 79 以降）

[93] 西田幾多郎：『西田幾多郎全集』、第一一巻、東京：岩波書店、一九六六年、p. 391。

[94] 同上、p. 392。

私は別稿[95]で西田的概念を批判したが、それは、その概念の到達する世界の絶対化[96]が、彼にとっての世界は自己に対立せずにそれを含むという事実[97]ゆえに、自らに固有な世界の絶対化にしか行きつかないという点においてであった。この自民族中心主義は、歴史的には日本の天皇制の絶対化を意味した。

そこには根本的誤謬があり、それを言うべき時である。この誤謬は、まさにひとつの述語は無の述語にはなりえず、したがって絶対的なものになりえないことを見なかったということである。[98] 換言すると、世界は必然的に述語づけ可能な地《じ》を想定しており、それは地球であり、または自然である。

逆に、西田の哲学はまさに人間世界の論理であるものを見事に言いあてることとなる。すなわち、自己限定解除、自身の自己絶対化、そしてそれに起因するあらゆる尺度や自らの外部にあるものとの一切の関係の喪失への流れである。これは西田自身に起きたことでもあり、彼は自分固有のシステムに溺れてしまったのだった。それは同時代の日本の自民族中心主義に行きつき、今日の私たちの世界に至る。それは最終的には文字どおり「世界の終焉」となる大惨事を伴い、太平洋戦争時の日本にとってのアメリカの国力の桁違いの不均衡や、今日の私たちにとっての地球という惑星の限界（遠回しの表現にとどめておけばだが）など、物事の尺度を露骨に再発見することに代表される。

＊＊＊＊＊

これが、自身の述語を絶対化して物事の尺度を喪失する場合の、世界の論理（*lgP*）の運命である。とりわけフレンチ・セオリー[99]におけるポストモダン的思考の根本的傾向は、記号を自分自身に回帰させるべく、それを物事の現実から抜本的に分離することで、そのシステムを絶対化する。この方策は、物事（*S/P*）をオブジェ

（*S*）に、つまり単語（*P*）がいかなる手がかりも持たず、つまりは恣意的なものとされる即自的存在（en-soi）に変換してしまった近代二元論に派生している。例えば、デリダの言う「意味論的円環」の閉鎖はそこに由来する。単語（一般的には記号である）は、人間が物事について言表する述語なのだから、それを内閉することは、西田により理論化された述語世界の絶対化に帰着する。

　この意味＝方向において、西田の哲学は広義にポストモダニズムの根本論理を把握することを可能とする。すなわち、それは〈抜本的に〉世間的な思考で、つまりはまさに世界の外部に根を持たないそれであるということだ。西田にとっての述語の同一性の論理（*lgP*）と同様、基台がない。

　対照的に、風土《エクメーネ》の視座からは、物事はすでに生命や種の進化により複層的に述語づけされており、それらを命名することは歴史に立脚した補完的述語づけということになる。それはソシュール的、フーコー的、あるいはデリダ的恣意性とは無縁だ。単語は、何の前置きもなく主語（*S*）＝述語（*P*）を定立しない。実際には、そ

---

［95］　とりわけ『風土学序説』においてであり、さらに BERQUE Augustin, «Du prédicat sans base: entre *mundus* et *baburu*, la modernité», dans MONNET Livia, *Approches critiques de la pensée japonaise du XXe siècle*, Montréal, Presses de l'Université de Montréal, pp. 53–62 において的を絞ってである。

［96］　例えば西田は以下のように書いている：「何處までもかゝる自己否定を含むと云ふことが、却つて世界がそれ自身によつて有り、それ自身によつて動く、絶對的實在と考へられる所以であるのである」、西田：前掲書、pp. 457–458。

［97］　彼が、とりわけ『西田幾多郎全集』、第一一巻、p. 403 で提示していることである。

［98］　ここでの拙論は神学には由来しない。もしそうであれば、述語（言葉 le Verbe）と絶対的実体の興味ぶかい同一性を神の中に持っていたはずである。述語（*P*）＝主語（*S*）ということはしかも神話の本質で、それは自らの述語群を現実的なもの（現実 réel を大文字 R で示した Réel）にする。

［99］　CUSSET François, *French theory. Derrida, Deleuze et Cie, mutation de la vie intellectuelle aux Etats-Unis*, Paris, La Découverte, 2003.（フランソワ・キュセ（桑田光平他訳）：『フレンチ・セオリー――アメリカにおけるフランス現代思想』、東京：NTT 出版、二〇一〇年）

れは現実（*S/P*）の長い連鎖を辿る。この連鎖（当該の風土《ミリュー》における当該の歴史）が、それが述語づける本当の基底である。つなわち、$(((S/P)/P')/P'')/P'''$……（以下同様）というそれだ。[100] 実際、ある物事の現実（*S/P*）は、その抽象的局所《トポス》におけるオブジェ（*S* に自己を限定しない。この現実は、実存的場所性《コレティックメン》を帯びつつ、言語的関係がそのひとつであり、人間存在がその現実を看取するそれらの述語的関係の総体に自らを拡張する。かくして、風土《エクメーネ》の具体性[101]の中で、**単語群は物事の部分を成す**。すなわち、述語群の総体は物事を実存的場所《コーラ》にしているが、単語群はそれらのひとつなのである。つまるところ、それらは恣意的ではない。それらは偶発的で、これは人間世界が地球に対してそうであるのと同様だし、それどころかすでに動植物にとってすら環世界（*Umwelt*）が環境（*Umgebung*）に対してそうであるのと同様である。

しかし、単語や記号の世界は、構成されるや否や、述語の論理（*lgP*）に従属する。そして「自己形成的に自己自身を形成する」ことをしながら、自己限定を解除しながら、自身の自己絶対化をしながら、それは最終的には自己の正当化のために、デリダの言う「浮遊する意味表現《シニフィアン》」のような理論を生成させる。換言すると、記号は内向的に基而上主義に向かってしまう。

この根本論理は〈フレンチ・セオリー〉に限定されない。それは私たちの世界を真に支配している。というのも、それは、近代的技術のオブジェのシステムにより全能幻想の中に生きているからである。それは、とりわけ風物労働の外閉、つまり私たちの生活類型を支える自然的・人工的システムが実施する労働への無理解によるものだ。

＊＊＊＊＊

知識という面では、この外閉は基底の忘却や否定の中で表現される。すなわち、基而上主義である。経済実務という面では、例えば、述語の論理はマーケティングやそこで広告の果たす役割の本質であると言える。実際、それは、西田の述語の論理においてと同様に、そこで基底のない、無の存在を表出させる。どのようにしてかを、少し見ておこう。

現代世界を支配する市場自由主義は、人類の必要性の限定解除を当てにしている。新規需要と新規供給が好循環の中で無限に相乗しなければならず、原則として成長は持続しなければならない。実際、富裕国は主要市場だが、長期にわたって基礎的需要は満たされているのだから、需要を導引するのは供給となる。したがって、供給にしてみれば、新製品のためには需要をまき餌としてまく必要がある。広告を不可欠とする連鎖状況であり、というのも、無から需要が生じるために手品をやってのけるのはそれだからである。それは、新製品に満足している人々を示すこと、つまりそれらの人々をまねる欲望を喚起するなり、それらの人々に対して有している欲望を彼らが享受していると思われるオブジェに転移させるなりすることで、手品をやってのける。かくして無から需要が創造されれば、それを満たすかれこれという名前のオブジェの生産が展開可能になり、それによって私たちの世界も発展させられる。

---

［100］例えば、「テーブル」という単語は「テーブル」〈としての〉何らかの物を述語づけている。すなわち、「それ（*S*）」は「テーブルである（*P*）」ということである。しかし、その物は、サルがその上になにかを置いた最初の台に始まって、すでに何度もテーブルとして述語づけられている。「テーブル」という単語そのものが、人類の言語と同じくらい長い歴史の結果であり、その歴史の中途のいかなる瞬間にも、あるオブジェ（*S*）をテーブル（*P*）と呼ぶ恣意的決定はなされていない。すべては常に、風土性《メディアンス》と史実性（historialité）の中に具体的に巻きこまれた現実（*S/P*）の偶発性の中で起きてきたのである。

［101］フランス語で「具体的な」を意味する *concret* は *cum crescere*、すなわち共に成長することに由来することを念頭に置きたい。共に成長するのは、人間と（記号を含む）物事である。

とはいえ、マーケティングがかくして必要のないものの需要を無限に喚起するにしても、それは無においてではない（述語の同一性の論理（*lgP*）はここにその限界を見出す）。それは実際には風土《エクメーネ》においてで、とりわけ生態学的費用を伴ってである。エコロジカル・フットプリントの概念が把握可能とするのはこのことだ。逆に、私たちは、新自由主義の述語の限定解除による社会費用を把握するための適切な指標を有さない。というのも、象徴は計量化されないからである。最後に、その基底をなす地球という惑星の豊かさを略奪する世界においては、追加料金を支払わなければならないのは将来世代だけではないことを概述しておきたい。地球温暖化による海面上昇は、正当にも私たちが送る生活方式のせいにされるが、とりわけ（バングラデシュのような）それとは無関係の貧困国を飲みこむこととなろう。前世紀の折り返し時点では、世界でもっとも富裕な二五〇人が最貧のその半分の人々（つまり約三〇億人の人類）よりも多くを稼いでいた。アフリカに貸しだされた一五ユーロは、二〇ユーロになって返済されなければならなかった。などなどである。[102] そのうえ、それらの不平等は解消するどころか拡大しつづけている。

かくして、地球が堪えることも持続させることも不可能なこの世界は、同時に不道徳な世界なのである。さらには、ますます醜悪になっているのだ。李商隠（八一三年〜八五九年）が書いたような「殺風景（*shafengjing*）」な世界である[103]……。

つまるところ、善、美、真の反転だ……。とはいえ、奥底では、風土《エクメーネ》においては、つまりは具体的には、これらの物事は、共に行かざるをえないものなのである。

[102] これらの比較は、SACQUET Anne-Marie, *Atlas du développement durable*, Paris, Autrement, 2002からの引用だが、同書には他にも多くの堪え難い比較が掲載されている。

[103] 「殺風景」とは文字どおりには「風景殺し」のことである。意味するのは、月並みな、俗悪な、味気ない、詩情のない、風流（*fengliu*）を欠いたということである。李商隠はその作品『雑纂』に「殺風景」な物事のリストを掲げた（同リストは『諸橋大漢和辞典』の「殺風景」の項の冒頭で見ることができる）。「殺風景」への傾向と私たちの風景嗜好は、両者とも資本主義的な消費と捕食の論理に帰着するが、それらの間の明らかな矛盾については、拙著（木岡伸夫訳）：『風景という知――近代のパラダイムを超えて』、京都：世界思想社、二〇一一年を見よ。［訳注：李商隠は晩唐の官僚詩人である。生年を八一二年とする説もある。『諸橋大漢和辞典』の「殺風景」の項は第六巻p. 778に掲載されている］

エピローグ　栗林にて

§54 物事の尺度

下部構造は上部構造を決定しないことを、真面目に仮定できない時代があった。ここで本書が主張するは逆のことではないのだが、それを排除するわけでもない。実際、物事は偶発的なものなのだ。それらはある流れにのみ起因する。すなわち、歴史というそれである。事実、歴史は風土的《エクメナル》なもので、風土《エクメーネ》は歴史的なものだ。すなわち、一方は時間の中にあり、他方は空間の中にあるが、両者は現実についての、純粋に客観的でもなく純粋に主観的でもない通態的理由を具現している。実際、ここまで読みこんできた試論は、通態の流れに連なっており、それは風土《エクメーネ》の中では、述語と実体、物事の把握方法とそれらが固有に有するものとの間の偶発的連関を織りあげている。

この歴史の流れは、玄牝《げんぴん》の住む谷のそれのごとしである。すなわち、「用之不勤[1]（之を用うれども勤《つ》きず）」だ。同様に、風土《エクメーネ》にあっては、世界は地球（自然）から絶えず湧きでる。とはいえ、時の流れがこの生まれ故郷への郷愁を汲みつくすことはない。西洋と同様に東洋でも、現代人の自然への希求を今日でもなお規定する神話が描かれてから、最低に見積もっても三千年が経っている。そして、市壁外での娯楽の形をとってからは二千年である。この隠遁が風景讃歌となってからは、中国で十五世紀以上、ヨーロッパでは五世紀以上だ……。その間、「自然」は徐々に探求の対象となっていった。それは、当初はエリートに限られていたのが、今日では地球という惑星の生物生産力を超過する生活方式を惹起させつつ、最終的には人間の住まいを転覆するほどに大々的になっている。

かくして、幾重もの世代の末に、非実体的述語である神話は、それを支える基底について、実体的である以上に、すなわち地球に関わるという以上に、創造主的変容を産みだす。この実体化の過程で、自然の探求はまずは奇妙な矛盾に道を誤る。自ら称揚したものを、同じ理由から破壊してしまうのだ。**表象としての「自然」が、生態学的事実としての自然に敵対してしまったのである。**

この矛盾について、もし人間がそれを解決できないのであれば、滅びてしまうのは自然ではない。自然はもっと酷《ひど》いことを平気で見てきた。宇宙《ユニヴァース》の尺度では、それは人間が思いもよらないような大異変を経験している。まさに滅びる危険があるのは、人間世界、すなわち、自然に対する人間の関係を構築し、そうしながら人間存在そのものを打ちたてるものである。

自然と人間世界のこの関係が、本書がここで風土《エクメーネ》と呼ぶものである。風土《エクメーネ》は具体的で、歴史と同様に偶発的なものである。風土《エクメーネ》においては、人類の歴史においては、自然とは地球のことである。すなわち太陽系第三惑星のことだが、同時に人間存在の地面である。この地面は今日、人間のせいで足許から崩れようとしている。

惑星自身は何も恐れない。この初源的実体である惑星にとっては、人間存在はその他多数の偶発的事象にすぎない。

*****

ある中国の諺は「蟷螂《かまきり》、蝉を捕らえんとして、黄雀《こうじゃく》、后《うし》ろに在り」[2]と揶揄している。つまり、危険が迫っているのに些事にかまける面々を揶揄している。これはおそらく、以下の荘子の教訓譚に由来している。[3]

莊周遊乎雕陵之樊、覩一異鵲自南方來者、翼廣七尺、目大運寸、感周之顙而集於栗林。莊周曰、此何鳥哉、

荘周、雕陵《ちょうりょう》の樊《はん》に遊び、一異鵲《いじゃく》の南方より来る者を覩《み》る。翼の広さ七尺、目の大いさ運（径）寸、周の顙《ひたい》を感《かす》めて栗林《りつりん》に集《とま》る。荘周曰わく、此れ何の鳥ぞや。

荘周は雕陵《ちょうりょう》という禁苑のなかに入って遊んだ。そのとき一羽の奇妙な鵲《かささぎ》に似た鳥が南の方から飛んでくるのを認めた。翼のはばは七尺もあり、目の大きさは直径一寸もあって、それが荘周の額《ひたい》をかすめて飛びすぎると栗林のなかにとまった。荘周はつぶやいた、「これは何という鳥だろう。

［1］ *Yong zhi bu jin.*

［2］ 蟷螂捕蝉黄雀在后（*Tanglang bu chan huangque zai hou*）。この諺を教示してくれた方晓灵（FANG Xiaoling）に感謝する。［訳注：「セミの後ろにそれを狙うカマキリがおり、カマキリの後ろにそれを狙うスズメがいる」が直訳だが、転じて、目先の利得にのみ関心を持ち、後の危険を考慮しないことを揶揄する諺となった］

［3］ 荘子（金谷治訳注）：『荘子・第三冊（外篇・雑篇）』、東京：岩波文庫、一九八二年、pp. 99–101。

翼殷不逝、目大不覩、蹇裳躩歩、執彈而留之。　覩一蟬方得美蔭而忘其身、[4] 螳蜋執翳而搏之、見得而忘其形、[5] 異鵲從而利之、見利而忘其眞。[6] 莊周怵然曰、噫、物固相累、二類相召也、捐彈而反走、虞人逐而誶之

翼殷《おお》いなるも逝《ゆ》かず、目大いなるも覩《み》ずと。裳《しょう》を蹇《かか》げて躩歩《かくほ》し、弾《だん》を執《と》りてこれを留《ひ》く。一蟬《ぜん》を覩《み》るに、方《まさ》に美蔭《びいん》を得て其の身を忘る。螳蜋《とうろう》、翳《かげ》を執《まも》りてこれを搏《とら》（捕）えんとし、得をのみ見て其の形を忘る。異鵲、従《したが》いてこれを利とし、利をのみ見てその真を忘る。荘周、怵然《じゅつぜん》として曰く、噫《ああ》、物は固《もと》より相い累《るい》（害）し、二類は相い召《まね》くなりと。弾を捐《す》てて反《かえ》り走る。虞人《ぐじん》逐《お》いてこれを誶《せ》（責）む。

翼は大きいが飛び去ろうともせず、目は大きいがものを見ようともしない。」着物の裾をまくりあげて静かに歩みより、弾弓を手にとるとそれを引きしぼって射とめようとした。ふと見ると、一匹の蟬《せみ》がちょうど快い木蔭《こかげ》に満足してわが身のことを忘れている。螳蜋《かまきり》が葉蔭にひそんでこの蟬をとらえようとしているのだが、その螳蜋も獲物だけを見てわが体のことを忘れている。さきの奇妙な鵲が螳蜋をねらってものにしようとしているのだが、この鳥も利益だけを見てその本来のあり方を忘れている。荘周はぞっとして、「ああ、もともと物はすべてたがいに害しあうものだ。そして利と害はたがいによびあうのだ。」というと、弾弓を投げ棄てて身をひるがえして逃げ出した。禁苑の番人があやしんで追いかけ、彼をきびしく詮議《せんぎ》した。

この歴史が本書に思いおこさせるのは、物事の尺度である。宇宙《ユニヴァース》における人間のとるにたらない位置づけと、人間世界をそれを支える地球に適応させる必要性ということだ。実際には、私たちは人間世界がそのものとして固有の基準だとしてふるまってしまっている。地球という母型となる基底なしにはそれは存在しないし、人

間も存在しないのに、私たちはそれを絶対化してしまっている。

§55 労働の外閉

前提として、人間存在は地球環境なしには生きてゆけず、したがってそれへの配慮が必要だという生態学的事実を思いだすだけで良い。それは彼の生活＝生命（vie）の風土《ミリュー》である。とはいえ、この人間の風土《ミリュー》は単なる自然環境ではない。それは同時に象徴的で技術的な人間の創造物でもある。それが地球に対する人間の関係を具体化するのは、これらすべてにおいてである。かくしてこの関係たる風土《エクメーネ》は、単に生態学的であるのみならず、生態学的かつ技術的かつ象徴的なのだ。それは、自然による規定はもちろん、人類の発明と表象とから形づくられる。しかし、自然による規定は、人類の歴史の尺度では不変の土台、つまり人間世界の基底である。逆に、人間世界は歴史のように変化し、文化がそうであるように多様だ。現実に他ならない偶発的関係の中でこの基底が現れてくるのは、述語という非実体的光明によってである。

［4］［ベルク注］*Wang qi shen.*

［5］［ベルク注］*Wang qi xing.*

［6］［ベルク注］*Jian li er wang qi zhen.* この眞（*zhen*）については§10を見よ。それは道教にとっての理想状態で、儒教にとっての誠（*cheng*）と比較可能だ。眞（略字は真）という漢字は、匕（スプーン）と鼎（三本の脚のある器）を組みあわされたもので、そこから満たすとか満足させるという意味が出てくる。もうひとつの語源として、姿を変え、隠れて天に昇る仙人というものもある。また、さらに別の語源として反転した人間というものもあり、そこから反語的に本当のことという概念が派生し、これがこの文字の一般的意味になっている。

人間存在は、この述語を自分自身に応じて、そして自ら愛好し、信仰し、そして尊重することにしたがって発明する。かくして人間にとって重要なものである価値が、現実（réalité）をこね上げることとなる。それ自体における実在（Réel）からそのことを捨象するのは、純粋科学にとっては問題ない。しかし、それでは人間の存在を隠蔽することになる。現実は、人間存在を排他するこの抽象化とは異なる。現実は、物事を包含するように人間を包含するが、それらの物事は単なるオブジェではなく、人間同様にこの相関総合体の構成要素である。かくして物事は、人間自身がそれらと共に存在する限りにおいてしか、すなわち通態的にしか、人間にとって存在しない。

＊＊＊＊＊

本書では、とりわけ、自然の現実がどのようにして、人間の住まいと相応して変化したのかが示されてきた。人間の根源にあり、また物事の根源にある自然は、実際、人間世界の言葉においてのみ人間に現れる。換言すると、人間の生活類型がその現れのひとつである述語的関係の下においてのみということである。この関係はふたつの極を含む。一方は「自然」という人間の表象行為である。他方は人間の言葉では述語づけできないものの、人間という種の歴史、生命の歴史、宇宙の歴史がそこから生じた絶対なるものである。本書は、その歴史の一断片に固執したにすぎない。それは、本書がまさに「歴史」と呼ぶもので、その目的は歴史の偶発性、つまり自然法則に対する自由と、それがそこに見いだす不可欠の基台を同時に示すことであった。

この偶発性において自然は人間に関わる。すなわち、それは技術により人工化され、象徴により人間性を附与され、人間の身体の中で人体に変成する。この事実に照らしてみれば、それを生態学の単純なオブジェに還元できない。荘子が語るところの「十全」、すなわち「眞（*zhen*）」は、人間の動物身体と風物身体という、人間の風土性《メディアンス》のふたつの半身が形成する全体のことである。したがって、**自然は単なるオブジェに留まらず、同時に人間の存在自体でもある**。人間をそこに結びつける歴史を抽象してしまうと、それを理解できない。

＊＊＊＊＊

風景を素材にその美的次元を強調しながら本書が辿ったのは、この歴史の一部分である。とはいえ、それは根本的には道徳の問題でもある。すなわち、人間による自然利用の費用はどのようなものか、という問題だ。かかる費用は数値化不可能である。そうだとしてしまうと、私たちのあらゆる経済が崩壊しかねない。自然がそれ自体として希求されて以来、その探求は人間を原始状態から分離する労働の外閉の中で行われてきたがゆえに、経済は崩壊しかねない状況にあるのである。**この労働はまさに、人間を自然から分離するゆえに外閉されてきた**。

この明白な矛盾は、歴史の流れの中では、一方で労働により自然を変容させた人々と、他方で自らの手でそれに働きかけることなくその果実を享受できた人々の間の力関係の中で解消されてきた。後者には、人間という種に固有の郷愁、すなわち労働と技術により原始状態を脱したことに対する郷愁を、象徴的に表現した神話を形づくる閑暇があった。とはいえ、風土《エクメーネ》の通態性においては、[7] 技術が外部化したものを象徴が内部化する。これこそが神話の役割である。大同、黄金時代、牧歌、農耕詩は、これらの神話に由来している。風景の発明

［7］［訳注］大同と黄金時代については§8、牧歌と農耕詩については§18を参照のこと。

はこれらのことをはっきりとさせた。すなわち、自然を愛するには、農民であってはならない。実際、私たちを自然から分離させる、大地に関わる労働の外閉が不可欠である。

この外閉は、表象上の人工物には留まらなかった。それは、人間のあらゆる世界を、その技術のみならず象徴をも拘束したのだった。かくして、それは人間労働を徐々に機械に移管し、肉体からそれを締めだす傾向を有した。実際、機械に口なしだ。それは神話に対して無言のまま自然に働きかける。逆もまた真なりだ。すなわち、(四駆について見られるように)機械は神話を支え、それを発展させる。したがって、かつて奴隷や農奴の労働の見て見ぬふりをしたようにそれらの働きを無視することができるし、機械は人間固有の労働の代わりに産出する現実を「自然」であると取りちがえることもできる。

ただ、謝霊運の奴隷や農奴以降、かくして機械により人間が風景という形をとった自然を享受可能になったとはいえ、この置換には費用が生じたのであった。自然の加速度的変容が見られるのだから、生態学的にはもちろんだが、人間的費用も生じていた。というのも、**機械労働は同様に人間に固有の自然にも危害を加えようとする**からである。人間世界を機械化しつつ、それは人間もまた機械化する。確かに人間は何にかけても機械ではないが、巨大な眼の鵲《かささぎ》のように人間は脅かされ、純粋に抹殺されそうだと言えるのである。

§56 危機と頼みの綱

近代性とは、この世界の機械化である。それは、知的領域ではデカルト＝ニュートン的な機械論者的パラダイムを伴うと同時に、述語という記号が実体化した人間の生活方式の実際的機械化をも伴っている。いずれもが、自然に対する人間の関係を根底から変容させた。そのことは私たちにも見えている。しかし、見えていないのは、近代世界がまさに下支えする方策である。すなわち、それが、純粋に主観的なものとして措定された、人間存在とは完全に区分されたオブジェとして捉えられてしまうことだ。

世界はオブジェではない。人間が自然、つまり物事の自然＝性質（nature）や、さらには人間自身の自然＝性質を把握するのは、述語の下においてである。それは、人間が物事に対して有する存在論的結びつきである現実の抽象によってしかオブジェにはなりえない。この抽象化は、物事が実体的に有していることへの接近（それは科学の役割である）を人間に許すものの、まさに同じ事実から、人間を物事に結びつけ、そこから真の価値を造りだす実存の現実から人間を隔離してしまう。

したがって、かかる実存の抽象化は物神崇拝に他ならない。物神崇拝は述語として始まった。すなわち、非実体的な何かで、人間の視線から生まれ、単純な知的方策で、それはあたかも自然回帰の神話が郷愁をさそう夢想から始まったようなものである。とはいえ、神話と同様、この述語は徐々に自らを実体化していった。記号が実体化されたのだ。自然回帰が、最終的には郊外、さらには田園拡散都市で自らを物質化したように、この記号の実体化は、今のところ人間が関わる機械群として物質化されている。とはいえ、それは始まりにすぎない。この進化の運命は、単に機械仕掛けのカラクリのますますの覇権、すなわちサイボーグの世界にのみあるわけではない。それは、象徴的かつ生態学的な双方の意味で人間生活を可能にする風土[8]の破壊にもある。人間世界の基台を根本から崩壊させること、実際、かくなることこそがこの物神崇拝の危険性である。**現実**

［8］［訳注］繰り返しになるが、ベルク氏は、風土について、どちらかと言うと象徴的な意味ではエクメーネ、どちらかと言うと生態学的な意味ではミリューといった具合の使いわけをしている。原文はエクメーネとミリューを併置した文章だが、和文では風土という単語の反復になるため、ベルク氏の示唆を得てかかる訳文とした。

についての人間の実存をかくも抽象しつづければ、しまいには地球という惑星の表面から本当にそれを抹殺することとなる。地球表面は物理的意味での物質性に還元され、純粋に機械的になるのである。というのも、時間さえ与えられれば、人間の述語は実現するからだ。それらは、自らの記号を実体化してしまうのである。

＊＊＊＊＊

物事の実体と人間の実存を同時に勘案不可能なのは、人類による科学の障碍である。もちろん、その方策により自然がオブジェとして捉えられ、人間による自然制御が推進された。さはさりとて、それは人間を地球との結びつきという現実から引き離してしまった。かてくわえて、常に労働を外閉することで、人間は抽象的関係の中に収監され、かくして人間世界は地球上の基底から切り離され、それはいわゆる進歩がこの基底の破壊であると翻案されてしまうほどであった。ちなみに、農民の終焉、富裕国での工業プロレタリアの潜在的なそれ、そして失業の増加はその三局面である。[9] 自由資本主義とは、この傾向を操舵するイデオロギーだが、世界が地球の敵となった自殺的論理を具現化してしまうほどに、その傾向が進展してしまったのである。もはや、ハイデガーが相互の「原闘争（*Urstreit*）」と語った隠喩的な意味においてのみではない。同時に、道徳的退廃や美的荒廃は言うに及ばず、生物学的かつ物理学的な破壊という精確で計量可能な意味においてもである。

実際、人間の述語が自ら記号を実体化するなどと言うことは、戯画的描写においてである。というのも、私たちはそれぞれが人間にすぎないが、「神にも自然にもあらざる（*neque Deus, neque natura*）」人間なるものは物事の原点にないからである。未来永劫、人間にできるのは、それらを述語づけることだけだ。すなわち、それらを感じ、それらについて考え、それらを言葉にし、それらに対して行動を起こすだけで、無からそれらを創造することはない。物事を創造すること、人間自身が人間を創造すること、この絶対的行為は、永久に人間の手からこぼれ落ちるだろう。それは人間の業ではなく、神のそれ、あるいは自然のそれなのだ。

その代わり、人間が創造するもの、それは人間世界である。すなわち、物事の基台、自然、地球といった既存のものの述語づけだ。したがって、人間世界という作品は相対的にしかなりえない。それは実体に対するひとつの偶発的出来事、自然に対する一光明、地球に対する一手法なのである。人間の思い上がりや人間の誤謬とは、自然や神の猿まねをして、それを絶対化することである。そして、同じ道筋で、人間存在はそれ自身では相対的でしかありえないのに、それを絶対化する傾向を有することである。

近代性は、主観性の内部世界を発明したことで、この絶対の戯画に向かって大いなる一歩を踏みだした。実際、オブジェを物神化しながら、近代性は左右対称的に主体を物神化した。それは、爾来無限とされた宇宙《ユニヴァース》＝普遍という外部性に対し[10]、完全に別物ではあるものの同様に計測不可能な内部性という代替物を設定した。それは、還元主義の激しい攻勢に対し、その表象群の恣意性、さらにはその現実構築の恣意性を際限なく対置できるものであった。

［9］富裕国での失業以外は見ないようにしたい。グローバルなシステムは周縁部を荒らす分だけ中心部にとって有益なのだから、貧困国でのそれはさらに劣悪である。かくして、労働が人間を原始状態から遠ざければ遠ざけるほど、それは排除され（*locked out*）、中心部（アメリカ）で惹起される失業は周縁部（貧困国）よりはよほど少ないものとなる、という一般原理が導かれる。

［10］本書がここで論ずるのは、科学革命がもたらした帰結である。アルベルト・アインシュタインによる宇宙の「再閉鎖」は別の話だ。とはいえ、拙著『風土学序説 ―― 文化をふたたび自然に、自然をふたたび文化に』（中山元訳、東京：筑摩書房、二〇〇二年で）示唆したように、この「再閉鎖」は、近代の主観性に疑義を呈す「べき」だとした理由のひとつである。［訳注：『風土学序説』の p. 143 で解説されているが、アインシュタインの相対性理論のためには、宇宙は無限ではなく縁《ふち》が必要で、それとの類推性から、無限の主体という抽象性に疑義が呈されたということである］

＊＊＊＊＊

この程度になると、近代的主体は自然や神といったそれを創造したものの猿まねをするに至る。相関的に、近代的主体の世界は自らを絶対化し、それが述語づけする基底という足がかり、すなわち地球を失う。とはいえ、世界が絶対化されると、近代的主体は逆説的にそれを自らに固有の個別的実存期間に従属させる。実際、近代的主体はそれを自分に引きつけて語ることに至るのだ。ハイデガーが好例で、「死への存在（*Sein zum Tode*）」と語り、それより向こうには何もないとしてしまうのである。

すなわち、現存在のおわりとしての死とは、現存在が有する、もっとも固有で、関連を欠いた、確実なしかもそのようなものとして規定されていない、追いこすことのできない可能性である。死は現存在のおわりとして、おわりへとかかわる現存在という存在者の存在のうちで存在しているのである。[1]

和辻哲郎が指摘したように、この地平は個別的存在のそれに他ならない。換言すると、ハイデガーの存在論が別所で引きあいに出す「脱自存在（*Ausser-sich-sein*）」は風物身体以外を示唆しえない反面、矛盾したことに動物身体の寿命のそれなのである……。これが近代存在論による抽象的局所《トポス》の支配力で、そこにはデカルト的二元論を引っくり返す思想家でさえも巻きこまれている！

そして、これこそは現代の世界の論理であり、とりわけ自由資本主義のそれである。その短期的合理性は、〈存在論的に〉今まさに抽象的局所《トポス》の中で受益する個々人の即座の利得を超えた未来を勘案することができないのだ。あたかも「利益だけを見てその本来のあり方を忘れている」巨大な眼の鵲《かささぎ》のごとしである。

かかる世界は個々人の利益に従属させられてしまっているが、現存在（Dasein）自身と同様、死に対しても定められてしまっているのである［図18］。

＊＊＊＊＊

人間の風土性《メディアンス》は、この地平に自らを囲いこまない。和辻がハイデガーに対して主張したように、それは「生への存在」[12]なのだ。確かに個人は死ぬ。しかし、生前から個々人を超えている人間の実存部分は、その動物身体の死後も生きつづける。それは、私たちを他者に結びつけていたもの、物事、私たちの作品、私たちの子供やその子孫、私たちの名前や人物についての集団記憶の中で生きつづける。まとめれば、それは風土《エクメーネ》と歴史の中で生きつづける。

人間社会は、昔から隠喩を経由して、存在のこの実存的不死、つまり**生命から生命への通態**を認識してきた。ほとんどの宗教は、存在を現世を超えるものとして見ることで、死後の存在の再確認に結びついている。他方、風土性《メディアンス》の視点は、この下界に自らを限定する。それは風土《エクメーネ》に自らを囲いこむが、人間存在が生前より自らの動物身体の抽象的局所《トポス》を超えて存在するように、個々人の死を超えて存在することをさらに強力に確認するためである。**人間存在の構造契機により、すなわち人間の風土性《メディアンス》により、人間は生への存在となるのだ**［図19］。

これらは全て神秘主義とは無縁である。これは存在論的な折りあいの付け方で、それは二元論が、近代的個人の萌芽という自ら惹起したことをもって、かつてそうであったのと同様である。そして、人間の風土性《メディアンス》を再

［11］HEIDEGGER Martin, *Sein und Zeit*, Tübingen, Niemeyer, 1927 (1993), pp. 258–259. 傍点部はハイデガーの原文でイタリック体の箇所。［訳注：訳は、ハイデガー（熊野純彦訳）：『存在と時間（三）』、東京：岩波文庫、二〇一三年、p. 170。なお、熊野訳でも原文のイタリック体は傍点で示されているが、それらが打たれた箇所はここでの引用におけるそれとは異なる］

［12］和辻哲郎：『風土――人間学的考察』、東京：岩波文庫、一九七九年（初版一九三五年）、p. 20。このテーマについては、BERQUE Augustin et al., *Etre vers la vie*, Tokyo, Maison franco-japonaise, 2009（二〇〇八年九月に同じ会議名でセリジー・ラ・サールで開催された日欧討論会の論考集で日仏会館の研究誌『Ebisu』第 40–41 号に掲載されたもの）

認識し、とりわけ人間の存在を可能にする風物労働の外閉の停止というこの折りあいの付け方は、単に理論的なものの見方ではない。それは至って実践的でもある。直近では、それは、例えば高密居住と公共交通の重視といった具合に、公共性と集合性の優先がその逆よりも堪えやすく持続可能であるという、単純にして生態学により充分に示された原理に該当する。

＊＊＊＊＊

では長期的にはどうか？　それはサイボーグ（Cyborg）よりもキュベレー[13]（仏綴でCybele）に賭けるということだ。かかる方策では、人間をそこから隔離するどころか、来たるべき世代に結びつけるのは人間の実存であり、それはそれが人間を地球に結びつけるのと同様である。人間の風土性《メディアンス》は、かくして必然的に、環境に留意した風土《エクメーネ》の倫理に連関する。[14]〈なぜなら〉―― そして逆説的にではなく ――、人間が自らの存在を遂行できるか、すなわち宇宙《ユニヴァース》にうかぶ栗林において眞（*zhen*）を達成できるかを留意するからである。

そのためには、私たちは近代存在論的な抽象的局所《トポス》の壁を乗りこえ、それに由来する神話から自らを解放しなければならない。というのも、方法論的個人主義とその実務向け変版である自由資本主義というそれらの神話は、効率性のために、私たちの世界を引き返し不可能な形で人間の動物身体と同じ運命へと導くからだ。すなわち「死に向かう（*zum Tode*）」のである。このオブジェ指向の世界という鏡は、個別的主体の物神化の末に、死に向かいつつ自らも物神化される。それは、人間固有の実存の実体的基台である自然が、オブジェにしかなりえないかのごとくである……。

＊＊＊＊＊

床前明月光　　床前《しょうぜん》　明月の光　　寝台の前に明るい月の光がさしこんでいる
疑是地上霜　　疑うらくは是《こ》れ地上の霜かと　　もしかしたら、地上におりた霜なのかと。
挙頭望明月　　頭《こうべ》を挙げて　明月を望み　　顔をあげて明るい月を望み、
低頭思故郷　　頭《こうべ》を低《た》れて　故郷を思う　　顔をふせて遠い故郷を思うのだ。[15]

この李白の詩は、中国で史上最も有名なもののひとつである。私がそれを覚えたのは四十年以上も前、ラング・ゾー[16]の若き学生の時分で、これは常に暗唱できる唯一のものである。私にとって、ここに詠まれた故郷とは、地球のことなのだ。

二〇〇五年四月から一二月　京都にて
二〇〇八年一月から二月　モールパにて

---

[13] [訳注] アナトリアを起源とし、古代ギリシャや古代ローマにも拡がった大地母神で、肥沃な土地、豊穣な収穫、さらには多産をもたらす神。
[14] これは、拙著（篠田勝英訳）：『地球と存在の哲学 ── 環境倫理を越えて』、東京：ちくま新書、一九九六年のテーマであった。
[15] [訳注] 李白の五言絶句「静夜思《せいやし》」である。なお、翻訳は松浦友久（編訳）：『李白詩選』、東京：岩波文庫、一九九七年、pp. 21–22 を参考にしているが、そこでは一行目は「牀前看月光（牀前、月光を看《み》る）」、三行目は「擧頭望山月（頭を挙げて、山月を望み）」となっている。対して、現代中国ではベルク氏の記述の詩が通用されている。
[16] [訳注] フランス国立東洋言語文化研究所は、ラング・ゾー（Langues O［O は Orientales のそれ］）と通称される。

訳者解題

都市計画はコスモスの咲く風土を回復できるか[1]

――ベルク理論から賢明な都市拡散《スマート・スプロール》へ

クロード・レヴィ＝ストロースの『野生の思考』（みすず書房、一九七六年）は、美しい花のデッサンで装幀されている。原題 *La Pensée sauvage* の pensée は、思考の他にパンジーや三色スミレの意味を有し、それが表紙となったのである。『風土学序説』、『風景という知』、そして本書『理想の住まい――隠遁から殺風景へ』といったオギュスタン・ベルク氏の近著は、書名にこそかかる修辞は駆使されていないものの、一読すると花の範列が開いてくる。

ベルク氏が目指すのは、地理学を通じた近代二元論の解体だが、そのために宇宙《コスモス》＝調和《コスモス》という術語が多用さ

［1］ベルク氏は、二〇〇五年一二月五日に東京大学で特別講義を行った。同年冬と言えば、まさに本論の基台部分を京都で執筆されていた時季で、かかる折りの講義は、本書の思考の起源や本質を把握するのに最適と言える。以下の拙論は、その抄録（鳥海基樹：「コスモスの咲きほこる風土への旅―オギュスタン・ベルク氏特別講義解題解説」、『季刊まちづくり』、第一〇号、二〇〇六年四月、pp. 97–98）に、本書の内容を織り込んだ解題解説である

れる。ただ、一般的に原語 *cosmos* が喚起するのは、宇宙でも調和でもなくコスモスの花々ではないか。それが、『野生の思考』と同様、ベルク氏の近著と花のイメージの連想をならしめる。

さて、ベルク氏の履歴や研究の背景等は、既に単著だけでも九冊を数える邦訳文献に於いて歴代訳者の方々が詳述しており、ここでは屋上屋は架さない。その代わり、歴代訳者とは異なる都市計画学徒として（つまり、文章よりも数式や図面を選好する学徒として）、まずは本書全体の見取り図を作成し、その上で、本書のキイ概念やキイワードを使ったいくつかのダイヤグラムを作成の上で、現代日本の都市計画の問題の文脈での解題をお許し願いたい。都市計画とは言うが、要は身近な風土の話である。分野外の諸賢にも関心を持って頂けると思う。無論、以下は訳者の理解に基づくもので、本書の主張とは差異や温度差（或いは大きな誤り）があるかも知れない。

まずは、本書の全体構成を俯瞰してみたい。自白すると、本書の翻訳では、術語や構文の難解さに加え、ベルク氏の博覧強記に振り回され、その論旨を精確に辿るのも困難であった。脱稿に漕ぎ着けたのは、ベルク氏が日本語に通じており、ご自分で訳を添削できたからこそである。ただ、それでも不治のこなれない悪文のせいで、全体像を見失う読者もいるに違いない。そこで、訳者の理解の範囲内で、改めて全体構成を要約と次ページの図Aに示すチャートで把握してみたい。

プロローグは、「風」の音を川の「流《ながれ》」のそれとして聞く幻聴の逸話から始まる。そこから「風流」「風情」、そして「風土」が迸《ほとばし》る。風土《エクメーネ》とはギリシャ語の「住まわれた大地」に語源を有するベルク理論の中核概念だが、では住まうこととは何か、本書はそれを問うとの宣言がなされる。

第一部は中国である。

第一章は、引き続き川の流れを隠喩としながら、『桃花源記』や「玄牝《げんぴん》」の形象、そして『西遊記』を引き

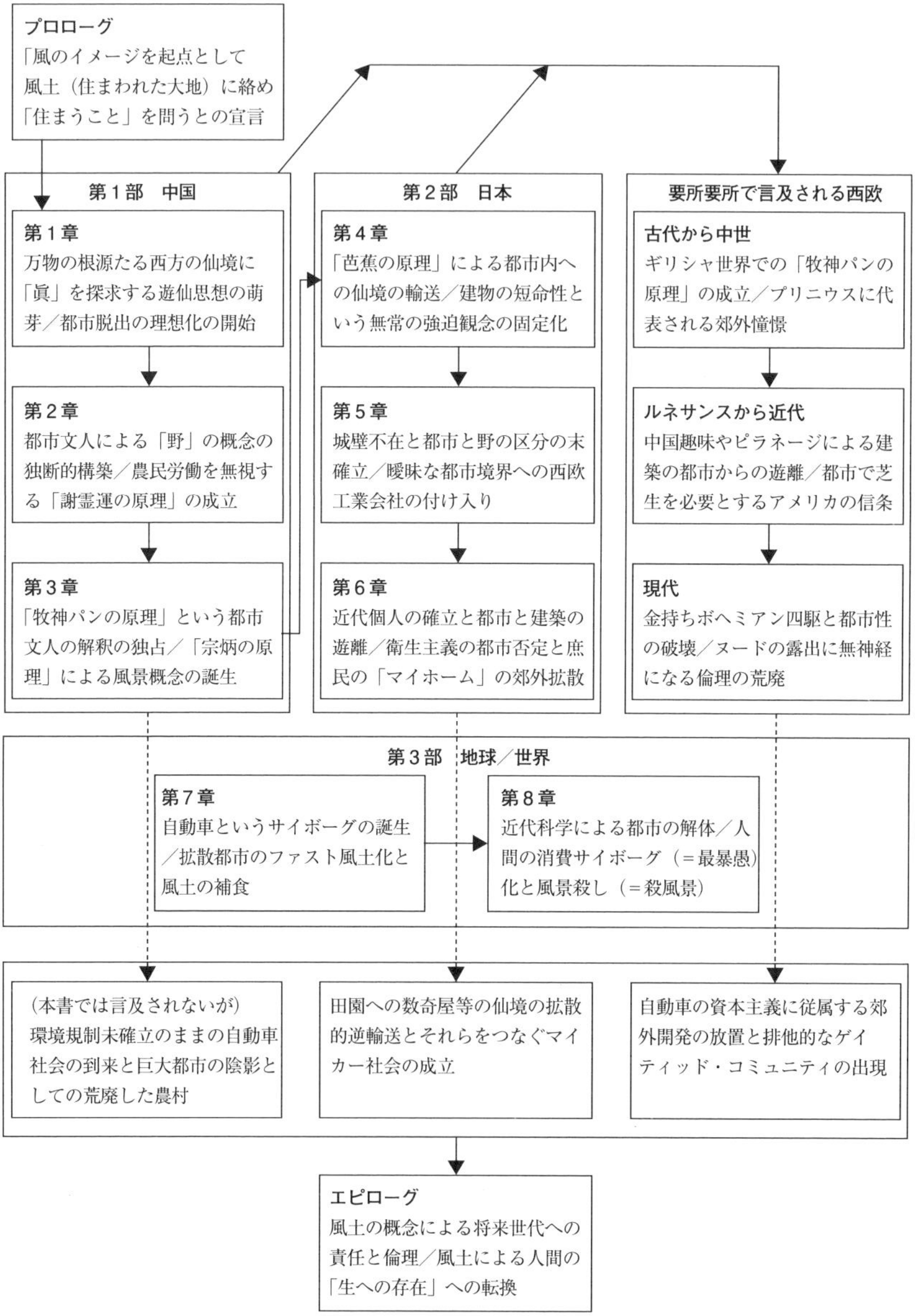
プロローグ
「風のイメージを起点として
風土（住まわれた大地）に絡め
「住まうこと」を問うとの宣言
第1部　中国
第1章
万物の根源たる西方の仙境に
「眞」を探求する遊仙思想の萌
芽／都市脱出の理想化の開始
第2章
都市文人による「野」の概念の
独断的構築／農民労働を無視す
る「謝霊運の原理」の成立
第3章
「牧神パンの原理」という都市
文人の解釈の独占／「宗炳の原
理」による風景概念の誕生
第2部　日本
第4章
「芭蕉の原理」による都市内へ
の仙境の輸送／建物の短命性と
いう無常の強迫観念の固定化
第5章
城壁不在と都市と野の区分の未
確立／曖昧な都市境界への西欧
工業会社の付け入り
第6章
近代個人の確立と都市と建築の
遊離／衛生主義の都市否定と庶
民の「マイホーム」の郊外拡散
要所要所で言及される西欧
古代から中世
ギリシャ世界での「牧神パンの
原理」の成立／プリニウスに代
表される郊外憧憬
ルネサンスから近代
中国趣味やピラネージによる建
築の都市からの遊離／都市で芝
生を必要とするアメリカの信条
現代
金持ちボヘミアン四駆と都市性
の破壊／ヌードの露出に無神経
になる倫理の荒廃
第3部　地球／世界
第7章
自動車というサイボーグの誕生
／拡散都市のファスト風土化と
風土の補食
第8章
近代科学による都市の解体／人
間の消費サイボーグ（＝最暴愚）
化と風景殺し（＝殺風景）
（本書では言及されないが）
環境規制未確立のままの自動車
社会の到来と巨大都市の陰影と
しての荒廃した農村
田園への数奇屋等の仙境の拡散
的逆輸送とそれらをつなぐマイ
カー社会の成立
自動車の資本主義に従属する郊
外開発の放置と排他的なゲイ
ティッド・コミュニティの出現
エピローグ
風土の概念による将来世代への
責任と倫理／風土による人間の
「生への存在」への転換

図A

合いに出し、西方の仙境への隠遁（遊仙）が語られる。西欧の隠修士は砂漠で世捨て人として苦行を積んだが、中国では隠者は西方の山で真（*zhen*）を求め、栄華の巷を低く見ながら暮らす。都市から隠れることの理想化の始まりである。

第二章は、その仙境と都市を弁別する都市壁から話が始められるが、強調されるのは、仙境や農村の所在する「野」に絶対性がなく、それが都市の、しかもエリートの視線の産物であることである。そして、野の維持を担う農民を見て見ぬふりをすることで、そこを仙境となす「謝礼運の原理」（後述）が提示される。隠遁は、言うなれば都市の文士の道楽なのだ。

第三章は、農民の風物を都市の文人が独占的に解釈する「牧神パンの原理」（同）で幕を開ける。風景は田舎っぺの者どもには存在せず、文（*wen*）が押し付ける視線なのだ。「宋炳の原理」（同）は風景の通態性を示すが、他方でそこに「謝礼運の原理」のバイアスがかかると、風景を持続させる農民の労働という社会観が失念され、個人観の唯我独尊に陥る。

第一部をまとめよう。中国での隠遁は西方の山を目指し、そこに苦行ではなく愉悦を見出す。そしてこの隠逸思想により風景概念が五世紀には誕生していたが、他方で都市の文の支配を前提とするそのエリート的視線は、農民の社会労働を捨象してしまっていた。少し論旨を先取りすると、これが環境負荷を見て見ぬふりして郊外マイカー生活に酔い痴れる現代の祖型である。

第二部は日本だ。

第四章は、『枕草子』を起点に中国の隠遁文化の刻印が示されるが、日本では「牧神パンの原理」が作動し、山房や茶室といった形式で都市内に仙境が輸送されてくる。「芭蕉の原理」（同）とは、この都市での自然の享受術である。ただ、中世までに涵養された無常の思想は、日本の建物への強迫観念になり、その短命性を決定付けてしまうことになる。

第五章は、引き続き坪庭や数寄屋を題材に都市内の仙境を示しつつも、日本の都市の城壁の不在とそれに起因する都市と野（埜）の区分の曖昧さが語られる。鎮守の森や農道をなぞった都市内の道路の存在と同時に、日本の都市は中国伝来の風水思想にも支えられ野の山々にも開かれている。明治維新後、その曖昧さこそが工業化が付け入る隙になるのであった。

第六章は、寧ろ西欧が多く論じられる。中国趣味、ピラネージ、ロージェ神父、そして旧くはプリニウス等の事蹟から、近代の個人の確立と併行した建築の都市からの遊離が示され、それがアメリカの信条の、そしてさらに衛生主義による都市否定が加わり拡散都市の原型となる。それは日本でも同様で、鉄道会社の分譲住宅地が、やがてマイカーの支配する住宅地となる。

第二部をまとめよう。中国の影響を受けつつも、日本では俗世の真っ直中に仙境を再現する空間整備術が発達してゆく。他方で、城壁の不在は、内なる外（茶室等）と外なる外（田園）の区分も曖昧にする。そこに近代個人主義や衛生思想が作用すると、外なる外に数寄屋や廬を真似た孤立建築をばらまくことになる。それをアメリカ発のマイカー社会が支援する訳だ。

第三部は地球／世界である。

第七章は、自動車というサイボーグを議論する。四駆は俗世に仙境を輸送する数寄屋と同様、都市に自然を持ち込んでいると錯覚させる。しかも謝礼運の原理が、その環境費用を隠蔽する。かくして人間存在も、風景も、機会経済学にのみ従属させられる。拡散した都市はファスト風土化し、歴史や風土への無関心が支配する。これは風土《ミリュー》の捕食に他ならない。

第八章は、近代科学が推し進めた抽象的局所《トポス》による実存的場所《コーラ》の排斥を語る。物事をＡと非Ａの二元論でしか見ない前者では、都市は崩壊して個々の建築群に分解される。孤立建築は道路、つまり自動車でのみ接続される。無論、環境費用は勘案されない。風土の破壊は人間存在を動物身体に押し込み、生理にのみ支配された消費サイボーグに貶める。

第三部をまとめよう。自動車という自律的サイボーグは、機会経済学の原則に則って環境費用を負担せず、さらに近代科学の影響で原子化した建築群は相互に関心を持たない抽象的局所《トポス》となる。結果は風土《エクメーネ》の破壊だが、それは人間の倫理、さらには地球という惑星の生態学的持続をも脅かす強度に至っている。如何にすべきなのか。

エピローグは、処方箋である。私たちは風土性《メディアンス》を基台に、現代の環境破壊の克服を目指す。風土《エクメーネ》の歴史性への眼差しは、私たちを時間軸上に据え直し、将来世代への責任と倫理を再認識させる。かくして環境費用を捨象した、生命を持たないのに暴君となったオブジェの物神化は崩壊する。サイボーグ化された「死への存在」であった人間は、その存在契機である風土《エクメーネ》を通して再度「生への存在」となるのである。

さて、冒頭で花卉としてのコスモスのイメージに言及したが、都市計画という文脈で考えると、件《くだん》の花々のヴィジョンは、美しいものではなく、枯れたものとなる。都市計画が保全的刷新を託された都市や農村では、本書が指摘する通り、前者では都市＝市民体《シテ》が崩壊し、後者は拡散都市とマイカーに蹂躙され、コスモスが萎《しお》れて風土と風景の荒廃は留まるところを知らないのである。

ベルク氏は、かかる状況に関し *univers* との術語を提示する。多義的で調和的なコスモスは近代科学により一義的で無味乾燥なユニヴァースに置換されたとするのである。一連の指摘は、人類が宇宙、調和、そして花々としてのコスモスを喪失してゆく様態を活写する。ベルク氏はこの様な様々な意味でのコスモスの滅失の根源を、近代哲学に於ける主客二元論と近代科学に於ける実証主義に訴求する。

かくして具体的だった場所が、抽象的な空間に置換される。本書はそれを主に、プラトンとアリストテレスに倣い実存的場所《コーラ》と抽象的局所《トポス》と表現するが、同時にそれらふたつの術語を、議論の内容に合わせて巧みにパラフレーズしながら主張を展開してゆく。そこで、純粋に都市計画的な領域に入る前に、それらを整理する目的も兼ねて、本書のキイ概念に関する実存論的・存在論的見取り図を作成してみたい。ベルク氏の立ち位置は、これらの場所の真ん中[2]にあり、近代が分離した両半身の接合[3]こそが本書の目的と思われる（もちろん、図Bのスキームは形式化されたもので、事項の位置が偏向してしまっているものもあろう）。

さて、本書では上記の実存論・存在論を、地理学や建築学、都市計画学を主軸として、賞（*shang*）を有する人々とそうではない人々（本論では総体的概念として「農民」と表現されることが多かった。無論、農業従事者だけではなく、「賞を有さない」と賞を有する人々から断ぜられる人々、或いは本当に賞を有さない人々である）の受容方法の仕方、さらにはそれを基台とした行動様式の相違も論じていた。図Cはその鳥瞰図である。

また、本書には、謝霊運の原理、牧神パンの原理、宋炳の原理、そして芭蕉の原理と命名された概念が登場した。訳者の理解の枠内で、各々をまとめると、以下の如くなる。

謝霊運の原理：風景の解釈を賞（*shang*）する能力のある教養人に独占させ、さらにそれを造り出している農民の労働を外閉すること

［2］本書で風土と訳すフランス語milieuは、場所（-lieu）の真ん中（mi-）という構成で成立していることに注意したい。

［3］本書第8章冒頭の注2の指摘のごとく、風土性《メディアンス》（médiance）と半身（*medietates*）」は語源的に同根である。つまり、本書の狙いは、風土学《メゾロジー》を通じてふたつの半身の絆を恢復し、まっとうな全身を人間存在に取り戻すことにあると考えられる。

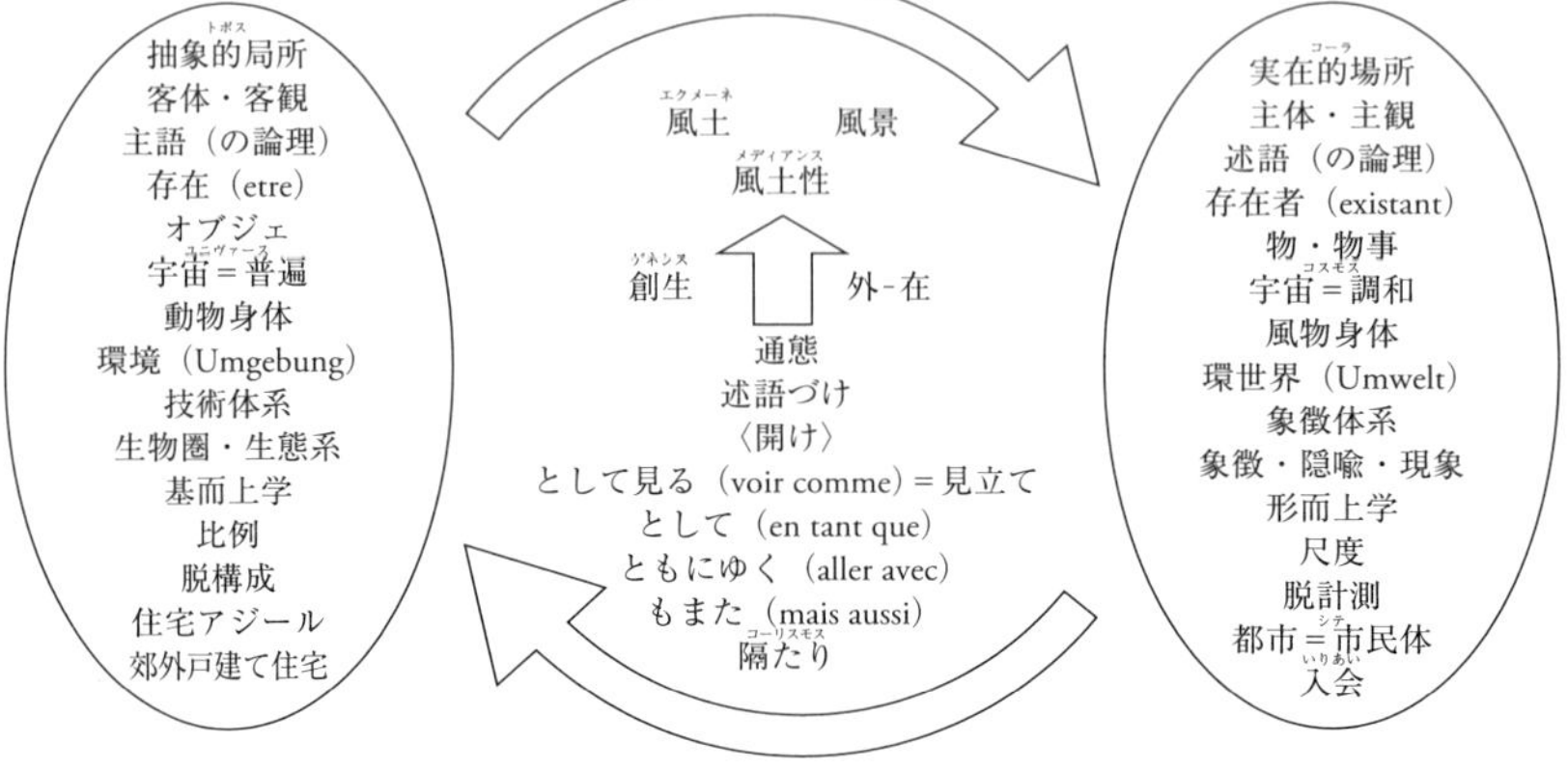
抽象的局所《トポス》
客体・客観
主語（の論理）
存在（etre）
オブジェ
宇宙＝普遍《ユニヴァース》
動物身体
環境（Umgebung）
技術体系
生物圏・生態系
基而上学
比例
脱構成
住宅アジール
郊外戸建て住宅
風土《エクメーネ》
風景
風土性《メディアンス》
創生《ゲネシス》
外-在
通態
述語づけ
〈開け〉
として見る（voir comme）＝見立て
として（en tant que）
ともにゆく（aller avec）
もまた（mais aussi）
隔たり《コーリスモス》
実在的場所《コーラ》
主体・主観
述語（の論理）
存在者（existant）
物・物事
宇宙＝調和《コスモス》
風物身体
環世界（Umwelt）
象徴体系
象徴・隠喩・現象
形而上学
尺度
脱計測
都市＝市民体《シテ》
入会《いりあい》

図 B

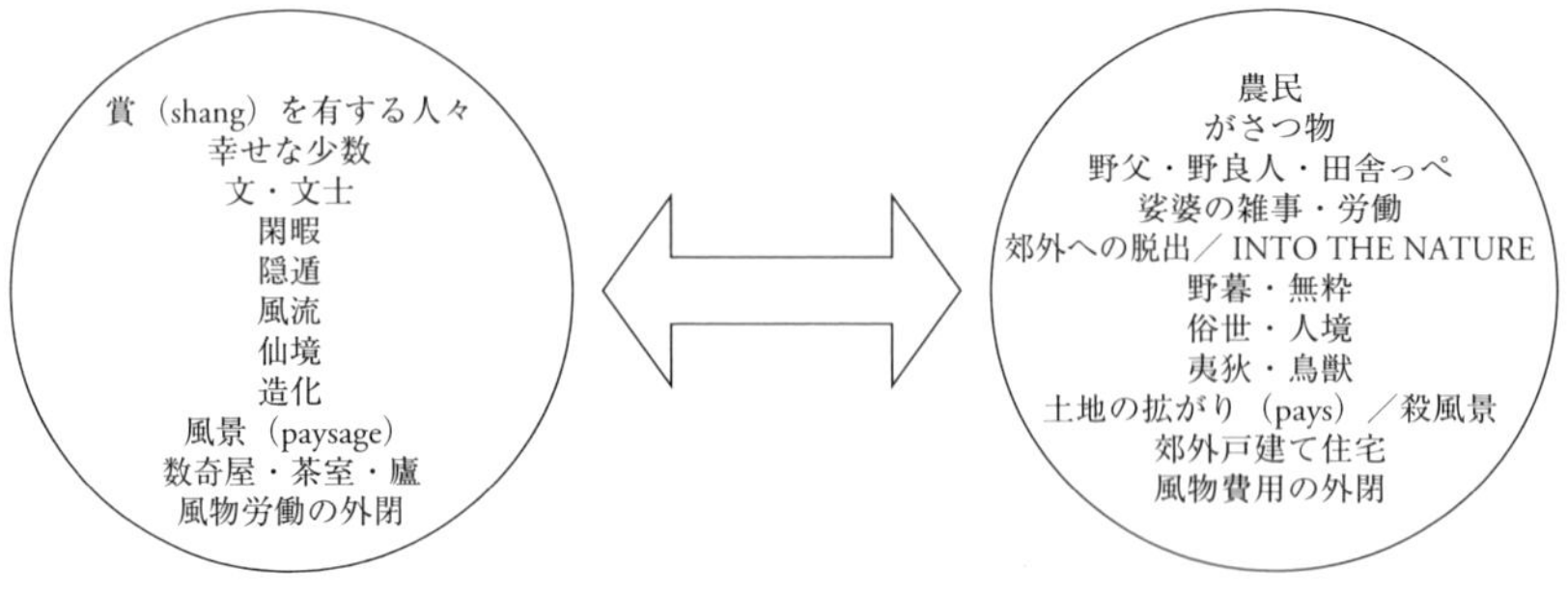
賞（shang）を有する人々
幸せな少数
文・文士
閑暇
隠遁
風流
仙境
造化
風景（paysage）
数奇屋・茶室・廬
風物労働の外閉
農民
がさつ物
野父・野良人・田舎っぺ
娑婆の雑事・労働
郊外への脱出／INTO THE NATURE
野暮・無粋
俗世・人境
夷狄・鳥獣
土地の拡がり（pays）／殺風景
郊外戸建て住宅
風物費用の外閉

図 C

牧神パンの原理…農民世界の物事を教養階層がそれを都市の所在物かの如くストーリーを造り上げ、その解釈法を独占すること

宋炳の原理…風景は物質的であると同時に精神的なもので、前者が後者に偶発的に走り寄ることで意味＝おもむきが生じること

芭蕉の原理…本来、野生（夷狄・鳥獣）の反対は人為（造化）だが、実は造化を知る者は都市でも城外でも自然を看取できるということ

都市計画学徒としての関心は、寧ろ以下である。即ち、近代、とりわけ日本では戦後からの風土や風景の紊乱、ベルク氏の術語で言えば、風土《エクメーネ》や風景の非宇宙《デコスミー》＝非調和や脱宇宙《アコスミー》＝脱調和への変容は何故起きてしまったのか、そしてその回復や修景の方策はあるのかということだ。

都市計画の具体的問題に照応すると、一気に進んだ「農民」（その広義性は上述の通り）によるモータリゼーションがそれらの背景にあるものと考えられる。人間の自然に対する関係は、生態学的・技術的・象徴的なもので、それらは集合的システムの中にある。しかし、「農民」のモータリゼーションは彼らの思い違いを産む。

この思い違いに関しても、ベルク氏の議論を、図Dの見取り図を基点に咀嚼してみたい。

先に、本書の実存論的・存在論的見取り図を掲げたが、そこには風物身体とその対概念としての動物身体との術語が記載されている。これらふたつの身体の概念は、アンドレ・ルロワ＝グーランの「社会身体」の概念に触発されたものだ。ただ、ルロワ＝グーランに関するベルク氏の思考を辿ると、人間と動物の世界への介入方法の差異としての「身体の外部化」に関心の起点を見出せる。具体的には道具の使用である。道具により、人類は動物身体を超えた社会身体を有したとするものだ。

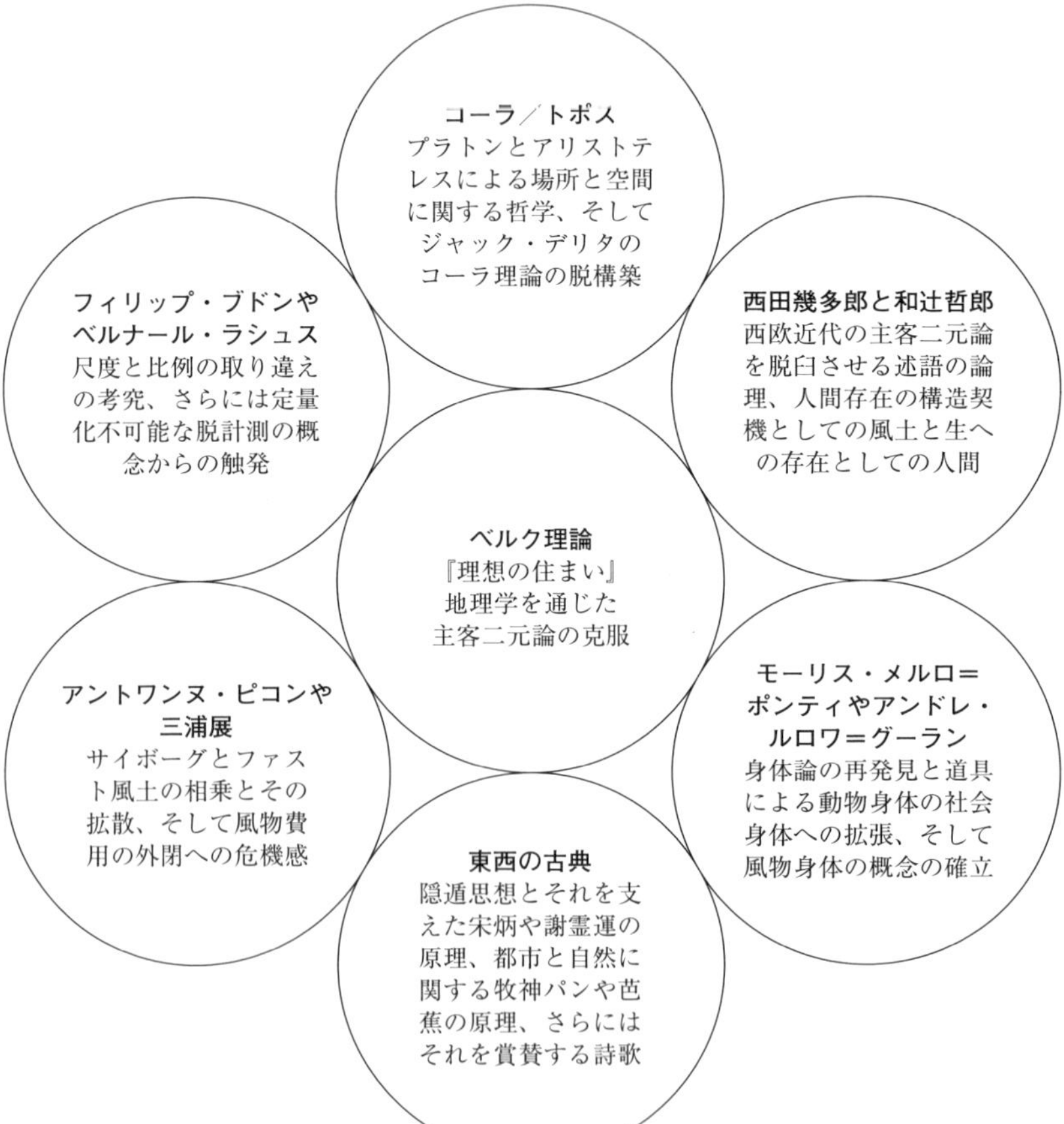
コーラ／トポス
プラトンとアリストテレスによる場所と空間に関する哲学、そしてジャック・デリタのコーラ理論の脱構築
フィリップ・ブドンやベルナール・ラシュス
尺度と比例の取り違えの考究、さらには定量化不可能な脱計測の概念からの触発
西田幾多郎と和辻哲郎
西欧近代の主客二元論を脱臼させる述語の論理、人間存在の構造契機としての風土と生への存在としての人間
ベルク理論
『理想の住まい』地理学を通じた主客二元論の克服
アントワンヌ・ピコンや三浦展
サイボーグとファスト風土の相乗とその拡散、そして風物費用の外閉への危機感
モーリス・メルロ＝ポンティやアンドレ・ルロワ＝グーラン
身体論の再発見と道具による動物身体の社会身体への拡張、そして風物身体の概念の確立
東西の古典
隠遁思想とそれを支えた宋炳や謝霊運の原理、都市と自然に関する牧神パンや芭蕉の原理、さらにはそれを賞賛する詩歌

図 D

ところが、近代を迎え、具体的世界と抽象的空間が取り違えられた上、身体に関しても誤解が起きる。つまり、道具の使用がもたらす意味を考えることの停止である。或いは、これまでは動物身体の近辺の尺度にしか作用が及ばず、その意味を深く思考してこなかったことの惰性とも言えるかも知れない。

近代技術はかつてない威力を有する道具（＝機械）を発明するが、かくなる身体の外部化の尺度に関する思考を停止してしまうのだ。ベルク氏の術語を借りれば（本書§50）、道具の物神化の結果、尺度ではなく比例にのみしか思考が及ばない。機械の威力が強大化しても、人間の身長や体重、或いは認知能力の及ぶ範囲といった尺度は変化しない。しかし、比例の思考では、身体や頭脳までも強大化したかに勘違いさせるのだ。現代の都市計画の問題として敷衍すると、都市計画家がパソコンのモニター上で開発計画を立て、ワン・クリックでブルドーザーという強力な破壊装置を手配する様なことが、全世界で起きているということである。かくしてコスモスの咲く野は潰され、星空《コスモス》も光害や排気ガスで見えなくなる。ひと言で言えば、風土や風景の荒廃だ。

つまり、技術の発展を、自分の個人的な象徴能力の向上や生態学的限界の克服と勘違し、そのシステムの集合性を失念させたのだ。[4] ベルク氏は本書でそれらを、郊外のマイカーの総称としての「四駆」、その隠喩として「サイボーグ」、その機構として「カラクリ」或いは「オートモービルのシステム」（その隠喩的言い回しとして「自ら自体として動いている死んでいるものの生命」）、「農民」のマイカーとファスト風土への従属姿勢として「物神崇拝」、それらが統べる経済体制として「機会経済学《メカノミー》」、その結末としての「風物費用の外閉」等の表現

［4］本書でも論じられるインターネットの発展で考えてみると腑に落ちるのではないか。その普及により（技術の所産）、一部の言論人等に独占されてきた不特定多数に向けた意見表明を一般人ができるようになり（象徴能力の向上）、世界中にそれを瞬時に伝達できる（生態学的限界の克服）。しかし、一方で匿名性を良いことにした無責任な人格攻撃や、公序良俗に反する表現が行き交い、コミュニケーションの集合性が忘れ去られる場合も少なくない。モータリゼーションは、類似的問題を実態的都市空間で惹起したのである。

で喝破してゆく。また、ベルク氏自身ではなく三浦展氏の造語だが、かくして形成された拡散都市を揶揄する「ファスト風土」との術語も利用される。

ベルク氏はさらにコスモスの枯野の中に分け入ってゆく。西田幾多郎の哲学を援用しながら、世界が環境に還元されてしまった根本的原因を探求するのである（§48以降）。それが述語の論理の無視という近代の産んだ矛盾である。例えば、「この椅子は丸い」と言う時、近代科学は椅子という主語＝オブジェにのみ関心を払い、丸いという述語＝主体の意味付けに興味を持たない。つまり、オブジェに意味を附与し、逆にそこから意味を受領する人間の存在が無用のものとされてしまった。開発は便利な反面、風土を破壊する。しかし、開発計画と主語の論理が目的化され、それを「殺風景」と考える市民には関心が払われない。これで風土と風景が荒廃しないはずはない。

そこで、ベルク氏が解決の糸口として注目するのが和辻哲郎の『風土』である。風土《エクメーネ》は近代科学が分析可能な抽象的局所《トポス》を内在しつつも、人間が存在論的に構築し限定されることのない実存的場所《コーラ》から構成されている。つまり、人間の周囲の環境に意味を附与し、世界として立ち上げる構造契機となるものこそ風土《エクメーネ》に他ならない。また、和辻の『風土』はマルティン・ハイデガーの『存在と時間』に大きな影響を受けている。しかし、ハイデガーが人間存在は時間の中で「死に向かう存在」であるとするのに対し、和辻の功績は、ハイデガーを引き受けつつも人間を時間の中だけでなく空間の中でも生きる「生に向かう存在」と捉え、風土《エクメーネ》をその構造契機としたことにある（§56）。

コスモスは植物学者の好奇心の対象でもあるが、同時に、そして何よりそれを愛でる人間存在にとって重要であり、そのことで日々の生活に潤いが生まれる。かくして人間を育むコスモスの咲く野こそが風土であり、その表象が風景に他ならない。

以上の見取り図・鳥瞰図、さらには概念や原理の整理を基台に、現代の日本の都市計画の問題を位置付けて見ると、図Eのマトリクスができる。

第I象限は、古来、賞を有する人々が独占的に意識してきた風土や風景である（宋炳の原理）。彼らは、都市空間では集合システムとしての都市《シ》=市民体《テ》を構築して、その中に自然を輸送した数寄屋や茶室、さらには町家の坪庭を建築してきた（牧神パンの原理・芭蕉の原理）。また、城外に隠遁して廬を編み、農民の労働を見て見ぬふりをしながら風景や自然を発見してきた（謝霊運の原理）。近代以前では、彼らにとってそれらは総じて宇宙《コスモス》=調和《コスモス》であった。

第II象限は、近代になって資本を獲得した「農民」が、牧神パンの原理を近代の資本主義原理[5]の下で機能させた結果である。資本の所有と賞のそれを混同した人々は、風土と切断された数寄屋や廬を欲する（切断しないと、周囲に進出してきた別の「農民」と軒を接しないといけない）。そして、都市内では住宅アジールという超高層マンションを建設して都市《シ》=市民体《テ》を足下に見下ろす。郊外では入会《いりあい》と切断されたゲイティッド・コミュニティを創設して自らの抽象的局所《トポス》に引き籠もる。結果は共同体の崩壊で、必然的に風土と風景の荒廃を惹起する。自称「賞を有する人々」が、超高層マンションからの眺望に欣喜雀躍する一方、その建物が都市《シ》=市民体《テ》の都市の景観、つまりは集合システムとしての都市構成を台無しにしている例が典型だ。彼らは景観の解釈法を強制している訳だ。

第III象限は、「農民」が謝霊運の原理や芭蕉の原理をモータリゼーションの下で機能させた結果である。「農

［5］無論だが、資本主義への懐疑は、その否定や共産主義への賛意ではない。考究すべきは、より賢明な資本主義と、その下での都市計画である。

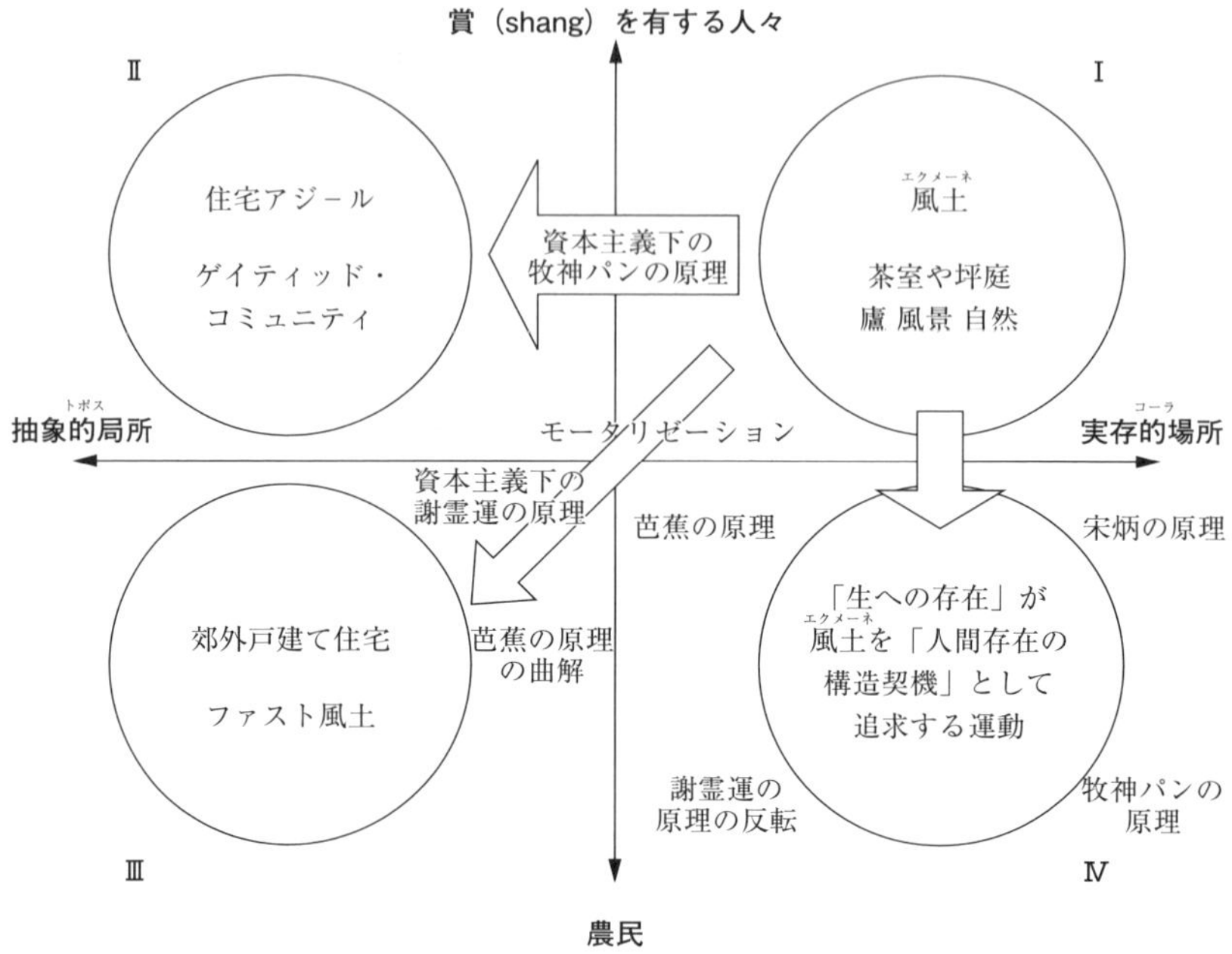

図E

民」は前世代の賞を有する人々の隠遁を憧憬し、郊外で数寄屋や茶室、つまりは自然に近接した戸建て住宅を造ろうとする（芭蕉の原理の曲解）。「農民」の視野は自分の住まい以外には拡がらず、或いは風土との切断こそが彼らなりの賞の表現だから（戸外では彼らが賞賛するサイボーグに乗って移動する）、田園や入会《いりあい》を潰しながら拡散都市を撒き散らす。その風物費用の外閉、つまり環境に外部費用を負わせる結末は、本書でベルク氏が詳述の通りである（資本主義下の謝霊運の原理）。当然、集合性は形成されず、第II象限同様、風土と風景は荒れ果てる。

第IV象限は、第II象限と第III象限の「堪え難く持続不可能な」非宇宙《デコスミー》＝非調和や脱宇宙《アコスミー》＝脱調和を克服するための「頼みの綱」（本書エピローグ）である。つまり、宋炳の原理（さらには牧神パンの原理）を「農民」と共に、謝霊運の原理を反転させながら（つまり風物費用を勘案しながら）機能させること、換言すると、ベルク氏が序文で定義する様に、芭蕉の原理を「農民」と共に実践することだ。これは、都市であろうが郊外であろうが、わたくしたち「生への存在」が風土《エクメーネ》を「人間存在の構造契機」として「眞（*zhen*）」を追求する運動である。ここに宇宙《コスモス》＝調和が回復され、コスモスの花々が咲きほころう。

ただ、ではどうやって、という問いにはベルク氏は答えてくれていない。歴史学・地理学の書籍である本書での具体的提案は、マイカーを捨てて公共交通や徒歩への転換程度に留まり、これを都市構造に変換すると集約的土地利用形態となろう。現代の日本の都市計画コミュニティで幅を利かせるコンパクト・シティ論や賢明な縮退《スマート・シュリンキング》論である。いずれに於いても郊外戸建て住宅が性悪的に語られることが多く、都心や公共交通の駅やバス停周辺での集約的居住が性善とされている。しかし、それへの転換を一気に進めるのは不可能だろう。経済的インセンティヴもなく、郊外戸建て住宅を購入した「農民」が、都心に自腹で引っ越すはずがない。また、郊外を好む中産階級（賞を有する人々）もいる。

残念ながら、現在コンパクト・シティの名の下に造成される都市空間は、郊外鉄道駅前に超高層マンションを建設する程度のものである。そこには都市性が看取されず、寧ろ先の図の第II象限の住宅アジールへの志向が濃厚である。また、同時に現在の我国のコンパクト・シティ論は、省エネルギーというエコロジー的理由や、公共サーヴィスの提供範囲の集約という財政論的理由に立脚しがちである。であれば、郊外のハイパー・マーケットの直近にオフィスと住宅を建設すれば良いということにもなりかねない。ただし、そこにも都市性はない。

無論、集約型都市構造は究極的な目標とすべきもので、都市計画は第IV象限の都市の風土《エクメーネ》で、「農民」のために現代都市居住の形式を発明し、さらに都市性の溢れる都市《シ》＝市民体《テ》を再構築する必要がある。

他方で、本書が詳述してきたように、郊外脱出の願望は都市民の生理とも言える志向で、であれば、同様に第Ⅳ象限に於いて、賢明な郊外化《スマート・スプロール》の方策を考案し、都市と郊外が〈ともに行く〉こと〈もまた〉〈同時に〉必要ではないか。無論、現在のマイカー依存の無秩序な都市拡散は忌避すべきものだが、入会《いりあい》の回復された「堪えることが可能で持続可能な」郊外開発も、都市計画は考案すべきではないか（無論、それがあればの仮定の下にである）。子供達が日常的にコスモスの野の中で駆け回ることは、エコロジーや財政を理由に否定されるべきなのだろうか。

つまり、訳者なりに本書を都市計画的に敷衍すると、ベルク氏が間接的に唱道するコンパクト・シティ論だけではなく、賢明な都市拡散論《スマート・スプロール》も導出可能に見える。本書原著のタイトル『理想の住まいの歴史』は、後者への歴史的動勢も示唆すると思われるのだが、読者諸賢はどうお考えであろうか。

追記

本書は、BERQUE Augustin, *Histoire de l'habitat idéal — De l'Orient vers l'Occident*, Paris, Le Félin, 2010 の全訳で、上記の原著タイトル『理想の住まいの歴史 —— 西洋から東洋へ』は、ベルク氏、地球研、そして京都大学出版会と検討の上、日本語版の読者が一目で得心できる本書の『理想の住まい —— 隠遁から殺風景へ』に改題されている。また、ベルク氏との訳稿の協議の中で、日本人読者に解りにくい表現等は加筆・修正したが、無論、誤訳や日本語の悪文は、訳者に全責任がある。

URRUTIA Louis, Introduction, *Don Quichotte de la Manche*, Paris, Garnier-Flammarion, 1969, vol. I.

VALLETTE-HEMERY Martine, *Les Paradis naturels. Jardins chinois en prose*, Arles, Philippe Picquier, 2001.

VANDIER-NICOLAS Nicole, *Esthétique et peinture de paysage en Chine (des origines aux Song)*, Paris, Klincksieck, 1982.

VIARD Jean, *Le Tiers-Espace. Essai sur la nature*, Paris, Méridiens-Klincksieck, 1990.

VIDAL Roland, *La Construction paysagère d'une identité territoriale. Imaginaire et réalité dans une station balnéaire des Côtes-d'Armor: Sable-d'or-les-Pins*, thèse de doctorat en sciences de l'environnement, ENGREF-ENSP, 2003.

VILLELA-PETIT Maria, Le retrait de la Terre, pp. 41–61 dans *Interpretazione del Nichilismo*, a cura di A. Molinaro, Università lateranense, 1986.

WACKERNAGEL Mathis et REES William, *Notre Empreinte écologique*, Montreal, Écosociété, 1999 (*Our Ecological footprint*, 1996).（マティース・ワケナゲル、ウィリアム・リース（池田真里・和田喜彦訳）：『エコロジカル・フットプリント―地球環境持続のための実践プランニング・ツール』、東京：合同出版、2004 年）

WALLIS DE VRIES Gijs, «The Chinese connection: Piranesi and Chambers» dans (dirigé par le même et par NIJENHUIS Wim) *The Global city and the territory*, Eindhoven, Eindhoven University of technology, 2001.

— La ville-labyrinthe. Gianbattista Piranesi (1720–1778) et le jardin anglo-chinois», dans BERQUE, BONNIN et GHORRA-GOBIN 2006.

WALPOLE Horace, *The History of the modern taste in gardening*, Introduction by John Dixon Hunt, New York, Ursus Press, 1995 (1785).

WANG Nora *et al.*, *Victor Hugo et le sac du Palais d'été*, Paris, You Feng, 2003.

WEBER Max, *La Ville*, Paris, Aubier-Montaigne, 1982.

WERTHEIM Margaret, *The Pearly gates of cyberspace: a history of space from Dante to the internet*, Sydney, Doubleday, 1999.

WHEATLEY Paul, *The Pivot of the four quarters*, Edinburgh University Press, 1971.

WIEWIORKA Michel (dir.) *Les Sciences sociales en mutation*, Auxerre, Éditions Sciences humaines, 2007.

WILLIAMS Raymond, *The Country and the city*, Oxford, Oxford University Press, 1973. レイモンド・ウィリアムズ（山本和平訳）：『田舎と都市』、東京：晶文社、1985 年）

WRIGHT Frank Lloyd, *Autobiographie*, Paris, Éditions de la passion, 1998 (1932).（フランク・ロイド・ライト（樋口清訳）：『自伝 ── ある藝術の形成』（1989 年）及び『自伝 ── ある藝術の展開』（2000 年）、東京：中央公論美術出版）

qu'étude de l'être humain» [de Watsuji Tetsurô] , *Philosophie*, 79 (septembre 2003).

— *Invitation à la philosophie japonaise. Autour de Nishida*, Paris, CNRS, 2005.

STILLEMANS Jean, L'architecture dénoue le réel: l'office de la géometrie, dans PAQUOT et YOUNÈS Chris 2005.

SUI Daniel Z., Musings on the fat city: are obesity and urban forms linked?, *Urban geography*, 2003, 24, 1, pp. 75–84.

SUPIOT Alain, *Homo juridicus. Rssai sur la fonction du droit*, Paris, Seuil, 2005.

TAFURI Manfredo, *La Sfera e il labirinto. Avanguardie e architettura da Piranesi agli anni '70*, Turin, Einaudi, 1980. (マンフレッド・タフーリ（八束はじめ・鵜沢隆・石田壽一訳）：『球と迷宮 —— ピラネージからアヴァンギャルドへ』、東京：PARCO出版、1992 年）

TANAKA Hidemichi, *Leonardo da Vinci's vision of the world*, Sendai, Tohoku University Press, 2005.

TERRACOL Pascal, *Entre massif et plateau, la montagne limousine*, mémoire pour le DEA «Jardins, paysages, territoires», École d'architecture de Paris-La Villette, juillet 2004 (inédit).

TEYSSOT Georges (dir.) *The American lawn*, New York, Princeton Architectural Press, 1999.

THOREAU Henry David, *Walden, ou la vie dans les bois*, Paris, Flammarion, 1992 (1854). (ヘンリー＝デイヴィッド・ソロー（飯田実訳）：『森の生活 —— ウォールデン』、全 2 巻、東京：岩波文庫、1995 年）

THUENEN Johann Heinrich von, *Der isolierte Staat in Beziehung auf Landwirtschaft und Nationaloekonomie (L'État isolé, sous le rapport de l'agriculture et de l'économie nationale*), Iéna, G Fischer, 1910 (1826). Trad. Isolated state, Oxford, New York, Pergamon Press, 1966. (チューネン（近藤康男・熊代幸雄訳）：『孤立国』、東京：日本経済評論社、1989 年）

TIBERGHIEN Gilles A., *Notes sur la nature, la cabane et quelques autres choses*, École des arts décoratifs de Strasbourg, 2000.

TSUCHIYA Kazuo, Considérations sur l'effet de lieu d'Okitsu fondées sur la représentation du mont Fuji dans *Vue du Fuji, de Miho et du monastère Seiken-ji* (attribué à Sesshû), dans BERQUE, BONNIN et GHORRA-GOBIN 2006.

TUAN Yi-Fu, *Escapism*, Baltimore & Londres, The John Hopkins University Press, 1988.

UEXKÜLL Jacob von, *Mondes animaux et mondes humains*, Paris, Pocket, 2004 (*Streifzüge durch die Umwelten von Tieren und Menschen*, 1934). (ヤーコプ・フォン＝ユクスキュル（日高敏隆・羽田節子訳）：『生物の世界』、岩波文庫、2005 年）

なボウリング ── 米国コミュニティの崩壊と再生』、東京：柏書房、2006 年）

RADKOWSKI Georges-Hubert de, *Anthropologie de l'habiter. Vers le nomadisme*, Paris, Presses universitaires de France, 2002.

REES B. R., *Pelagius. Life and letters*, Woodbridge (Suffolk, UK), The Boydell Presss, 1988.

RICOEUR Paul, *La Métaphore vive*, Paris, Seuil, 1975.（ポール・リクール（久米博訳）：『生きた隠喩』、東京：岩波書店、1986 年）

RITCHOT Gilles et FELTZ Claude, *Forme urbaine et pratique sociale*, Montréal/Louvain-la-Neuve, Le Préambule/CIACO, 1985.

RITTER Joachim, *Paysage. Fonction de l'esthétique dans la société moderne* (*Landschaft. Zur Funktion der AEsthetischen in der modernen Gesellschaft*, 1963) *accompagné de* L'Ascension du mont Ventoux *de Pétrarque et de* La Promenade *de Schiller*, Besançon, Les Éditions de l'Imprimeur, 1997.

ROGER Alain et GUÉRY François (dir) *Maîtres et protecteurs de la natur*e, Seyssel, Champ Vallon, 1991.

ROGER Alain, *Court traité du paysage*, Paris, Gallimard, 1997.

ROUSSELLE Aline, *Porneia. De la maîtrise du corps à la privation sensorielle, IIe-IVe siècles de l'ère chrétienne*, Paris, Presses universitaires de France, 1983.

RUDOFSKY Bernard, *Architecture sans architectes*, Paris, Chêne, 1977 (. *Architecture without architects*, 1964*)*.（バーナード・ルドルフスキー（渡辺武信訳）：『建築家なしの建築』、東京：鹿島出版会、1984 年）

SACHS Ignacy (dir.) *Quelles villes, pour quel développement*, Paris, Presses universitaires de France, 1996.

SACQUET Anne-Marie, *Atlas du développement durable*, Paris, Autrement, 2002.

SAKABE Megumi, "La métaphore et le problème du sujet", *Journal of the Faculty of Letters, The University of Tokyo, Æsthetics*, vol. V, 1980, pp. 85–91.

SCHIPPER Kristofer, *Le Corps taoïste. Corps physique, corps social*, Paris, Fayard, 1982.

SHANG Yang, *Le Livre du Prince Shang* (*Shangjun shu* 商君書), trad. de Jean Lévi, Paris, Flammarion, 2005.

SIMONDON Gilbert**,** *Du Mode d'existence des objets technique*s, Paris, Aubier, 1958.

SMITH Vernon, Microeconomic systems as an experimental science, *American economic review*, 1982, 72, pp. 923–955.

STEBE Jean-Marc, *La Crise des banlieues*, Paris, Presses universitaires de France, 1999.

STEIN Rolf, *Mondes en petit. Jardins en miniature et habitation dans la pensée religieuse d'Extrême-Orient*, Paris, Flammarion, 1987.

STEVENS Bernard, Présentation et traduction de «La signification de l'éthique en tant *monastique grec ancien*, Bégrolles-en-Mauges, Abbaye de Bellefontaine, 1986.

MIROWSKI Philip, *Machine dreams. Economics becomes a Cyborg science*, Cambridge, Cambridge University Press, 2002.

MONNET Livia, *Approches critiques de la pensée japonaise au XXe siècle*, Presses de l'Université de Montréal, 2002.

MONTEVERDI WEBER Lilli *et al.* (dir.), *Campagne-ville, le pas de deux. Enjeux et opportunités des recompositions territoriales*, Lausanne, Presses polytechniques et universitaires romandes, 2008.

MORRIS Desmond, *Le Singe nu*, Paris, Grasset, 1969 (*The Naked ape*, 1967).（デズモンド・モリス（日高敏隆訳）：『裸の猿』、東京：角川出版、1999 年）

NAVINER Brigitte, *Routes et paysage de la lavande. Essai d'économie politique du paysage*, thèse de doctorat, Paris, École des hautes études en sciences sociales, 2002.

NGUYEN TRI Christine et DESPEUX Catherine (dir.) *Éducation et instruction en Chine, III. Aux marges de l'orthodoxie*, Paris et Louvain, Peeters, 2004.

OKAKURA Tenshin Kakuzô, *The Book of tea*, Tokyo, Kôdansha International, 1989 (1906).

PANOFSKY Erwin, *La Perspective comme forme symbolique*, Paris, Minuit, 1975 (*Perspektive als symbolische Form*, 1924/1927).（エルヴィン・パノフスキー（木田元監訳）：『〈象徴（シンボル）形式〉としての遠近法』、東京：哲学書房、1993 年）

PAQUOT Thierry et YOUNÈS Chris (dir.), *Géometrie, mesure du monde. Philosophie, architecture, urbain*, Paris, La Découverte, 2005.

PAZ Octavio, *El Laberinto de la soledad* (*Le Labyrinthe de la solitude*), Mexico, Fondo de cultura económica, 1981 (1950).

PERRET Bernard, *De la Société comme monde commun*, Paris, Desclée de Brouwer, 2002.

PEZEU-MASSABUAU Jacques, *La Maison japonaise*, Paris, Publications orientalistes de France, 1981.

PICON Antoine, «Le territoire, ou le jardin de l'ingénieur», *Temps libre*, 9, 1984, pp. 57–64.

— *Architectes et ingénieurs au siècle des Lumières*, Marseille, Parenthèses, 1988.

— *La Ville territoire des cyborgs*, Besançon, les Éditions de l'Imprimeur, 1998.

PIGEOT Jacqueline, *Michiyuki-bun. Poétique de l'itinéraire dans la littérature du Japon ancien*, Paris, Maisonneuve et Larose, 1982.

POIRIER Sylvie, *Les Jardins du nomade. Cosmologie, territoire et personne dans le désert occidental australien*, Münster, LIT Verlag, 1996.

POLIGNAC François de, *La Naissance de la cité grecque*, Paris, La Découverte, 1984.

PUTNAM Robert Putnam, *Bowling alone: Collapse and reviavl of American community*, New York, Simon and Schuster, 2000.（ロバート・パットナム（柴内康文訳）：『孤独

Pléïade, 1991.

LIPSET Seymour Martin, *American exceptionalism: a double-edged sword*, New York, W. W. Norton, 1996.（シーモア・M・リプセット（上坂昇・金重紘訳）：『アメリカ例外論 ── 日欧とも異質な超大国の論理とは』、東京：明石書店、1999 年）

LORAUX Nicole, *Né de la terre. Mythe et politique à Athènes*. Paris, Seuil, 1996.

LU Dong, Place des jardins dans la culture chinoise, *Extrême-Orient Extrême-Occident*, 22 (2000), pp. 9–15.

MADERUELO Javier, *El Paisaje. Genealogía de un concepto*, Madrid, Abada, 2005.

MALRAUX André, *Les Voix du silence*, Paris, Gallimard, 1951.

MANGIN David, *La Ville franchisée. Formes et structures de la ville contemporaine*, Paris, Éditions de La Villette, 2004.

MARX Karl, *Le Capital*, Livre I, sections I à IV, Paris, Flammarion, coll. Champs, 1985 (1867).（マルクス（エンゲルス編・向坂逸郎訳）：『資本論』、東京：岩波文庫、1969 年）

MASPERO Henri et BALAZS Etienne, *Histoire et institutions de la Chine ancienne*, Paris, Presses universitaires de France, 1967.

MASSON Olivier, Dette symbolique et usage imaginaire de la géométrie, dans PAQUOT et YOUNÈS 2005.

MATHIEU Rémi, *Le Mu Tianzi zhuan. Traduction annotée. Étude critique*, Paris, Collège de France, Mémoires de l'Institut des hautes études chinoises, IX, 1978.

MAY Reinhard, *Ex oriente lux: Heideggers Werk unter ostasiatischem Einfluß*, Stuttgart, Steiner Verlag, 1989.

MAYLE Peter, *A year in Provence*, Londres, Hamilton, 1989.（ピーター・メイル（池中耿訳）：『南仏プロヴァンスの 12ヶ月』、東京：河出書房新社、1993 年）

MENDRAS Henri, *La Fin des paysans*, Arles, Hubert Nyssen et Actes Sud, 1984 (1967).

MERLEAU-PONTY Maurice, *Phénoménologie de la perception*, Paris, Gallimard, 1945.（モーリス・メルロー＝ポンティ（中島盛夫訳）：『知覚の現象学』、東京：法政大学出版局、2015 年）

MILANI Raffaele, *Esthétiques du paysage. Art et contemplation*, Arles, Actes Sud, 2005 (*L'Arte del paesaggio*, 2001).（ラファエレ・ミラーニ（加藤磨珠枝他訳）：『風景の美学』、東京：ブリュッケ、2014 年）

MILLET Catherine, *L'Art contemporain*, Paris, Flammarion, 1997.

— *La Vie sexuelle de Catherine M.*, Paris, Seuil, 2001.（カトリーヌ・ミエ（高橋利絵子訳）：『カトリーヌ・M の正直な告白』、東京：早川書房、2001 年）

MIQUEL Pierre, osb., *Lexique du désert. Étude de quelques mots-clés du vocabulaire*

1998 年）

JI Cheng（計成）→ CHIU Che Bing を見よ

JOYCE Helen, Adam Smith and the invisible hand, *plus.maths.org/issue* 14/features/smith, mars 2001.

JULLIEN François, *Pour une lecture philosophique du Yi-king, le classique du changement*, Paris, Grasset, 1993.

KAIKÔ Takeshi, *La Muraille de Chine*, Arles, Picquier, 1992.

KRIVINE Jean-Louis (attribué à), Toute pensée est un calcul, *Science et vie*, 1013, février 2002, pp. 40–49.

KUNSTLER James Howard, *The Long emergency*, New York, Grove/Atlantic, 2005.

LACARRIÈRE Jacques, *Les Hommes ivres de Dieu*, Paris, Fayard, 1975.

LAGOPOULOS Alexandros-Ph., *Urbanisme et sémiotique dans les sociétés préindustrielles*, Paris, Anthropos, 1995.

LAKOFF George & JOHNSON Mark, *Philosophy in the flesh. The Embodied mind and its challenge to Western thought*, New York, Basic Books, 1999.（ジョージ・レイコフ / マーク・ジョンソン（計見一雄訳）：『肉中の哲学 ―― 肉体を具有したマインドが西洋の思考に挑戦する』、横浜：哲学書房、2004 年）

LAROQUE Didier, *Le Discours de Piranèse. L'ornement sublime et le suspens de l'architecture*, Paris, Éditions de la Passion, 1999.

LASSUS Bernard, *Jardins imaginaires. Les habitants paysagistes*, Paris, Weber, 1977.

LAUGIER Marc-Antoine, *Essai sur l'architecture*, Paris, Duchesne, 1753.（マルク＝アントワーヌ・ロージェ（三宅理一訳）：『建築試論』、東京：中央公論美術出版、1986 年）

LAVOIX Valérie, À l'école des collines: l'enseignement des lettrés reclus sous les Dynasties du Sud, dans NGUYEN TRI et DESPEUX 2004, pp. 43–68.

LEBEUF Jean-Paul, *L'Habitation des Fali, montagnards du Cameroun septentrional*, Paris, Hachette, 1961.

LE DANTEC Jean-Pierre, *Jardins et paysages*, Paris, Larousse, Textes essentiels, 1996.

LEFEBVRE Henri, *La Production de l'espace*, Paris, Anthopos, 1974.（アンリ・ルフェーヴル（斎藤日出治訳）：『空間の生産』、東京：青木書店、2000 年）

LE GAL Yan, La marche, antidote à l'excès automobile, *Urbanisme*, sept.-oct. 2000, 314, pp. 34–39.

LEROI-GOURHAN André, *Le Geste et la parole*, Paris, Albin Michel, 1964, 2 vol.（アンドレ・ルロワ＝グーラン（荒木亨訳）：『身ぶりと言葉』、東京：ちくま学芸文庫、2012 年）

LÉVI Jean, traduction du *Xiyouji* (*La Pérégrination vers l'ouest)*, Paris, Gallimard, coll.

— *Le Monde chinois*, Paris, Armand Colin, 1999 (1972).

GIRARDIN René-Louis de, *De la Composition des paysages sur le terrain, ou Des Moyens d'embellir la nature près des habitations*, 1777, rééd. Seyssel, Champ Vallon, 1992.

GRANDAZZI Alexandre, *La Fondation de Rome*, Paris, Les Belles-Lettres, 1991.（アレクサンドル・グランダッジ（北野徹訳）：『ローマの起源 ―― 神話、伝承、そして考古学』、東京：白水社、2006 年）

GRANET Marcel, *Fêtes et chansons de la Chine ancienne*, Paris, Albin Michel 1982 (1919).（マルセル・グラネ（内田智雄訳）：『中国古代の祭礼と歌謡』、東京：平凡社、1989 年）

GRAY Chris Hable (dir.), *The Cyborg handbook*, New York et Londres, Routledge, 1995.

GROUSSET René, *Sur les traces du Bouddha*, Paris, Plon, 1929（ルネ・グルッセ（濱田泰三訳）：『仏陀の足跡を逐って』、東京：興山舎、2006 年）

HADOT Pierre, *Études de philosophie ancienne*, Paris, Les Belles Lettres, 1998.

HARDIN Garrett, The tragedy of the commons, *Science*, 162, 1968, pp. 1243–1248.

HEIDEGGER Martin, *Sein und Zeit* (*Être et temps*) , Tübingen, Niemeyer, 1927, 1993.（マルティン・ハイデガー（熊野純彦訳）：『存在と時間』、全 4 巻、東京：岩波文庫、2013 年）

— *Essais et conférences*, Paris, Gallimard, 1958 (*Vorträge und Aufsätze*, 1954).

— *Langue de tradition et langue technique*, Bruxelles, Lebeer-Hossmann, 1990 (*Ueberlieferte Sprache und technische Sprache*, 1989).

HERVIEU Bertrand et VIARD Jean, *Au bonheur des campagnes*, La Tour d'Aigues, Éditions de l'Aube, 2001 (1996).

HIGUCHI Tadahiko, La croissance de la banlieue de Tokyo: histoire d'un débat, dans BERQUE, BONNIN, GHORRA-GOBIN 2006.

HOFFMEYER Jesper, *Signs of meaning in the universe*, Bloomington and Indianapolis, Indiana University Press, 1996.（ジェスパー・ホフマイヤー（松野孝一郎・高原美規訳）：『生命記号論 ―― 宇宙の意味と表象』、東京：青土社、1999 年）

HOLZMAN Donald, *Landscape appreciation in ancient and early medieval China: the birth of landscape poetry*, Hsin-chu (Taiwan), National Tsing Hua University, 1996.

HOWARD Ebenezer, Garden cities of to-morrow, Londres, Faber and Faber, 1946 (1902).（エベネザー・ハワード：『明日の田園都市』、東京：鹿島出版会、1968 年）

HU-STERK Florence, *La beauté autrement. Introduction à l'esthétique chinoise*, Paris, You-Feng, 2004.

JACOB Paul, *Tao Yuanming. Œuvres complètes*, Paris, Gallimard, 1990.

JASPERS Karl, *Der philosophische Glaube* (*La foi philosophique*), R. Piper & Co. Verlag, Munich, 1948.（カール・ヤスパース（林田新二監訳）：『哲学的信仰』、理想社、

DURKHEIM Émile, *De la Division du travail social*, Paris, Presses universitaires de France, 1998 (1893). エミール・デュルケーム（田原音和訳）：『社会分業論』、東京：青木書店、1971 年）

ELVIN Mark, *The Retreat of the elephants: an environmental history of China*, New Haven et Londres, Yale University Press, 2004;

ERKMAN Suren, *Vers l'écologie industrielle*, Paris, Charles Léopold Mayer/Librairie FPH, 1998.

ESCANDE Yolaine, Paysage et inscription du lieu, pp. 51–83 dans Collot *et al.* 2001.

— Des inscriptions monumentales qui transforment un lieu en paysage, *Les Carnets du paysage*, 7, automne 2001, pp. 146–165.

— et SCHAEFFER Jean-Marc, *L'esthétique: Europe, Chine et ailleurs*, Paris, You-Feng, 2003.

— *La Culture du* shanshui. *Montagnes et eaux*, Paris, Hermann, 2005.

ÉTIEMBLE, *L'Europe chinoise*, Paris, Gallimard, 2 vol., 1988 et 1989.

FANG Xiaolin（方暁霊）, *Lire Versailles comme un texte. Interrogation sur le processus de la signification paysagère*, mémoire pour le DEA «Jardins, paysages, territoires», Université de Paris-I / École d'architecture de Paris-La Villette, 2005.

FINK Eugen, *Le Jeu comme symbole du monde*, Paris, Minuit, 1966 (*Spiel als Weltsymbol*, 1960).（オイゲン・フィンク（千田義光訳）：『遊び —— 世界の象徴として』、東京：せりか書房、1976 年）

FLOBERT Annette, *La Ville et la campagne*, Paris, Ellipses, Civilisation latine par les textes, 1999.

FLUSSER Vilém, *Pour une philosophie de la photo*, Paris, Circé, 1993.（ヴィレム・フルッサー（深川雅文・室井尚訳）：『写真の哲学のために —— テクノロジーとヴィジュアルカルチャー』、東京：勁草書房、1999 年）

FREUD Sigmund, *Das Unheimliche, und andere texte (L'*Unheimlich*, et autres textes)*, Paris, Gallimard, 2001 (1919).（ジークムント：フロイト（須藤訓任・藤野寛訳）：『フロイト全集（17）不気味なもの・快原理の彼岸・集団心理学』、東京：岩波書店、2006 年）

GADAMER Hans Georg, *Vérité et méthode*, Paris, Seuil, 1996 (*Wahrheit und Methode*, 1960).（ハンス＝ゲオルグ・ガダマー（轡田収他訳）：『真理と方法 I』、東京：法政大学出版局、1986 年）

GARREAU Joel, *Edge city: life on the new frontier*, New York, Doubleday, 1991.

GASQUET Joachim, *Cézanne*, Fougères, Encre marine, 2002 (1921).

GAUTIER Jean-François, *L'Univers existe-t-il?* Arles, Actes Sud, 1994.

GERNET Jacques, *L'Intelligence de la Chine. Le social et le mental*, Paris, Gallimard, 1994.

Flammarion, 2002.

CHIU Che Bing, *Le Traité du jardin de Ji Cheng* [commentaire et traduction] , Besançon, Éditions de l'Imprimeur, 1998.

CLAVIER Paul, *Le Concept de monde*, Paris, Presses universitaires de France, 2000

CLYNES Manfred et KLINE Nathan, Cyborgs and space, *Astronautics*, sept. 1960, pp. 26–27 et pp. 74–75.

COLLOT Michel, CHENET Françoise et SAINT GIRONS Baldine (dir.) *Le Paysage, état des lieux*, Bruxelles, Ousia, 2001.

CORBOZ André, *Le Territoire comme palimpseste et autres essais*, Besançon, Éditions de l'Imprimeur, 2001 (1992).

CORET André, *L'A-préhension du réel. La physique en questions*, Amsterdam, OPA/Éditions des archives contemporaines, 1997.

CUSSET François, *French theory. Foucault, Derrida, Deleuze et Cie, et mutation de la vie intellectuelle aux États-Unis*, Paris, La Découverte, 2003.（フランソワ・キュセ（桑田光平他訳）：『フレンチ・セオリー ── アメリカにおけるフランス現代思想』、東京：NTT 出版、2010 年）

CYRULNIK Boris, La molécule et l'idéologie, *La Recherche*, 574, avril 2004, p. 103.

DAWKINS Richard, *The Extended phenotype. The long reach of the gene*, Oxford University Press, 1989.（リチャード・ドーキンス（日高敏隆・遠藤知二・遠藤彰訳）：『延長された表現型 ── 自然淘汰の単位としての遺伝子』、東京：紀伊國屋書店、1987 年）

DELAHAYE Hubert, *Les Premières peintures de paysage en Chine, aspects religieux*, Paris, École française d'Extrême-Orient, 1981.

DESCOLA Philippe, *La Nature domestique. Symbolisme et praxis dans l'écologie des Achuar*, Paris, Maison des sciences de l'Homme, 1986.

DELFANTE Charles, *Grande histoire de la ville, de la Mésopotamie aux États-Unis*, Paris, Colin, 1997.

DESMARAIS Gaëtan, *La Morphogenèse de Paris, des origines à la révolution*, Paris, l'Harmattan, 1995.

DONADIEU Pierre, *La Société paysagiste*, Arles, Actes Sud / ENSP, 2002.

DUBOST Françoise (dir.), *L'autre maison. La «résidence secondaire», refuge des générations*, Paris, Autrement, 1998.

DUPUY Francis, *Le Pin de la discorde: les rapports de métayage dans la Grande Lande*, Paris, Maison des sciences de l'Homme, 1996.

DUPUY Gabriel, *La Dépendance automobile*, Paris, Anthropos-Economica, 1999.

fordienne, pp. 71–84 dans Escande et Schaeffer 2003.

— Milieu et identité humaine, *Annales de géographie*, 2004, CXIII, n° 638–639, pp. 385–399.

— De *la Source aux fleurs de pêcher* à *la Rose malade*, ou l'inauthenticité, pp. 244–258 dans GRIOLET Pascal et LUCKEN Michael (dir.), *Japon pluriel 5. Actes du cinquième colloque de l Société francaise des études japonaises*, Arles, Philippe Picquier, 2004.

— La momie et le bulldozer: ontologie du patrimoine bâti en Orient et en Occident, *Annals XX Universitat d'Estiu: Patrimoni naturali i culturali*, Andorre, Govern d'Andorra, 2004, pp. 10–119.

— avec SAUZET Maurice, *Le Sens de l'espace au Japon*, Paris, Arguments, 2004.

— La forclusion du travail médial, *L'Espace géographique*, XXXIV (2005), 1, pp. 81–90.

— (dir.) *Mouvance 2. Soixante-dix mots et sept images pour le paysage*, Paris, Éditions de La Villette, 2006.

— (dir., avec BONNIN Philippe et GHORRA-GOBIN Cynthia), *La Ville insoutenable. Les trois sources du mythe de la ville-campagne*, Paris, Belin, 2006.

— Vers une mésologie - au delà du *topos* ontologique moderne -, pp. 149–154 dans WIEWIORKA 2007.

— *La Pensée paysagère*, Paris, Archibooks, 2008.（オギュスタン・ベルク（木岡伸夫訳）：『風景という知 —— 近代のパラダイムを超えて』、京都：世界思想社、2011 年）

— (dir., avec FROGNEUX Nathalie, STADELMANN Britta, SUZUKI Sadami) *Être vers la vie*, Tokyo, Maison franco-japonaise, 2009.

BLANCHÉ Robert et DUBUCS Jacques, *La Logique et son histoire*, Paris, Armand Colin, 1996 (1970).

BOUCHET Christophe, Bobomobiles, *Le Nouvel Observateur*, n° 1901, 12–18 avril 2001, p. 106.

BOUDON Philippe, *Sur l'espace architectural. Essai d'épistémologie de l'architecture*, Paris, Dunod, 1971.（フィリップ・ブドン（中村貴志訳）：『建築空間 —— 尺度について』、東京：鹿島出版会、1978 年）

BOUDON Philippe, *De l'Architecture à l'épistémologie. La question de l'échelle*, Paris, Presses universitaires de France, 1991.

BORGEAUD Philippe, *Recherches sur le dieu Pan*, Genève, Droz, 1979.

BOURDIEU Pierre, Une classe objet, *Actes de la recherche en sciences sociales*, n° 17–18, 1977, pp. 3–4.

BRAGUE Rémi, *La Sagesse du monde*, Paris, Livre de poche/Fayard, 1999.

CHARBONNEAUX Anne-Marie et HILLAIRE Norbert (dir.) *Œuvre et lieu*, Paris,

ず書房、2007 年）

BERKOWITZ Alan J., *Patterns of disengagement. The practice and portrayal of reclusion in early medieval China*, Stanford, Stanford University Press, 2000.

BERQUE Augustin, *Le Japon, gestion de l'espace et changement social*, Paris, Flammarion, 1976.

— *Le Sauvage et l'artifice. Les Japonais devant la nature*, Paris, Gallimard, 1997 (1986).（オギュスタン・ベルク（篠田勝英訳）：『風土の日本 ── 自然と文化の通態』、東京：筑摩書房、1992 年）

— La transition paysagère, ou Sociétés à pays, à paysage, à *shanshui*, à paysagement, *L'Espace géographique*, 1989, XVIII, 1, pp. 18–20.

— *Médiance, de milieux en paysages*, Paris, Belin/RECLUS, 2000 (1990).（オギュスタン・ベルク（三宅京子訳）：『風土としての地球』、東京：筑摩書房、1994 年）

— La transition paysagère comme hypothèse de projection pour l'avenir de la nature, pp. 217–237 dans ROGER et GUÉRY 1991.

— *Les Raisons du paysage, de la Chine antique aux environnements de synthèse*, Paris, Hazan, 1995.

— «Destin, au Japon, de la *garden city* howardienne», pp. 147–162 dans SACHS 1996.

— *Être humains sur la Terre. Principes d'éthique de l'écoumène*, Paris, Gallimard, 1996.（オギュスタン・ベルク（篠田勝英訳）：『地球と存在の哲学 ── 環境倫理を越えて』、東京：筑摩書房、1996 年）

— (dir., avec NYS Philippe), *Logique du lieu et œuvre humaine*, Bruxelles, Ousia, 1997.

— (dir.) *La Mouvance. Du jardin au territoire, cinquante mots pour le paysage*, Paris, Éditions de la Villette, 1999.

— *Écoumène. Introduction à l'étude des milieux humains*, Paris, Belin, 2000.（オギュスタン・ベルク（中山元訳）：『風土学序説 ── 文化をふたたび自然に、自然をふたたび文化に』、東京：筑摩書房、2002 年）

— (dir.) *Logique du lieu et dépassement de la modernité*, 2 vol., Bruxelles, Ousia, 2000.

— Le poème dit par un autre poète, pp. 286–291 dans *Po & sie*, nº100, juin 2002.

— L'Habitat insoutenable. Recherche sur l'histoire de la désurbanité, *L'Espace géographique*, XXXI (2002), 3, pp. 241–251.

— Le lieu du paysage de *Triste campagne, ou la rose malade*, de Satô Haruo, *Ebisu. Études japonaises*, nº 28, printemps-été 2002, pp. 9–23.

— Du prédicat sans base: entre *mundus* et *baburu*, la modernité, pp. 53–62 dans MONNET 2002.

— La cité naturelle. De l'ermitage paysager en Chine médiévale à l'*e-urbanization* post-

洋書

ABU-LUGHOD Janet, *The City is dead, long live the city!* , Berkeley, University of California CPDR Monographs, 12, 1968.

AGAMBEN Giorgio, *L'Ouvert. De l'homme et de l'animal*, Paris, Payot et Rivages, 2002 (*L'Uomo e l'animale*, 2002).（ジョルジョ・アガンベン（岡田温司・多賀健太郎訳）：『開かれ ── 人間と動物』、東京：平凡社、2011 年）

AMIN Samir, *Au delà du capitalisme sénile*, Paris, Presses universitaires de France, 2002.

ANDRÉ Jean-Marie, *La Villégiature romaine*, Paris, Presses universitaires de France (*Que sais-je?* 2728*)*, 1993.

ARNHEIM Rudolf, *La Pensée visuelle*, éd. 1997 en Livre de poche.（ルドルフ・アルンハイム（関計夫訳）：『視覚的思考 ── 創造心理学の世界』、東京：美術出版社、1974 年）

ASCHER François, *Les Nouveaux principes de l'urbanisme. La fin des villes n'est pas à l'ordre du jour*, La Tour d'Aigues, L'Aube, 2001.

ATKINS Tony & RYKWERT Joseph, dir., *Structure and meaning in human settlements*, Philadelphie, University of Pennsylvania Museum of Architecture and Anthropology, 2005.

ATLAN Henri, *La Science est-elle inhumaine? Essai libre sur la nécessité*, Paris, Bayard, 2002.

ATTALI Jacques, *L'Homme nomade*, Paris, Fayard, 2003.

ATTIRET Jean-Denis, Les jardins chinois, dans *Lettres édifiantes et curieuses de Chine par des missionnaires jésuites, 1702–1776*, Paris, Garnier-Flammarion, 1979.

BACHELET Bernard, *L'Espace*, Paris, Paris, Presses universitaires de France (*Que sais-je?* 3293*)*, 1998.

BALTRUSAITIS Jurgis, Jardins, pays d'illusion, pp. 6–20 dans *Jardins en France, 1760–1820*, Paris, Caisse nationale des monuments et des sites, 1978.

BARLES Sabine, *La Ville délétère: médecins et ingénieurs dans l'espace urbain, XVIIIe-XIXe siècles*, Seyssel, Champ Vallon, 1999.

BAUDRILLARD Jean, *Le Système des objets*, Paris, Gallimard, coll. Tel, 1968.（ジャン・ボードリヤール（宇波彰訳）：『物の体系 ── 記号の消費』、東京：法政大学出版会、1980 年）

BENEVOLO Leonardo, *Aux Sources de l'urbanisme moderne*, Paris, Horizons de France, 1972 (1963).（レオナルド・ベネーヴォロ（横山正訳）：『近代都市計画の起源』、東京：鹿島出版会、1976 年）

BENVENISTE Émile, *Problèmes de linguistique générale*, Paris, Gallimard, 1966, vol. I.（エミール・バンヴェニスト（岸本通夫他訳）：『一般言語学の諸問題』、東京：みす

久松真一：『茶道の哲学』、東京：講談社学術文庫、1987 年
日高敏隆：『動物と人間の世界認識 —— イリュージョンなしに世界は見えない』、東京：筑摩書房、2003 年
復本一郎：『さび —— 俊成より芭蕉への展開』、東京：塙書房、1983 年
前久夫：『茶室のみかた図典』 東京：東京美術、1981 年
槇文彦（編著）：『見えがくれする都市』、東京：鹿島出版会、1980 年
松枝茂夫・和田武司（編訳）：『陶淵明全集』、東京：岩波文庫、1990 年
三浦展：『ファスト風土化する日本 —— 郊外化とその病理』、東京：洋泉社、2004 年
三菱地所：『泉パークタウン施設ガイド』、仙台：三菱地所株式会社、2000 年
宮上茂隆：「茶の湯の影響」、『住まいの文化史・日本人』、東京：ミサワホーム総合研究所、1983 年、pp. 110–112
望月照彦：『マチノロジー —— 街の文化学』、東京：創世記、1977 年
諸橋轍次：『大漢和辞典』、東京：大修館書店、1986 年（1960 年）、全 15 巻
村井康彦：「都市の美意識：市中の山居」、『日本の美学』 第 2 号、1986 年 7 月、pp. 44–54
村上嘉実：『抱朴子』、東京：明徳出版社、1967 年
矢作弘：『大型店とまちづくり —— 規制進むアメリカ、模索する日本』、東京：岩波新書、2005 年
山口広（編著）：『郊外住宅地の系譜 —— 東京の田園ユートピア』、東京：鹿島出版会、1987 年
山口直樹：『図説・漢詩の世界』、東京：河出書房新社、2002 年
山田奨治：『禅という名の日本丸』、東京：弘文堂、2005 年
山田利明（他編）：『道教事典』、東京：平河出版社、1994 年
吉川忠夫：『風呂で読む竹林の七賢』、京都：世界思想社、1996 年
若山滋：『ローマと長安 —— 古代世界帝国の都』、東京：講談社現代新書、1990 年
和辻哲郎：『風土 —— 人間学的考察』、東京：岩波文庫、1979 年（初版は 1935 年）

中国語文献（邦訳書を含む）

汪涌豪・俞灝敏（鈴木博訳）：『中国遊仙文化』、東京：青土社、2000 年
杜正勝：『周代城邦』、台北：聯經出版公司、1979 年
孟慶遠（主編）（小島晋治他訳）：『中国歴史文化事典』、東京：新潮社、1998 年
劉友軍・胡継傑：『輪台』、新疆：新疆人民出版社、2003 年
輪台県：『輪台 —— 給你一把金钥匙』、新疆：新疆人民出版社、2003 年

唐木順三：『日本人の心の歴史』、東京：筑摩書房、1976 年、全 2 巻
川添登：『都市空間の文化』、東京：岩波書店、1985 年
九鬼周造：『粋の構造』、東京：岩波書店、1930 年
草薙正夫：『幽玄美の美学』、東京：塙新書、1973 年
桑子敏雄：『西行の風景』、東京：NHK 出版、1999 年
幸田露伴：『一国の首都』、東京：岩波書店、1993 年（初版は 1899 年）
『幸徳秋水全集』第 6 巻、東京：明治文献、1968 年
後藤秋正・松本肇（編著）：『詩語のイメージ ── 唐詩を読むために』、東京：東方書店、2000 年
後藤重朗（校注）：『山家集』、東京：新潮社、1982 年
今栄蔵（他）：『芭蕉入門』、東京：有斐閣、1979 年
佐藤春夫：『田園の憂鬱、或は病める薔薇』、東京：新潮文庫、1951 年（初版は 1919 年）
静永健：「日本人の『古典』 ── 白楽天の世界」、『月刊しにか』、2002 年 10 月、pp. 60–63
瀬尾文彰：『意味の環境論 ── 人間活性化の舞台としての都市』、東京：彰国社、1976 年
瀬地山澪子：『利休 ── 茶室の謎』、東京：創元社、2005 年
高木正一（注）：『中國詩人選集 13・白居易』、東京：岩波書店、1958 年、全 2 巻
武井豊治：『古建築辞典』、東京：理工学社、1994 年
武田雅哉：「宇宙卵崑崙の謎」、『別冊宝島』、No. 116、1990 年
武田雅哉：『桃源郷の機械学』、東京：作品者、1995 年
田中克巳：『白楽天』、東京：小沢書店、1996 年
内務省地方局有志：『田園都市』、1907 年（復刻版『田園都市と日本人』、東京：講談社学術文庫、1980 年）
中野孝次：『すらすら読める方丈記』、東京：講談社、2003 年
中村蘇人：『江南の庭 ── 中国文人のこころをたずねて』、東京：新評論、1999 年
中村昌生：『茶室と露地』、東京：小学館、1972 年
西尾実・安良岡康作（校注）：『徒然草』、東京：岩波文庫、1985 年
西川幸治：『都市の思想 ── 保存修景への指標』、東京：日本放送出版協会、1973 年
西田幾多郎：「場所」、『西田幾多郎全集』第 4 巻、東京：岩波書店、1965 年、pp. 208–289（初出は 1926 年）
西田幾多郎：「場所的論理と宗教的世界観」、『西田幾多郎全集』第 11 巻、東京：岩波書店、1965 年、pp. 371–464（初出は 1946 年）
日本造園設計事務所・関西支部：『対訳作庭記』、1977 年
樋口忠彦：『郊外の風景 ── 江戸から東京へ』、東京：教育出版、2000 年

参考文献一覧

日本語文献

饗庭孝男：『日本の隠遁者たち』、東京：筑摩書房、2000 年
愛宕元：『中国の城郭都市 ── 殷周から明清まで』、東京：中公新書、1991 年
石川忠久：『漢詩の風景 ── ことばとこころ』、東京：大修館書店、1976 年
石田吉貞：『隠者の文学 ── 苦悶する美』、東京：講談社学術文庫、2001 年
出江寛：『数寄屋の美学 ── 待庵から金属茶室へ』、東京：鹿島出版会、1996 年
一海知義：『陶淵明 ── 虚構の詩人』、東京：岩波新書、1997 年
上坂信男（全訳注）：『枕草子』、東京：講談社、2003 年、全 3 巻
上田篤・中村良夫・樋口忠彦（編著）：『日本人はどのように国土をつくったか ── 地文学事始』、京都：学芸出版社、2005 年
上田正昭（編）：『探求「鎮守の森」 ── 社叢学への招待』、東京：平凡社、2004 年
大場修：『近世近代町屋建築史論』、東京：中央公論美術出版、2005 年
大浜晧：『荘子の哲学』、東京：勁草書房、1996 年
大室幹雄：『劇場都市 ── 古代中国の世界像』、東京：三省堂、1981 年
大室幹雄：『桃源の夢想 ── 古代中国の反劇場都市』、東京：三省堂、1984 年
大室幹雄：『園林都市 ── 中世中国の世界像』、東京：三省堂、1985 年
大室幹雄：『月瀬幻影 ── 近代日本風景批評史』、東京：中央公論新社、2002 年
小川環樹（訳注）：『老子』、東京：中公文庫、1973 年
小川環樹：「風流」、『世界大百科事典』 第 24 巻、東京：平凡社、1988 年、pp. 360–361
奥野健男：『文学における原風景 ── 原っぱ・洞窟の幻想』、東京：集英社、1972 年
小尾郊一：『謝礼運 ── 孤独の山水詩人』、東京：汲古書院、1983 年
小尾郊一：『中国の隠遁思想 ── 陶淵明の心の軌跡』、東京：中央公論社、1988 年
神楽岡昌俊：『中国における隠逸思想の研究』、東京：ぺりかん社、1993 年
神楽岡昌俊：『隠逸の思想』、東京：ぺりかん社、2000 年
片岡篤・藤谷陽悦・門野幸博（編著）：『近代日本の郊外住宅地』、東京：鹿島出版会、2000 年
片山潜：『都市社会主義・鉄道新論』（復刻版）、東京：学陽書房、1992 年（初版は 1896 年）
門野幸博：『郊外の世紀 ── テーマを追い求めた住宅地』、京都：学芸出版社、2000 年
金谷治（訳）：『荘子』、東京：岩波文庫、1994 年、全 4 巻

【ワ行】

【A-Z】

【サ行】

■書名・作品名索引

※建築名や庭園名を含む

【タ行】

【ナ行】

【ハ行】

■地名・国名索引

※空想の地などを含む

【ヤ行】

【ラ行】

【ハ行】

【マ行】

【タ行】

【ナ行】

【カ行】

■人名・組織名索引

【タ行】

【サ行】

【カ行】

索　引

（術語、人名・組織名、地名・国名、書名・作品名）

■術語索引

※例えば、「コスモス」から派生する「コスミック」や「コスミシテ」は、基底となる術語の項にまとめて記載した。また、風土のように日本語として根付いた術語は、その後に括弧書きで（エクメーネ）や（ミリュー）といったベルク理論の原語発音を附記した。他方、抽象的局所のように意訳を充てたものは、原語発音のトポスを優先し、意訳はその後に括弧書きして記述してある。

【ア行】

【著者紹介】

オギュスタン・ベルク（Augustin Berque）

1942年モロッコ生まれ，フランスの地理学者，東洋学者，哲学者。

1969年パリ大学地理学第三課程博士号，1977年文学博士（国家博士）号を取得。1979年よりフランス国立社会科学高等研究院教授（風土論）。欧州学士院会員。2009年福岡アジア文化賞大賞，2011年国際交流基金賞，2015年旭日中綬章など受賞多数。著書に『風土の日本 ── 自然と文化の通態』（筑摩書房），『風景という知 ── 近代のパラダイムを超えて』（世界思想社）など多数。

【訳者紹介】

鳥海基樹（とりうみ　もとき）

1969年埼玉県生まれ。首都大学東京・建築学域・准教授。

1997年パリ・ラ・ヴィレット建築大学校博士論文提出資格取得課程（DEA）修了，2001年フランス国立社会科学高等研究院（EHESS）博士課程修了（Docteur (études urbaine))。いずれも指導教官はオギュスタン・ベルク教授。2001年より東京都立大学（現・首都大学東京）専任講師を務め，その後准教授に昇任して現在に至る。2016〜2017年までフランス国立社会科学高等研究院・客員研究員。

環境人間学と地域
理想の住まい
── 隠遁から殺風景へ

平成29（2017）年1月20日　初版第一刷発行

著　者　オギュスタン・ベルク
訳　者　鳥　海　基　樹
発行人　末　原　達　郎

発行所　京都大学学術出版会
京都市左京区吉田近衛町69番地
京都大学吉田南構内（〒606-8315）
電　話（075）761-6182
FAX（075）761-6190
URL http://www.kyoto-up.or.jp
振　替 01000-8-64677

ISBN 978-4-8140-0051-7
Printed in Japan

印刷・製本　㈱クイックス
装幀　鷺草デザイン事務所
定価はカバーに表示してあります